U0552785

本书为宁夏大学研究生教育质量提升计划项目、宁夏回族自治区青年拔尖人才培养工程项目研究成果之一,并受前述项目资助出版。

中国民法总论

General Theory of Chinese Civil Law

戴新毅 ◎ 著

中国社会科学出版社

图书在版编目(CIP)数据

中国民法总论 / 戴新毅著. —北京：中国社会科学出版社，2024.9
ISBN 978-7-5227-3522-1

Ⅰ.①中… Ⅱ.①戴… Ⅲ.①民法—中国 Ⅳ.①D923

中国国家版本馆 CIP 数据核字(2024)第 091515 号

出 版 人	赵剑英
责任编辑	梁剑琴
责任校对	李　莉
责任印制	郝美娜
出　　版	中国社会科学出版社
社　　址	北京鼓楼西大街甲 158 号
邮　　编	100720
网　　址	http://www.csspw.cn
发 行 部	010-84083685
门 市 部	010-84029450
经　　销	新华书店及其他书店
印　　刷	北京君升印刷有限公司
装　　订	廊坊市广阳区广增装订厂
版　　次	2024 年 9 月第 1 版
印　　次	2024 年 9 月第 1 次印刷
开　　本	710×1000　1/16
印　　张	27
插　　页	2
字　　数	455 千字
定　　价	168.00 元

凡购买中国社会科学出版社图书，如有质量问题请与本社营销中心联系调换
电话：010-84083683
版权所有　侵权必究

序

  中国民法,有其自身的发展进程和历史轨迹,其始从学习和继受日、德民法起步,以变法图强、提振经济、挽生民于水火。然而,内忧外患、战乱频仍,民法亦无其赖以立足、发展之社会经济环境。虽有"大清民律草案"、北洋政府"民律草案"以及南京国民政府"中华民国民法"之起草或施行,但究其对于当时社会生活的引领和规范程度如何,因相关史料、裁判文书和当时实证调研资料的匮乏,今既难以知晓其概况,亦无法判断其具体效果,中华民族既有的法律传统和习惯,大抵仍然发挥着事实上的、实质性的调整作用,勉强维持着当时社会最起码的民事秩序。中华人民共和国成立后,几度进行民法立法,尤其是40多年的改革开放和社会主义现代化建设,极大解放了生产力,实现了经济高速增长,带来了经济社会巨变,成就了中国民法发展的政治、经济和社会基础,故得终大成于中国特色社会主义新时代,编纂并颁行了《中华人民共和国民法典》。

  民法典的编纂,是我国社会主义建设伟大历史实践的产物,是我国民事立法、民事司法实践经验和民法理论的继承、发扬和光大。探究中国民法的发展规律,揭示并坚定中国特色社会主义的道路自信、理论自信、制度自信、文化自信,是民法学研究者应重点关注的重大命题之一。中国共产党第十九次全国代表大会报告指出,中国特色社会主义进入新时代,我国社会主要矛盾已经转化为人民日益增长的美好生活需要和不平衡不充分的发展之间的矛盾。这一主要矛盾变化,要求民法典的编纂应顺应人民日益增长的美好生活需要,要向着解决我国社会主要矛盾的目标出发。民法典反映着中国思考,是我国立法对时代脉搏的把握,反映着中国对人的本质、婚姻家庭、社会、国家乃至人类命运共同体的理解和认识。民法典也是解决中国发展问题的中国方案，是对我国社会经济发展及人民群众各种需求的深刻思考、认真总结和审慎规范。民法典具有深厚的文化底蕴，继承和弘扬了中华民族的优秀历史文化传统，是中华法治文明的生动反映。

民法总论是关于民法学共通性内容的抽象和高度概括，解决民法立法理念、宗旨和目的，民法的基本原则，民事法律关系及其构成等重要问题。中国民法总论亦不例外，但其精神、原则及具体内容，则有别于西方民法。我们需要发现和挖掘民法典总则编的机理和内涵，探求其对于中国民事活动实践的引领、规范和保障机制和作用。

社会主义核心价值观为我国民法典的精神注入了新的内涵，围绕着宪法规定和保护合法民事权益为中心，以基本原则为引领，形成了国家、社会和个人三个层面的以平等、自愿、公平、诚信、守法、不违背公序良俗，有利于节约资源、保护生态环境等为取向的分层多元价值体系，体现了对人格尊严、人身自由、婚姻家庭生活幸福、财产安全、交易便利、法治化营商环境等各方面权益进行平等保护的价值追求。

历史地、辩证地看待民法总论中的问题，是马克思主义世界观和方法论的必然要求。譬如，民事法律关系本质上仍是人类社会关系，是受法律所评价和调整的社会关系。缺乏客体，法律关系就无法成就，主体的权利义务便无所依归。究竟何为客体，客体是否统一，是当下民事法律关系问题研究的重点之一，我国主流的民法理论始终没有走出多元客体观。对客体问题的理解、认识和把握是随着人类社会对客观物质世界、人类自身的主体性认知水平的不断提高而日趋深刻和丰富的，这种认识和把握是一个逐渐发展变化的历史过程，只要人类探索客观物质世界的脚步一天不停歇，这种认识的深化和提高就不会止步不前。同样，探究权利的本质，必须将权利复归到它所赖以存在的客观世界中去，对权利本质的认识，权利观念、权利意识、权利保护等都是有历史局限性的。作为一个关系范畴，权利只有在人和人的联系和关系中讨论才有意义。

凡此种种，民法总论之中需要研习者去探索的问题和领域诸多，本书对其中的相关命题进行了讨论和回应，不揣浅陋、假以文字，以求教于大方之家。民法总论问题博大精深，成果灿如繁星，本书研究错讹疏漏之处难免，还望读者不吝批评指正。

在写作的过程中，借鉴参考了大量的民法学著述，本书的出版得到了宁夏回族自治区青年拔尖人才培养工程、宁夏大学研究生院的资助和宁夏大学法学学科、法学院的关心支持，获得中国社会科学出版社的青睐、梁剑琴老师及其团队的辛勤编校，借此一隅以表谢忱！

戴新毅

2023 年 12 月 30 日

目 录

第一章 民法导论 (1)

第一节 民法的概念和性质 (1)
  一 民法的概念 (1)
  二 民法的性质 (4)

第二节 民法的调整对象 (8)
  一 民法上的法律关系 (9)
  二 平等主体之间的人身关系 (9)
  三 平等主体之间的财产关系 (12)

第三节 民法的历史发展 (13)
  一 民法起源于罗马法 (13)
  二 近代民法的制定及其理念 (14)
  三 现代民法的发展 (18)
  四 中国民法的发展 (20)

第四节 民法典的体系 (23)
  一 权利义务规则的体系化 (25)
  二 大陆法系国家经典的民法典体系 (26)
  三 中国民法典的体系 (28)
  四 中国民法法典化的特点 (31)
  五 中国民法典的性质及特色 (34)

第五节 与商法的关系处理 (38)
  一 民商合一与民商分立 (38)
  二 中国的民商事法立法趋势 (40)

第六节 民法的法源 (42)
　　一　民法法源的含义 (42)
　　二　民法法源的功能 (43)
　　三　中国民法的渊源 (44)
　　四　其他渊源 (50)

第七节 民法的适用 (51)
　　一　民法的效力范围 (51)
　　二　民法适用的原则 (53)
　　三　法律适用的法典化思考 (57)

第二章　民法的基本原则 (60)

第一节 基本原则的含义及其功能 (60)
　　一　民法基本原则的内涵 (60)
　　二　民法基本原则的功能 (61)
　　三　中国民法基本原则的发展变化 (63)

第二节 中国《民法典》的基本原则 (67)
　　一　平等原则 (67)
　　二　自愿原则 (69)
　　三　公平原则 (71)
　　四　诚实信用原则 (72)
　　五　守法原则 (75)
　　六　公序良俗原则 (77)
　　七　绿色原则 (81)

第三章　民事法律关系 (84)

第一节 民事法律关系概述 (84)
　　一　民事法律关系的概念与特征 (85)
　　二　民事法律关系的分类 (86)
　　三　民事法律关系的构成 (89)

第二节 民事法律关系主体 (92)
　　一　民事法律关系主体的概念 (92)
　　二　民事法律关系主体的特征 (93)

三　人的能力 …………………………………………………… (95)
　第三节　民事法律关系客体 ……………………………………… (99)
　　一　民事法律关系客体的概念 …………………………………… (100)
　　二　民事法律关系客体的特征 …………………………………… (101)
　　三　民事法律关系客体的多元与统一 …………………………… (108)
　第四节　民事法律关系的内容 …………………………………… (110)
　　一　民事权利 ……………………………………………………… (110)
　　二　民事义务 ……………………………………………………… (123)
　第五节　民事法律关系的变动及其原因 ………………………… (124)
　　一　民事法律关系的变动 ………………………………………… (124)
　　二　民事法律关系变动的原因——民事法律事实 ……………… (126)

第四章　民事主体——自然人 ………………………………………… (130)
　第一节　自然人的民事权利能力 ………………………………… (131)
　　一　自然人民事权利能力的概念与特征 ………………………… (131)
　　二　权利能力的开始 ……………………………………………… (132)
　　三　自然人民事权利能力的终止 ………………………………… (134)
　第二节　自然人的民事行为能力 ………………………………… (137)
　　一　自然人民事行为能力的概念与特点 ………………………… (137)
　　二　自然人民事行为能力的分类 ………………………………… (138)
　　三　无民事行为能力和限制行为能力人的认定制度 …………… (143)
　第三节　监护制度 ………………………………………………… (144)
　　一　监护的性质 …………………………………………………… (144)
　　二　未成年人的监护 ……………………………………………… (146)
　　三　成年人监护 …………………………………………………… (153)
　　四　监护人的职责 ………………………………………………… (155)
　　五　监护人资格的撤销和恢复 …………………………………… (158)
　　六　监护监督问题 ………………………………………………… (162)
　　七　监护关系的终止 ……………………………………………… (167)
　第四节　宣告失踪和宣告死亡制度 ……………………………… (168)
　　一　宣告失踪 ……………………………………………………… (169)

二　宣告死亡 …………………………………………… (171)

　第五节　自然人的户籍和住所 ………………………………… (174)
　　一　自然人的户籍、居住证和居民身份证 …………… (174)
　　二　自然人的住所 ……………………………………… (175)

　第六节　个体工商户和农村承包经营户 ……………………… (176)
　　一　个体工商户 ………………………………………… (176)
　　二　农村承包经营户 …………………………………… (180)

第五章　民事主体——法人 …………………………………………… (184)
　第一节　法人制度概述 ………………………………………… (184)
　　一　法人的概念 ………………………………………… (185)
　　二　法人的特征 ………………………………………… (185)
　　三　法人的本质 ………………………………………… (187)

　第二节　法人的分类 …………………………………………… (189)
　　一　法人的传统分类 …………………………………… (189)
　　二　中国《民法典》对法人的分类 …………………… (191)

　第三节　法人的民事能力 ……………………………………… (196)
　　一　法人的民事权利能力 ……………………………… (196)
　　二　法人的民事行为能力 ……………………………… (199)
　　三　法人的民事责任 …………………………………… (200)
　　四　营利法人人格否认制度 …………………………… (201)

　第四节　法人的成立 …………………………………………… (202)
　　一　法人成立的条件 …………………………………… (203)
　　二　法人设立的原则和方式 …………………………… (207)
　　三　法人成立的程序 …………………………………… (209)
　　四　法人设立人的行为及其法律后果 ………………… (211)

　第五节　法人的组织机构和决议 ……………………………… (212)
　　一　法人的组织机构 …………………………………… (212)
　　二　法人的决议 ………………………………………… (215)

　第六节　法人的变更与终止 …………………………………… (217)
　　一　法人的变更 ………………………………………… (217)

　　二　法人的终止 ……………………………………………… (219)
第六章　民事主体——非法人组织 ……………………………… (221)
　　一　非法人组织的概念及其由来 …………………………… (221)
　　二　非法人组织的特征 ……………………………………… (222)
　　三　非法人组织的种类 ……………………………………… (224)
第七章　民事法律行为 …………………………………………… (231)
第一节　民事法律行为概述 …………………………………… (233)
　　一　民事法律行为的概念和特征 …………………………… (233)
　　二　法律行为的边缘界定 …………………………………… (236)
第二节　法律行为的分类 ……………………………………… (240)
　　一　双方行为、单方行为、多方行为和决议 ……………… (240)
　　二　财产法律行为与身份法律行为 ………………………… (241)
　　三　负担行为与处分行为 …………………………………… (242)
　　四　有因行为与无因行为 …………………………………… (246)
　　五　生前行为与死因行为 …………………………………… (249)
　　六　要式行为与不要式行为 ………………………………… (249)
　　七　诺成法律行为和实践法律行为 ………………………… (250)
　　八　有偿行为与无偿行为 …………………………………… (250)
　　九　主行为与从行为 ………………………………………… (251)
　　十　独立行为与辅助行为 …………………………………… (251)
第三节　民事法律行为的成立与生效 ………………………… (251)
　　一　民事法律行为成立的含义与要件 ……………………… (252)
　　二　法律行为生效的含义与要件 …………………………… (255)
第四节　意思表示 ……………………………………………… (257)
　　一　意思表示的构造 ………………………………………… (258)
　　二　意思表示的形式 ………………………………………… (261)
　　三　意思表示的类型 ………………………………………… (264)
　　四　意思表示的作出和撤回 ………………………………… (265)
　　五　意思表示的生效 ………………………………………… (266)
　　六　意思表示的解释 ………………………………………… (268)

第五节　意思与表示不一致 (268)
　　一　故意的不一致 (268)
　　二　无意的不一致 (273)

第六节　意思表示不自由 (277)
　　一　欺诈 (277)
　　二　胁迫 (279)
　　三　乘人之危 (282)

第七节　民事法律行为的效力 (283)
　　一　民事法律行为的生效要件 (284)
　　二　无效的民事法律行为 (284)
　　三　可撤销民事法律行为 (289)
　　四　效力待定的民事法律行为 (291)

第八节　民事法律行为的附条件、期限 (292)
　　一　民事法律行为的附款 (292)
　　二　民事法律行为的附条件 (293)
　　三　民事法律行为的附期限 (297)

第八章　代理 (299)
第一节　代理的概念及其适用范围 (300)
　　一　代理的概念与法律特征 (300)
　　二　代理关系 (302)
　　三　代理的法律要件 (303)
　　四　代理行为的范围 (305)
　　五　授权委托书 (306)

第二节　代理的分类 (307)
　　一　法定代理与委托代理 (307)
　　二　直接代理与间接代理 (310)
　　三　单独代理与共同代理 (312)
　　四　本代理与复代理 (314)

第三节　代理权 (315)
　　一　代理权的性质 (316)

二　代理权的发生 …………………………………………（317）
　　三　代理行为中的行为能力以及意思表示瑕疵 ……………（320）
　　四　代理权的行使 …………………………………………（322）
　　五　代理人的法律责任 ……………………………………（323）
　　六　代理权的消灭 …………………………………………（325）
　第四节　无权代理 ……………………………………………（328）
　　一　无权代理的概念 ………………………………………（328）
　　二　无权代理的发生原因 …………………………………（329）
　　三　无权代理的效力 ………………………………………（330）
　第五节　表见代理 ……………………………………………（333）
　　一　表见代理及其构成要件 ………………………………（333）
　　二　表见代理的法律效果 …………………………………（335）

第九章　民事责任 …………………………………………………（337）
　第一节　民事责任概述 ………………………………………（338）
　　一　民事责任的概念和特征 ………………………………（338）
　　二　民事责任形态 …………………………………………（343）
　　三　承担民事责任的方式及其适用 ………………………（345）
　　四　民事责任竞合 …………………………………………（345）
　　五　民事责任优先原则 ……………………………………（347）
　第二节　免责事由 ……………………………………………（347）
　　一　免责事由概述 …………………………………………（348）
　　二　一般免责事由 …………………………………………（351）
　　三　特殊免责事由 …………………………………………（358）
　第三节　民事责任中的特殊规则 ……………………………（358）
　　一　见义勇为遭受损害的赔偿和补偿规则 ………………（358）
　　二　英雄烈士的人身权益保护规则 ………………………（360）

第十章　诉讼时效 …………………………………………………（364）
　第一节　时效概述 ……………………………………………（364）
　　一　时效及其功能 …………………………………………（365）
　　二　取得时效与消灭时效 …………………………………（367）

第二节 诉讼时效 (368)
  一 诉讼时效的概念和特征 (368)
  二 诉讼时效的适用范围 (370)
  三 诉讼时效的要件 (372)
  四 诉讼时效的法律效力 (373)

第三节 诉讼时效期间及其起算 (376)
  一 诉讼时效期间的概念和特点 (376)
  二 诉讼时效期间的类型 (377)
  三 诉讼时效期间的起算 (379)

第四节 诉讼时效期间起算后的障碍事由及其效力 (385)
  一 诉讼时效期间起算后的障碍事由 (385)
  二 诉讼时效中止 (386)
  三 诉讼时效中断 (387)
  四 权利最长保护期限的延长 (388)

参考文献 (389)

后　记 (417)

第一章

民法导论

第一节 民法的概念和性质

一 民法的概念

(一) 民法的语源

我国古代文献记述中曾存在过的"民"和"法"的用词搭配,是否指近现代意义上的民法,则值得怀疑,似应是有关营造、水利等的论述或者命令,① 一般认为并非近代意义上的民法。有学者认为,不论从咎单司空的身份还是"居"篇的性质来看,《明居》不应是一篇关于民事法律规范的著作。② 至于中国古代法律典籍中出现的"民事"一词,也与现代民法所指称的"民事"存在内涵上的差异。

民法作为调整一定社会最为普遍的平等主体之间的人身关系与财产关系的法律规范,是各国法律体系中最为基础和最主要的法律部门。大陆法系国家"民法"一词,渊源于罗马法之市民法(Jus civile)。所谓市民法,是指调整罗马国家及其公民间的各种法律规范的总和,包括现代称为国家法、刑法、民法、诉讼法等各种规范。市民法及其内涵存在一个历史发展的过程。

(1) 市民法(Jus civile)和万民法(Jus gentium)。罗马法在其早期,因适用的主体范围不同,可以分为市民法和万民法。前者主要适用于罗马

---

① 孔安国:《尚书正义》卷八"汤诰第三","咎单作《明居》。咎单,臣名,主土地之官。作明居民法一篇,亡"。结合《尚书》《史记·殷本纪》记载的上下文,该表述的断句及其确切含义均有待考证之处。

② 张文晶:《中国"民法"一词探源再考》,《学理论》2013年第11期。

公民，后者主要适用于被征服地区的居民以及罗马城邦公民与被征服地居民。从其内容看，市民法主要规定罗马公民的政治权利，类似于现代意义上的公法，而万民法主要涉及民事交往和民事活动，是实质意义上的民法规范。

（2）Caracalla告示（212年）。212年，罗马皇帝Caracalla发布敕令，宣告罗马帝国境内的所有居民都是罗马公民，从而赋予被征服地区居民以罗马公民资格，从而消除了市民法和万民法适用的主体差异。万民法被市民法吸收，市民法中的私法部分得到了具有历史意义的发展。[①]

（3）6世纪东罗马皇帝Justinianus主持编纂《优士丁尼法典》《学说汇纂》《优士丁尼法学纲要》，后人又将其在位期间的敕令等汇编成《优士丁尼新律》，后世将上述文献合称为"优士丁尼国法大全"或"民法大全"。随着1135年优士丁尼学说汇纂原稿在意大利北部亚马菲城被发现，西欧各国出现了研究和采用罗马法的热潮，掀起了罗马法复兴运动。围绕着以意大利博伦亚大学等近代大学为中心的罗马法研习和传播中心，开始了罗马法的广泛传播。可以说，近代各国所使用的"民法"一词来自罗马法中的市民法，指称的就是调整平等主体之间的财产关系和人身关系的各种法律规范。

汉语词汇中的"民法"，并非我国古汉语中的固有词汇，是日本明治维新时期引进西方民法时创设的词汇，清末修法改律时传入中国，恰如学者所言，"民法一语，典籍无所本，清季变法，抄自东瀛"[②]；日本人在转译"市民法"时省减了"市"字，译为"民法"。省减"市"字，容易将市民法中所要传递的市民社会主体平等的核心理念忽略掉，在汉语的语境中，"民"容易被理解为"老百姓"，从而在理解和认识民法的本质时需要特别进行解释和带来不必要的歧义。

（二）中国民法的界定

我国对民法的概念界定，基本上是随着立法者和民法学研究者的认识变化而变化的。苏联十月社会主义革命胜利后，在列宁亲自指导下，1923年公布了《苏俄民法典》，它以崭新的面目出现，把土地关系、劳动关系、婚姻家庭关系从民法典中分出，建立独立性的法典，使民法典集中地

[①] 佟柔主编：《中国民法学·民法总则》，中国人民公安大学出版社1990年版，第1页。
[②] 梅仲协：《民法要义》，中国政法大学出版社1998年版，第14页。

为调整社会主义社会一定的财产关系和人身关系服务。① 在1949年中华人民共和国成立到1977年这一时期，我国逐步建立了高度集中的计划经济体制。民法作为商品经济的基本法，自然也难逃被完全边缘化的命运，以至于在改革开放前许多民众甚至连民法为何物都不知晓。② 受苏联民法的影响，这一时期我国的一本重要的民法教材中对民法是这样界定的，"中华人民共和国民法，是我国整个社会主义法律体系中的一个部门，它是为了实现社会主义而调整一定的财产关系和人身非财产关系的各种法律规范的总和"③。1986年《民法通则》实施以后，民法的概念被表述为调整平等主体的公民之间、法人之间、公民和法人之间的财产关系和人身关系的法律规范的总和。随着认识的逐渐深刻和准确，民法典编纂过程中，为了突出对于民事主体人身权利的尊崇和保护，强调对人自身的关怀，在两大法律关系的表述顺序上进行了调整，民法就是调整平等主体的自然人、法人和非法人组织之间的人身关系和财产关系法律规范的总和。

（三）形式意义民法和实质意义民法

形式意义民法是指以民法典或者部门法形式存在的民法。法典是按照一定体系将各项法律制度系统编纂在一起的法律规范。民法典就是指按照一定的体系结构将各项基本的民事法律规则与制度加以系统编纂而形成的规范性文件。实质意义民法，是指所有调整民事关系的法律规范的总称，包括民法典、单行民事法律、民事法规，以及其他部门法中的规范民事关系的法律规范。民法典是实质意义民法的基础内容和主要组成部分。在学习和理解民法时要注意从实质意义上的民法角度出发，全面、体系性地掌握和了解其内容和规范。

（四）民法与民法学

所谓民法学，是指研究民事法律规范及其发展规律的学科。民法既可以从立法层面理解，也可以从学科层面理解。从立法层面来看，民法是调整平等主体之间法律关系的总和，既包括民法典的规范，也包括民事单行法以及其他立法中的民法规范。民法学则是研究民法本身的学问，其内容比较广泛，涉及民法哲学、民法原理、制度、规范、法律适用以及民法与

---

① 赵中孚：《对我国民事立法的回顾与展望》，《西北政法学院学报》1986年第1期。
② 王利明：《中国民法学七十年：回顾与展望》，《政法论坛》2020年第1期。
③ 中央政法干部学校民法教研室编著：《中华人民共和国民法基本问题》，法律出版社1958年版，第19页。

二 民法的性质

民法的性质，主要讨论的是民法的本质及其调整社会关系的特点，这一问题同时也是区分民法与其他法律部门的重要方面。关于民法的性质，可以从不同角度进行分析。

(一) 民法为市民社会的立法

从社会学角度看，社会是由人与人的关系和联系构成的，是人与人之间关系的一种存在方式。社会可以从其发生方式的不同，区分为两种。其一是社会成员之间直接发生的关系，如家庭成员之间的关系、民事合同关系等。其二是经由国家为中介发生人与人之间的关系，如税费征管、行政管理中的人与人之间的关系。这两类社会关系因其发生方式的不同，决定了其内容和利益也有所不同。前者由于是社会成员之间直接发生的社会关系，故其内容往往是由社会成员自己决定，反映了社会成员的个体利益追求，因而被称为市民社会。而后者，由于以国家为中介，因而必然体现国家意志，以国家或公共利益为出发点和归宿，就是所谓的政治社会或政治国家。

任何人都无法脱离开前述两种社会关系，在社会中都具有双重角色和身份，根据自己所参与的社会生活的内容不同，变化着自身的身份，实现着自身的私益和参与社会公共活动。法律对社会关系的调整，也可以从这两方面入手，调整或者规范市民社会关系的行为规范就发展为市民法，规范政治社会关系的法律则发展成公法。因此，民法（市民法）是关于市民社会的法，市民社会是民法产生的基础。①

以上认识在解释欧洲早期民法的性质时具有其一定的说服力，但是可否用来对中国民法进行类似的解释说明，则要慎重。中国并没有欧陆民法的形成和发展历程。当代中国民法形成和发展，有其独特的历史、实践和理论逻辑，不能用市民社会和政治国家的分野来解释民法的性质。

(二) 民法是私法

罗马法学家早就注意到了法律的任务和性质存在着不同，乌尔比安在《学说汇纂》中写道："它们（指法律）有的造福于公共利益，有的造福

---
① 李永军：《民法总论》，法律出版社2006年版，第11页。

于私人。公法见之于宗教事务、宗教机构和国家管理机构之中。"① 查士丁尼的《法学总论——法学阶梯》也明确指出："法律学习分为两部分，公法与私法。公法涉及罗马帝国的政体，私法则涉及个人利益。"② 罗马法留给后世的文化遗产，主要是罗马私法，它的生命力在于其大多数法权关系能适应现代市场经济生活条件，"以致一切后来的法律都不能对它做任何实质性的修改"③。但是，罗马法中公法却没有得到长足的发展，"在罗马帝国早期，尽管私有制和简单商品经济生产比以往大有发展，那时占领区的居民已取得了罗马公民资格，但那时在社会生活中占支配地位的事实是：帝国的专制统治、奴隶制、一般平民在政治上的无权地位，等等。在这种情况下，除刑法外，很难设想有发展公法的客观环境"④。

　　随着罗马法的复兴，罗马法关于公法与私法划分的传统得以保持和在学说中传承。资产阶级革命以后，公法私法区分的传统得到了从理论到实践的应用，公法作为限制国家公权力的工具和手段得到了广泛的认同，并被作为一种制度得以确立。公法和私法成为大陆法中的基本概念，公私法划分成为其最基本的法律分类，构成了大陆法系国家法律文化的重要组成部分。对此，我国学者认为，将法律区分为公法和私法，不是为了丰富法学的体系，而是为了确认社会生活中存在一个不承认任何服从关系的领域。⑤ 但是，随着社会经济生活的发展保护，任何国家的立法，不可能单纯或者绝对地调整公法关系或者私法关系，而是对两种不同的社会关系都要进行规范和调整，从而导致法律部门不能被简单地区分为公法或者私法。

　　关于区分公私法的标准，形成了不同的学说和观点，有"利益说""隶属说""主体说""权力服从说"等。"利益说"从法律关系或者法律规范所调整和保护的利益类型不同，将保护私人利益的法律区分为私法，而将保护国家利益或者社会公共利益的法律归于公法。"隶属说"从法律所调整的社会关系中主体之间的法律地位不同进行区分，公法的根本特征

---

① ［意］彼德罗·彭梵得：《罗马法教科书》，黄风译，中国政法大学出版社1992年版，第9页。
② ［罗马］查士丁尼：《法学总论——法学阶梯》，张企泰译，商务印书馆1989年版，第5—6页。
③ 《马克思恩格斯全集》第21卷，人民出版社1965年版，第454页。
④ 沈宗灵：《比较法研究》，北京大学出版社1998年版，第91页。
⑤ 李锡鹤：《论民法的概念》，《法学》1999年第2期。

在于调整隶属关系，而私法的根本特征在于调整平等关系。根据"主体说"，如果某个公权载体正是以公权载体的身份参与法律关系，则存在公法关系。①"权力服从说"是以法律所规定的内容与行使国家权力发生关联进行区分。"自由决策说"认为，公法是指受约束的决策的法，而私法是指自由决策的法。②另外，还有"综合说"，则是将前述几种标准综合运用来判断某一法律属于公法或者私法。

(三) 民法体现了商品生产和商品交换的一般条件

社会分工、身份独立和交换自由被认为是商品生产与商品交换的一般条件。"分工和私有制是两个同义语，讲的是同一件事情，一个是就活动而言，另一个是就活动的产品而言。"③人类社会分工，为不同的产品生产提供了机会和基础。不同的产品能够满足人们不同的需要，交换便自然产生了。主体要实现对物质财富的支配和利用，满足自身生存和发展的需要，前提是要通过劳动或者交换取得物的占有。所有权法解决的是社会物质财富的归属问题，本质就是所有制的反映。资源的稀缺性，导致对社会物质财富的利用日益成为归属秩序之外的一个重要领域。建立在财产所有权基础之上的用益物权和担保物权制度，均是基于利用的需要而产生的对物的不同价值支配所形成的他物权类型，在满足非所有人利用需要的同时，又丰富了所有权的实现途径，促进了社会分工和物之价值的最大化利用，财富的利用秩序也应运而生。

交换发生在身份平等的民事主体之间，同时要有贯彻这种平等身份的制度表达和环节设置。因此，假定在交换环节每个主体都有基于自己的自主判断进行自主选择的意志自由，交易环节和制度规则必须围绕如何确保这种意志自由实现来进行设计。同时，为了维护正常的交易秩序，为交易秩序中各方当事人权利保护提供救济，也是其制度和规则的重要任务。契约自由、违约责任的承担和强制，就成为必然的交易规则，民法的契约法就是这种制度安排的表现。

民法的主体制度，从权利能力、行为能力等角度对物质财富的所有

---

① ［德］迪特尔·梅迪库斯：《德国民法总论》，邵建东译，法律出版社2001年版，第12页。
② ［德］迪特尔·梅迪库斯：《德国民法总论》，邵建东译，法律出版社2001年版，第14页。
③ ［德］马克思、恩格斯：《德意志意识形态》，人民出版社1961年版，第27页。

人、商品交换的主体进行确认、提供行为规则，确保在商品归属和交换的环节中，相关主体的身份平等、人格独立和自主决策。

(四) 民法为权利法

通过民法调整和表现出来的平等者之间的社会关系，就是民事法律关系，民事法律关系的内容就是其参与者的权利和义务，权利的实现有赖于义务的履行。因此，民法以发现、确认和保护民事主体的民事权利为己任，围绕着民事主体的人身权利、财产权利构建了相对完善的权利体系。

随着人们对于权利本质的认识的深刻和社会发展变化、人对于客观物质世界的把握能力的变化和日臻强大，主体的权利也在不断地被发现、认可和纳入权利体系领域中。因此，民事权利体系应该是一个开放的、发展变化着的体系。如何在制定法中容纳既有的权利体系框架，同时又为将来可能产生的新类型的权利和正在形成发展中的权利预留必要的空间，是权利体系化中必须要照顾到的现实。我国《民法典》就是考虑到我国社会发展实际，围绕着人身权、财产权、知识产权、继承权和其他民事权利建立起我国比较完备的民事权利体系，同时为新型人格权益、个人信息权益、网络数据虚拟财产权益等进入立法留下了空间。

(五) 民法为任意法规范

所谓任意法，是指主体在法律的限度内拥有广泛的自由空间，可以基于自身的自主判断去设定自身的权利和义务，法律对主体的这种自主选择持支持和保护的态度，并促成当事人自主设定的权利的实现。其所对应的是强行法，强行法更多要考虑国家和社会公共利益的需要，不允许主体有自由意志的发挥，也不允许主体自行确定法律关系的内容，对于违反者国家非但不保护，反而要予以否定性评价或者制裁。民法确认民事主体的行为自由，通过意思表示为内核的法律行为制度，引导民事主体通过法律行为实现其意思自治。因而民法的绝大多数内容是围绕着如何帮助主体实现其意思自治为目的，故其规范设计多以授权性规定为主，使得民法从整体上表现出任意法的色彩。当然，民法的个别领域和环节存在强行法内容，比如涉及所有制、社会公共利益和公序良俗的内容，国家不容许当事人的绝对自治和任意选择，必然要设置强行法规范予以调整和限制。

(六) 民法为行为规范兼裁判规范

与其他法律规范一样，民法对于民事主体具有指引、评价和规范作用。当事人遇到权利的实现遇有阻滞和困难、发生矛盾和纠纷时如何处理，处理的依据是什么？这就产生裁判者的裁判基准问题。"法条或法律规定之意旨，若在要求受规范之人取向于他们而为行为，则它们便是行为规范（Verhaltensnormen）；法条或法律规定之意旨，若在要求裁判法律上争端之人或机关，以它们为裁判之标准进行裁判，则它们便是裁判规范（Entsheidungsnoumen）。"[①] 民法作为任意法，在允许主体意思自治的同时，也以保障意思自治的实现为己任，故对于纠纷和矛盾的处理，也是以行为人是否践行和实现了该任意法的内容为依据。如法律关系的内容违背了意思自治原则、侵越了自治的边界，法律责任就产生了，其据以裁判的依据仍然是民法规则。

（七）民法为实体法

规定当事人间权利义务或具体事项的法律是实体法，规定实体法如何运用和如何实施的程序手续的法是程序法。实体法与程序法是相对独立而又相互联系的独立单元。实体法与程序法之间的关系，是法律体系内部的重要关系之一。二者之间首先有一个彼此协调与配合的问题。实体法是对主体权利义务的分配和调整，而程序法则通过程序性规定确保民事主体实体权利的实现和救济，二者担负着不同的使命。民法的核心和主要内容是对权利的赋予和承认，提供权利人行为规则，故民法为实体法。同时，民法中也有关于权利行使和保护的路径、环节和规则，故亦有程序性事项的规定，但这并不影响民法在整体上的实体法属性。

第二节　民法的调整对象

民法的调整对象就是民法规范所调整的各种社会关系。民法因其调整的社会关系的不同，决定了其调整方法和调整结果的不同。各国民法大都规定，民法的调整对象为平等主体之间的财产关系和人身关系。民法调整的社会关系的最本质特点在于其平等性，这是民法区别于其他法律部门的根本特点。民事主体以平等的身份参与到具体的社会关系中，主体之间不存在身份上的互相隶属或命令服从关系，在从事民事活动时各方有其独立的意志自由和表达，互相不能干预对方的决策或者意志自由。

[①] 黄茂荣：《法学方法与现代民法》，中国政法大学出版社2001年版，第110—111页。

一 民法上的法律关系

法律关系是法律加以调整的生活关系的一部分,是法律研究技术的必要手段。法律关系第二个要素的实质,在于其对一部分现实生活的撷取。生活关系是一个连续统一体,而我们正是从这一连续统一体中取出一部分来,对其继续法律观察。① 拉伦茨教授认为,法律关系总是法律规定的人与人之间的关系,它可以存在于两个或多数的特定的人之间,也可以存在于一个人同所有否定这种法律关系、不尊重这个人的权利的其余的人之间。② 在这些关系中,受民法调整的部分就是民事法律关系。一项法律关系的内容,首先是权利,而且往往同时有若干项权利。③ 民事法律关系的类型及其内容极其纷繁复杂,民法对其进行抽象,将民事法律关系概括为人身和财产关系。

民法注重从对主体人身权利和主体的财产保护两个方面来对社会关系进行调整。前者侧重维护主体之所以为人的主体价值本身,后者维护主体生存和发展的所不可或缺的物质基础权利。围绕着这两大民事法律关系,民法建立起其庞大的民事权利体系及其运行规则,从而实现对社会生活的调节和规范。

二 平等主体之间的人身关系

人身关系,是就基于人格和身份发生的社会关系。人格,指生物学意义上的人被承认为法律意义上的人的状态。身份,是一个人或团体被置放的相较于其他人或团体的有利的或不利的地位,有亲属法上的身份和亲属法外的身份两种。④ 人格有两重含义,其一是主体资格,讲的是具备何种条件才能够被称为民法中的主体——人的问题,这更多地要从价值判断角度去考虑,主要涉及民事权利能力和民事行为能力事宜。其二,人格讲的是作为主体的人身安全和人格尊严问题,作为自然之灵,人的人身安全和

---

① [德]迪特尔·梅迪库斯:《德国民法总论》,邵建东译,法律出版社 2001 年版,第 51 页。
② [德]卡尔·拉伦茨:《德国民法通论》(上册),王晓晔、邵建东、程建英、徐国建、谢怀栻译,法律出版社 2003 年版,第 257 页。
③ [德]迪特尔·梅迪库斯:《德国民法总论》,邵建东译,法律出版社 2001 年版,第 55 页。
④ 彭万林主编:《民法学》(修订版),中国政法大学出版社 1999 年版,第 17 页。

尊严必须受到充分的尊重和维护,因此法律要考虑赋予民事主体人格权来实现这一目的和任务。所谓的"人",包括人格关系和人格权关系,前者是关于赋予主体法律能力(包括权利能力和行为能力)的规定;后者是关于与有权利能力之人不可分离的法益的规定。①

(一)特征

平等主体之间的人身关系具有如下特征:

(1)以特定人身利益为内容,更多体现为对自身的生命、健康、身体、名誉、荣誉等享有的人格利益,基于身份关系而享有的身份利益,如父母子女关系中的身份利益。身份利益多为伦理、情感、归属等利益,一般不直接具有财产性质,无法简单用经济价值进行衡量。

(2)人身关系系于特定的主体,与主体不可分离。由于身份本质就是因人与人之间在法律关系中的资格或者地位所生,故与这种地位和资格不可分割,丧失在法律关系中的资格或地位,其身份也自然丧失。比如建筑物区分所有关系,当区分所有人转让了专有部分的专有权之后,就丧失了建筑物共有部分共有权和共同管理权,不再具有共有人和共同管理者的身份。

(3)在法律适用上的特殊性。由人身关系的上述特征所决定,对人身关系的法律规则及其适用有所不同,要时刻注意到身份关系的特殊性。《最高人民法院关于适用〈中华人民共和国民法典〉总则编若干问题的解释》(法释〔2022〕6号)(以下简称为《民法典总则编解释》)第1条第1款规定"民法典第二编至第七编对民事关系有规定的,人民法院直接适用该规定;民法典第二编至第七编没有规定的,适用民法典第一编的规定,但是根据其性质不能适用的除外"。《民法典》总则编有关法律行为的一般规则是以双方财产行为为基础抽象而来的,而身份行为自始就与财产行为有性质上的根本差异。因此,在分则编未就身份行为作具体规定时,并不能当然适用总则编法律行为的一般规定,而是要基于身份行为的性质再做判断。

(二)类型

关于身份关系,是指主体间基于一定的社会关系所发生的特殊的关系

---

① 徐国栋:《再论人身关系——兼评民法典总则编条文建议稿第3条》,《中国法学》2002年第4期。

和联系，至于其类型，有的学者认为包括亲属法上的身份和亲属法外的身份两类，① 也有的学者认为包括传统的亲属关系、知识产权中的身份、以消费者身份为代表的亲属法外的身份关系和失权者的身份关系四类身份关系。② 不同的身份关系，其存在的原因差别非常大也比较复杂，既有基于传统的血缘家庭关系产生的身份，也有因社会分工、市场的不同领域等原因产生的身份；既有因主体自身因素（如性别、身体残疾）原因，也有因违反市场竞争法则被限制权利的主体。本书以为，民法中的身份关系，至少包括七种类型：

（1）亲属法中的身份关系。在近现代民法里，强调平等而无差别的人格，故封建的复杂身份关系已经逐步限缩到婚姻家庭领域，存在于婚姻关系、父母子女关系、近亲属关系之中，带有更多的婚姻家庭伦理色彩。

（2）基于主体在团体中的地位而发生的身份关系，即社员权中的身份关系。除了婚姻家庭，民事主体基于抵御自然和社会风险的各种需要，需要参与到某社会团体或者组织中，参与社会团体或者组织的活动，实现自身的各种价值目的，这既是结社的目的，也是其身份关系产生的依据。在我国，这种身份关系的类型又可以再分为：集体经济组织成员身份、建筑物区分所有权人身份、股东身份、投资者身份和非法人组织中的成员身份等。

（3）知识产权法律关系中的身份关系。知识产权系基于人类智慧劳动所产生的智慧成果的保护，以维护人类的创造性劳动而赋予的一类特殊权利，具有身份权和财产权的二元一体性。劳动者有权表明自己的权利享有者身份，社会也需要对这种身份权予以认许和尊重。

（4）基于主体自身的特殊性所形成的特殊身份关系。就自然人而言，因性别、年龄、身体健康状况等的不同，形成了有需要特殊保护的妇女、未成年人、老人、身体残障人士等群体。

（5）因在社会分工中所处的领域的不同所产生的特殊身份。由于社会分工日益精细，许多民事主体在参与社会生活过程中，有意或无意地进入社会分工的不同领域，因此形成了一些特殊的身份，如消费者、进城务工人员、失地农民、军人、退役军人等特殊群体。从实质平等和实体正义

---

① 彭万林主编：《民法学》（修订版），中国政法大学出版社1999年版，第17页。
② 徐国栋：《再论人身关系——兼评民法典总则编条文建议稿第3条》，《中国法学》2002年第4期。

的角度出发，必须关注这些群体在社会发展系统中的特殊性和所做出的贡献，在他们的权益保护方面有必要在某方面给予特殊保护，如现役军人离婚自由的特殊限制①。

（6）基于主体自身行为所导致的权利受限时的被限权者身份关系。徐国栋教授称其为失权者身份，其实并非失权者，而是被限权者。这是由于民事主体在其民事活动中违反法律规定、没有尽到法律规定的义务，而被限制了某些权利的状态。比如，被剥夺监护资格的人，公司法规定的不得担任公司的董事、监事、高级管理人员，民事执行活动中的失信被执行人，破产法规定的违反忠实义务、勤勉义务，致使所在企业破产的企业董事、监事或者高级管理人员。这类特殊身份均导致民事主体一时性或永久性丧失某种资格或者权利。

（7）基于传统、习惯或习俗而具有的在现实社会生活中的特殊身份关系。如同乡等从故乡出外求学、工作的特殊群体，② 这就是一种特殊身份。还有如农村中的"乡贤"、家族族长等身份关系，这些身份一般在民法之中没有明确规定，该特殊身份在民事生活中发生着特殊的补充作用，当发生法源不足而要适用习惯的时候，这些特殊身份者的地位和作用往往就会凸显出来。因此，必须对这一类特殊身份予以足够的注意和研究。

三　平等主体之间的财产关系

财产关系是指人们在产品和商品的生产、分配、交换和消费过程中形成的具有经济内容的关系。民事主体要维持自身的生存和发展需要，必须要与外界发生物质交换，通过对物的消费和使用来实现这一目的。因此，财产关系存在于民事主体生存的全过程各方面，是主体人格得以维系的物质要素和保障。

（一）平等主体之间的财产关系的特征

第一，财产关系是一种以经济利益为内容的社会关系。从物质财富主要是为了满足主体的物质需要角度讲，民事主体关注更多的是物质的经济

---

① 《民法典》第 1081 条现役军人的配偶要求离婚，应当征得军人同意，但是军人一方有重大过错的除外。
② 《农业农村部等九部门部署开展"我的家乡我建设"活动》，http://www.xinhuanet.com/mrdx/2023-07/31/c_1310734829.htm，2023 年 7 月 31 日。

利益内容及其运用。比如，所有权本身，就是围绕着物的占有、使用、收益和处分、实现其经济利益的展开。

第二，主体与物质财富之间具有可分离性。由于财富或者经济利益的流动性，决定了财产关系并不一定要与主体永久结合，而是可随时分离。并且某些财产关系其自身目的的实现，本身就决定着在主体与物质财富分离的过程中才能实现，比如消费使用本即处分。

第三，财产关系遭受侵害时，主要是通过损害赔偿等财产性的救济方法来解决的。

(二) 类型

财产关系是以社会生产关系为基础，涉及生产和再生产的各个环节，包括各类性质不同的关系类型。

(1) 归属和利用关系。以经济利益是否为主体所有为依据，可以将财产关系作如是分类。归属关系讲一定的社会物质财富或者经济利益实体为谁取得、由谁支配，解决的是所有权问题。而利用关系则侧重于处理如何有效地利用物质财富所体现的利益，强调物质财富使用价值和交换价值的事实支配问题。《民法典》通过物权编、合同编，将财产归属秩序和流转秩序做了基本的规范。但对于知识产权法律关系却没有在分则中进行系统化安排。继承的内容，在近现代国家已经逐渐限缩到财产继承，故其主要内容已经是涉及财产的流转问题，只不过这种财产流转秩序与通过合同关系进行流转有所不同，更多地要考虑继承人和被继承人之间特定的身份关系。

(2) 物权关系、债权关系。财产关系从其内容角度分析，可以如是分类。物权关系讲的是一定社会物质财富归谁所有，由谁利用的问题，强调民事主体对财富的所有和利用形态区分。而债权关系解决的是一定社会的物质财富如何实现在不同主体之间的流动，是经济利益再分配的过程、环节和途径。

第三节 民法的历史发展

一 民法起源于罗马法

所谓罗马法，是指从公元前 6 世纪塞尔维乌斯·图利乌斯改革到公元 7

世纪中叶为止的这整个历史时期罗马奴隶制国家所实施的全部法律制度。① 从公元前5世纪罗马颁布的《十二表法》6世纪的《优士丁尼国法大全》，罗马法发展过程中所形成的丰富的法律思想、关于社会各个方面的法律制度规则等，为世界各国的法制发展提供了丰富的素材和养料，后世西方世界的民商法中的核心概念、制度和规则，如所有、占有、故意过失、遗嘱遗赠、人格制度、时效制度及其相关规则等，大都可以从罗马法中找到其历史渊源。罗马法对于法律体系的分类和编排，也对后世各国民法的发展产生了深远的影响。比如1804年的《法国民法典》，就采纳了罗马法关于人法和物法的区分方式，形成了三编制结构。随着罗马法在世界范围的传播和学习，英美法系在其形成和发展过程中，也积极吸收了罗马法中的一些重要的原则和制度，结合其固有的日耳曼法传统，形成了与大陆法系不同的另一种法律传统和法律发展模式。

近现代民法的发展，是人类社会历史发展中浓墨重彩的一部分，罗马法在其中发挥了至关重要的概念、术语、制度和规则的供给作用，为近现代民法的发展提供了最为基础的模型，罗马法著作中所展现的法律思想，启蒙和影响了近现代民法的原则和理论。

二 近代民法的制定及其理念

以罗马法复兴运动为其先声，文艺复兴和思想启蒙运动的发展，对欧洲世界产生了深远的影响。对于新兴的资产阶级来说，他们关注的焦点，乃是确立一种能够使得个体摆脱人身性约束的关系，成为自由的个体，使得以土地为核心的物质财富，能够以最简单和自由的方式作为市场要素，进行自由的流转，允许个体能够拥有最大限度的自由，去进行营业上的自由竞争。② 19世纪欧洲各国民法典的编纂，就是对上述要求的积极回应和落实。近代欧洲主要国家的民法典编纂，在传承罗马法的同时，结合本国的法律传统和响应资产阶级的需要来编纂民法典，形成了以《法国民法典》《德国民法典》和《瑞士民法典》等为代表的近代民法体系，为之后各国的民法典编纂提供了样本和制度参考。

---

① 周枏：《罗马法原论》（上册），商务印书馆1994年版，第3页。
② 薛军：《"民法—宪法"关系的演变与民法的转型——以欧洲近现代民法的发展轨迹为中心》，《中国法学》2010年第1期。

(一) 近代民法制定

(1) 1804年的《法国民法典》。路易十四统治时期，法国就曾经考虑过制定全国统一的民法典。但是，由于受到地方政权的强有力抵制，这种想法未有结果。法国大革命爆发，由于大规模的立法是推行革命政策的重要手段，法国民法典的制定工作，在大革命开始之初拉开了序幕。1790年，制宪会议（L'Assemblée Constituante）作出决议，决定"由立法者对民事法律进行重新审查和修改"，并要求"普通法典应当是简单明了、符合宪法的"。1793年、1794年以及督政府统治时期曾由康巴塞雷思先后提交了三份法典草案，但均无果而终。1799年12月15日，拿破仑发动"雾月政变"夺取了政权。1800年8月，他设立了民法典编纂委员会，任命最高法院院长特隆歇、最高法院的政府专员普雷亚梅纽、最高法院俘获审检委员会委员波塔利斯以及最高法院法官马勒维耶为起草成员。委员会采取分工起草的做法，用时4个月完成了起草工作。草案于1804年3月31日公布，被冠以"法国人民的民法典"（Code civil des Francais）之名。法典共有人法、财产法和取得财产的各种方式三卷，共计2280余条。由于是在拿破仑的统治下制定，深受拿破仑个人的影响，且出于对拿破仑所做贡献的纪念，1804年民法典也被称为"拿破仑民法典"。

(2) 1900年的《德国民法典》。1871年德意志帝国成立后，其民法典的编纂却迟迟没有开展，一般认为有两个主要原因。第一个原因是当时德国对是否应当制定民法典存在巨大的争论。主要有两派观点，一派为主张派，以德国法理学自然法学派代表、海德堡大学法学教授安东·蒂博特为代表，他于1914年写成《论制定全德法典的必要性》一书，主张德国应迅速制定一部全德国适用的，包括民法、刑法、诉讼法在内的法典。另一派为反对派，以法理学历史法学派代表人物、柏林大学法学教授萨维尼为代表，萨维尼于1914年出版了《论立法和法理学的现代使命》一书，提出了反对编纂法典的两个理由：一是认为法律是民族精神的体现，是民族意识的一部分，法是自发地、缓慢地和逐渐成长的，而不是立法者有意识地、任意地制造的；二是认为不仅立法是次要的，而且他们那个时代还没有具备编纂法典所必需的技能和才能，草率从事将是没有意义或有害的。因而他认为研究和发展罗马法和日耳曼习惯法要比颁布一部完全新的法典更为合适。两大学派的论争，大大减弱了编纂统一民法典的势头。第二个原因是德国宪法中缺乏编纂统一的民法典的依据。

1873年，德国宪法修改后，关于私法的立法权始扩及于全部民法，德国民法典的立法工作启动，最终在1896年7月1日通过第三草案，定于1900年1月1日施行。与民法典同时公布施行的有民法典的附属法律《民法典施行法》。德国民法典为五编制结构，分为总则、债的关系法、物权法、亲属法、继承法。

（3）1898年《日本民法典》。日本的民法近代化，是以法典化的形式完成的。《日本民法典》是亚洲第一部民法典，虽然其创新性、革命性在世界范围的影响远不及法国民法与德国民法，但在亚洲却有先声夺人的地位，客观上对包括中国在内的其他亚洲诸国实现民法的法典化起到了一定的示范作用。日本当时的民法典编纂有新旧民法之别。日本旧民法编纂始于1869年，在江藤新平主持下以翻译法国民法典的方式进行，由法国人博瓦索纳德主持起草，形成的民法典草案，史称"博瓦索纳德民法典"或"旧民法典"。旧民法因为没有保留和尊重日本民族的"纯风美俗"而被大加诟病，最终未颁行。后日本又重新进行民法典起草，1896年总则编、物权编和债权编在议会通过并公布，1898年亲属编与继承编通过并公布，定于1898年7月16日施行，此即"明治民法"，又称"新民法"。明治民法分为五编，即总则、物权、债权、亲属和继承。

（4）1912年的《瑞士民法典》。瑞士在1848年制定联邦宪法之前，各州大多已有了自己的民法。1874年，瑞士修改宪法联邦取得在自然人的能力、婚姻、债法（合同与侵权行为）、汇票、破产等方面的立法权，于1874年制定《婚姻法》，于1881年制定《（自然人）行为能力法》，于1881年制定《瑞士债务法典》。1898年，瑞士联邦获得全部民法的立法权，欧根·胡贝尔受任起草民法，于1900年完成了由人、亲属、继承、物权四编组成的民法草案。该草案于1907年通过并公布，1912年1月1日起施行。

瑞士民法典的编制为不列入序列的导编、人法、亲属法、继承法、物权法，第五编为债务法。债务法条文单独从头排序，实际就是1881年《瑞士债务法典》的主要内容，包含了大量的商事法律规范，如公司与合作社、商业登记、商号与商业账簿和有价证券等内容。

（二）近代民法原则体系

近代民法确立了如下基本原则：

（1）承认自由平等的人格。19世纪末富于影响的政治上的自由主义所要求的，是不论身份差异与宗教差异而一律平等地适用所有市民的私法。作为这样的私法的法典化形式的民法典应当坚决避开一切身份秩序，个人的私法地位也不应由身份差异与宗教差异决定。民事财产法（债法和物权法）必须随时为促进工业化和将市场经济引向繁荣而提供法律制度和行为方式。①《法国民法典》是法国资产阶级革命的产物，贯彻了资产阶级的基本法律要求，《法国民法典》在其第 8 条明确规定所有法国人均享有民事权利，确认了民事主体人格平等原则。《瑞士民法典》第 11 条规定，人都有权利能力，在法律范围内，人都有平等的权利能力和义务能力。②

（2）保护私有财产所有权。保护资产阶级革命的胜利果实，通过法律巩固财产私有制是法国民法典在内的近代民法的根本任务之一。通过确认私有财产不可侵犯、以所有权为核心的物权制度保护民事主体的财产权益，成为近代民法的基本理念和目标。《法国民法典》规定，所有权是最绝对地享用和处分物的权利，但法律或条例禁止的使用除外。非因公益原因并且事先给予公道的补偿，任何人均不受强制让与其财产所有权。③

（3）确立私法自治原则。近代民法确立了私法自治原则，强调对于意志自由和行为自主的尊重和保护。所谓私法自治，是人行为自由的一部分，弗卢梅认为，其是指各个主体根据他的意志自主形成法律关系的原则；另有学者把广义的私法自治定义为"对通过表达意思产生或消灭法律后果这种可能性的法律承认"④。由自由平等的人格所决定，民事主体对自身的民事权利取得、变更和消灭，通过民事法律关系获得民事权利、承担民事义务，均是通过民事主体的自主自愿实施的。私法自治之意义，在于法律给个人提供一种法律上的权力手段，并以此实现个人的意思，这即是说，私法自治给个人提供一种受法律保护的自由，使个人获得自主决定的可能性。⑤ 私法自治原则在民法中主要表现为合同自由、所有权自由和遗嘱

---

① ［德］米夏埃尔·马丁内克：《德国民法典与中国对它的继受》，转引自《德国民法典》（第 3 版），陈卫佐译注，法律出版社 2010 年版，第 10 页。
② 《瑞士民法典》，殷生根译，法律出版社 1987 年版，第 4 页。
③ 《法国民法典》，罗结珍译，北京大学出版社 2010 年版，第 176 页。
④ ［德］迪特尔·梅迪库斯：《德国民法总论》，邵建东译，法律出版社 2001 年版，第 142 页。
⑤ ［德］迪特尔·梅迪库斯：《德国民法总论》，邵建东译，法律出版社 2001 年版，第 143 页。

自由。

（4）实行自己责任和过错责任。近代民法普遍提出自己责任和过错责任，即强调民事主体仅对自己的行为承担责任，仅对自己主观上存在故意和过失的行为承担责任，从而实现了对建立在惩罚主义和报复主义观念之上的结果责任的革命。正如耶林所言，"使人负赔偿损害的，不是因为有损害，而是因为有过失，其道理就如化学上的原则，使蜡烛燃烧的，不是火而是氧气一样的浅显明白"①。

三 现代民法的发展

近代民法建立的自由主义理论假设，与真实社会生活本身存在一定的脱节，没有正视工业化进程和资本主义发展带给社会生活的巨大影响，以及由此造成的社会关系的深刻变化。《德国民法典》的制定者没有看到或没有充分考虑一个崭新的社会阶层正在崛起，这个阶层就是产业工人。他们所处的社会境遇就与简单商品经济社会手工业者不同。但是，因为劳动者阶层不能主张自己在法律规范层面上的特殊性，所以劳动者这样的社会角色，就不得不被遮蔽在德国民法典中抽象的、统一的民事主体的概念之下。②正如社会主义者安东·门格尔在1890年所强调指出的那样，《德国民法典》能够提供给这个阶层的东西太少了。③近代民法赖以存在的平等性和互换性被质疑和实际上逐渐在丧失。同样，出于对垄断的制止和防止新的垄断的形成，在市场领域，有立法禁止企业或企业联合组织之间订立的所有合同。在劳动法领域，工人阶级通过罢工等斗争手段，争取到劳动关系的大部分内容由劳资协定及其他众多保护雇工利益的法律进行规定。这些都是现代民法发展中的巨大变化，在立法上对合同自由开始进行了必要的限制。现代民法的理念在这一时期也发生了转变，强调社会共同目的的实现，开始对所有权进行必要的限制、引入危险责任原则，追求法的实质正义。

（1）开始关注具体的人格。除了前述对产业工人的劳资协定的特殊保护外，现代民法还注意到一些特殊的民事主体，通过各种立法赋予其特

---

① 转引自江平主编《民法学》，中国政法大学出版社2000年版，第745页。
② 薛军：《"民法—宪法"关系的演变与民法的转型——以欧洲近现代民法的发展轨迹为中心》，《中国法学》2010年第1期。
③ ［德］卡尔·拉伦茨：《德国民法通论》（上册），王晓晔、邵建东、程建英、徐国建、谢怀栻译，法律出版社2003年版，第67页。

殊保护。在房屋租赁法方面出现了对出租人权利的特殊保护和对出租人权利的限制。在分期买卖行为领域，赋予买受人撤回权，以保护那些缺乏必要的业务经验或应变能力、无法充分认清这些合同所带来的不利后果的买受人。因此，现代民法不能回避具体的人格所蕴含的社会和伦理价值，而应对这些特殊身份的主体予以特殊的关注和提供有效的保护。欧洲国家在20世纪的发展历程中，在民法典之外，逐渐发展出针对劳动者、房屋承租人、消费者、妇女、儿童、智力和身体有障碍的人等在社会经济、政治结构中处于结构性弱势地位的人，提供特殊保护的诸多法律规范。①

（2）制约私有所有权。与《法国民法典》中规定绝对的私有所有权不同，《德国民法典》意义上的所有权虽然从来就不是"毫无限制"的权利。然而，法典的制定者们还没有考虑到这样的事实，即土地所有人不得任其所好地行使其权利，他行使权利的方式必须同某个集体在有限的空间内的共同生活所产生的基本需要相符合。② 德国的《魏玛宪法》中，立法者就已将"所有权负有社会义务"这一思想提升为一项具有宪法地位的基本原则。德国《基本法》第14条第2款规定："所有权负有义务。它的行使应同时服务于公共利益。"用联邦宪法法院的话来说，这条规定表明（法律制度）"抛弃了那种个人利益无论如何都应该高于集体利益的所有权制度"③。

（3）对自由竞争设置必要的限制。契约自由是近代合同法的骨干和核心，对于形成自由竞争的市场经济秩序起到了鼓舞、引导和支持作用。但是，毫无限制的契约自由，如果无视双方当事人的实力均衡与否，就"纯为经济支配阶级之自由，多数经济上之弱者唯供其垄断牺牲而已"④。这种深刻变化了的社会经济生活条件，必然要求正视这种自由竞争所带来的弊害和不良社会影响，必须高度重视对于竞争中不利者的特殊保护问题，追求竞争结果的实质正义。对实质正义的追求，必然要求对契约自由

---

① 薛军：《"民法—宪法"关系的演变与民法的转型——以欧洲近现代民法的发展轨迹为中心》，《中国法学》2010年第1期。
② ［德］卡尔·拉伦茨：《德国民法通论》（上册），王晓晔、邵建东、程建英、徐国建、谢怀栻译，法律出版社2003年版，第85页。
③ ［德］卡尔·拉伦茨：《德国民法通论》（上册），王晓晔、邵建东、程建英、徐国建、谢怀栻译，法律出版社2003年版，第85—86页。
④ 胡长清：《中国民法总论》，中国政法大学出版社1997年版，第4页。

从立法和司法上进行必要的规制。① 现代民法对自由竞争的限制，主要表现在劳动法领域中集体劳动合同及其内容的规定、对以消费者为代表的特殊民事主体权利的特殊保护、对公用事业企业赋予强制缔约义务等方面。

(4) 个别领域实行无过错责任原则。随着社会生产力的发展，出现了高速、高空等高度危险的行业或者工种，因这些高度危险发生不可控的损害后果，成为一种现实和不可避免的风险。而对于损害后果的发生，并不存在有过错的责任人。在过错责任原则之下，对于受害人的权益就产生了巨大的问题，会导致巨大的社会不公。对这些特殊领域的损害，在立法上就必须采取更为公平合理的归责原则。较为合乎社会公平的做法，应该是由开辟了某个危险源或维持这个危险源并从中获得利益的人来全部或部分地承担损害。责成这个人来承担损害赔偿义务，是他为法律允许他经营这种具有特别危险性的设备所付出的代价。②

四　中国民法的发展

中国民法的发展经历了一个向日德、苏俄民法学习的过程，最终在坚持与中国国情实际相适应、与立法司法实践相结合的基础上，走上了具有中国特色的法典化道路。

(一) 清以前的民法

一般认为，中国古代不存在近现代意义上的民法部门，但是存在用以调整民事关系的法律规范，如户、婚、钱债、田宅、赔偿等。这些具体的民事法律规范存在于浩如烟海的中国古代法律文献典籍中，对于婚姻、家庭、继承、契约和民事赔偿等民事关系起到了相应的调整和规范作用。之所以我国古代没有形成独立的民法部门，究其原因，主要是缺乏民法中的平等、自由、权利等思想观念，法律传统中民刑不分，以刑代民。中国古代独特的历史发展过程，历朝历代统治者将治理的重心放在了政权的巩固上，在立法上格外注意通过刑罚手段维护统治阶级的专制地位和利益。以农为本、重农抑商的国策，严重阻碍和限制了商品经济的发展，中国古代占主导地位的统治思想强调重义轻利、维护封建宗法级秩序。因此，缺乏国家鼓励和促进的商品经济基础，缺乏自由平等思想、不存在人格平等的

---

① 李永军：《民法总论》，法律出版社2006年版，第64页。
② [德] 卡尔·拉伦茨：《德国民法通论》（上册），王晓晔、邵建东、程建英、徐国建、谢怀栻译，法律出版社2003年版，第82页。

社会现实，使得建立在商品经济基础之上、追求人格平等、契约自由的民法无法独立存在。

（二）清末法制变革后至新中国成立前的中国民法

面对着收回治外法权、恢复关税自主权等现实需要，因应国内维新派的主张，清朝统治者最终选择了进行法制变革，从而开始了中国近代民法法典化的历史进程。通过向日本、德国民法的学习和参考，1911 年，清政府制定了《大清民律草案》，由于辛亥革命的爆发而未来得及正式颁行。1925 年北洋政府修订法律馆起草完成《民法修正案》，也因为未完成立法程序而没有颁行。但是当时的北洋政府司法部通令各级法院在司法中作为法理加以引用，事实上对民事司法活动起到了规范和引领作用。

1928 年 12 月，南京国民政府立法院着手起草民法，1929 年设立民法起草委员会，经两年完成民法起草工作，公布施行了《中华民国民法》，这是中国历史上第一部正式的民法。1949 年 10 月 1 日中华人民共和国中央人民政府成立后，宣布废除了包含《中华民国民法》在内的国民党六法全书。

（三）中华人民共和国成立以后大陆的民法编纂

中华人民共和国成立后，1954 年、1962 年分别进行民法的起草工作，并形成了两个相应的民法草案，但都因政治运动而最终夭折。第一次起草民法，因为 1956 年开始的"整风反右"运动而中断，第二次起草民法，因为 1964 年开始的"四清运动"而中断。因为政治运动使民法起草工作中断，这是表面上的原因，深层次的原因是，我国当时实行计划经济体制，计划经济体制之下，不存在民法作为上层建筑所赖以存在的经济社会条件。计划经济体制，是靠行政权力、行政手段（包括指令性计划和各种票证）来组织和安排产品的生产、流通、交换和消费，因此不需要民法，不需要民法典。所以说，当时国家实行计划经济体制，是前两次起草民法失败的根本原因。[①]

1979 年 11 月，我国开始了第三次民法起草工作，先后制定了大量的民事单行法，如《经济合同法》《继承法》《专利法》《商标法》等。但是这些单行民事立法由于其立法领域和内容的有限性，无法容纳和规定有

[①] 梁慧星：《关于中国民法典编纂问题（2014 年 11 月 16 日于浙大光华法学院）》，https://www.legal-theory.org/? mod=info&act=view&id=20478，2023 年 8 月 25 日。

关民法基本原则、民事主体权利能力、行为能力和法律行为、时效等的共同性规则，为解决这一问题，全国人民代表大会1986年又制定了具有民事基本法性质的《民法通则》。

《民法通则》后，我国又陆续出台了诸如《技术合同法》《收养法》《担保法》等单行民事法律。临近世纪之交，我国还没有民法典，这种状况已不符合市场经济发展要求和改革开放的要求。1998年3月，全国人大常委会委托9位专家成立民法起草工作小组，职责是为国家准备民法典的草案，同时准备物权法的草案。1999年3月15日，《合同法》通过，自1999年10月1日起施行。2002年12月23日，《民法（草案）》终于首次走入庄严的人民大会堂，接受全国人大常委会委员们的审议，这意味着这部治国安邦的国家基本法律正式纳入立法程序。常委会审议后，考虑到民法涉及面广，内容复杂，为不影响物权法等民事法律的尽快出台，民法典的编纂采取了分编审议，分编通过的方式。① 2007年3月16日，十届全国人大第五次会议表决通过了《物权法》。2009年、2010年全国人民代表大会常务委员先后又通过了《侵权责任法》《涉外民事关系法律适用法》。

改革开放以来的民事立法实践，使我国建立起了比较全面的有关民事领域的法律规范。这些法律共同形成我国的民事法律制度，对保护公民、法人的民事权益，维护社会经济秩序，促进改革开放和社会主义现代化建设，发挥了重要作用。② 但是，由于这一期间的民事立法正处在我国经济社会飞速发展的历史阶段，其间的民事立法，有其要解决的改革开放的急迫任务和社会发展现实急需问题，立法中存在一些不一致甚至矛盾冲突之处，急需进行统一修订和规范整合，这样，体系化的民法典编纂的历史使命自然就产生了。

2014年10月23日，党的十八届四中全会作出《中共中央关于全面推进依法治国若干重大问题的决定》，提出要加强市场法律制度建设，编纂民法典。编纂民法典是党的十八届四中全会确定的重大政治任务和立法

---

① 姚红：《关于民法典编纂的几个问题——在"第四届两岸民商法前沿论坛：民商法理论及方法论"会议上的讲话》，http://www.cssn.cn/zt/zt_xkzt/zt_fxzt/26733/fxpd_bzzm2/201501/t20150127_1494412.shtml，2022年10月26日。

② 姚红：《关于民法典编纂的几个问题——在"第四届两岸民商法前沿论坛：民商法理论及方法论"会议上的讲话》，http://www.cssn.cn/zt/zt_xkzt/zt_fxzt/26733/fxpd_bzzm2/201501/t20150127_1494412.shtml，2022年10月26日。

任务，是以习近平同志为核心的党中央作出的重大法治建设部署。编纂民法典，就是通过对我国现行的民事法律制度规范进行系统整合、编订纂修，形成一部适应新时代中国特色社会主义发展要求，符合我国国情和实际，体例科学、结构严谨、规范合理、内容完整并协调一致的法典。①

2015年6月24日，中国法学会民法典编纂项目领导小组和中国民法学研究会组织撰写的《中华人民共和国民法典·民法典专家建议稿》正式提交全国人大常委会法制工作委员会。按照党的十八届四中全会关于编纂民法典的任务要求，编纂民法典列入了调整后的第十二届全国人大常委会立法规划。

编纂工作拟按照"两步走"的工作思路进行：第一步，编纂民法典总则编（中华人民共和国民法总则），经全国人大常委会审议后，争取提请2017年3月召开的十二届全国人大第五次会议审议通过；第二步，编纂民法典各分编，拟于2018年上半年整体提请全国人大常委会审议，经全国人大常委会分阶段审议后，争取于2020年3月将民法典各分编一并提请全国人民代表大会会议审议通过，从而形成统一的民法典。②

2017年3月15日第十二届全国人民代表大会第五次会议通过《民法总则》，自2017年10月1日起施行。之后最高立法机关开始了民法典各分编的编纂工作。2020年5月28日，十三届全国人大三次会议表决通过了《民法典》。

第四节　民法典的体系

民法典就是权利的体系化。在权利体系化之前，首先需要处理的一个重要问题就是民事权利的边界问题。其中最为重要者，就是民事权利和政治权利的关系及其处理问题。关于这个问题，本质上涉及民法和宪法的关系问题。中国民法的权利体系化问题，必须在我国的国情实际基础上进行考察。而大陆法系民法和宪法的关系，对我们并不具有直接拿来的价值。19世纪，欧洲各国民法典制定过程中关注的中心议题，是如何对待先前

---

① 《关于〈中华人民共和国民法典（草案）〉的说明》，https://news.china.com/focus/2020qglh/lhkx/13003798/20200523/38256449.html，2022年10月26日。

② 《关于〈中华人民共和国民法总则（草案）〉的说明》，http://www.npc.gov.cn/zgrdw/npc/lfzt/rlyw/2016-07/05/content_1993422.htm，2023年8月25日。

的共同法传统，如何处理被认为具有普遍性的罗马法与体现了特殊性的地方习惯法的关系问题。① 民法典编纂，本身就具有明确的政治性内涵，它是资产阶级的政治规划的重要组成部分，目的在于建立体现其核心价值选择的国家法律体系。② 20 世纪 20 年代之后，尤其是二战结束之后，随着宪法根本法地位在各国的相继确立，民法典逐渐担当起了践行宪法承诺的制度性使命。对于那些已经制定了民法典的国家（如法国、德国等国家）而言，民法典先前时期在客观上具有的那种限制国家公权力的宪法功能已经发生了性质上的悄然变化，结构性转变为立法者为践行宪法承诺所作的制度性安排。③

而我国的民法典编纂，不存在欧洲民法法典化的背景，也不存在欧洲民法典编纂所要解决的政治内涵，一开始就是在宪法的框架之下、尊重宪法的价值判断、按照宪法的规定展开的。我国的民法典编纂是实现我国治理体系和治理能力现代化的重要步骤和必要举措。《民法典》第 1 条就开宗明义，明确"根据宪法，制定本法"。关于政治权利和民事权利的关系，《关于〈中华人民共和国民法典（草案）〉的说明》中界定得非常清楚，即草案第四编"人格权"在现行有关法律法规和司法解释的基础上，从民事法律规范的角度规定自然人和其他民事主体人格权的内容、边界和保护方式，不涉及公民政治、社会等方面权利。④ 因此，民法典关于民事权利部分是对宪法规定的落实和贯彻，是在宪法价值判断指导下对我国民事立法经验和司法经验的全面系统总结。

民法典不仅要力求维持自身的逻辑自洽、体系完整，捍卫私法自治这一不变的价值诉求，而且要践行宪法承诺，将宪法中的相关制度建构要求较为妥帖地嵌入民法典的规则体系之中。⑤ 因此，不能简单地拿市民社会和政治国家的分野、公法私法的划分以及欧洲国家民法和宪法的关系来解释说明我国的民法典和宪法的关系，更不能以此来说明民事权利和政治权

---

① 薛军：《"民法—宪法"关系的演变与民法的转型——以欧洲近现代民法的发展轨迹为中心》，《中国法学》2010 年第 1 期。
② 薛军：《"民法—宪法"关系的演变与民法的转型——以欧洲近现代民法的发展轨迹为中心》，《中国法学》2010 年第 1 期。
③ 刘志刚：《民法典的宪法使命及其实现》，《政法论丛》2019 年第 4 期。
④ 《关于〈中华人民共和国民法典（草案）〉的说明》，https://news.china.com/focus/2020qglh/lhkx/13003798/20200523/38256449.html，2022 年 10 月 26 日。
⑤ 刘志刚：《民法典的宪法使命及其实现》，《政法论丛》2019 年第 4 期。

利的关系，既不能把二者人为割裂，也不能将二者简单混同。二者区分有度，但也浑然一体，统一于推进全面依法治国、建设法治中国的伟大历史实践之中。

一 权利义务规则的体系化

民法将市民社会中的各种社会现象还原为权利义务的法律概念。然后从权利义务主体、权利义务的内容、权利义务的设定规则以及对权利的救济方法等角度，形成一整套规则。以合同为例，人们首先必须认识到，买卖、租赁、所有权移转合意、设定质权、婚约、继承合同等行为之间，在何种程度上具有相似性。这些行为的相似之处，便是两个人对特定的内容表示他们的同意。只有认识到这一点，才能够将所有这些行为（以及其他许多行为）归纳在"合同"之下，并对它们的共同之处进行调整。[①] 通过抽象这种立法技术，人们在法律上形成了合同（契约）、所有权、侵权行为等核心概念。围绕着合同、所有权和权利的保护和救济的规则，形成了民法的主要领域，如合同法、所有权法、侵权行为法等。

对上述民法的主要领域及其规则，在其法律体系中如何安排，各国做法不同。在英美法系国家，基本上是围绕合同法、所有权法、侵权行为法和家庭法的体系展开。而在大陆法系国家，又有所不同。早在1804年《法国民法典》，采取人（包括家庭法）、财产以及财产的取得方法[②]三卷展开其体系化。《德国民法典》是以概念的抽象化以及对概念进行严格的界定而著称的。显而易见，对类似这样的一部法典来说，概念之间的逻辑关系和上下属关系，概念之间的相对性或兼容性以及如何将整个法律材料划分为各类总体概念，简单地说就是体系，具有特别重要的意义。[③]《德国民法典》在理论抽象的基础上，对民法规则进行了更进一步的统合。首先，从合同关系和侵权行为关系中抽象出"特定人请求特定人为某种行为"，将其称为债。在《德国民法典》之前的民法典中，尚无明确规定物权体系的先河。一般认为，对物权这一概念的明确使用，发现各种物权的内在逻辑并将各种物权按这种逻辑规定为一个完整的体系，是《德国

---

① ［德］迪特尔·梅迪库斯：《德国民法总论》，邵建东译，法律出版社2001年版，第22页。
② 契约法为中心，侵权行为法也包含在内。
③ ［德］卡尔·拉伦茨：《德国民法通论》（上册），王晓晔、邵建东、程建英、徐国建、谢怀栻译，法律出版社2003年版，第38—39页。

民法典》的一个创造。① 其次，将人对物的权利抽象为物权。这样，《德国民法典》就形成了以债权和物权为基础的权利义务规则体系。债权法的体系主要以债的发生原因的不同，分为：合同、无因管理、不当得利、侵权行为、缔约过失。而物权法则是围绕着所有权（完全的物权）、限制物权（用益物权和担保物权）和占有（对物的事实支配状态）的规则来展开。

二　大陆法系国家经典的民法典体系

民法典体系包括形式体系（外在体系）和价值体系（内在体系）两方面。形式体系，是指民法典的各编以及各编的制度、规则体系。价值体系是指贯穿于民法典的基本价值，包括民法的价值、原则等内容。大陆法系国家的民法典历来以私法自治为价值体系展开。而大陆法系各国民法典的形式体系，大致可以分为两种类型。

（一）罗马式体例（法学阶梯式）

罗马法把民法分成人法（Persona）、物法（Res）、诉讼法（Actio）三个部分。1804年《法国民法典》按照这一体例，只是把诉讼法独立出去了。它分为序言和正文两部分，共2281条，全文篇幅12万字，其中正文分为三卷，分别是"人""财产"和"取得财产的方法"，卷之下又分为编、章、节、条等次级结构。《法国民法典》自1804年问世以来在体系上一直保持着"人法""物法""债法"三卷的整体结构。18世纪的自然法学思想深深影响着《法国民法典》的制定，但法学的研究水平尚未达到19世纪的科学化程度。因此，表现在《法国民法典》上的自然、通俗与流畅的亲民特点与后来的科学化的潘德克吞法学以及概念法学还是存在一定的差距。② 时至今日，当我们谈及1804年《法国民法典》之时，依然会惊叹于其严谨的体系结构、精妙的立法技术、优美的语言表达等。除此之外，其独特而复杂的历史逻辑，亦需被格外重视。可以说，它构成了当代人理解这部法典内容的基础历史线索，同时，也是我国在民法典编纂过程中研究法国经验时必不可少的分析前提。③

自1804年《法国民法典》之后，荷兰、比利时、西班牙、葡萄牙等

---

① 孙宪忠：《德国当代物权法》，法律出版社1997年版，第19页。
② 耿林：《论法国民法典的演变与发展》，《比较法研究》2016年第4期。
③ 张玉涛：《论1804年法国民法典的历史逻辑》，《上海法学研究》2020年第22卷。

国也仿照此例，纷纷制定自己的民法典。《法国民法典》制定之后，随着社会的变迁，法律修订也就不可避免。其修订主要呈现两种形式：一是在法典内部对法典内容或结构所作的修订，二是在法典外部制定单行法。①

（二）德意志式（Pandectae 式）

潘德克顿学派对德国民法典形成非凡影响的关键，取决于该学派本身独具的科学性的理论、体系、方法和成果，其所展现出的一些学术特征符合当时立法编纂的需要。这些特征主要有以下几方面：一是以《学说汇纂》作为其概念术语和理论建构的历史基础，以科学精神对法学概念进行体系化研究；二是潘德克顿学派崇尚成文法至上观念，著述语言简明规谨、内容论证透彻；三是潘德克顿学派坚持"归类—演绎"的逻辑推理，主张法律本身应具有完备的体系。②

《德国民法典》按照学说汇纂法学的体系来安排结构和划分篇章，分为总则、债的关系法、物权法、亲属法和继承法五编。法典体系化程度非常高，将主体、法律行为等分则各编的共同性规则置于总则编。《德国民法典》体系的基本点是将概念分为一般的概念和特别的概念，从而将各编内容分成"总则"和"分则"，债法编又将债法分成"债法总则"和"债法分则"。③ 法典将债的关系法置于物权法之先，能够看出立法者对于财产流转关系的额外关注和重视，这也与德国当时所处的社会历史阶段紧密相关。《德国民法典》为后世各国编纂民法典提供了新的典范，如《日本民法典》的形式体系也是按照五编制结构展开，只是在如物权、债权等相关编的顺序上进行了调整，属于《德国民法典》五编制结构的变体。当然，《德国民法典》的高度抽象化也带来了一系列的问题，有学者评价道，这也是一部受到过度的抽象化处理的伤害的法典，在其中潘德克顿法学对具体的实在法制度的建构更适合于作为学理论述，而不适合于写入到立法文件中。④

---

① 耿林：《论法国民法典的演变与发展》，《比较法研究》2016 年第 4 期。
② 曹志瑜、曹欣：《他山之石：潘德克顿法学对中国民法典编纂的历史镜鉴》，《江南大学学报》（人文社会科学版）2020 年第 3 期。
③ [德] 卡尔·拉伦茨：《德国民法通论》（上册），王晓晔、邵建东、程建英、徐国建、谢怀栻译，法律出版社 2003 年版，第 39 页。
④ [意] 比扬卡：《关于欧洲民法典编纂的短论》，薛军译，《中外法学》2004 年第 6 期。

三 中国民法典的体系

在近代民法文明进步的历程中，1804年《法国民法典》率先开创了近代民法文明的历史进程。之后，1900年《德国民法典》的颁布，使人类近代民法文明进入了一个辉煌的时代。《德国民法典》以其先进的立法理念，完整的五编制体系，明确清晰的概念术语，详尽系统的内容规定，以及周密精致的结构布局，成为20世纪以后各国民事立法的楷模。自清末伊始，我国开始借鉴德国民法的内容，不论直接抑或间接借鉴，借鉴的成果却永远保留在《大清民律草案》《中华民国民法》《中华人民共和国民法典（草案）》等立法成果，乃至这120年的学术研究长河中。可以说，我国民法的发展进程始终少不了对德国民法的吸收与借鉴。①

（一）民法典的形式体系

我国民法典的形式体系，是以我国社会主义法治建设实践和立法成就继承与总结为基础，形成了七编制结构。其中总则规定民法的一般规定、民事主体、民事权利、法律行为、代理、民事责任和时效等内容。分则没有采用传统债权编的做法，而是通过合同把债的主要内容进行了涵摄，将无因管理和不当得利之债置放到准合同这一上位概念之下。人格权独立成编，凸显新时代我国对于人格权的重视和更为周详的保护。保留了传统民法典中的物权编、婚姻家庭编和继承编。同时为了继承已有的《侵权责任法》，作为民事权利救济法，我国民法典又规定了侵权责任编。这样一来，就围绕着总则、物权债权等权利的类型化、权利救济的逻辑架构，形成了七编制结构。我国民法典七编制结构，可谓来自大陆法系主要法典化国家对于民事法律关系的基本判断，更是建立在我国社会主义法治实践基础上的经验总结，既有对大陆法系国家民法法典化学习和传承的内容，更有建立在理论、制度、道路和文化自信基础之上的中国特色。

对于我国民法典的形式体系，不同的论者有不同的观点和看法，德国霍尔夫·施蒂尔纳教授认为，不同于1900年的《德国民法典》，《中国民法典》选择了一条类型固定（Typenfixierung）程度更高、在物权领域类

---

① 何勤华、周小凡：《我国民法典编纂与德国法律文明的借鉴——中国继受1900年〈德国民法典〉120年考略》，《法学》2020年第5期。

型固定更为广泛的道路,并且在物权领域在关键点上也没有追随《法国民法典》的现代化。① 在某些点上,如果可以略微提高对于债权性形成自由的开放性则会更为可取。尽管如此,一个对于《中国民法典》立足基础的过度批评显得有些吹毛求疵。当我们考虑到中国新的社会发展相对较晚的起点,即使在类型化的平衡方面,《中国民法典》也堪称是一部完全可以与其他法典相媲美的民事法典。② 这一评价可谓独到和中肯。

(二) 民法典的价值体系

我国民法典的价值体系,以社会主义核心价值观为精神灵魂。

(1) 社会主义核心价值观是民法典的精神灵魂。早在2016年12月,中共中央办公厅、国务院办公厅印发《关于进一步把社会主义核心价值观融入法治建设的指导意见》中就明确,社会主义核心价值观是社会主义法治建设的灵魂。把社会主义核心价值观融入法治建设,是坚持依法治国和以德治国相结合的必然要求,要推进民法典编纂工作,健全民事基本法律制度,强化全社会的契约精神。③ 《民法总则》立法宗旨中写入了"弘扬社会主义核心价值观"的内容,在民法典分则编纂工作进行中,2018年5月7日,中共中央又印发了《社会主义核心价值观融入法治建设立法修法规划》,明确要加快推进民法典各分编的编纂工作,用社会主义核心价值观塑造民法典的精神灵魂,推动民事主体自觉践行社会主义核心价值观。

(2) 落实宪法规定是民法典编纂的重要使命。前已述及,我国民法典的编纂,并没有欧洲国家民法法典化与后来宪法上升为更高层次法律地位的历程和现实国情。我国民法一开始就是作为在宪法根本大法之下的基础性法律而存在的,作为社会主义法律体系和法律秩序整体构成一部分的民法,其价值基础在最根本的意义上还是依托于宪法、要落实宪法的基本价值判断。因此,民法的理论和实践一方面必须向着宪法开放,接受来自宪法的控制和影响;另一方面,也应该面向宪法来寻求支持和解决民法

---

① [德] 霍尔夫·施蒂尔纳:《试评〈中国民法典〉:以欧洲与德国法律史为背景》,徐杭译,《南大法学》2022年第3期。
② [德] 霍尔夫·施蒂尔纳:《试评〈中国民法典〉:以欧洲与德国法律史为背景》,徐杭译,《南大法学》2022年第3期。
③ 《中共中央办公厅 国务院办公厅印发〈关于进一步把社会主义核心价值观融入法治建设的指导意见〉》,http://www.xinhuanet.com/zgjx/2016-12/27/c_135935014.htm,2023年8月25日。

价值判断问题的思路。① 保护民事主体的合法权益是我国民法典的中心任务和直接立法目的。同时,《民法典》第 3 条规定,民事主体的人身权利、财产权利以及其他合法权益受法律保护,任何组织或者个人不得侵犯。该条是对第 1 条"保护民事主体的合法权益"的进一步强调,是我国宪法规定的对社会主义市场经济中各类民事主体合法权益进行保护等重要内容的贯彻落实。

(3) 民法典各基本原则是社会主义核心价值观的贯彻和落实,是社会主义核心价值观在民事领域的具体体现和反映。民法基本原则与社会主义核心价值观的追求是一致的,对基本原则的解释也要充分围绕社会主义核心价值观。民法典所确立的绿色原则对应国家层面的要求,平等原则、自愿原则、公平原则以及合法原则均对应社会主义核心价值观的社会层面的要求,公序良俗原则则是介于国家层面与社会层面的要求之间,而诚信原则对应的是公民个人价值层面。当然,上述民法基本原则是民事主体从事民事活动的基本准则,同时也是公民个人价值层面的价值准则。从这个角度看,我国民法典的价值取向也是分层次的,具有多元性。

(4) 社会主义核心价值观是民法典适用的理由和依据。法律适用中的最大问题是有法可依问题,民法典为我国的民事活动提供了可供使用的丰富的规则体系,但是,任何立法都存在滞后性和不敷使用的问题,我国民法典亦不例外。在法律渊源方面,除了法律规定外我国民法典还规定了可以使用不违背公序良俗的习惯。对于习惯是否违背公序良俗原则,社会主义核心价值观就成为重要的论证和说理依据,法院在裁判案件时,就可以从公民个人、社会和国家不同层次,论证习惯是否合理,是否可以作为裁判案件的依据。当然,遇有既无法律规定,又无习惯可以援用的情形,适用民法典的基本原则裁判案件,也存在用社会主义核心价值观作为价值判断依据,进行释法说理的必要。②

(5) 民法的制度规范和具体权利所负载的价值仍然以社会主义核心价值观为其核心。民法典对于社会生活的调整,其内在价值具有一体性和一致性,我国 70 年来的民事立法和司法实践,就是保护人民、维护人民

---

① 薛军:《"民法—宪法"关系的演变与民法的转型——以欧洲近现代民法的发展轨迹为中心》,《中国法学》2010 年第 1 期。
② 参见《最高人民法院印发〈关于深入推进社会主义核心价值观融入裁判文书释法说理的指导意见〉的通知》(法〔2021〕21 号)。

群众生存权和发展权的实践，通过立法所确立、认可的制度规范、权利类型，其背后的价值追求有其社会历史发展的内在逻辑和文化底蕴，体现着社会主义核心价值观的要求。我们在学习、理解和分析其背后的价值时，应以社会主义核心价值观作为解释理由，作为价值判断、权衡和选择的依据。

因此可以说，我国民法典的价值体系是围绕着宪法规定和保护合法民事权益为中心、以基本原则为引领，形成的在国家、社会和个人三个层次上的以平等、自愿、公平、诚信、守法、不违背公序良俗，有利于节约资源、保护生态环境等为价值取向的分层多元价值体系。

四　中国民法法典化的特点

我国民法典的编纂，是实现民法法典化的重要步骤，由于我国特殊的国情和社会主义法治实践，我国的民法法典化既反映民法体系化的要求，又具有自身的特点和逻辑。

（一）体系化

1. 价值取向明确

社会主义核心价值观为民法典的精神灵魂注入了新的内涵，民法典的原则和制度更是围绕弘扬社会主义核心价值观而展开，法典体现了对人格尊严、人身自由、婚姻家庭生活幸福、财产安全、交易便利、法治化营商环境等各方面权益进行平等保护的价值追求。

2. 法典体系和谐

民法典在形式上，实现了法律文件形式和结构的集约化、系统化和规范化，体例科学、结构严谨。既照应了大陆法系民法法典化传统，又紧密结合我国社会主义民事立法实践，继承和发扬我国的民事立法经验。同时民法典在价值体系上自成特点，以社会主义核心价值观为精神灵魂，统领民法典内容的各个方面，规范合理、内容完整并协调一致。

3. 追求与社会主义法律体系的和谐统一

民法典与其他法律部门的关系不是截然分割的，而是在社会主义核心价值观的引领下的有机统一，民法典通过规范转介、参引等技术的运用，打通民法典与民事特别法、公法的通道，使民法典成为社会主义法律体系的有机组成部分。

(二) 中国民法典的编纂逻辑

1. 响应全面推进依法治国的号召

实现经济发展、政治清明、文化昌盛、社会公正、生态良好，实现我国和平发展的战略目标，必须更好发挥法治的引领和规范作用。[①] 法治是国家治理体系和治理能力的重要依托。只有全面依法治国才能有效保障国家治理体系的系统性、规范性、协调性，才能最大限度凝聚社会共识。[②] 编纂民法典是党的十八届四中全会决议部署的重大政治任务和立法任务，是实现全面推进依法治国的重要环节和重要方面。

(1) 保护民事主体的合法权益和发展权益；科学界定公权力和私权保护之间的界限，能够促进政府更好发挥作用，推动有效市场和有为政府更好结合。

(2) 维护社会主义基本经济制度，建立健全产权保护制度。规定国家、集体经济组织、私人和其他民事主体的所有权，规范社会物质财富的利用制度，规定用益物权和担保物权体系，是民法典物权编的重要任务。民法典编纂中，结合我国的现实需要，总结吸收我国物权法实施以来的司法实践经验，进一步对物权法律制度进行了健全和完善。

(3) 合同制度的健全和完善，为社会主义市场经济的顺畅、有序和高质量发展奠定了制度和规则基础。合同制度中所体现的契约精神、平等自愿原则、诚实守信等，无不为商品生产和商品交换提供行为遵循。合同制度的健全和完善，对于促进市场经济的高质量发展，促进商品和要素自由流动、打造法治化的营商环境均具有基础的制度支撑和规则供给作用。

(4) 维护婚姻家庭的和谐有序。婚姻家庭是每个人生活的最小单位，幸福美满的婚姻家庭环境，是人类心灵栖息的港湾。民法典规定家庭应当树立优良家风，弘扬家庭美德，重视家庭文明建设，通过具体制度规则维护婚姻家庭的和谐有序。未成年人是国家的未来和希望，保护未成年人的合法权益是全社会共同的责任和价值追求。民法典在总则编中确立了最有利于被监护人的原则，在婚姻家庭编中确立了最有利于被收养人的原则，

---

① 《中共中央关于全面推进依法治国若干重大问题的决定》，http://www.npc.gov.cn/zgrdw/npc/zt/qt/sbjszqh/2014-10/29/content_1883449.htm，2023年8月25日。

② 习近平：《坚定不移走中国特色社会主义法治道路　为全面建设社会主义现代化国家提供有力法治保障》，《实践》(党的教育版) 2021年第3期。

建立起了全面的保护未成年人合法权益的规则体系。

（5）根据我国社会家庭结构、继承观念等方面的发展变化，继承编在现行继承法的基础上，修改完善了继承制度，以满足人民群众处理遗产的现实需要。

2. 适应新时代社会主要矛盾的变化要求

中国特色社会主义进入新时代，我国社会主要矛盾已经转化为人民日益增长的美好生活需要和不平衡不充分的发展之间的矛盾。[1] 随着人民生活水平不断提高，人民群众的需要呈现多样化、多层次、多方面的特点，人民群众对美好生活的期待越来越强烈。[2] 着力解决好发展不平衡不充分问题，大力提升发展质量和效益，更好满足人民在经济、政治、文化、社会、生态等方面日益增长的需要，更好推动人的全面发展、社会全面进步。[3] 民法典的编纂，要顺应人民日益增长的美好生活需要，要向着解决我国社会主要矛盾的目标出发。

3. 坚持以人民为中心的理念

推进全面依法治国，根本目的是依法保障人民权益。要积极回应人民群众新要求新期待，系统研究谋划和解决法治领域人民群众反映强烈的突出问题，不断增强人民群众获得感、幸福感、安全感，用法治保障人民安居乐业。[4] 民法典以坚持人民为中心，以保护人民合法权益为其直接目的，通过基本原则的高度价值抽象和内容概括，有效调整平等民事主体之间的法律关系，促进社会公平正义。构建起完整的民事权利（益）体系，强化对民事权益的保护和救济，落实"公民的人格尊严不受侵犯"的宪法要求，确认公民人格权的庄严并进行严格保护，进一步贯彻对市场主体财产权的平等保护，保护公平、有序的法治化营商环境。

4. 总结社会主义法治实践经验

民法典系统整合了中华人民共和国成立 70 多年来长期实践形成的民

---

[1] 习近平：《决胜全面建成小康社会　夺取新时代中国特色社会主义伟大胜利——在中国共产党第十九次全国代表大会上的报告》，《人民日报》2017 年 10 月 28 日第 1 版。

[2] 人民日报：《坚持以人民为中心的发展思想　努力让人民过上更加美好生活》，http://opinion.people.com.cn/GB/n1/2017/1011/c1003-29579326.html，2021 年 10 月 12 日。

[3] 习近平：《决胜全面建成小康社会　夺取新时代中国特色社会主义伟大胜利——在中国共产党第十九次全国代表大会上的报告》，《人民日报》2017 年 10 月 28 日第 1 版。

[4] 本报评论员：《维护和促进社会公平正义——论学习贯彻习近平总书记在中央全面依法治国工作会议上重要讲话》，《人民日报》2020 年 11 月 23 日第 1 版。

事法律规范，汲取了中华民族5000多年优秀文化，借鉴了人类法治文明建设有益成果，是一部体现我国社会主义性质、符合人民利益和愿望、顺应时代发展要求的民法典，是一部体现对生命健康、财产安全、交易便利、生活幸福、人格尊严等各方面权利平等保护的民法典，是一部具有鲜明中国特色、实践特色、时代特色的民法典。①

5. 贯彻落实新发展理念

发展是解决我国一切问题的基础和关键，发展必须是科学发展，必须坚定不移贯彻创新、协调、绿色、开放、共享的发展理念。② 民法典的原则和规则体系，对鼓励积极创新，保护合法权益，稳定社会经济秩序，节约资源、保护环境，扩大对外开放，促进各国民事主体交往交流等方面，都有巨大的引领、促进和保障作用。

五 中国民法典的性质及特色

2020年5月29日，习近平总书记在中共中央政治局就"切实实施民法典"集体学习时强调，民法典在中国特色社会主义法律体系中具有重要地位，是一部固根本、稳预期、利长远的基础性法律，对推进全面依法治国、加快建设社会主义法治国家，对发展社会主义市场经济、巩固社会主义基本经济制度，对坚持以人民为中心的发展思想、依法维护人民权益、推动我国人权事业发展，对推进国家治理体系和治理能力现代化，都具有重大意义。③ 习近平总书记的讲话高度概括了我国民法典的性质和作用，对于学习和领会民法典的制度规则具有重要的指导意义。

（一）民法典的性质和作用

我国民法典在中国特色社会主义法律体系中具有重要地位，是一部固根本、稳预期、利长远的基础性法律。

1. 民法典是中国特色社会主义法律体系中的基础性法律

民法典是中国特色社会主义法律体系中的重要组成部分，处于基础性法律地位。其基础性，主要可以从四个方面进行理解和认识。首先，民法

---

① 《民法典充分体现中华优秀法律文化》，https：//baijiahao.baidu.com/s？id=1671305071854316694&wfr=spider&for=pc，2021年10月12日。
② 习近平：《决胜全面建成小康社会 夺取新时代中国特色社会主义伟大胜利——在中国共产党第十九次全国代表大会上的报告》，《人民日报》2017年10月28日第1版。
③ 习近平：《充分认识颁布实施民法典重大意义 依法更好保障人民合法权益》，《奋斗》2020年第12期。

典调整的社会关系具有基础性。民法典调整民事主体之间的人身关系和财产关系，是我国社会中最为基础的法律关系，是在理论和实践中都被证实存在的人和人的生存状态和生活空间，是每一个民事主体须臾不可脱离的社会关系。其次，法律主体的基础性、民法典所确立的民事主体及其类型，涵盖了我国社会中最为基本和最为全面的民事主体，自然人、法人和非法人组织，是社会的最为广泛的人的基础。再次，民法典内容具有基础性。人身关系和财产关系，是每个民事主体都参与的主要社会关系，在整个社会关系范畴中具有最为基础的地位，是人之所以为人、人生存和发展的基本条件。最后，民法典法律效力位阶具有基础性。由民法典的上述基础性特点所决定，民法典在效力位阶上仅次于我国的根本法——宪法。民法典对于民事法律关系的基本规定，是其他法律部门必须遵守的原理和原则。

2. 民法典是一部固根本的基础性法律

所谓固根本，是指民法典发挥着巩固人民之根本、国之根本、发展之根本和社会主义先进文化之根本的基础作用。固人民之根本：民法典坚持以人民为中心的发展思想，通过人身关系法制度体系，维护和保障人民群众的人身权、人格权，通过物权和合同编等财产权制度体系，维护和保障人民群众的财产权，不断保障和改善民生、增进人民福祉，切实保障社会公平正义和人民权利。固国之根本：民法典坚持和实现"坚持公有制为主体、多种所有制经济共同发展和按劳分配为主体、多种分配方式并存，把社会主义制度和市场经济有机结合起来，不断解放和发展社会生产力的显著优势"①，维护社会主义基本经济制度，推进生产力的高质量发展和进步。固发展之根本：民法典为推动经济高质量发展、社会和谐稳定发展、文化繁荣发展等要注入更多法治力量。固社会主义先进文化之根本：民法典立法目的之一，就是弘扬社会主义核心价值观，做到了把社会主义核心价值观的要求融入法治建设和社会治理之中。

3. 民法典是一部稳预期的基础性法律

推进全面依法治国，根本目的是依法保障人民权益。要积极回应人民群众新要求新期待，系统研究谋划和解决法治领域人民群众反映强烈的突出问题，不断增强人民群众获得感、幸福感、安全感，用法治保障人民安

---

① 《中共中央关于坚持和完善中国特色社会主义制度 推进国家治理体系和治理能力现代化若干重大问题的决定》，《人民日报》2019 年 11 月 6 日第 1 版。

居乐业。① 民法典根据我国的民事立法和司法实践经验，总结和规定了结构合理、内容全面的民事权利体系及其保护规则，这是对人民群众生存利益、发展预期的有效固定，能够发挥立法的引导作用，指导民事活动规范有序进行，保障民事主体通过民事法律行为预设目的的实现。

4. 民法典是一部利长远的基础性法律

作为社会主义法律体系的重要组成部分，民法典提供了民事主体开展民事活动的基本准则和规则，对于平等主体社会关系的治理发挥着最基础的规范作用，对推进国家治理体系和治理能力现代化，发挥着基础的支撑和保障作用。

(二) 中国民法典的特色

我国民法典编纂是建立在中国特色社会主义法治实践基础之上，学习和借鉴世界先进的民法制度和文化的基础上的，具有鲜明的中国特色、实践特色和时代特色。

(1) 鲜明的中国特色。民法典是一部社会主义性质的民法典。民法典以宪法为依据、坚持正确的政治方向，全面贯彻习近平总书记全面依法治国新理念、新思想、新战略。民法典反映了中国思考，是立法对时代脉搏的把握，反映着中国对自然人的本质、婚姻家庭、社会、国家乃至人类命运共同体的理解和认识，是21世纪时代之问的中国应答。我国民法典是解决中国发展问题的中国方案，总结了中国法治建设70多年，尤其是改革开放40多年来的实践经验，是对我国社会经济发展及人民群众各种需求的深刻思考、认真总结和审慎规范、引导和保障。我国民法典具有深厚的中华文化底蕴，继承和弘扬了中华民族的优秀历史文化传统，是中华优秀文明的能动反映，是文化自信的体现和载体。比如，民法典规定了诚实信用原则、见义勇为行为规则，对英雄烈士人格权益进行特殊保护，重视家庭文明建设。从其外在体系看，民法典编纂创立了中国模式。民法典遵循和继承了70多年我国立法实践形成的传统和风格，结合我国前面四次民事立法形成的基本格局和立法现实，采用了七编制机构，人格权编独立成编。

(2) 生动的实践特色。民法典是对我国改革开放40多年以来民事立

---

① 本报评论员：《维护和促进社会公平正义——论学习贯彻习近平总书记在中央全面依法治国工作会议上重要讲话》，《人民日报》2020年11月23日第1版。

法和司法实践经验的总结和升华。其一，我国改革开放40多年的民事立法，其基本思路是围绕实践的急迫需要而展开，本身就是社会发展实践的产物。民法典的编纂并非另起炉灶，而是在继承和发扬了既有民事立法中被实践证实符合人民利益、行之有效的制度和规则的基础上，结合新的发展实践需要，对我国民事立法作出的体系化、科学化的整合。其二，民法典也是中国波澜壮阔40多年改革开放的伟大历史实践的总结，是对我国经济社会急剧发展过程中有关民事活动经验的深刻认识和发展规律的准确把握，对于未来推动我国治理体系和治理能力现代化具有巨大的示范作用。其三，实践出真知，民法典将实践中通过立法解释和司法解释确定的大量有益经验上升为法律，如第1015条关于姓氏的选取规定、第1254条规定高空抛物处理规则等。这些行之有效的规则，是我国社会主义法治实践中产生的宝贵财富，民法典对其进行了及时的总结和吸收。

(3) 积极的时代特色。民法典的编纂及其内容，是新时代背景下的伟大的民法法典化结果，响应新时代我国社会主要矛盾变化的要求，积极适应时代的发展变化。第一，审慎回应了人格权保护所提出的新要求和新需要。民法典规定了生命尊严、精神健康、私生活安宁等人格权的新内涵，禁止深度伪造他人肖像、声音等新问题。为世界各国有效应对人格权保护问题提供了中国经验和中国方案。第二，反映了网络时代保护民事主体人格权的新特点。民法典明确了隐私权的含义、保护以及处理个人信息应遵循的原则和条件；构建自然人与信息处理者之间的基本权利义务框架，合理平衡保护个人信息与维护公共利益之间的关系。[①] 第三，有力地回应新技术发展对法律规则的需求。《民法典》第1006条、1007条、1008条、1009条的规定为与人体基因、人体胚胎等有关的医学和科研活动设置红线，明确从事此类活动应遵守的底线规则，为维护人格尊严、守护人类自身的安全作出了中国的选择和应对。第四，融入了生态文明理念，践行绿水青山就是金山银山的理念，坚持节约资源和保护环境的基本国策，围绕统筹推进"五位一体"总体布局，顺应人民在生态方面日益增长的需要，在总则编第9条确立了绿色原则，在物权编、合同编、侵权责任编中专门规定落实绿色原则的制度和规则。第五，融入了风险治理理念机制。21世纪是一个高速发展的世纪，也是各种风险多发、共存的世

---

① 《关于〈中华人民共和国民法典（草案）〉的说明》，https：//news.china.com/focus/2020qglh/lhkx/13003798/20200523/38256449.html，2022年10月26日。

纪。民法典在编制过程中慎重考虑如何积极有效应对各种风险、防范风险的发生，分配风险带来的损害，尽可能通过补偿机制对受害人进行社会救济。第六，民法典积极回应生产生活方式深刻变化，规定了电子合同的法定形式及其履行规则。规定了打印遗嘱、录像遗嘱这些新类型的遗嘱方式。第七，民法典的编纂，借鉴和吸收了国际社会通行的市场交易规则。比如，合同编中就大量吸收借鉴《联合国国际货物销售合同公约》《国际商事合同通则》的内容和规则。

第五节　与商法的关系处理

在与民法相近似的法律部门中，商法与民法的关系最为密切。商法又称商事法，可分为形式意义上的商法和实质意义上的商法。形式上的商法专指在民法典之外的商法典以及公司、保险、破产、票据、海商、证券、信托等单行法；实质上的商法是指一切有关商事的法律规范。对于民法和商法的关系问题，大陆法系存在民商合一和民商分立两种不同的立法体例。与大陆法系国家民法和商法不同，我国民商事法律有其自身的发展历史轨迹，但也面临着如何处理民法和商法的关系问题。

一　民商合一与民商分立

在民法典的体例安排上，存在不同的做法。一是所谓的民商合一主义，在立法上不严格区分民事和商事关系，不制定独立的商法典，而是将民法典广泛适用于调整所有平等主体之间的法律关系。二是民商分立主义，严格区分民法与商法的不同，在立法体例上既有民法典，也有单独的商法典。

（一）民商分立主义

近代商法比近代民法早一二百年，是随着中世纪末期地中海沿岸商业的繁荣、商业城市的出现和商人阶层等形成而发展而来的。早期的商业纠纷通过商业习惯来解决，这种商业习惯年复一年地使用，就形成了中世纪的商事习惯法。14世纪以后，商人在自己的城市里成立裁判机构，适用的也是商事习惯法，于是这些习惯法变为商人的裁判机构的判决。至这一时期，商人之间的裁判机构及这一机构对商人间纠纷的裁判都与当时的封建国家无关。到15世纪以后，民族国家及中央集权国家逐渐形成，1563

年法国首先设立商事法院,把原来掌握在商人团体手中的裁判权拿过来,由国家设立商事法院。国家收回裁判权之后,进一步抓住立法权。1673年,法国国王正式公布一部法律,名为《陆上商事条例》。这是世界上第一部商法。1681年又颁布《海事条例》。法国1804年颁布了民法典,1807年颁布了商法典。

德国与法国的情况类似,1874年德意志帝国开始起草民法典之前,就已经存在《德意志帝国商法典》和联邦高等商事法院。起草民法时,立法者开始讨论如何处理已有的商法典。当时也有两派意见,一派主张把商法典取消,把商法典中的规定完全纳入民法典。另一派认为:德意志帝国的高等商事法院已经成立多年,商法典也已存在多年,把它完全取消纳入民法典,不论从立法技术还是从人们的习惯来看都有许多不便。所以最后把民法典与商法典分开,但把商法典中一些属于私法的普遍原则吸收到民法中来,如合同制度、代理制度。即把商法典中的一部分条文拿到民法中来。这样做的结果是1890年公布民法典,接着修改商法典,于1897年公布新的商法典。这两个法典都于1900年1月1日施行。于是德国也就形成了民商分立的制度。

从这里我们看出,近代资本主义国家的商法典产生于封建社会末期,是从封建制度之内逐渐形成的,它与原来的民法根本没有关系。从历史沿革可以看出,民商分立完全是历史的原因而不是理论的原因形成的。①

(二) 民商合一主义

民商合一主义是19世纪以后进行民法编纂的国家所采取的立法体例。其典型代表为瑞士。瑞士是一个联邦国家。在19世纪前半期,各邦都有了自己的民法典,也有一些商法的特别法,如票据法一类的法律,因为瑞士宪法规定联邦没有制定统一民法典的权力,所以一直没有统一的民法典,也没有统一的商法典。1874年,瑞士修改宪法,规定联邦可以制定全联邦统一的债务法,所以瑞士于1881年制定了全联邦《债务法典》。该法典除规定一般的债务关系外,还将票据法和商业登记等规定也塞入债务法,作为全联邦的法律。

1898年,瑞士再一次修改联邦宪法,授权联邦制定全联邦统一的民法典,所以又制定了一个统一的民法典,于1907年通过,1912年实行。

---

① 谢怀栻:《外国民商法精要》,法律出版社2002年版,第57页。

瑞士民法典将原来整个《债权法典》的"典"字去掉，作为民法典的第五篇，编入民法典，同时把债务法这一部分的内容加以扩充，把有关公司的规定纳入其内。这样，在瑞士便形成了民法典包括公司法、商业登记法等内容的"民商合一"的制度。

二 中国的民商事法立法趋势

我国的民商事立法过程中，其实一直伴随着民法和商法关系的分析和讨论，同时也反映着立法者对待二者的态度和深层次的考虑。从晚清到民国，民法和商法作为一种继受法制的核心部分，其发生过程与国家政治革新进程、法制改革决心和认识水平紧密相关，基本上经历了一个从无到有、从量到质的过程，而此过程是以商法先行、民法后行，从民商分立到民商合一为表面特点。[①]

改革开放以后，随着民法和经济法相关问题讨论的落幕，关于民法和商法的关系问题又引起学术界的广泛关注。江平教授在 1998 年就提出，认识民法与商法的关系必须坚持两点论：一是民商融合是趋势；二是民商仍有划分的必要。就立法体例而言，形式上将已经颁布的诸如公司法、票据法、海商法、保险法再统一到一部商法典中确无必要，因此，让它们依然按照商事单行法的模式继续存在自然是顺理成章的。[②] 有学者主张在我国应实行实质商法主义的民商分立，不以制定独立的商法典作为民商分立的基础，只是主张要承认商法的相对独立性，要促进我国商法的体系化进程，使之成为一个有特定的规范对象和适用范围的法律体系和法律部门。[③] 还有学者提出应以制定商事通则的方式解决，认为民法与以个别领域调整为特征的单行商事法律之间的空白为制定商事通则留下了存在的空间，在采用颁布单行商事法律模式的我国，先天地存在调整商事关系一般规则不足的问题，使得在民法和以个别领域调整为特征的单行商事法律之间，制定一部商事通则，以满足调整商事关系的一般规则的需求成为可

---

① 聂卫锋：《中国民商立法体例历史考——从晚清到民国的立法政策与学说争论》，《政法论坛》2014 年第 1 期。

② 江平等：《民法典：建设社会主义法治国家的基础——专家学者谈中国民法典的制定》，《法律科学》（西北政法学院学报）1998 年第 3 期。

③ 石少侠：《我国应实行实质商法主义的民商分立——兼论我国的商事立法模式》，《法制与社会发展》2003 年第 5 期。

能。① 也有学者主张在民法典中最好不要规定商法总则的内容，甚至最好不要涉及商法总则的内容。② 王涌教授认为，制定《商事通则》是尊敬的王保树教授一直倡议的构想，但这也是王保树教授在法典制定无望的形势下构想的一种权宜之策。③ 自党的十八届四中全会正式明确部署了编纂民法典的重大立法任务后，在民法总则草案起草过程中，就面临民法和商法的关系处理问题，王利明教授认为，以法律关系为主线构建民法典总则体系，以此为中心，民法总则的内容将更富有体系性和逻辑性。在体例上，民法总则应采民商合一进行整体设计和构建，进而实现民法作为私法基本法的价值理念。④

2017年《民法总则》出台后，一般认为，我国的民商合一模式已经基本定型。但对此模式也不乏深刻的反思之声。有学者认为，《民法总则》的民商合一立法之"成"在基本层面上是有限的，在不少具体领域也可以直言为"失败的尝试"：《民法总则》规范商事关系的条文相当有限，基本没有供给被寄望的规模性的商法基本制度规范；挤入《民法总则》的商法规范，存在要么规定得过于原则，要么复写下位单行商事法的条文，造成规范冲突、规范过度的双重失范；关于商法一般规范也即商法渊源与商法基本原则的规定，前者的内容存在不当，后者则不应有的缺位；《民法总则》提供的部分民商法共同规范需要检讨，尤其关于商行为规范的供给严重不足。⑤ 民商合一立法体制看似有效满足了社会经济发展和个人权利保障的双重需要，但实际上很难达到鱼和熊掌兼得的目的。其原因在于，作为商法调整对象的市场主体（经济人或公司）和作为民法保护对象的自然人无论行为目的、行为实现方式还是对其行为效力判断都有明显不同，因此相关法律制度设计事实上是很难合理兼顾两者差异巨大的需求的。⑥

在我国，民法已然实现了法典化的历史夙愿，但民商事立法的任务却永远在路上。在民法典编纂过程中就存在如何处理民法和商法的关系，以

---

① 王保树：《商事通则：超越民商合一与民商分立》，《法学研究》2005年第1期。
② 刘凯湘：《剪不断，理还乱：民法典制定中民法与商法关系的再思考》，《环球法律评论》2016年第6期。
③ 王涌：《中国需要一部具有商法品格的民法典》，《中国法评论》2015年第4期。
④ 王利明：《民法总则的立法思路》，《求是学刊》2015年第5期。
⑤ 李建伟：《〈民法总则〉民商合一中国模式之检讨》，《中国法学》2019年第3期。
⑥ 赵万一：《民商合一体制之困境思考》，《法学杂志》2020年第10期。

及按照何种立法体例对待二者的立法问题。至少目前可以明确的是，我国基本上采取了民商合一体制，在民法典中虽然有作为商法基础的民法总则编规定，但是民法典整体上更多地体现的还是其民事性特征。至于商法的主要内容应仍按照我国的立法实践经验，留给单行商事立法去完成。但在民法典颁行后，关于我国民商合一体例问题仍然值得进一步思考。厘清《民法典》颁行之后的民商关系，研究中国商事立法的走向，通过完善中国商事立法，尤其推动中国商法通则和商法典的编纂，以弥补《民法典》的制度供给缺失，应是当下中国立法的又一项重要任务。① 我国在后民法典时代所应实行的民商合一不应是以抹杀民商区别为标志的绝对民商合一或民商混同，而应是以承认商法独立性为基础的相对民商合一或有限民商合一，其基本建构思路应该是："以民为宗，以商为本，分合有度，协调配合"，即在有效界分民商法不同作用方式和作用领域的条件下，以民法典作为整个私法理念和原则的供给基础，以商法作为市场经济的基本调整手段，通过对商事基本法和商事单行法的提炼和完善，实现对市场经济关系的精准调整。②

第六节　民法的法源

一　民法法源的含义

法的渊源简称法源。语源来自罗马法的 Fontes juris，意即法的源泉。在近代国家，法院裁判案件必须遵从一定的基准。因此，产生了法院裁判案件时应从何处寻求可以作为裁判基准的法律规范问题，也就是法源问题。因此，法律渊源问题的本质是解决法律适用的规范查找问题，是要解决裁判案件的法律依据从何而来的问题。由此衍生出法律到底通过哪些形式存在的问题，这就是我们常说的法律的表现形式。法的表现形式的表达，并没有传达和反映法的裁判基准问题，故其实际上仅反映了法律渊源的第二层次本质。

各成文法国家都明确规定其法律渊源问题，通过立法的形式将立法中认可的法律渊源予以固定和明确，从而防止裁判者任性，侵蚀或者抵消立

---

① 范健：《中国〈民法典〉颁行后的民商关系思考》，《政法论坛》2021年第2期。
② 赵万一：《民商合一体制之困境思考》，《法学杂志》2020年第10期。

法权的情况发生。即使在判例法系国家，判例作为法律渊源，对其援用和遵循，并非可以任性，也要遵循严格的程序和实体条件。比如，英美法系的"遵循先例"的司法原则，就是来源于对法律的稳定性和可预测性（确定性）的追求，它最终要求通过"遵循先例"来达到司法的连贯性以满足这一要求。

所谓民法的法源，实际上就是民法的表现形式，就是作为私法的普通法的实质意义民法的存在形式。在大陆法系国家，民法典、成文法的特别法及附属法为民法的重要法源。在英美法系国家，判例法是基本的法源，而成文法只起补充的作用。但在晚近，这一情况有所变化，英美法系国家日益重视制定法的作用，在其有关财产权等民法领域的成文法有逐渐增多、地位增强的趋势。

二 民法法源的功能

民法法源的功能，是指民法的法律渊源所发挥的效力和功用。在我国，这一问题可以从民事主体的民事活动规则、法院的裁判规则到社会治理体系等多个层面进行分析。

（1）指引和调整民事主体民事活动的功能。法律具有引导和调整功能，而要发挥这些功能，必须让民事主体知晓或者能够方便快捷地找到其从事民事活动的行为规则。确定而清晰的民法的表现形式，有助于民事主体知晓其民事活动的领域和边际，了解权利的内容及义务的范围等，从而实现引导和调整人们按照法律规定的行为规则行动，实现民法调整人们民事活动的功能。

（2）统一法律适用功能。统一法律的适用，可以从两个层面理解，其一是对于民事主体而言，其所适用的法律依据是一致的；其二，裁判机关的裁判基准必须统一。这样才能保证法制的统一和维护法律的权威性。因此，就裁判基准问题，确定而清晰的民法渊源，能够保证裁判机关在解决民事纠纷案件时法律适用上所依据的法律是统一的，这是保证裁判本身的公平正义性不可或缺的前提条件。

（3）实现民事治理的体系化。民事活动关涉平等民事主体之间人身关系和财产关系的方方面面，贯穿于民事主体生命的全周期。要实现法律对于民事活动的全面规范和体系化治理，就必须有系统而规范的法律渊源体系，形成价值目标统一、逻辑自洽、体系融合的规范体系，以实现治理目标的最终达致和治理功能的有效发挥。

（4）有助于法治国家建设的实现。法治国家建设，要做到科学立法、严格执法、公正司法和全民守法，保持和实现法律渊源的统一和稳定是必不可少的法律前提。我国要实现全面推进依法治国，在民法的渊源方面必须要明确。在民事领域解决相关问题时，如果对法律渊源不予以明确和统一，就容易使那些非法律渊源的规则和价值蒙混进入民法的体系，从而削弱或者颠覆民法的价值理念和价值体系，这对于法治国家建设将是有害的或者说是致命的。

三　中国民法的渊源

我国《民法典》第10条规定，处理民事纠纷，应当依照法律；法律没有规定的，可以适用习惯，但是不得违背公序良俗。这是有关我国民法渊源的重要规定，指明了在我国，民法的法律渊源以两种重要的方式存在，即法律和不得违背公序良俗的习惯。同时该规定也强调这两大法律渊源在适用上的规则，即在无法律明文规定时，授予法官以自由裁量权，可以适用不违背公序良俗的习惯。

（一）*法律*

在我国，法律有广狭义之分，狭义的法律是指由全国人民代表大会和全国人民代表大会常务委员会行使国家立法权所制定的法律。而广义的法律是指由有立法权的机关所制定的规范性文件，范围包括国务院的行政法规、地方人大立法、民族自治地方的自治条例、单行条例等。民法是调整平等主体之间人身关系和财产关系的法律，由其内容的广泛性和复杂性所决定，《民法典》第10条规定的民法的法源中的"法律"应做广义理解，不应严格限制在由全国人民代表大会及其常务委员会所制定的规范性文件的范围内，而应指《立法法》第2条[①]所规定的范围。按照这一理解，我国民法的法源中，法律所包含的内容主要指以下几个方面。

1. 法律

我国严格意义上的民事法律，是指由全国人民代表大会及其常务委员

[①] 《立法法》第2条：法律、行政法规、地方性法规、自治条例和单行条例的制定、修改和废止，适用本法。国务院部门规章和地方政府规章的制定、修改和废止，依照本法的有关规定执行。

会所制定的民法典、民事单行法以及含有调整平等民事主体之间人身关系和财产关系内容的其他法律，比如《农村土地承包法》《土地管理法》等。《立法法》第11条第8项，明确规定民事基本制度只能制定法律，对民事立法权进行了层级界定，不允许其他有立法权的机关行使关于民事基本制度的立法权。我国的民事法律规范，除了在民法典中做了集中和体系化的规定外，还有大量的内容存在于其他法律之中。这些法律多是从行政管理、权利保护等角度，对其所涉及的民事法律行为、民事权利以及民事权利取得、实现、救济等事项进行规定，多涉及程序性事项，与民法典的规定共同构成完整的民法法律规范体系。根据《立法法》第53条的规定，全国人民代表大会常务委员会的法律解释同法律具有同等效力。因此，全国人民代表大会常务委员会做出的立法解释，也属于我国民法的法律渊源之一。

2. 行政法规

国务院根据宪法和法律，为执行法律的规定需要和行使《宪法》第89条规定的国务院行政管理职权的事项制定行政法规。同时，《立法法》第12条规定：本法第11条规定的事项尚未制定法律的，全国人民代表大会及其常务委员会有权作出决定，授权国务院可以根据实际需要，对其中的部分事项先制定行政法规，但是有关犯罪和刑罚、对公民政治权利的剥夺和限制人身自由的强制措施和处罚、司法制度等事项除外。因此，对于全国人民代表大会及其常务委员会授权事项，国务院也可以根据实际情况制定行政法规。

3. 地方性法规

地方性法规是指由拥有立法权的地方各级人民代表大会及其常务委员会所制定的具有普遍约束力的规范性文件。在我国，有地方立法权的地方人民代表大会主要是指各省、自治区、直辖市的人民代表大会，设区的市的人民代表大会及其常务委员会和自治州的人民代表大会及其常务委员会。根据《立法法》的规定，省、自治区、直辖市的人民代表大会及其常务委员会根据本行政区域的具体情况和实际需要，在不同宪法、法律、行政法规相抵触的前提下，可以制定地方性法规。设区的市、自治州的人民代表大会及其常务委员会根据本市的具体情况和实际需要，在不同宪法、法律、行政法规和本省、自治区的地方性法规相抵触的前提下，可以对城乡建设与管理、环境保护、历史文化保护等方面的事项制定地方性法规。① 这些立法机关所制定的地方性法规，其立法权限主要包括两项：一是为执行法律、行政法规的规定，需要根据本行政区域的实际情况作具体规定的事项；二是属于地方性事务需要制定地方性法规的事项。②

4. 自治条例和单行条例

自治条例和单行条例是指由民族自治地方的人民代表大会按照立法权限和法定程序依照当地民族的政治、经济和文化的特点制定的立法文件。《立法法》规定自治条例和单行条例可以依照当地民族的特点，对法律和行政法规的规定作出变通规定，但不得违背法律或者行政法规的基本原则，不得对宪法和民族区域自治法的规定以及其他有关法律、行政法规专门就民族自治地方所作的规定作出变通规定。③ 自治条例和单行条例中涉及有关民事主体人身关系和财产关系的规定，也构成民法的法源。

5. 规章

规章包括国务院部门规章和地方政府规章。部门规章是由国务院各部、委员会、中国人民银行、审计署和具有行政管理职能的直属机构，根据法律和国务院的行政法规、决定、命令，在本部门的权限范围内，制定的规范性文件，规定的事项属于执行法律或者国务院的行政法规、决定、命令的事项。④ 地方政府规章是省、自治区、直辖市和设区的市、自治州的人民政府，根据法律、行政法规和本省、自治区、直辖市的地方性法规，制定的规范性文件。⑤

6. 司法解释的法源作用和功能问题

司法解释是最高人民法院、最高人民检察院作出的在审判、检察工作中具体应用法律问题的解释。⑥ 我国由于改革开放和社会主义法治建设进程的复杂性决定，立法不可能就社会经济发展中的所有事项都做出比较完整而系统的立法。而且随着时代的发展，既有立法规定的内容也可能无法适应发展变化了的社会发展实际，因此，要解决法律的滞后性和矛盾纠纷的现实性问题，司法解释是必要的，也是可行的。在司法实践中，司法解

---

① 参见《立法法》第 81 条。
② 参见《立法法》第 82 条。
③ 参见《立法法》第 85 条。
④ 参见《立法法》第 91 条。
⑤ 参见《立法法》第 93 条。
⑥ 参见《立法法》第 119 条。

释起到了指导司法裁判工作，对当事人权利义务进行有效调整、维护社会经济秩序的重要作用。根据《立法法》的规定，司法解释应当自公布之日起30日内报全国人民代表大会常务委员会备案。因此，依法向全国人大常委会备案、审查无问题的司法解释，具有法律渊源的功能，可以作为民事纠纷的裁判依据之一。

（二）习惯

我国民法典首次以立法的形式，规定习惯可以作为民法的法源，具备作为裁判依据的规范作用。学理上一般认为习惯是指多数人对同一事项，经过长时间、反复而为同一行为。[①] 习惯经国家承认时，具备如同法律一样的规范作用。《民法典总则编解释》第2条第1款规定，在一定地域、行业范围内长期为一般人从事民事活动时普遍遵守的民间习俗、惯常做法等，可以认定为《民法典》第10条规定的习惯。

1. 习惯的认定

我国历史悠久、地域辽阔、人文兴盛，千百年来各地形成了非常纷繁复杂的民间习俗，这些民间习俗包罗万象，其中既有科学进步的，也有迷信落后甚至反动的，如民间对于"凶宅"[②]、数字"4"的禁忌[③]。这些民间习俗多多少少影响着人们的行为模式和价值取向，在社会生活实际中起到一定的约束作用。比如，各地民间多有给付彩礼的民间风俗，当当事人离婚时，主张返还彩礼就成了纠纷的重要内容之一[④]。法院在裁判时不得不考虑这些民间风俗的性质和合法性问题。惯常做法，则是在某一行业范

[①] 《民法学》编写组编：《民法学》（第二版）（上册），高等教育出版社2022年版，第28页。

[②] "涉案房屋曾发生过屋内人员从房屋窗户摔落致死的意外事故。按照日常生活经验和民间习俗，该事件往往影响涉案房屋交易价格以及房屋买受人的购买意愿，应属影响家缘公司与罗某某订立合同的重要事项，罗某某应将该事件如实告知家缘公司。"罗某某、湘乡家缘房地产中介有限责任公司行纪合同纠纷案，湖南省湘潭市中级人民法院〔2019〕湘03民终1859号。

[③] "第三人陈某某提出的涉案房屋40年产权、商住楼等影响价格的因素已在评估报告中对市场价值进行评估时予以考量，至于楼层中带有'4'，即便按照民间习俗对房屋价格有影响，也不至于影响至低于市场价值的60%的价格。"陈某等诉陈某某等债权人撤销权纠纷案，杭州市萧山区人民法院〔2015〕杭萧民初字第4149号。

[④] "彩礼是指订立婚约的男女双方及各自父母以男女双方结婚为目的，按照当地习俗，向对方给付的贵重礼物及礼金。对于给付的财物是彩礼还是赠与，主要是看给付财物的目的，彩礼是基于婚约、民间习俗和结婚而进行的给付，为结婚而给付的礼金、贵重首饰，以及车辆、房产等价值较大的财物，应认定为以结婚为目的给付的彩礼。"王某1、任某婚约财产纠纷案，云南省昆明市盘龙区人民法院〔2021〕云0103民初4836号。

围内,从业者就同一事项反复实践的具有固定特征的行为规则。比如,汽车交易中签约时缴纳一定比例的定金①、民间借贷约定借款用途等。这些惯常做法法院并不一定全部采纳,对于违反法律的明确规定要求,可能侵害相关当事人合法权益的,应该坚决予以否定性评判。

要构成法律所认可的作为民法法院的习惯,必须具备如下条件:

首先,习惯的空间和行业要件。民间习俗和惯常做法必须是一定地域、行业范围内的民间习俗和惯常做法。如民间借贷约定借款用途就是一种行业习惯,其目的是确保出借资金的安全。② 有些情况下,某些民间习俗可能在有些地方并不存在,则即使在其他地域有此习俗,也不能成为无此习俗地方发生案件时可适用的习惯。如在我国重庆永川,本地并无广泛存在送结婚彩礼的习惯,因此,对当事人以彩礼为由,要求返还所赠与的财产的诉讼请求就没有得到支持。③

其次,从时间要件上讲,要求习惯必须是一个被长期遵守的行为规则。习惯的形成非一日之功,之所以被人们熟知和遵守,必须有一个长期的形成和发展、反复被遵守和实践的过程。因而那些偶尔、短期时间内的所谓民间习俗和惯常做法,不具有持续性的约束力,不能成为民法法源。

最后,约束力要件,即习惯被一般人从事民事活动时普遍遵守。所谓一般人,应该是指在一定地域、行业范围内的所有的人。法律之所以肯认习惯作为法律渊源,是因其被一定地域行业范围内所有的人普遍遵守,作为行为规则、对人们具有普遍约束力。因此,如果有些民间习俗和惯常做法并未被人们普遍遵守,则不能成为这里法源意义上的习惯。比如,按照我国民间习俗,晚辈与同辈的坟墓均不能称为"祖坟"④。那种把同辈或者晚辈的坟墓理解成"祖坟"的权利主张,自然不具有普遍约束力,也与民间习俗的内容不符。

---

① "约定的定金数额达车辆总价一半,有违此类汽车交易惯常做法。"深圳市路德汽车贸易有限公司、史某某等买卖合同纠纷案,广东省深圳市中级人民法院〔2021〕粤03民终11026号。

② 山东豪骏置业有限公司(原山东豪骏建设工程有限公司)与王某民间借贷纠纷上诉案,最高人民法院〔2016〕最高法民终731号。

③ "考察重庆及永川本地的婚恋习俗,本地并无广泛存在送结婚彩礼的习惯。因此,原审判决对申请人以彩礼为由,要求被申请人返还所赠与的财产的诉讼请求不予支持并无不当。"蔡某与薛某婚约财产纠纷申诉、申请再审案,重庆市高级人民法院〔2018〕渝民申2257号。

④ 陈某花等与蒙某英等恢复原状纠纷上诉案,海南省第一中级人民法院〔2014〕海南一中民二终字第45号。

2. 对习惯的查明

最高人民法院《民法典总则编解释》第 2 条第 2 款规定，当事人主张适用习惯的，应当就习惯及其具体内容提供相应证据；必要时，人民法院可以依职权查明。因此，就习惯的查明，采取以当事人举证为原则，以人民法院依职权查明为例外的做法。原则上由主张适用习惯的当事人承担举证责任，证明习惯的存在及其具体内容，如果不能证明的，承担不利后果。如果当事人无法举证或者举证不完全，但对于案件的审理确有必要的，人民法院也可以依职权查明。至于法院是主动依职权查明，抑或由当事人申请法院查明，最高人民法院没有明确，笔者以为从准确查明习惯，有效解决民事纠纷的角度考虑，在当事人举证不能或者不完整时，为了实现案件审理的公平正义，法院既可以依职权主动查明，也可以依申请查明。

3. 习惯的适用规则

根据《民法典》第 10 条的规定，适用习惯作为法源解决民事纠纷，其规则有二。

其一，适用的前提是法律没有规定。如果法律对相关事项和行为有明确的规定，就不存在适用习惯的可能和空间，即使相关民间习俗和惯常做法在社会生活现实中对人们的行为具有普遍的约束力，被人们所普遍遵守。如按照民间习俗举行仪式"结婚"，进而以夫妻名义共同生活，这种不被法律承认的"婚姻"构成同居关系，应当解除，① 就不能适用民间习俗认可其为合法的婚姻关系。又如，二手房交易中房地产中介炒房关于过户的惯常做法，② 因我国《物权法》（已废止）和《民法典》物权编对不动产过户登记等均有明文规定，故其所谓惯常做法自然不能成为法院裁判的依据。

其二，适用习惯不得违背公序良俗。最高人民法院 2021 年《全国法院贯彻实施民法典工作会议纪要》要求，各级人民法院要充分发挥民事

---

① 马某 1、马某 2 等与马某 4 同居关系纠纷再审审查与审判监督案，甘肃省高级人民法院〔2020〕甘民申 393 号。

② 合同中关于房屋过户作出特别约定，要求"办理公证或过户手续（由乙方决定）甲方并同时提供一类银行卡一张待乙方过户后还给乙方（甲方不得以任何理由挂失、改密码）"，该特别约定与一般二手房正常交易直接过户给购房人的方式不同，可能造成最终房屋并非过户给史某某，而是给史某某指定的他人名下的结果，此乃本地房产中介人员炒房的惯常做法。史某某、张某某等房屋买卖合同纠纷案，江苏省宜兴市人民法院〔2021〕苏 0282 民初 5933 号。

审判职能作用，切实维护人民群众合法权益。要将《民法典》的贯彻实施与服务经济社会高质量发展结合起来，要将弘扬社会主义核心价值观融入民法典贯彻实施工作的全过程、各领域。之后，《民法典总则编解释》对《民法典》第 10 条进行了扩大解释，在其第 2 条第 3 款规定，适用习惯，不得违背社会主义核心价值观，不得违背公序良俗。实践中，最为常见的就是天价彩礼问题。彩礼是我国部分地区长久以来形成的婚嫁习俗，称定亲财礼、聘礼等，婚前男方给付彩礼已成为一种约定俗成的习惯。从法律意义上讲，彩礼是以缔结婚姻关系为目的而给付的金钱或者财物，是一种附条件的特殊赠予，合理情形范围内的彩礼属于双方意思自治，应予保护。但在偏远的农村地区，女方索要高价彩礼给男方家庭造成了沉重的经济负担，不仅破坏了善良淳朴的民风，也有悖中华民族诚实劳动、勤俭节约的传统道德，违反了公序良俗原则。①

四 其他渊源

在法律和习惯之外是否还存在民法的法源，民法典没有给出明确的答案。从法制统一性角度和实现民法法源的价值功能层面考虑，应该慎重确定其他法源。但毫无疑问上述两大类法律渊源，存在不敷使用的问题。根据最高人民法院的相关司法文件，立法精神、立法目的、法律原则和社会主义核心价值观可以作为法官裁判时的根据和裁判理由。② 可以看出无规范性法律文件作为直接依据时，还认可其他裁判依据的存在，但能否就可以称其为民法的法源，尚有待明确。有学者认为，法律渊源的范围应当与时俱进，不断丰富和扩充其自身体系，这样才能更好地适应法治建设的需要。③

至于民法学说和法理，在理解和解释民法的原理、规范和制度上具有认识论和解释论价值。但可否作为裁判者裁判案件时可以援引的解纷依据？答案应该是否定的，其不构成国家法律认可的法律渊源。

---

① 张某 1、张某 2 与赵某 1、赵某 2 婚约财产纠纷一审民事判决书，甘肃省泾川县人民法院〔2021〕甘 0821 民初 1065 号。
② 《最高人民法院印发〈关于深入推进社会主义核心价值观融入裁判文书释法说理的指导意见〉的通知》（法〔2021〕21 号）。
③ 孙光宁：《社会主义核心价值观的法源地位及其作用提升》，《中国法学》2022 年第 2 期。

第七节 民法的适用

一 民法的效力范围

民法的效力范围，即民法的适用范围，是指民事法规在何时、何地、对何人发生法律约束力。正确了解民事法律规范的适用范围，是准确适用民事法律规范的重要条件。从内容上看，民法的适用范围包括时间效力、空间效力和对人的效力范围三个方面。

（一）我国民法的时间效力

时间效力问题，解决的是民法典在时间上的约束力问题，包括民法的生效、失效以及民法对其实施之前的民事法律行为或民事法律关系是否具有约束力的问题。

（1）民法的生效，即民法开始实施，对平等民事主体间的人身关系和财产关系开始进行调整。一般来说，立法机关法律的生效通常都以立法的形式明确规定，一般采取两种方式，颁布即实施，另一种是颁布之后经过一定时间后开始实施。我国《民法典》采取的就是第二种生效方式，通过和施行之间存在一个时间差，于2020年5月28日通过，规定自2021年1月1日起施行。

（2）民法的失效，即民法。不再具有法律约束力。一般来说，民法自实施之日起生效，至废止之日起失效。

（3）民法的溯及力，是指民法对其实施前的行为和事项是否具有法律约束力问题，考虑到法律的权威性及其对于社会公众的行为指导和规范要求，各国一般都规定法律以不具溯及力为原则，有溯及力为例外。我国《立法法》对此有明确规定，[①]《民法典》亦应遵守该规定。

我国《民法典》颁布后，如何有效衔接其与之前的《民法通则》及其他民事单行法的适用问题，最高人民法院专门出台了关于《民法典》时间效力的司法解释，按照《立法法》关于法律的溯及力的原则规定，通过一般规定、溯及适用的具体规定、衔接适用的具体规定三部分内容，

[①] 《立法法》第104条：法律、行政法规、地方性法规、自治条例和单行条例、规章不溯及既往，但为了更好地保护公民、法人和其他组织的权利和利益而作的特别规定除外。

明确了我国民法典的时间效力，建立了比较完整的民法典效力规则体系。①

（二）我国民法的空间效力

民法的空间效力，是指民法规范在地域上所具有的效力。确定空间效力范围的考量因素，主要是主权、领土完整和法制统一性原则。我国《民法典》的空间效力大致可以从两方面考察。

（1）中华人民共和国领域内的民事活动，适用《民法典》的规定。具体而言，由于国情实际，我国实际上存在着几个不同的地区，其一是香港和澳门两个特别行政区，由于法律传统和我国收回两地时的法律安排不同，在《民法典》颁布实施后，就面临如何有效地推行《民法典》的问题，中间存在着例如法律适用的空间冲突问题。其二是我国台湾地区，由于1949年中华人民共和国中央人民政府成立后，我国台湾地区施行的是"台湾民法"，我国《民法典》目前也因此事实上无法适用到该地区。

（2）民法典一般不具有域外效力，但有例外。其一是外国当事人或者无国籍当事人我国领域外选择适用了民法典，则民法典所确立的规范自然对该等当事人具有法律约束力。其二是在被视为我国领土构成部分的涉外使领馆、船舶航空器等范围内发生的民事纠纷，也适用民法典。其三就是为了确保我国或者我国当事人的利益，在特殊情况下，也发生民法典的适用问题。如：在我国管辖海域以外造成我国管辖海域污染的，存在对我国的损害赔偿等民事责任，必然适用民法典侵权责任编的规定。②

（三）我国民法对人的效力

民法对哪些民事主体具有约束力，就是其对人的效力问题。从传统讲，民法是属地法，对其空间效力范围内的民事主体具有法律约束力。对于一国公民、法人和非法人组织，适用本国民法自不成问题。但是是否适用于非本国公民或者法人、非法人组织，则要通过现有规定予以明确。1986年《民法通则》明文规定对在我国领域内的外国人、无国籍人，除法律另有规定的以外适用《民法通则》的规定。同时考虑到我国公民定居国外的，为了妥善保护其合法权益，《民法通则》第143条规定，其民

---

① 《最高人民法院关于适用〈中华人民共和国民法典〉时间效力的若干规定》（法释〔2020〕15号）。

② 《海洋环境保护法》第2条第3款：在中华人民共和国管辖海域以外，造成中华人民共和国管辖海域污染的，也适用本法。

事行为能力可以适用定居国法律。《民法典》没有单独规定对人的效力问题，但从《民法典》的用词和整体思路看，强调我国领域内的民事活动，适用《民法典》的规定。因而是继承了《民法通则》的对人的效力规定，无论是外国人还是无国籍人，只要在我国领域内从事民事活动，自然受《民法典》的调整。当然，法律行政法规对其适用另有规定的除外。

二 民法适用的原则

（一）上位法优先于下位法原则

当针对同一民事法律事项，不同立法层级的规范性法律文件有不同或者冲突性的规定时，到底适用哪一层级的法律文件作为调整和规范依据，是民法适用中首先要解决的问题。对此情形，要按照上位法优先于下位法原则进行适用。究其原理，在于在单一制国家中，因立法权限存在差异，导致不同立法机关制定的规范性文件在效力层级上也存在高下之分。比如，我国《立法法》就明确规定了宪法、法律、行政法规、地方性法规、自治条例和单行条例、规章等的效力等级。[①] 因此，就同一民事法律事项效力等级不同的法律规范发生冲突时，应优先适用效力等级较高的规范性文件。

（二）新法优先于旧法原则

随着经济社会发展和时间的推移，立法机关存在制定新法、修改或废止旧法的立法活动。当就同一事项，同时存在新旧立法规定时，究竟是适用旧法还是使用新法，也必须有所规则遵循。对此问题的一般原则是实行新法优先于旧法原则，我国《立法法》就确立了这一原则。[②]《民法典》在其附则中也明确规定其施行后，《婚姻法》《继承法》《民法通则》等九部民事单行法律同时废止。需要注意，新法优先于旧法原则针对的是同一机关的规范性文件，不同立法机关的规范性文件存在不同规定的，仍然实行的是上位法优先于下位法原则。

（三）特别法优先于普通法原则

《民法典》第 11 条规定，其他法律对民事关系有特别规定的，依照

[①] 参见《立法法》第 98—102 条。

[②] 《立法法》第 103 条：同一机关制定的法律、行政法规、地方性法规、自治条例和单行条例、规章，特别规定与一般规定不一致的，适用特别规定；新的规定与旧的规定不一致的，适用新的规定。

其规定。这一规定，就是关于《民法典》在适用上的一般法与特别法的关系处理原则，即在具有相同等级效力的法律之间，特别法应当优先于普通法而适用。在民法中存在着五个层次的普通法与特别法的关系。

第一，《民法典》总则编和分则编的关系。总则编作为民法典的共同性、基础性的规定，其内容相对于分则编而言属于普通法范畴。《民法典总则编解释》对民法的适用也做了明确，强调《民法典》第二编至第七编对民事关系有规定的，人民法院直接适用该规定，不容许分则编有规定而不予适用的情况发生。

第二，《民法典》与其他法律之间的关系。在我国的民法体系中，《民法典》属于基础和主干的民事法律，在《民法典》之外，还存在着大量的单行民事法律以及其他法律中有关民事关系的法律规范，与《民法典》形成了一般法和普通法的关系。如《土地管理法》中关于集体土地征收的规定与《民法典》中征收的规定之间，就形成特别法与普通法的关系，在征收集体土地时，应优先适用《土地管理法》的相关规定。

第三，《民法典》中有些法律规范之间也存在普通和特殊的关系，如《民法典》第138条规定的无相对人的意思表示生效规则与第139条规定的以公告方式作出的意思表示的生效规则之间，就存在一般和特殊的关系。公告方式向不特定相对人作出的意思表示本身，就是无相对人的意思表示，二者的生效规则之间，优先适用"公告发布时生效"规则。

第四，"另有约定的除外"规定也属于特别法范畴。在遇有当事人有不同于法律规定的约定时，该约定优先于法律规定适用，其原理就是"另有约定的除外"的特别法规定优先适用一般法规定。

第五，"另有交易习惯的除外"规定。我国《民法典》中第515条第1款①、第814条②、第888条第2款③和第891条④，都有"另有交易习

---

① 《民法典》第515条第1款：标的有多项而债务人只需履行其中一项的，债务人享有选择权；但是，法律另有规定、当事人另有约定或者另有交易习惯的除外。
② 《民法典》第814条：客运合同自承运人向旅客出具客票时成立，但是当事人另有约定或者另有交易习惯的除外。
③ 《民法典》第888条第2款：寄存人到保管人处从事购物、就餐、住宿等活动，将物品存放在指定场所的，视为保管，但是当事人另有约定或者另有交易习惯的除外。
④ 《民法典》第891条：寄存人向保管人交付保管物的，保管人应当出具保管凭证，但是另有交易习惯的除外。

惯的除外"的规定，该规定与法条中但书规定之前的内容也形成了特别法和一般法的关系。

（四）"禁止向一般条款逃避"

由于法律的一般条款或者原则规定，其内容具有抽象性、概括性和不确定性，由此决定其能够适应发展变化了的社会现实。但这种灵活性是有限的，一般是在无具体法律可援用时才可以拿出来解决具体纠纷，并且不允许法官基于裁判形成有普遍约束力的一般性规则。由于法官对基本原则的理解不同，对一般性条款的内容的把握程度不一，容易出现不同的裁判结果，这对于一国的法制统一性和案件的实质正义构成了极大的威胁。故出于对司法权任性的警惕和防范，一般都要求法官在裁判具体案件时必须按照明确的、具体的法律规范作为依据进行裁判，不允许法官直接选择适用法律的一般性规定或者原则性规定。这即是"禁止向一般条款逃避"的主要理由。

特别法优先于普通法适用，强调存在特别法规定情形下必须优先适用特别法。当特别法没有规定时，则应适用普通法的规定。但是，应注意民法调整的法律关系的不同，对于性质不同的法律关系，在适用普通法规定时，要注意区分。如《民法典总则编解释》规定，对于民法典第二编至第七编没有规定的，适用民法典第一编的规定，但是根据其性质不能适用的除外。这主要是考虑到人身关系和财产关系的不同，不得简单地将有关财产关系的一般性规定应用于人身关系。

只有当《民法典》及其他法律对民事关系均没有具体规定的，才可以遵循《民法典》关于基本原则的规定。适用时要注意如下几点：①适用的前提是法律就案涉民事关系没有具体规定，就此事项法律出现了漏洞或者空白。在立法者没有提供具体规则之前，需要裁判者运用多种方法去填补该漏洞。如果法律有明确规定，不允许裁判者避而不用具体规则，这即是"禁止向一般条款逃避"的意思。②授予裁判者以自由裁量权，明确是"可以"即有权选择遵循或者不遵循《民法典》关于基本原则的规定。同时也意味着法官或者裁判者完全可以采用遵循《民法典》基本原则以外其他的漏洞填补方法，如法官还应当以社会主义核心价值观为指引，寻找最相类似的法律规定作出裁判。无类似法律规定时，可以依据习惯、立法精神、立法目的、法律原则等作出裁判，并合理运用法律方法对裁判依据进行充分论证和说理。① ③可运用的漏洞的填补方法非常丰富，按照最高人民法院的相关规定，法官可以综合运用下述论据进行论证：指导性案例；最高人民法院发布的非司法解释类审判业务规范性文件；公理、情理、经验法则、交易惯例、民间规约、职业伦理；立法说明等立法材料；采取历史、体系、比较等法律解释方法时使用的材料、法理及通行学术观点；与法律、司法解释等规范性法律文件不相冲突的其他论据。② ④以《民法典》基本原则填补法律漏洞时，意在强调裁判者的主观能动性，要注意按照立法目的、基本原则的精神，坚持合法、合理、公正和审慎的原则，充分论证运用自由裁量权的依据，并阐明自由裁量所考虑的相关因素，充分运用社会主义核心价值观阐述裁判依据和裁判理由，不允许出现"依照民法典……基本原则的规定，判决如下"的表述。③

（五）强行法优先于任意法原则

法律规范根据其对主体行为的意思自治程度和范围要求不同可分为任意性规范和强行性规范两种。民法中大多数规范为任意性规范，主要起到引导和鼓励当事人行为选择的目的，允许当事人通过约定排除其适用。任意性规范的这种可选择性和规定的民事主体约定的优先性，是对当事人意思自治的尊重，也是当事人通过民事法律行为实现意志自由的路径，如《民法典》第320条规定允许当事人通过约定排除从物随主物处分的原则的适用。一般而言合同编中的规范大多是任意性的，赋予当事人更多的私法自治权利。强行法是不允许民事主体自由约定排除其适用的法律规范，强调主体不得违反某规定或者禁止主体做出某种行为，法律规范多表现为禁止性规定或义务性规定。强行法多从社会公共利益或者特殊主体利益保护角度出发，限制或者剥夺民事主体就相关事项的自由决策或自主选择。在对某事项有强行法规定时，必须优先适用强行法规定。如监护人除为维护被监护人利益外，不得处分被监护人的财产的规定。

---

① 参见最高人民法院印发《关于深入推进社会主义核心价值观融入裁判文书释法说理的指导意见》的通知（法〔2021〕21号）。

② 参见最高人民法院印发《关于深入推进社会主义核心价值观融入裁判文书释法说理的指导意见》的通知（法〔2021〕21号）。

③ 参见最高人民法院印发《关于深入推进社会主义核心价值观融入裁判文书释法说理的指导意见》的通知（法〔2021〕21号）。

三　法律适用的法典化思考

法典化实即体系化，是就民法事项从原则、制度、规范到责任等要形成整体性、系统性规则，强调法律规则之间的有机统一。因此，在我国民法法典化之后，有关法律适用意义秉持和贯彻法典化思维，用法典化思维有机统合民法规则的适用，防止简单化、断章取义或生拉硬套。为此，《最高人民法院关于印发〈全国法院贯彻实施民法典工作会议纪要〉的通知》（法〔2021〕94号）要求，要牢固树立法典化思维，确立以《民法典》为中心的民事实体法律适用理念。准确把握《民法典》各编之间关系，充分认识"总则与分则""原则与规则""一般与特殊"的逻辑体系，综合运用文义解释、体系解释和目的解释等方法，全面、准确理解《民法典》核心要义，避免断章取义。在法律适用过程中，要准确实现法典化要求，需要注意如下几个方面的问题。

（一）法典的价值排序问题

民法典编纂，绝非简单地将既有立法的内容加以总和或者罗列，而是要根据立法中的立法判断和价值选择，在法典内在价值体系化引领下安排法典的结构和内容，实现形式和实质的体系化。故在适用法律规则时，要考虑法典的价值体系和价值排序问题。

首先，要正确处理人身权法律和财产法律的关系问题。我国的《民法典》，首重对于民事主体的人身权利的保护，虽然在编制上人格权编在物权、合同编之后，但从民法总则第五章民事权利的排序上，显然人格权位于财产权之前。当然，这还不简单是法典形式上排序的问题。重要的是，进入新时代，我国社会主要矛盾发生了深刻变化，在此基础上，以保障人民生存权、发展权为首要任务。在对待人身法律问题时，必须首重人身权利的尊重和保护，在牵扯到人格尊严、人身安全、人的生存和发展问题时，财产权利的保护要让位于人身权利的维护，这是其内在价值排序优先的必然。

其次，是具体民事权利本身的价值排序问题。《民法典》的条文顺序和条文中对于权利的表述顺序，本身即体现立法者对于权利的价值排序问题。如总则编第五章规定的民事权利，人格权和身份权就排在最前。就人格权本身来讲，物质性人格权作为民事主体生存发展的前提，自然也排在其他标表性、精神性人格权之前。即使是物质性人格权中，生命权排在首要位置，可见其价值的基础性和核心地位。

再次，时效保护的力度不同。权利性质不同，体现的价值也不同，在时效保护力度上也表现不同。其中人格权、不动产物权和登记的动产物权、身份权请求权、依法不适用诉讼时效的其他请求权，保护力度最强，其次是未登记的动产返还财产请求权、债权请求权，很显然当事人因时效期间届满，使得相对人取得抗辩权，权利人丧失时效的保护。

最后，在民事责任的承担上，考量的因素也因权利价值排序的不同有所差异。我国《民法典》第998条规定，充分说明对于物质性人格权的保护与其他人格权的保护要求不同，严格程度有异，考量因素不一。①

(二) 注意民法规则制度之间互相协调一致

法典体系化的结果就是具体规则之间有内在的逻辑一致性，所形成的规范和调整结果应该具有逻辑自洽和价值一体性。因此在适用民法规则时，要注意规则之间的协调一致。从《民法典》整体规则角度看，总则编的逻辑是：主体、权利、法律行为、民事责任和时效，而分则编的逻辑是：具体权利、权利行使和权利救济。这就要求在适用民法分则各具体规则时，必须时时考虑其与总则一般性规定之间的关系，是否可能导致与总则编一般规定的价值冲突或逻辑背反。比如，《民法典》合同编的规则，受总则编法律行为制度调整和约束，因此在判断合同效力时，要与法律行为部分规定的内容和判断结果一致。

另外就是《民法典》为了条文的简略和节省，规定了一些参照性、指引性规定，在参照适用相关类似法律规定时，要注意法律关系的性质的近似或者不同，适用的结果要和法律关系性质相适应，而非简单生搬硬套。如身份关系协议的设立、变更和终止，在没有身份关系法的规定时，可以参照合同编的规定，但是一定要注意与其性质相适应。尤其是婚约，作为当事人将来成婚的预约，是否和合同编中的预约一样具有法律效力，则值得思考。受婚姻自由原则的制约和支配，婚约中约定的违约责任是否可以有效成立，需要慎重。

---

① 《民法典》第998条：认定行为人承担侵害除生命权、身体权和健康权外的人格权的民事责任，应当考虑行为人和受害人的职业、影响范围、过错程度，以及行为的目的、方式、后果等因素。

(三) 自由裁量权在法律适用中的限制

任何立法者都无法全部和准确地预见未来社会生活发展的实际，立法中所能提供的法律规则也是基于对当下社会实际的判断和对未来发展的适度前瞻。立法不能朝令夕改，而是要通过维持法律的相对稳定性以维护其权威性。故为了解决社会生活之常变与法律规范之不变之间的矛盾，立法中一般都通过基本原则等授予裁判者适量的自由裁量权，允许其在法律允许的幅度范围内或者法律没有明文规定的前提下自由裁量，以补立法之不足。但是自由裁量权的行使是有限制的，不是裁判者天马行空地任性挥洒，而是在授权范围内尽职考察和审慎判断。比如，确定借款合同的利息计付标准，需要裁判者根据当事人的举证，根据交易方式、交易习惯、市场利率等因素，综合确定和计算结果，而非仅截取其一或者其中一部分。这些都是对法官自由裁量权的限制，都来源于法典化思维追求的裁判结果的一致性和公正性要求。

第二章

民法的基本原则

民法的价值体系化是法典化的核心内容之一，如何有效地贯彻和落实价值体系化要求，需要在民法典的宏观层面通过立法宗旨和目的来明确，更需要通过确立民法的基本原则来进行体现和反映。从价值体系来说，民法基本原则就是确立民法典整体规则体系应遵循的根本规则，是判断民事主体民事行为妥当性的价值判断依据，同时也是指引民事主体参与民事活动的行为准则。我国民法典的基本原则，反映着立法者对传统大陆法系民法典所确立的基本原则的认识、理解和传承，体现、反映和表达了社会主义核心价值观的精神和追求，是对传统大陆法系民法典所确立的基本原则的批判继承，并赋予了社会主义核心价值观的新内涵。

第一节 基本原则的含义及其功能

一 民法基本原则的内涵

对于民法基本原则的概念界定，不同的学者有不同的表达。有的学者强调其效力的根本性，如徐国栋教授认为："民法基本原则是其效力贯穿民法始终的民法根本规则，是作为民法主要调整对象的商品关系的本质和规律以及立法者在民事领域所行政策的集中反映。"[①] 有的学者强调基本原则在立法层面的统率与指导作用，如梁慧星教授认为，民法基本原则，是贯穿于整个民事立法，对各项民法制度和民法规范起统率与指导作用的

[①] 徐国栋：《民法基本原则解释——成文法局限性之克服》，中国政法大学出版社1992年版，第8—9页。

立法方针。① 通说认为，民法的基本原则是民法的主旨和基本准则，是制定、解释、适用和研究民法的出发点，它贯穿于民法制度和规范之中，是民法的本质和特征的集中体现，也是高度抽象的、最一般的民事行为规范和价值判断标准，② 是指贯穿整部法典，对各项民事制度起统帅作用的基本准则。③ 在民法总则立法过程中，最高立法机关指出，基本原则是民事主体从事民事活动和司法机关进行民事司法活动应当遵循的基本准则，④ 代表了立法者对于民法基本原则的理解、认识和界定。

民法基本原则作为民事活动和民事司法活动的基本准则，其法律效力来源于如下几个方面：其一，民法基本原则的价值来源于社会主义法律体系的根本价值——社会主义核心价值观，是民事领域立法、司法、执法和民事主体参与民事活动必须遵循的价值追求。其二，民法基本原则的内容是我国对于民事主体合法民事权益保护的核心表达，是调整民事关系、维护社会和经济秩序的必然要求，是我国民事立法政策的抽象表达。其三，民法基本原则反映了我国民法调整平等主体之间人身关系和财产关系的特点，强调民事活动本身的根本要求。其四，民法基本原则是判断民事主体行为法律效力的价值依据和标准，在无具体法律规定和习惯可以适用的情形下，是法官裁判案件可以遵循的裁判理由和依据，能够弥补立法不足的缺陷。其五，民法基本原则作为民法典总则第一章基本规定的重要内容，在法典体系中扮演着至关重要的作用，是民法典总则、各分编必须遵循的指导原则和价值准则，对各项民事法律制度起统帅作用，对于民事活动和民事权利保护具有行为指导、价值指引和判断依据功能。

二 民法基本原则的功能

正如有学者提出的，民法基本原则为民法背后的主要价值或者目标，对于立法者、裁判者以及民事主体均具有指导意义。⑤

---

① 梁慧星：《民法总论》（第五版），法律出版社 2017 年版，第 46 页。
② 《民法学》编写组编：《民法学》，高等教育出版社 2019 年版，第 25—26 页。
③ 《民法学》编写组编：《民法学》（第二版）（上册），高等教育出版社 2022 年版，第 31 页。
④ 《关于〈中华人民共和国民法总则（草案）〉的说明》，http://www.npc.gov.cn/zgrdw/npc/xinwen/2017-03/09/content_2013899.htm，2023 年 8 月 25 日。
⑤ 韩世远：《民法基本原则：体系结构、规范功能与应用发展》，《吉林大学社会科学学报》2017 年第 6 期。

（1）民事立法的立法方针。民法基本原则是对民法价值和精神的高度凝练，体现着民事立法的基本政策要求，是民事立法中必须一以贯之的根本准则，民事立法所有确立的制度和规范必须以基本原则为价值指导，不得违背基本原则的精神内涵，不得与基本原则的要求相抵触。作为我国的基础性法律，民法典确立了基本原则之后，其他具体民事立法、效力层级较低的民事立法，即使有其特殊性规定，但也要遵循民法典所确立的基本原则的价值和要求，以基本原则为其立法准则。因此，所谓立法准则功能，其实质是加诸立法者义务。如果要加诸立法者义务，只能由宪法或立法法为之，但若以私法为立法者设定义务，则无从谈起[1]的观点，值得商榷。

（2）民事活动的根本准则。民事主体参与民事活动，通过加入具体民事法律关系去获得权利，相应地负担义务，以权利义务的实现和履行以实现自身的生存和发展需要。在民法中，判断主体的民事行为是否符合立法者的规范调整目的，是否可以实现当事人所预设的目的及法律效果，就要判断其民事活动是否符合具体行为规则、民法基本原则的要求。因此，民法基本原则由于其效力来源的基础性和根本性，决定了其必然是民事活动的根本准则。

（3）民事司法活动的根本准则。民事司法活动是一个解决当事人矛盾和纠纷的公法救济过程，代表着国家审判权的正当行使，故要确保其活动及结果的公平和正义属性。这就要求司法机关在准确适用法律的同时，司法活动本身无论是从过程还是处理结果角度都要体现和反映民法基本原则的要求，实现民法基本原则的价值追求和目的预设。

（4）法律解释的根本准则。立法需要以高度概括和精练的表达，反映立法在某一领域所执行的法律政策，民法典也不例外。立法出台后，如何与具体的民事活动或者民事司法活动相结合，中间非常重要的一个环节就是法律解释。无论是立法解释、司法解释、学术解释还是民事主体的自行解释，如何解释才是最符合立法原意和适应社会发展需要的，均要有统一的判断标准。民法的基本原则就是判断解释结果妥当性的标准，如果解释的结果与基本原则的价值追求和目的预设相违背，这种解释就存在可质疑之处。

（5）司法机关创制裁判规则的依据和理由。民事司法活动中，裁判

---

[1] 于飞：《民法基本原则：理论反思与法典表达》，《法学研究》2016年第3期。

者要根据查明的案件事实，适用相应的法律规则以判断当事人之间的权利义务状态，从而判定权利人的权利是否得以实现、义务人的义务是否被全面妥当地履行。但是遇有当事人无约定或者约定不明确，法律又没有相应的规定时，需要通过解释的方法，对当事人的意思进行探明，寻找纠纷解决可供适用的规则。民法的基本原则就可以作为法官裁判说理的依据和理由之一，以解法律规则不敷使用之困。

三 中国民法基本原则的发展变化

我国民法基本原则存在与其所赖以存在的社会历史发展相适应的变化过程。《民法典》所确立的基本原则是在继承和发扬《民法通则》，结合我国30多年来社会主义法治建设所形成的立法经验和成就的基础上总结和确立的。

（一）《民法通则》之前我国民事活动的基本原则

根据我国民法学者的意见，在1986年之前，我国民法当中共存在十个基本原则：坚持社会主义道路的原则；消灭剥削和私有制的原则；公共财产神圣不可侵犯原则；服从国民经济计划指导的原则；个人利益、局部利益和社会公共利益相结合的原则；民事权利和民事义务一律平等原则；平等互利原则；等价有偿原则；诚实信用、互助协助原则；遵守国家法律和社会主义道德准则的原则。[①] 在1986年之前，在讨论我国民法当中所存在的民法基本原则时，基于意识形态化的考虑，我国民法学者总是不遗余力地、千篇一律地将我国民法的基本原则与资本主义国家民法当中的相反、相似或者相同的基本原则加以对比、对照，除了表明我国民法基本原则的社会主义性质外，也深刻地揭示资本主义国家民法基本原则的阶级性、剥削性、欺诈性。[②]

（二）《民法通则》所确立的基本原则

党的十一届三中全会以来，社会主义法制建设日益加强，我国民事立法工作进入了新的历史阶段。由于我国经济体制改革刚起步，改革开放尚处于学习和探索之中，为了解决民事领域立法供给不足的问题，我国先后出台了一些单行民商事法律。1986年4月12日通过的《民法通则》，是

[①] 张民安：《民法基本原则的立法准则功能理论批判》，《学术论坛》2018年第1期。
[②] 张民安：《民法基本原则的立法准则功能理论批判》，《学术论坛》2018年第1期。

我国民法史上一部里程碑式的法律,是我国第一部调整民事关系的基本法律。《民法通则》第一章章名就是"基本原则",但从其内容看,这一章包括了立法目的、调整对象、基本原则和适用范围四部分内容,该法第3—7条的规定才是关于基本原则的规定。

对于《民法通则》究竟确立了哪些基本原则,学术界有不同的认识。有的认为《民法通则》同我国的其他法律一样,坚持了社会主义立法原则,在这个总的指导思想之下,《民法通则》的基本原则主要表现在以下六个方面:社会主义公共财产神圣不可侵犯原则,保障国家经济计划实施的原则,自愿、公平、诚实信用原则,当事人在民事活动中的地位平等原则,等价有偿原则和国家、集体、个人三者利益相结合的原则。[①] 这一认识带有浓厚的计划经济色彩,对于民法的本质还存在不准确、不深刻的理解。20世纪90年代司法部组织编写的高等政法院校规划教材《民法学》中的认识,代表了党的十四大之后中国民法学界对于民法基本原则的新认识,提出我国民法的基本原则为平等原则、意思自治原则、诚实信用原则、权利不得滥用原则。[②] 进入21世纪,普高等教育"十一五"国家级规划教材《民法》的认识,代表着这一时期我国民法学界对民法基本原则的思考和探索,将我国民法的基本原则概括为平等原则、自愿原则、诚实信用原则、禁止权利滥用原则、公平原则和公序良俗原则。[③] 本书认为,学术界对于民法基本原则的认识是发展变化的产物,但从立法的权威性角度看,对民法基本原则的认识,必须依据《民法通则》的规定来确定。根据《民法通则》第一章"基本原则"的规定,应是确立了平等原则、自愿原则、公平原则、等价有偿原则、诚实信用原则、合法的民事权益受法律保护原则、遵守法律和政策原则和禁止权利滥用原则。

(三)《民法典》确立的基本原则

党的十八大以来,根据党中央的决策部署,十二届全国人大及其常委会将编纂民法典和制定民法总则作为立法工作的重点任务。在民法总则草案起草过程中,遵循了编纂民法典的指导思想和基本原则,其中立法者明确民法的基本原则是民事主体从事民事活动和司法机关进行民事司法活动

[①] 金葆文:《对民法通则基本原则的初步认识》,《政治与法律》1986年第3期。
[②] 彭万林主编:《民法学》,中国政法大学出版社1994年版,第32—41页。
[③] 魏振瀛主编:《民法》(第五版),北京大学出版社、高等教育出版社2013年版,第22页。

应当遵循的基本准则。① 编纂过程中注意把握了以下几点：一是既坚持问题导向，着力解决社会生活中纷繁复杂的问题，又尊重立法规律，讲法理、讲体系。二是既尊重民事立法的历史延续性，又适应当前经济社会发展的客观要求。三是既传承我国优秀的法律文化传统，又借鉴外国立法的有益经验。在《民法通则》的基础上，结合30多年来民事法律实践，进一步明确了民事主体的人身权利、财产权利以及其他合法权益受法律保护，任何组织或者个人不得侵犯，并确立了平等原则、自愿原则、公平原则、诚信原则、守法原则、绿色原则等基本原则。②

与《民法通则》相比较，《民法典》关于基本原则的规定，发生了以下主要变化。

其一，是把《民法通则》第5条规定的民事权益受法律保护原则上升到《民法典》第3条的显著地位，并丰富了其内容，特别列举和强调了人身权利、财产权利，并且对民事权益进行了限定和扩大，不再是"民事权益"而是"合法权益"。关于《民法典》第3条的定位问题，有的学者认为是确立了"私权神圣"原则，③ 也有的学者认为我们民事合法权益得不到法律保护的现象却依然明显，特别是有关组织和公权力对于民事权益的任性侵犯比较严重，个人之间不尊重甚至漠视相互的民事权益的情况也很突出。所以，此次立法不仅认为有必要确立这一原则，而且还要提前到第3条的显著位置，以便达到振聋发聩的效果。④ 也有的学者认为，立法者无意将民事权利受法律保护的理念规定为民法基本原则。⑤ 立法机关认可民事权利受法律保护是民法的基本精神，统领整部民法典和各民商事特别法，为进一步突出民事权利受法律保护的理念，将该条移至第2条之后。⑥ 本书认为，将草案第9条移至第2条之

---

① 《关于〈中华人民共和国民法总则（草案）〉的说明》，http://www.npc.gov.cn/zgrdw/npc/xinwen/2017-03/09/content_2013899.htm，2023年8月25日。
② 《关于〈中华人民共和国民法总则（草案）〉的说明》，http://www.npc.gov.cn/zgrdw/npc/xinwen/2017-03/09/content_2013899.htm，2023年8月25日。
③ 杨立新主编：《中华人民共和国民法总则要义与案例解读》，中国法制出版社2017年版，第39页。
④ 龙卫球：《我国民法基本原则的内容嬗变与体系化意义——关于〈民法总则〉第一章第3—9条的重点解读》，《法治现代化研究》2017年第2期。
⑤ 邹海林：《民法总则》，法律出版社2018年版，第38页。
⑥ 《第十二届全国人民代表大会法律委员会关于〈中华人民共和国民法总则（草案修改稿）〉修改意见的报告》（2017年3月14日）【法宝引证码】CLI.DL.9007。

后，不是简单的条文顺序提前的问题，其背后反映了我国立法对于民法本质理解的日臻深刻和准确，反映了对于社会主义国家本质的反思和对于保护人民群众合法权益的历史新定位，是关于民法本质的新理解、新认识的总结和反映。①《民法典》第 3 条的规定，可以说不再是民法基本原则的规定，而是对第一条立法目的的细化和重申，是民法基本精神、基本价值的宣示，是介乎于社会主义核心价值观和民法基本原则之间的立法理念和立法目的。

其二，删去了《民法通则》中等价有偿原则，也不再对"应当遵守国家政策"、不得"破坏国家经济计划"作出规定。社会主义市场经济本质上是法治经济，要求对于那些违反市场经济规律、分割市场、影响公平竞争的机制体制和规则等进行大胆革新，《民法通则》中这些带有鲜明计划经济色彩的规定，必须予以涤除。改革初期那些经常借助行政划拨、行政指令、"拉郎配"进而破坏等价交易的情况已经不多见，所以不必将等价有偿作为一项原则来强调。②

其三，对平等、自愿、公平和诚实信用原则分开进行表述，且将其内容进行了充实和丰富。扩大了平等原则的主体范围，将民事法律关系的"当事人"修改为实施民事活动的"民事主体"；强调了自愿原则在民事法律关系变动中的重要地位；对于公平原则，特别强调在具体民事法律关系中要合理确定各方的权利和义务；更加关注诚信原则在民事活动中的指导地位。

其四，将"不得违反法律，不得违背公序良俗"合并表述到一个条文，将《民法通则》中的禁止权利滥用原则进一步抽象，改为公序良俗原则。守法原则和公序良俗原则都是对民事活动的禁止性规定，是从民事活动的目的、形式、过程及权利行使的全方位要求，是立法对于民事活动的底线要求，可以起到补充强行法规定的不足，从而保证社会有序发展的作用。这一规定是对私法自治进行必要的限制，更好地弘扬社会公共道德，建立稳定的社会秩序，从而保证社会生活和民事活动有序发展。③

此外，与我国是人口大国、需要长期处理好人与资源生态的矛盾这样

---

① 《关于〈中华人民共和国民法总则（草案）〉的说明》，http://www.npc.gov.cn/zgrdw/npc/xinwen/2017-03/09/content_2013899.htm，2023 年 8 月 25 日。
② 龙卫球：《我国民法基本原则的内容嬗变与体系化意义——关于〈民法总则〉第一章第 3—9 条的重点解读》，《法治现代化研究》2017 年第 2 期。
③ 杨立新：《把公序良俗作为民法基本原则体现了当代法治精神》，《中国司法》2017 年第 4 期。

一个国情相适应,① 规定民事主体从事民事活动,应当有利于节约资源、保护生态环境,从而在《民法典》中确立了绿色原则。

第二节 中国《民法典》的基本原则

一 平等原则

《民法典》第 4 条规定,民事主体在民事活动中的法律地位一律平等。这一规定重申了我国民法的平等原则。由民事活动的本质所决定,无论是在人身关系还是在财产关系中,民事主体的法律地位必须是平等的。只有做到这样,才能确保民事主体在民事活动中的意思自治和决策自主,才能最大化地发挥民事主体自身的主观能动性,促进民事主体自身的发展和社会的发展。平等原则是民法构建其制度规则的逻辑起点,也是民事法律关系区别于其他法律关系的根本特征。各国民法都将平等原则作为基本原则进行规定。

在民事活动中,民事主体人格独立、意思自主、自由决策、自我负责,民事主体的合法权益遭受侵害,法律必须提供平等的保护,不得厚此薄彼,不允许存在歧视性规定和做法。平等原则主要表现在以下几个方面:

(1) 主体资格平等。主体资格平等是指民事主体具有平等的法律人格,即民事主体不因其个体特征、社会特征的不同而在法律人格上被差异性对待。所谓个体特征,是指诸如性别、身体健康、知识多寡等主体自身所表现的与其他民事主体不同的方面。社会特征是指民事主体因其在社会交往中产生的与其他主体的差别。民法并不考虑主体的这些特征,而是无差别地一体赋予其平等的法律人格。

(2) 民事主体的民事法律地位平等。当民事主体实施民事活动,参与到具体的民事法律关系中时,也必须保证在具体法律关系中其法律地位是平等的。因此,一方主体不能将自己的意志凌驾于另一方之上,应进行平等协商,不允许存在影响对方决策自由的情况。

(3) 主体的合法民事权益平等地受法律保护。不允许基于民事主体

---

① 《关于〈中华人民共和国民法总则(草案)〉的说明》,http://www.npc.gov.cn/zgrdw/npc/xinwen/2017-03/09/content_2013899.htm,2023 年 8 月 25 日。

的个体和社会属性的差异而在法律保护方面存在差别待遇。平等保护是法治国家的应有之义，在民事领域，除了法律有明确的规定外，任何民事主体在寻求法律救济的过程中，国家法律都应给予无例外的保护，不允许法外特权，不允许保护的强度、力度和程度存在歧视和差别。为此，我国《民法典》在第 113 条①和第 207 条②又特别强调了平等保护原则。

由于国情实际，在平等原则的理解和执行方面，我国曾一度出现过偏差。如在人身权保护领域，在城乡户籍制度和城乡二元结构的背景下，规定残疾赔偿金、死亡赔偿金和被扶养人生活费，区别城镇居民和农村居民按照不同标准进行计算。③ 这一规定实质上造成城乡居民在人身损害赔偿案件中得到赔偿的结果不同，与民法的平等原则不符，实践中也广受诟病。为深入贯彻落实党中央关于建立健全城乡融合发展体制机制和政策体系的重大决策部署以及"改革人身损害赔偿制度，统一城乡居民赔偿标准"的要求，④ 最高人民法院将残疾赔偿金、死亡赔偿金以及被扶养人生活费，由原来的城乡区分的赔偿标准修改为统一采用城镇居民标准计算，⑤ 从而修改了以往的不平等做法，在人身权保护方面实现了城乡居民平等保护。

（4）消除民事领域内存在的影响机会平等的不合理限制和歧视，改革束缚民事主体平等发展的环节、机制和体制。我国社会主义市场经济建设过程中，由于发展不平衡、不充分问题的存在，各地、各行业的发展水平不一致，存在诸如地方保护主义、地域歧视、污名化和差别对待等不合理限制和歧视情形，严重影响民事活动的机会平等。同时，市场经济体制、机制也存在着类似问题，也需要大力破除和革新，释放竞争活力，促进平等原则的实现。

---

① 《民法典》第 113 条：民事主体的财产权利受法律平等保护。
② 《民法典》第 207 条：国家、集体、私人的物权和其他权利人的物权受法律平等保护，任何组织或者个人不得侵犯。
③ 《最高人民法院关于审理人身损害赔偿案件适用法律若干问题的解释》（法释〔2003〕20 号）。
④ 《中共中央 国务院关于建立健全城乡融合发展体制机制和政策体系的意见》，中国政府网，https：//www.gov.cn/zhengce/2019-05/05/content_5388880.htm？isappinstalled=0，2022 年 8 月 10 日。
⑤ 最高人民法院关于修改《最高人民法院关于审理人身损害赔偿案件适用法律若干问题的解释》的决定（法释〔2022〕14 号）。

二 自愿原则

自愿原则，是指民事主体按照自己的意思设立、变更、终止民事法律关系的原则。自愿原则事关民法私法自治精神和人类自由本性，其对维护个人自由、保护私权、平衡国家管制均有所助益。我国《宪法》第37条第1款规定公民的人身自由不受侵犯。自愿原则是实现人的自由的重要内容，也是实现民事主体生存发展的重要民法机制保障，在民法典的基本原则体系中具有基础地位和作用，是主体进行民事活动的预设前提，也是民事法律行为规则设定和处理的基础。自愿原则具体包括民事主体自主地行使民事权利，自主地参与民事关系及民事法律关系不受国家和他人非法干涉。自愿原则体现了民事活动主体的平等性，也是实现民事主体意思自治的平台，民事活动的参与者有权基于自己的自主判断和自由决策，参与到具体民事法律关系中去，享受民事权利、承担义务和责任。

自愿原则在我国民事立法中的确立和表述有过变化和发展。在人身关系领域，早在1950年《婚姻法》中就明确实行男女婚姻自由，结婚须男女双方本人完全自愿，不许任何一方对他方加以强迫或任何第三者加以干涉，男女双方自愿离婚的，准予离婚。该等规定开宗明义，规定了结婚和离婚法律行为实行自愿原则，从而彻底废除了旧的封建的婚姻制度。之后我国的几次婚姻法修改，这一原则都得到了充分的尊重和维护。在商品流通领域，1981年的《经济合同法》虽未明确自愿原则，却在第五条规定，订立经济合同，必须贯彻平等互利、协商一致、等价有偿的原则，任何一方不得把自己的意志强加给对方，任何单位和个人不得非法干预。协商一致，表明必须尊重对方的意思自治，任何一方不得把自己的意志强加给对方，体现的就是自愿原则的精神实质和主要内容。由于当时我国有计划的商品经济体制及国情实际，《经济合同法》中还规定各级业务主管部门和工商行政管理部门对合同管理的内容，故还不能简单地说其确立了自愿原则。1985年《继承法》关于继承方式规定，有遗嘱的，按照遗嘱继承或者遗赠办理；有遗赠扶养协议的，按照协议办理，可以说基本上解决了财产继承领域内被继承人对于自身依法可以处分的财产有权自由处分的问题。1986年《民法通则》第4条规定了自愿原则，但对其内涵并未展开规定。1999年《合同法》第4条规定，确认当事人依法享有自愿订立合同的权利，任何单位和个人不得非法干预，从而在合同领域明确了自愿原则的内涵。《民法总则》将自愿原则单列一条进行规定,民事主体从事民事活动,应当遵循自愿原则,按照自己的意思设立、变更、终止民事法律关系,这也就是《民法典》总则编第 5 条的规定。从而实现了在民法一般规定中将自愿原则的内涵进行了全面概括和总结,实现了人身关系和财产关系领域自愿原则的统一。

前已述及,自愿原则是平等原则的必然延伸和自然表达,是落实平等原则的必备规则。缺乏自愿原则的实现,平等原则必然被悬置、形同虚设。尤其在商品交易中,确保民事主体意志自由和自主决策,是商品交换的前提和基础,是民法制度规则设计时必须充分落实的核心价值。

自愿原则在不同的法域,其所突出的核心和重点有所不同。在人格权法领域,侧重于人身自由和主体在法律规定范围内对于自身人格权益的自由处分,如人格要素和个人信息的处分或许可他人适用。在婚姻家庭法领域,则主要是婚姻自由和婚内财产处分自由问题。在继承法和物权法中,自愿原则体现为物权处分方面的自由;在合同法领域其核心是合同自愿原则。概括起来,民法典中的自愿原则,主要表现在如下方面:

(1) 民事主体有权决定是否参与民事活动。具体而言,民事主体有权决策其民事行为的如下内容:①是否从事某项民事活动;②有权选择民事法律关系相对人;③有权决定其所参与的法律关系的内容;④有权选择法律行为的形式;⑤在具有涉外因素的法律关系中,民事主体可以选择法律关系所适用的法律。

(2) 法律对违背自愿原则要求的民事行为不予保护。自愿原则的行使并非没有边界,而必须要符合法律、行政法规的强制性规定,违反强制性规定,法律行为的效力将受到影响。

(3) 当事人的意思表示优先于法律推定条款或任意性规范。民法属于私法,强调私法自治,允许主体通过自身行为参与民事活动,设定民事法律关系。因而只要不违反法律的强制性规定,无损社会公共利益,不违背公序良俗,法律必须最大限制度地尊重当事人的真实意思,尊重并允许当事人的自我决策及其实现。而法律的推定条款和任意性规范,只是立法中的示范、倡导或者对当事人意思的一种推定,不能替代当事人明确的意思表示和自愿选择,故通常情况下,当事人有约定的,其约定的效力优先于法律的推定条款或任意性规范。

三 公平原则

公平原则是指民事主体在民事活动中，应当合理确定各方的权利和义务。公平原则也是基于平等原则的一个必然结论，是民事活动在结果上反映平等原则的体现。关于公平本身，这是一个历久弥新的话题，在不同的社会发展阶段和不同的人群中，对于公平的内涵、公平的标准的认识都有所不同。民法所确立的公平原则，要体现民法促进社会公平正义的基本价值，对规范民事主体的行为发挥着重要作用。对于何谓公平的理解，也是一个日臻深刻的认识过程，从人类社会早期的分配公平，到后来的机会均等、实质公平正义的追求，公平的内涵逐渐丰富和多元。民法作为平等者参与的社会行为规则体系，更要体现公平的理念、实现公平正义的理想和目的。但人类社会发展的不同阶段、不同的社会阶层或者人群，对于公平的理解是有差别和不同的。在特定社会发展阶段，被绝大多数人接受和认可的公平的举措和标准，应该为立法者所确认和保护。

公平正义是人民群众对于美好幸福生活追求的必然内容，是社会主义核心价值观的重要内容，也是人类社会发展中一个被永恒追求的理想和目标。新时代，我国民法的公平原则，当以如何确保实现人民群众对美好幸福生活的向往和追求为指向，从民事活动本身以及民事司法保护的各方面、各环节、全过程去体现和要求，确保在机会、结果及程序等方面均要体现公平正义。我国《民法通则》中就确立了民法中的公平原则，在《民法典》第6条单独规定了该原则，并丰富了其内涵，规定民事主体从事民事活动，应当遵循公平原则，合理确定各方的权利和义务。从其规定看，公平原则主要反映在如下几个方面：

（1）民事主体的机会均等。机会平等是最起码的公平，要求民事主体有平等的机会实施民事活动，参与到具体的民事法律关系中去，为自己设定权利、承担义务，实现其民事活动的目的。党的二十大报告指出要促进机会公平，体现在民事领域就是有平等的机会参与民事活动，通过民事活动去实现美好生活的需要。

（2）民事主体在其具体参与的民事法律关系中，权利和义务要大致相当，利益均衡，不能显失公平。由民事主体的平等法律地位所决定，在对待给付内容的民事法律关系中，获取权利应以履行相应的义务为对价，权利和义务要大体相当。民事主体参与民事活动，通常以追求自身利益最大化为根本遵循，而欲达到兼顾双方利益，最优的方式莫过于使彼此享有的权利和承担的义务具有等价或者对应性。否则，民事法律关系会显失公平。

（3）民事主体合理承担民事责任。民事义务不履行的后果，要对权利受损一方的利益失衡进行救济，这就是民事责任存在的必要和空间。在确定民事责任时，除法律另有规定或当事人另有约定外，通常情况下，要求承担的责任与主体行为的可归责性之间具有匹配度。在实行过错责任原则的情形，责任要与主体的过错程度相适应。

（4）当事人在民事活动中要正当竞争。主体参与的民事活动的整体，形成了社会的竞争秩序。而公正有序的竞争秩序，有赖于具体民事活动中民事主体的正当竞争。公平原则，要求在法律和社会公共秩序允许的范围内开展民事法律行为，反对通过假冒、误导、贿赂等非法手段，利用优势地位、信息不对称等不正当竞争行为。

（5）公正司法。司法是社会纠纷和矛盾的最终解决路径，被誉为维护社会公平正义的最后一道防线。裁判机构在审理和处理民事纠纷时，要本着公平原则，根据案件事实，正确、统一适用法律，规范裁量权行使，促进"类案同判"。民事司法裁判活动实现"类案同判"，稳定民事主体的合理预期，维护法律的公平、正义和权威性，才能不断提升人民群众的法治获得感，让人民群众在每一个司法案件中感受到公平正义。

四　诚实信用原则

诚实信用原则，简称诚信原则，要求民事主体无论是设定民事法律关系，还是享有和行使权利、履行义务、承担责任，均应秉持诚信，讲究信用，认真践行承诺。诚信原则的内涵具有非常明显的模糊性和抽象性，其本质上是社会生活中道德原则的法律化，是用诚实信用的道德原则指导民事活动，作为判断民事活动内容、形式、权利行使和义务履行的标准和依据之一，也被法官用来作为填补当事人意思表示、法律规定不明确和漏洞的工具。

诚信原则在大陆法系有其发展变化的过程，一开始只是债务履行的原则，如《德国民法典》的规定。但是自从《瑞士民法典》将诚实信用原则规定在第2条的显赫地位，扩大到一切权利行使和义务履行必须遵守的原则后，诚信原则就一跃成为整个民法的基本原则，更被称为民法中的

"帝王原则"。徐国栋教授甚至一度认为"诚信原则是研究民法基本原则的重要线索,它几乎是大陆法系民法中唯一的基本原则"①。但是否真如学者们所赞誉的那样,诚信原则就是民法的最高原则或者帝王原则,其实也有不同的理解和认识。单纯就诚信原则在我国社会主义核心价值观体系中的地位而言,强调民事活动和交往中的诚信,要比国家和社会层面的核心价值观低一个层次,难以居于平等、自由、公平、正义和和谐等价值之上。在我国《民法典》编纂过程中,从立法机关的条文排序显示,诚信原则位于平等、自由和公平原则之后。

诚信原则反映着社会关系的复杂性、关联性和系统性,强调民事主体利益实现的有限性、条件性和秩序性,即要求人们在市场活动中讲究信用,恪守诺言,诚实不欺,在不损害他人利益和社会利益的前提下追求自己的利益。②《民法典》第7条是关于诚信原则的规定,明确规定民事主体从事民事活动,应当遵循诚信原则,秉持诚实,恪守承诺。诚实信用原则的要求主要表现在如下方面:

(1) 民事主体实施民事活动,要诚实守信,不弄虚作假,不欺诈,不恶意缔约。实践中出现的销售假冒伪劣产品、缺斤少两、以次充好,恶意隐瞒真实情况、欺诈对方当事人的民事行为,均有违诚信原则的要求。

(2) 民事主体在参与民事活动时,要履行对相对人的保护、协助、通知、安全保障、保密等附随义务。附随义务的产生依据就是诚信原则,在当事人因为参与民事活动而产生联系和关系时,为了更好地实施民事法律行为,实现各方的民事法律行为目的,必须对对方的人身、财产在一定范围内承担附随义务。

(3) 民事主体参与到具体民事法律行为中后,要善意行使权利,不得滥用民事权利。民事权利在某种程度上是当事人通过参加法律关系而设定或者取得的受保护的法律利益,允许权利主体在一定程度上有行为自由的空间。但是,权利并不是无边界的,权利主体在行使权利时要合于权利存在的目的,不得出于恶意或者损害他人的故意行使权利,不能造成对相对人或者第三人合法权益的损害或者贬损,不得损害社会公共利益,不得

---

① 徐国栋:《民法基本原则解释——成文法局限性之克服》,中国政法大学出版社1992年版,第74页。

② 梁慧星:《诚实信用原则与漏洞补充》,载梁慧星主编《民商法论丛》(第2卷),法律出版社1994年版,第60页。

（4）诚信原则原本是债务履行的基本原则，要求按照约定或法律规定严格履行合同义务。民事主体履行民事义务时，要信守承诺、善意履约，严格按照法律规定或者当事人的约定履行义务，不得擅自毁约、恶意违约，损害对方当事人利益。我国司法实践中出现妄图通过自身违约或者违法行为去获取超出合同利益的恶意违约行为案件，如遇市场行情看涨开发商自我举报无证卖房毁约的行为，① 违背了社会的基本诚信和公众的道德底线，应给予否定性评价、严格禁止。

（5）诚实信用原则是民商事活动的基本原则，在特定类型的合同缔结和履行过程中，当事人要承担提示和说明义务。比如在保险合同的缔结和履行过程中，保险公司的提示、说明义务，是在保险合同领域贯彻诚实信用原则的基本要求。保险人提供的格式合同文本中的"免除保险人责任的条款"，保险人必须对投保人予以提示和明确说明。如果没有提示和明确说明的，即使投保人签署了保险合同，该等条款对投保人不具有约束力，保险人仍应当依法承担保险责任。②

（6）诚信原则是解释当事人真实意思和调整当事人利益的工具。在遇到当事人没有约定或者约定不明确时，可以通过诚信原则进行解释，探求当事人的真意。同时，当遇有导致当事人缔约基础发生重大变更的情形时，继续履约对于当事人将会产生重大不公平，这时候允许当事人通过协商改变合同的内容或者解除合同，以避免出现该重大不公的结果出现。③

诚实信用原则的功能，是指该原则对民事主体的民事活动和裁判机构的民事司法活动所发挥的指引、评价、补充和判断等作用。具体而言，体现在如下几个方面：

（1）指导民事主体的民事活动，对于民事法律关系的形成、权利的行使、义务的履行以及法律关系的变动等事项，均可引导当事人诚实守信、善意为之、勿害他人。

（2）对民事主体所实施的民事活动、参与的民事法律关系具有评价功能，即评价该民事活动是否做到了秉持诚实，恪守承诺，评价的主体既

---

① 开发商"自我举报"无证卖房毁约案——某房地产公司诉李某某确认合同无效案，最高人民法院发布人民法院大力弘扬社会主义核心价值观十大典型民事案例（2020年5月13日）。

② 杨某诉某财产保险股份有限公司意外伤害保险合同纠纷案，最高人民法院公布10起弘扬社会主义核心价值观典型案例（2016年3月8日）。

③ 参见《民法典》第533条。

可以是法律关系当事人，也可以是其他民事主体，在裁判者处理民事纠纷时，也可以进行评价。

（3）解释和补充法律行为。民事主体在参与民事活动时，往往不能明确系统地表达其意愿和选择，当遇到当事人没有约定或者约定不明时，可以基于诚实信用原则去解释当事人的真意，去补充法律行为不明确的漏洞，从而促成民事活动能够实现当事人的预期，减少不必要的矛盾和纠纷。

（4）解释和补充法律。由于民法的大多数内容属于任意法范畴，主要目的是引导和指导当事人行事，因此允许当事人通过约定做出不同于法律规定的安排和选择。因此，在遇有立法不足、不明确或有歧义时，秉持诚实信用原则对法律规范进行解释，补充法律的漏洞，是非常重要的克服立法局限性的操作和手段。"作用不限于指导当事人正确进行民事活动，它在完善立法机制，承认司法活动能动性方面具有更重要的作用。"[1]

（5）法官判断民事活动、当事人民事权利义务安排妥适性的重要标准。由于社会生活的日趋丰富和复杂，新类型的纠纷和矛盾层出不穷。诚实信用原则由于其概括性和抽象性，可以被法官用来判断实践中新出现的民事法律关系、相关纠纷中当事人的权利义务安排是否符合民法的精神和目的，从而解决立法的滞后性所带来的不敷使用问题。比如，网络产品流量成为网络用户选择网络产品的重要因素，但流量真实性往往容易被掩蔽。全国出现首例涉及"暗刷流量"虚增网站点击量的案件，"暗刷流量"的行为违反商业道德，违背诚实信用原则，对行业正常经营秩序以及消费者的合法权益均构成侵害，有损社会公共利益。法院对"暗刷流量"交易行为的效力予以否定性评价，并给予妥当的制裁和惩戒，对治理互联网领域内的乱象有积极推动作用。[2]

五 守法原则

守法原则又称为合法原则，是指民事主体的民事活动应当遵守法律和行政法规。《民法典》第8条规定了守法原则，是对《民法通则》第6条

---

[1] 徐国栋：《民法基本原则解释——成文法局限性之克服》，中国政法大学出版社1992年版，第75页。

[2] "暗刷流量"合同无效案——常某某诉许某网络服务合同纠纷案，最高人民法院发布人民法院大力弘扬社会主义核心价值观十大典型民事案例（2020年5月13日）。

内容的丰富和发展。《民法通则》第 6 条规定，民事活动必须遵守法律，法律没有规定的，应当遵守国家政策。从其法律规定的核心来看，重在强调民法的法源问题，在遇有无明确法律规定时，应适用国家政策。这在当时立法不完善、不健全，法律体系没有完全建立起来的情形下是妥当的。1999 年《合同法》在合同领域确立了守法原则。2016 年 2 月中国法学会民法典编纂项目领导小组和中国民法学研究会提交的《中华人民共和国民法典·民法总则（专家建议稿）》尚未写入合法原则。到了 2016 年 7 月 5 日提请审议的《中华人民共和国民法总则（草案）》中，将合法原则与公序良俗原则结合到一块进行规定，使其成为民法的基本原则之一。

民事活动必须遵守国家法律的规定，这是现代法治国家建设的题中应有之义，也是法治社会建设中民事主体必须遵守的基本义务。因此，对于守法原则是否是民法的基本原则，有不同的看法和意见。有学者认为应属于民法基本原则之一，特指狭义的不得违反法律的强制性规定的情形，与公序良俗原则相区分。① 有学者不认为合法原则是独立的民法基本原则，将《民法典》第 8 条"不得违反法律"的规定置于公序良俗原则中一并进行论述。② 故从立法机关的立法文件③④看，守法原则是立法者明确认可的民法基本原则之一。

关于守法原则的内涵，可以从如下几个方面进行理解和把握：

第一，在守法的基础上，当事人可以基于自愿原则参与民事活动，确定其在具体法律关系中的权利和义务。在现代法治国家，遵守法律规则、在法律允许的范围和限度内享有充分的行为自由，在民事领域内亦不例外。

第二，由于民法的内容多为任意性法律规定，故允许当事人在参与具体民事法律关系时可以排除其适用，做出不同的决策和权利义务安排，其真实意思表示的法律效力优先于法律的任意性规定。

第三，对于民法中的管理性强制性规定，主要是从履行国家监管要求

---

① 《民法学》编写组编：《民法学》，高等教育出版社 2019 年版，第 30 页。
② 杨立新主编：《中华人民共和国民法总则要义与案例解读》，中国法制出版社 2017 年版，第 59 页。
③ 《关于〈中华人民共和国民法总则（草案）〉的说明》，http://www.npc.gov.cn/zgrdw/npc/xinwen/2017-03/09/content_2013899.htm，2023 年 8 月 25 日。
④ 《关于〈中华人民共和国民法典（草案）〉的说明》，https://news.china.com/focus/2020qglh/lhkx/13003798/20200523/38256449.html，2022 年 10 月 26 日。

出发，要求参与民事法律关系和实施具体法律行为的当事人履行必要的行政许可、登记、备案等程序。若未履行该程序的，允许当事人及时补足，该等违反程序要求的行为，并不必然评价为无效法律行为。《民法典》第153条但书规定的"该强制性规定不导致该民事法律行为无效的除外"即是此意。

第四，对于违反效力性强制规定的行为，给予否定性评价，判定为无效，行为人要承担否定性后果。效力性强制规定，是国家立法所确立的民事行为的底线和红线，是保护国家和社会公共利益的最低要求，不允许当事人突破和僭越。一旦行为人违反该规定，就会遭到相对人和国家的否定性反应，将被裁判为无效法律行为，行为人要承担相应的否定性后果和法律责任，即自始没有法律约束力，[①] 发生财产返还、折价补偿或赔偿损失等法律责任。[②]

由于法律对于强制性规定有时并未明确列明，因此存在对强制性规定的识别和判断问题。我国司法实践认为，应当采取正反两个标准。在肯定性识别上，首先的判断标准是该强制性规定是否明确规定了违反的后果是合同无效，如果规定了违反的后果是导致合同无效，该规定属于效力性强制性规定。其次，法律、行政法规虽然没有规定违反将导致合同无效的，但违反该规定如使合同继续有效将损害国家利益和社会公共利益的，也应当认定是效力性强制性规定。[③] 其中，实质性判断标准至关重要，因为一旦涉及国家利益和社会公共利益的损害或者贬损，这是立法者断然要否定的行为，绝不允许发生当事人所预设的法律效果。因此，事涉国家利益、公共利益的强制性规定，必然是效力性强制性规定。而那些仅涉及管理秩序，不涉及国家、社会公共利益的强制性规定，理应允许行为人改正或者补正，因此，应作为管理性强制性规定理解和认识。

六 公序良俗原则

公序良俗原则是指民事主体在进行民事活动时不得违反社会公共秩序和善良风俗，不得违反社会一般道德准则和社会公共利益。公序良俗是公

[①] 参见《民法典》第153条首句。
[②] 参见《民法典》第157条。
[③] 最高人民法院研究室编著：《最高人民法院关于合同法司法解释（二）理解与适用》，人民法院出版社2009年版，第106—113页。

共秩序和善良风俗的合称。

《民法通则》中并无明确的"公序良俗"的字样，仅在第 7 条规定，民事活动应当尊重社会公德，不得损害社会公共利益，扰乱社会经济秩序。在部门规章中，国家工商行政管理总局 2002 年 6 月 10 发布的《关于规范声讯服务广告的通知》中，提到"声讯服务广告必须符合社会主义精神文明建设的要求，符合当今社会的公序良俗，不得含有损害人民群众尤其是青少年身心健康的内容"。可以看出，这一时期对公序良俗的内涵等立法还没有明确规定。2014 年，在最高立法机关的立法解释中，认为在中华传统文化中，"姓名"中的"姓"，即姓氏，体现着血缘传承、伦理秩序和文化传统，公民选取姓氏涉及公序良俗。[①] 这是我国最高立法机关的规范性文件中首次出现"公序良俗"的字样。至《民法总则》立法，则旗帜鲜明地提出了公序良俗原则，《民法典》编纂时继受这一规定。

《民法典》第 8 条规定：民事主体从事民事活动，不得违背公序良俗。第 153 条第 2 款规定：违背公序良俗的民事法律行为无效。至此，公序良俗原则被确立为我国民法的基本原则。有学者评价道：《民法总则》提出了"弘扬社会主义核心价值观"这一价值目标和任务，民法从主体性关注走向了社会性关注，承载中国特色社会主义最根本性价值的"公序良俗原则"自然赢得法律基本原则地位的至高性。[②]

由公共社会秩序与善良风俗构成的"公序良俗"不是一日而成，它与人类社会文明的成长历程存在千丝万缕的关系，并从不同时期的法律文明的遗存中厚积薄发。[③] 任何国家都是经由历史发展而来，与特定的地域风俗、人群习惯、民族精神和优秀传统文化等因素紧密相连、共生发展，故特定地域的社会一般道德准则、风俗习惯对于人们行为模式、行为规则和行为效果均具有养成、评价和判断作用，是事实上的人的行为规则之一。因此，在法治国家，均重视公序良俗对于民事活动的引导、约束和评价作用，将其作为民法的基本原则之一。通过公序良俗原则，可以继承中华优秀传统文化，将公共秩序和善良风俗作为判断民事主体行为效力的重要依据之一，无疑能够发挥其引领社会风尚，维护社会公共利益和秩序的作用。

[①]《全国人民代表大会常务委员会关于〈中华人民共和国民法通则〉第九十九条第一款、〈中华人民共和国婚姻法〉第二十二条的解释》(2014)。

[②] 罗时贵：《中国民法公序良俗原则的法律性质》，《重庆大学学报》（社会科学版）2018 年第 5 期。

[③] 何勤华、袁晨风：《"公序良俗"起源考》，《南大法学》2022 年第 4 期。

公序良俗原则成为我国民法的基本原则，其作用在于：

第一，公序良俗原则是对民法自愿原则的限制。自愿原则强调通过民事主体的自主自愿去形成其所参与的民事法律关系，尊重主体的自我判断和选择。但是公序良俗原则要求，民事主体从事民事活动，不得违反公序良俗原则，否则其行为无效，不发生当事人所预设的法律效果，这是对自愿原则边界的厘定和澄清。若不恪守公序良俗底线性标准之要求，而在实践中将该标准无限拔高，那么私法自治的结果就会动辄背俗无效，私法自治将丧失其在私法中的主导地位，市场经济与主体人格的自由发展将丧失基础。①

第二，授权法官以一定程度的自由裁量权，发挥司法匡扶社会正义的能动作用。肯定公序良俗原则，意味着将社会一般道德准则、公共秩序和善良风俗引入法律之中，成为判断民事活动和民事法律行为的标准与依据，从而克服立法的局限性。同时也意味着在司法裁判中肯定法官一定程度上的自由裁量权，授权法官可以在法律适用时对适用的效果以公序良俗原则来对比和评价，评判法律适用的妥适性。最高人民法院要求"将社会主义核心价值观作为理解立法目的和法律原则的重要指引，作为检验自由裁量权是否合理行使的重要标准，确保准确认定事实，正确适用法律"②，即具此深意，防范简单适用法律产生损害社会公序良俗的结果发生。我国司法实践中遵循公序良俗原则，对吃"霸王餐"者无理的索赔请求不予支持，发挥了司法裁判匡扶正义，引领诚信、友善、文明的社会新风尚的积极作用。③

第三，可弥补立法之不足，提升我国的社会治理体系和治理能力现代化。我国的国情实际决定了立法不能够完全覆盖或者适应社会生活发展的方方面面，民事活动的丰富性和复杂性更有甚之。因此，要发挥法治固根本、稳预期、利长远的作用，必须肯定公序良俗等原则，通过基本原则的概括性、抽象性和对未来发展的适应性克服立法的滞后性和僵硬性。法官通过案件审理，利用公序良俗原则所确立的典型案例，对以后一段时间的

---

① 于飞：《〈民法典〉公序良俗概括条款司法适用的谦抑性》，《中国法律评论》2022年第4期。
② 最高人民法院印发《关于深入推进社会主义核心价值观融入裁判文书释法说理的指导意见》的通知（法〔2021〕21号）。
③ 吃"霸王餐"逃跑摔伤反向餐馆索赔案——马某诉佘某某、李某侵权责任纠纷案，最高人民法院发布人民法院大力弘扬社会主义核心价值观十大典型民事案例（2020年5月13日）。

类似案件的处理具有引导性和典范性。我国曾一度出现了一些"谁闹谁有理""谁伤谁有理"的现象，严重影响了我国社会公德和文明社会公民的道德责任感，进而降低了社会的道德水准。近年来，法院通过一些典型案件的审理，遵循公序良俗原则的要求，对不文明行为给予否定性评价，倡导社会公众遵守规则、文明出行、爱护公物、保护环境，共建共享与新时代相匹配的社会文明，取得了良好的社会效果。①

第四，坚定历史自信和文化自信，顺乎本国家发展的民族精神和文明积淀，合乎国情、顺应民心。通过公序良俗原则对传统优秀文化继承发扬和在法律适用中的浸润，可促成优秀精神、文化的养成和培育。如最高人民法院指导案例89号"北雁云依"诉济南市公安局历下区分局燕山派出所公安行政登记案的审理，深刻揭示和阐释了中华传统文化中"姓名"是中华民族向心力、凝聚力的载体和镜像，体现和反映了血缘传承、文化传统、伦理观念、人文情怀和主流价值，反映和促进了我国对于姓名权本质属性的新认识、新发展和新境界。

关于违反公序良俗原则的行为，日本学者我妻荣教授总结的7种类型值得参考，即反人伦，违反正义观念，乘他人之无思虑、窘迫而博取不当之利的行为，极度限制个人自由，营业自由的限制，处分作为生存基础的财产和显著射幸者。②违反公序良俗原则的行为在我国的司法实践中则表现得更为复杂多样，如因非婚同居、不正当两性关系结束时的"青春损失费""分手费"，赌债、涉黑恶债务，职场中限制自由跳槽从业的协议，请托行为形成的债务，公共场所的不当行为等。从样态上讲，法律行为所附条件、动机、目的、行为内容、行为方式和行为后果等方面均可构成违反公序良俗原则的行为。实践中发生的董存瑞、黄继光英雄烈士名誉权纠纷公益诉讼案、淮安谢勇烈士名誉权纠纷公益诉讼案、村民私自上树摘果坠亡索赔案和撞伤儿童离开被阻猝死索赔案等，就是因违背公序良俗原则行为引发的案件。这些案件的正确处理，极大地提振了社会整体向上的信心，有力维护了社会公共秩序的和谐稳定和健康。

---

① 村民私自上树摘果坠亡索赔案——李某某等人诉某村委会违反安全保障义务责任纠纷案，最高人民法院发布人民法院大力弘扬社会主义核心价值观十大典型民事案例（2020年5月13日）。

② ［日］我妻荣：《新订民法总则》，于敏译，中国法制出版社2008年版，第255—265页。

七　绿色原则

绿色原则是我国《民法典》确立的一个新的基本原则，要求民事主体从事民事活动，应当有利于节约资源、保护生态环境。这一原则主要用来解决人与自然的矛盾问题。由于资源的稀缺和人类需要的无穷尽的冲突，要满足人类生存和发展的需要，必须对有限的社会物质资源进行有效配置，节约开发和利用，从而尽可能地维持人类社会的可持续发展。绿色原则也称为生态原则，是指民法要求民事主体在从事民事活动时，应当有利于节约资源，保护生态环境，实现人与资源关系的平衡，促进人与环境和谐相处的基本准则。[1]

（一）绿色原则入法的过程及争论

绿色原则成为民法的基本原则经历了一个深刻的认识过程，在《民法总则专家建议稿》第8条、《民法总则草案》第7条规定了人与自然和谐发展原则，规定民事主体从事民事活动应当节约资源和能源、保护生态和环境，促进人与自然的和谐发展。有学者撰文明确反对将"人与自然和谐发展原则"规定为民法基本原则，认为应在今后的正式立法中予以剔除，其主要理由是认为这一原则是公法的原则或社会法的原则，而非作为私法的民法的基本原则；是一个无法得到法律强制和法律救济的原则；是一个外延和内涵都无法予以明确界定的原则；是一个无法通过具体民法制度加以细化和表达的原则。[2] 也有学者认为根据民法的性质，包括环境资源保护在内的一切公共利益的保护，在民法中只能设置为一种民事主体依法必须履行的消极的不作为法定义务，该原则与公序良俗原则相重复，其纯粹只具有道德指引作用，没有法律适用价值和实际意义，建议删去。[3] 后来全国人大常委会讨论中有委员认为，本条内容值得提倡，但不宜规定在草案基本原则一章，从民事权利行使的角度加以规定比较适当，故又移至民事权利一章中规定。[4]

---

[1] 杨立新主编：《中华人民共和国民法总则要义与案例解读》，中国法制出版社2017年版，第62—63页。

[2] 赵万一：《民法基本原则：民法总则中如何准确表达?》，《中国政法大学学报》2016年第6期。

[3] 尹田：《民法基本原则与调整对象立法研究》，《法学家》2016年第5期。

[4] 《全国人民代表大会法律委员会关于〈中华人民共和国民法总则（草案）〉修改情况的汇报（2016年12月）》【法宝引证码】CLI.DL.9152。

党的十八大报告确立的"五位一体"总体布局和生态文明思想，为绿色原则成为民法基本原则提供了世界观和方法论。立法机关认为，应将绿色原则确立为基本原则，规定民事主体从事民事活动，应当有利于节约资源、保护生态环境。① 有学者评价道，民法对环境资源法相关内容的吸收、绿色原则作为民法基本原则的确立，目的在于通过民法的固有特性，特别是其自发、高效的实现机制，实现现代环境资源法可持续发展的法律目标。因此，民法确立绿色原则为基本原则，在理论上当无问题。②

（二）绿色原则的理解和适用

《民法总则》第 9 条规定，民事主体从事民事活动，应当有利于节约资源、保护生态环境。理解和准确适用绿色原则，应注意从如下两个方面进行把握：

第一，绿色原则在民法基本原则体系中具有根本性指导地位和约束作用。美丽中国建设，涉及空间格局、产业结构、生产方式、生活方式，体现在统筹产业结构调整、污染治理、生态保护、应对气候变化，推进生态优先、节约集约、绿色低碳发展各环节，涉及民事主体财产归属、利用关系的各方面，渗透在产品的生产、流通、消费全领域，是这些活动中的指导性和约束性原则，强调民事活动要以节约资源和保护环境为重要价值取向，以节约资源和保护环境为行为效果评判的标准和依据。即使民事主体的民事活动符合民法的平等、自愿、诚信等原则要求，但是如果浪费了资源、损害了生态环境，则在法律效力上也应给予否定性评价，行为人要承担相应的生态赔偿责任。

第二，绿色原则要与《民法典》各分编配套的绿色规范统一理解和适用。我国民法所确立的绿色原则，绝不是简单地鼓励或者倡导，而是配套制定了一系列的绿色规范来予以落实和具体化。在物权编对不动产的权利人设置必要的维护环境、保护生态的义务，在合同编要求当事人在合同履行中根据交易习惯负有节约资源、减少污染的义务，在合同终止后负有旧物回收义务，侵权责任编中第七章进一步落实了违反绿色原则和绿色规范的"环境污染和生态破坏责任"，并在第 1232 条规定，侵权人违反法律规定故意污染环境、破坏生态造成严重后果的，被侵权人有权请求相应

---

① 《关于〈中华人民共和国民法总则（草案）〉的说明》，http：//www.npc.gov.cn/zgrdw/npc/xinwen/2017-03/09/content_2013899.htm，2023 年 8 月 25 日。

② 马洪：《绿色原则何以入民法典》，《学术月刊》2017 年第 10 期。

的惩罚性赔偿。由此形成了以绿色原则为核心，以分则各编绿色条款来贯彻落实的绿色原则规则体系。在实践应用时，要注意上述绿色原则的规则体系的作用，按照特殊和一般、具体规则和基本原则的法律适用原理和顺序准确理解和适用。

第三章

民事法律关系

第一节　民事法律关系概述

　　社会是人与人的关系的总和，是人生存和发展的空间维度和时间维度，任何人的生存和发展离不开与其他人的联系，每个人在实现自我的过程中，必须同时与其他人的生存发展相协调，互为存在的目的和手段，此即所谓"人人为我，我为人人"。萨维尼认为，生物人（Mensch）存在于外部世界，这种情况下最重要的因素是与那些与其本质和目的（Bestimmung）相同者发生接触。这种相互接触本质上是自由的，它需要双方相互支持而不是相互阻碍各自发展。要实现这一点，有一种可能的方式，那就是承认存在一条看不见的边界，该边界的存在和效果在于，边界内的个人有一个安全、自由的空间。确定这一边界并确定该自由空间的规则，就是法（Recht）。[①]

　　社会发展需要确定人与人行为的边界及其规则，需要通过法律来调整人们的行为以实现各自的生存和发展需要。法对社会关系的调整，主要是通过各种法律规范，规定人们的行为规则及其适用的方法来进行的，其调整作用体现在两个方面：其一，法的指导功能，人们依法而为，做出合乎法律规范要求的行为，其行为及其效果则为国家法律所认许和肯定。其二，如人们违反法律规范的要求，做出规范所不允许的行为，则为国家所不认可，故会引起利害关系人和国家司法机关的否定反应，进而通过法定程序，使该不正常的社会关系得到纠正和补救。当社会关系经由上述国家的认许或者否定进行评价时，就成为法律关系。故法律关系就是受法律所

[①]　[德]弗里德里希·卡尔·冯·萨维尼：《萨维尼论法律关系》，田士永译，《法哲学与法社会学论丛》2004年第00期。

评价和调整的社会关系，本质上仍是人类社会关系。

一 民事法律关系的概念与特征

作为法律关系的一种，民事法律关系是由民事法律规范评价和调整的社会关系，是由民事法律事实引起并由民事法律规范调整而形成的民事权利义务关系。因民事法律规范调整的内容不同，形成不同的民事法律关系类型，如调整因物的归属和利用产生的民事关系，形成物权法律关系，调整因合同产生的民事关系形成合同法律关系，调整因人格权的享有和保护产生的民事关系则形成人格权法律关系等。

作为法律关系的一类，民事法律关系具有一般法律关系的特征，在此不赘。由其调整范围和调整手段所决定，民事法律关系的特征在于：

第一，民事法律关系的参与者法律地位平等。由其法律性质所决定，民法所调整的人身关系和财产关系，其主体的法律地位平等。这是民事法律关系区别于其他类型的法律关系的本质属性，由此也决定了民法对民事法律关系的调整方式、手段和调整结果的不同。

第二，民法调整民事法律关系是以厘定和界分参与者的权利和义务为其主要方式。通过民事法律关系的具体内容，来确定民事主体的权利和义务，确立民事主体自由和利益的边界，实现对人与人关系的调整和规范。当民事主体不履行义务，或者权利得不到实现时，民法通过要求义务主体履行义务或者承担法律责任的方式来对失衡的社会关系进行调整，达到定分止争的规范目的和调整效果。

第三，民事法律关系主要基于法律的规定和当事人约定而发生。由民事法律关系的参与者法律地位平等所决定，民事法律关系的发生除法律有明确规定者外，大多数情况下为当事人意思自治而生。

第四，民法对民事法律关系的调整，主要是采取恢复性和财产险手段和方式。由参与者平等性所决定，民法对社会关系的调整，主要是维持社会关系的正常进行，如遇民事主体的民事权利被侵害，则主要是让当事人的权利义务关系恢复到原来的状态，或者实现当事人所预设的状态，而非以科以当事人其他负担或者惩罚来实现。进入近代以来，基于对于人自身价值的深刻认识和反省，法律革废了以人身来承担民事责任的方式，如债务奴隶、役身折酬等做法，转而要求仅以承担财产责任，尤以损害赔偿为其最终手段，从而使得民法的调整手段表现出以财产性为主的特征。

第五，民事法律关系是民法纳入其调整范围的民事关系。民法所调整的社会关系，并非社会关系之全部，而是平等者参与的市民社会关系——民事关系。就平等者所参与的社会关系而言，因其纷繁复杂、类型多样，民法也仅是撷取其中一部分进行调整。因此，由此决定民法亦须保持其谦抑性，要认识到有其无法调整到的社会关系，有其力所不逮的方面和领域。法治国家建设，要实现对整个民事关系进行有效调整，还需结合其他社会规范，如伦理道德、社会舆论、风俗习惯、行业通行规则等来进行。

二　民事法律关系的分类

类型化分析是认识事物的一种重要方式和手段，对于民事法律关系的分类，就是法典化背景下对其类型化分析的结果。民事法律关系，可以根据传统的民法理论和现行《民法典》的规定进行分类。

（一）传统分类

大陆法系民法形成和发展的过程比较漫长、历史悠久，形成的理论成就灿若繁星，对于民事法律关系的分类，学术界基本形成了共识。这些分类方式对于准确理解民事法律关系的不同类型及其特点、所涉行为规则及法律适用等，均具有非常重要的认识论和方法论价值。

1. 财产法律关系和人身法律关系

财产法律关系是指与社会物质财富的归属、利用和流转相联系、具有直接物质利益内容的民事法律关系。人身法律关系是指不具有直接物质经济内容，而是以民事主体的人格和身份利益为内容的民事法律关系。二者区分的标准是看民事法律关系是否直接具有物质经济内容。财产法律关系由其物质经济内容所容许，权利主体通常可以转让自己的财产权利，以发挥社会物质财富的财产价值。而人身法律关系以人格和身份利益为其核心，与特定的主体及其身份不可分离，为保持人格的完整和身份的固有性，其权利一般情况下不得与主体相分离，法律及社会公序均不允许其自由转让。同时，在可适用的救济方式和手段上二者亦有重大区别。对于人身关系的救济非常复杂，如对于生命权的侵犯，权利人根本就无法救济，只能是对所涉相关社会关系进行有效平复。对生命权之外的其他人格权的救济，主要是停止侵害、恢复社会评价和对权利人进行心理安慰，如消除影响、恢复名誉和赔礼道歉。当上述手段均无法达到救济当事人受损的利益时，才适用损害赔偿作为最终手段。对于财产法律关系而言，主要是通过财产手段来解决，如停止侵害、恢复原状、继续履行、承担违约责任或侵权责任等。

因智力创作活动而形成的知识产权法律关系，由其权利内容的二元性所决定，既具有人身权的内容，又有财产权的内容。就其权利内容而言，当以知识产权法律的特殊规定为准，在特别法不敷使用时，可依人身权法律和财产法律的一般原则和原理进行分析处理，提供相应的保护和救济。

2. 绝对民事法律关系和相对民事法律关系

以当事人行使和实现权利特点的不同为标准，民事法律关系又可以分为绝对民事法律关系和相对民事法律关系。所谓绝对民事法律关系，是指无须具体义务人的协助，权利人即可行使和实现其权利的民事法律关系。而所谓相对民事法律关系，是指权利人的权利，必须经由具体的义务人协助才能实现的民事法律关系。此种分类，是民法对于法律关系的一个最为基础的划分，由此决定着其中的绝对权和相对权差异。绝对民事法律关系中除权利主体之外的任何人均为义务主体，其义务的内容主要是容忍、尊重和不积极干涉的消极不作为义务，义务主体一旦采取积极行为，则易生损害。故法律一般要求对此等绝对权要通过特定方式予以宣示，让义务主体知晓其权利和行为自由的边界，防范干涉或损害的发生。而相对民事法律关系，其参与者则为特定的民事主体，法律关系一般仅对特定主体产生法律拘束力，且其内容多为义务主体实施某种满足权利主体权利要求的积极作为，权利主体的权利多侧重于通过义务主体的履行或者给付行为来予以满足和实现，故其救济手段也主要围绕继续履行、承担违约金责任和损害赔偿等违约责任来展开。

3. 物权关系和债权关系

以当事人行使和实现权利的特点为标准，可以将财产法律关系分为物权关系和债权关系。物权关系，是指权利人可以直接对作为权利客体的物行使权利，而无须义务人实施积极行为予以配合的民事法律关系。债权关系，是指权利人权利的事项，依赖于义务人的履行行为，否则其权利确定无法实现。区分二者的意义在于指明物权制度和债权制度这两大民法制度的根本特征。

4. 单一民事法律关系和复合民事法律关系

以民事法律关系的复杂程度的不同，又可以将民事法律关系分为单一民事法律关系和复合民事法律关系。单一民事法律关系仅以一组对应的权利义务为内容。而复合民事法律关系则是由两组以上对应的权利义务构成。民法的学习和研究一般是从最简单的法律关系入手，帮助人们去了解法律关系的构成，然后再及于更为复杂的法律关系的分析和研究，这是符合人类一般认知规律的做法。但是，实践中的民事法律关系纷繁复杂，大多由多组对应的权利义务关系复合而成。在实践中，要把握复合法律关系的内容，法律事实的变化对当事人权利义务的影响，判断其权利义务享有和履行状态，明确保护权利的手段和途径，进而准确适用法律。

(二) 我国《民法典》确立的民事法律关系类型

根据我国《民法典》总则编以及各分则编的规定，可以将民事法律关系划分为如下种类：

1. 物权法律关系

《民法典》第205条规定，本编调整因物的归属和利用产生的民事关系。这是关于物权编调整对象和调整范围的规定，其中涉及社会主义基本经济制度，物权的设立、变更、转让和消灭，物权的保护，所有权，用益物权，担保物权和占有的规定。比较全面地反映了物权法律关系的主要内容及各方面。物权法律关系主要是物的归属和利用关系，在民法中通过所有权和他物权制度进行调整和规范，集中反映了我国社会物质财富配置的主要环节和主要方面，体现了我国社会主义公有制体制下财产归属与利用的特点及法律规则。

2. 债权法律关系

债权法律关系属于相对法律关系，是发生在特定的民事主体之间的民事权利义务关系。我国《民法典》在总则编"民事权利"章中第118条第2款规定，债权是因合同、侵权行为、无因管理、不当得利以及法律的其他规定，权利人请求特定义务人为或者不为一定行为的权利。因此，从这一规定来看，我国民法承认债权的概念及债权法律关系的存在。但由于我国立法实践经验和《民法典》编纂的安排，《民法典》并未专设债权编，传统民法中债权法律关系的内容由合同编和侵权责任编共同规制，并将无因管理和不当得利制度置于准合同这一概念之下，规定在合同编的第三分编之中。故从《民法典》的权利及编制安排，可以总结出债权法律关系的具体类型：合同法律关系、准合同法律关系和侵权责任法律关系。

3. 人格权法律关系

《民法典》将人格权单独成编进行规定，第989条明确，本编调整因人格权的享有和保护产生的民事关系。故，人格权法律关系是指因人格权的享有和保护产生的受民事法律规范调整的民事关系，确认和保护的是人作为法律世界的主体所享有的以人身自由和人格尊严为基本内容的权利。人格权法律关系属于绝对法律关系的一种，因而其所确认和保护的生命权、身体权、健康权、姓名权、名称权、肖像权、名誉权、荣誉权、隐私权等权利，均具有绝对权属性。

4. 婚姻家庭法律关系

婚姻家庭是自然人生存发展中所归属的最小社会组织和单元，任何自然人均离不开一定的婚姻家庭关系。《民法典》第112条规定，自然人因婚姻家庭关系等产生的人身权利受法律保护，分则第五编中专门规定了婚姻家庭关系。我国《民法典》所调整的婚姻家庭法律关系进一步可分为婚姻关系、家庭关系和收养关系。在家庭关系中又可以细分为夫妻关系、父母子女关系和其他近亲属关系。婚姻家庭法律关系中自然人的权利主要表现为基于婚姻家庭关系所享有的身份权，对其保护具有特殊性，不能简单地适用民法关于财产关系的一般规定。故《民法典》第1001条规定，对自然人因婚姻家庭关系等产生的身份权利的保护，适用本法第一编、第五编和其他法律的相关规定；没有规定的，可以根据其性质参照适用本编人格权保护的有关规定。

5. 继承法律关系

继承是因自然人死亡而发生的有关其身份和财产的承受问题的法律现象。在法律史上，继承存在身份继承和财产继承两种类型。近代以后，继承逐渐被限缩到财产继承领域。我国民法规定的继承特指财产继承，是指发生自然人死亡的法律事实，在法律规定范围内的亲属按照死者生前所立有效遗嘱或者按照法律的规定，依法取得死者所遗留的个人合法财产的法律制度。继承法律关系就是调整自然人死亡后其个人合法财产继承而产生的民事关系。我国《民法典》关于继承问题的规定，集中规定在第六编中，但在总则编、物权编、合同编、人格权编中都有相应的规定。

三 民事法律关系的构成

民事法律关系的构成，是指民事法律关系的必要组成部分或者要素。关于这一问题，我国理论界认识有所不一。通说认为，民事法律关系由主体、客体和内容三要素构成。① 也有学者认为民事法律关系构成，分动静两种要素。静的要素为主体和客体。动的要素为权利义务，及其变动与变动之原因。② 民事法律关系，本身也是一个动态的社会关系，有其形成、发展和变化的过程性。而且在实践中因民事法律关系所发生的纠纷和矛盾，也不能单纯地从静态去观察和判断，而应从其发生变化的全过程去把握和理解，在此基础上的法律适用才更准确。因此，民事法律关系应从系统和动态的角度去把握，其构成应包括主体、客体、内容、法律关系的变动及变动的原因五个方面。事实上，大陆法系民法理论和民法典的内容，也基本上是围绕着上述五个方面展开叙事，我国民法理论和《民法典》概莫能外。

1. 主体要素

主体即民事法律关系的参加者。民事法律关系的主体，是指参加民事法律关系，享受民事权利并承担民事义务的人，简称民事权利主体或者权利主体。自然人作为万物之灵，世界的主宰，在法律形成伊始就被确定为法律关系的主体，并且围绕着主体的行为规则展开法律规则、制度及其体系的设计和制定。

除了自然人之外，是否还存在和应存在其他类型的主体，是民法学中饶有趣味的问题，也关涉对人类自身的反思。人是各种关系的节点和联系的总和，不能够离开社会而单独存在。为了抵御自然和社会的各种侵害，人类社会早期就形成了以一定的社会单元或者组织集体抵御以获得生存和发展机会的生活方式。人参与其中的组织或者单元存在与单个人不同的目的和行为方式，人们开始认识到这种组织或单元与单个人存在诸多的不同，这客观上促使人们认可存在自然人之外的法律关系的参与者。于是，法人被拟制为人成为民事主体，合伙这种组织形态也被认可为另一民事主体。随着社会的发展和科技的发达，将来是否还会产生其他新类型的民事主体，应是一个肯定的答案，新类型民事主体的出现值得期待和验证。

2. 客体要素

客体是指民事法律关系的主体享有的民事权利和承担的民事义务所共同指向的对象。一般认为，民事法律关系的客体包括物、行为、智力成

---

① 《民法学》编写组编：《民法学》，高等教育出版社2019年版，第35—37页。
② 梁慧星：《民法总论》（第五版），法律出版社2017年版，第58页。

果、人身利益等，因民事法律关系的具体类型不同其客体也有不同。民事法律关系作为民法高度抽象化认识的产物，在法律关系客体的总结和归纳上千百年来理论却裹足不前，存在认识上的自我抑制，故而还有进一步深化的空间和余地，客体的一元有达成共识的可能。

3. 内容要素

内容是指民事法律关系主体所享有的民事权利和承担的民事义务。任何民事主体参与民事活动、处于一定的民事法律关系中，均与其他民事主体发生各种关系和联系。这些关系和联系的内容被民法确认为具体的权利和义务，通过权利的享有和义务的履行来确保社会关系的稳定和顺畅进行。因此，通过权利义务所表现出来的就是通过民法的视角所观察到的法律关系的内容。

4. 民事法律关系的变动

民事法律关系有其形成、变化和消亡的动态过程，因法律事实引起的法律关系在主体、客体和内容等方面的变动，均是民法要考察的重要因素，对于分析法律关系的历史和现实状态具有重要意义，更是实践中司法裁判需要重点发现的法律事实和适用法律的前提。因此，判断一个具体法律关系，需要从动态角度全面了解和把握其动态发展过程，如此才能判断现时法律关系的各要素情况，进而准确判断主体的权利享有和义务履行的现状。

5. 民事法律事实

民事法律事实即能够引起法律关系变动的具体事由。任何法律关系都有其发生、变更和消灭的过程，这些变动均以一定的法律事实的发生为基础，由此产生民事权利义务与主体的结合、分离，量变和质变。能够引起法律关系变动的原因，根据我国《民法典》第129条的规定，主要包括民事法律行为、事实行为、法律规定的事件或者法律规定的其他原因。民事法律行为是民事主体通过意思表示设立、变更、终止民事法律关系的行为。事实行为是指与主体意思表示无关，全由法律规定效果的人的行为，如合法建造、拆除房屋等。事件是与民事主体的意志无关的客观情况，主要包括疫情的发生、自然灾害等自然事件和战争、动乱、罢工等社会事件。

第二节 民事法律关系主体

一 民事法律关系主体的概念

民事关系主体，是指实施民事活动的主体，即民事法律关系的参加者。民事主体因实施民事活动，形成了具体的民事法律关系，并取得民事权利，承担相应的民事义务。星野英一教授将近代私法中的人之地位，归纳为如下几点："承认所有的人的法律人格完全平等"，由此所肯认的法律人格虽是"可由自身意思自由地成为与自己有关的私法关系的立法者"，但它却是不考虑知识、社会及经济方面的力量之差异的抽象性的人；并且，在其背后的是"在理性、意思方面强而智的人像"。① 所谓"法律人格"者，就是私法上的权利和义务所归属之主体，即权利义务的归属点的意思，在西语中被称为 Personne，person。②

在我国民法中，民事主体的称谓根据叙事场景的变化，有不同的称谓，如民事主体、行为人、相对人、本人、他人、一方、对方、利害关系人、第三人等。依其所参与的法律关系的不同又可以称为权利人、义务人、代理人、本人、所有权人、物权人、占有人、当事人、债权人、债务人、承揽人、定作人、被继承人、继承人、侵权人、被侵权人、受害人等。民事主体在不同的语境下其称谓指代或包含的范围亦有可能有所不同，有时特指的是民事主体的一类，有时则不一定，如我国《民法典》第266条、第1032条中的私人，特指的是自然人，而第207条、第268条中的私人，则泛指除国家和集体之外的其他民事主体，既包括自然人，也包括法人。

要成为民事主体，须满足如下条件：首先，民事主体须为法律关系的适格参加者。所谓适格参加者，是指其应具备主体性，适合参与到法律关系中，享受权利承担义务。主体性是一个非常复杂的问题，随着人类的认知能力的提高和对自然界、社会的把握能力的提高，对这个问题的理解和认识也在发生着变化。早期人类认为自然人是万物之灵，是世界的主宰，

---

① ［日］星野英一：《私法中的人》，王闯译，载梁慧星主编《民商法论丛》第8卷，法律出版社1997年版，第154—155页。
② ［日］星野英一：《私法中的人》，王闯译，载梁慧星主编《民商法论丛》第8卷，法律出版社1997年版，第155页。

自然人是主体，其余的世界则是被征服的对象，属于客体范畴。而在认识到自然人生存条件、人的结社本性以及群体与个体的不同之后，自然人组成的组织被拟制或者认许为民事主体，是为法人。主体性还有一层意思是非客体性，强调其不是主体可支配的对象。对受精卵、胚胎、胎儿的法律属性乃至自然人死亡后相关法益保护问题的认识、讨论及其在法律中的规定，实际上就是人类对于自身本质的认识深化过程。其次，须经国家法律认可。凡未被国家立法认可的客观社会存在不是民事主体，不能参与到民事法律关系中，更不可能享有权利或承担义务。在人类社会的发展长河中，曾存在部分自然人不被认可为法律关系主体的历史，如奴隶被认为是会说话的工具，属于客体范畴，不被认可为民事法律关系的参加者。满足上述条件，即是民事主体。至于被法律认可的民事主体，是否实际参与到具体的民事法律关系中，则取决于一定的社会物质条件和具体的法律事实。

二 民事法律关系主体的特征

民事主体的特征表现在独立性、平等性和合法性三个方面。

（一）独立性

所谓独立性，要求民事主体具有独立的法律人格，即主体的法律地位独立，依法独立实施民事活动，自我判断、自我担责，不受他人行为和意志的介入、干涉和限制。民事主体的独立性可从如下几个方面理解。

1. 独立意志

民事主体具有独立的人格，理应从其是否具有独立的意志进行判断，即能够形成自身独立的意志，对自身的行为作出独立的判断和选择。民法上强调个人自由，也是从是否具有独立意志出发。对于无民事行为能力人和限制行为能力人而言，独立意志的判断和认定应该说不是很难，因为单个主体是否具有独立意志与独立意志作出的判断的法律效力，在理论上是两回事。

2. 独立责任

近代民法肯认普遍而无差别的人格，认为民事主体独立意志及其选择的后果就是由该主体自行承担其行为的后果和责任，自己责任原则就此确立。责任的独立性也能够反映出主体的独立性特征。

3. 关于意志的载体是否独立问题，殊值研究

就自然人而言，在一般情况下，独立意志的载体应当是独立的，就如同不同的人是不同的意志的独立载体。但是，由于社会生活的复杂性和人类自身在生理结构上的特殊情形的出现，连体人（两个独立的大脑）就给这一问题的回答带来了巨大的挑战。如果说承认连体人大脑所形成意志的独立性，似乎能够区别不同的意志。但是可能行为的作出和后果的承担，却由两个脑袋赖以共存的同一身体来完成。这时候行为和责任的独立性问题，就难以成立。在此情形下，意志的载体是否独立不是构成主体独立性的充分必要条件。

4. 独立财产

独立财产问题是就近现代民法以来承担民事责任的基础而言的，近代民法废除了以人身承担民事责任的落后做法，民事责任的最终承担以财产为基础，即民事主体最终依靠其所拥有的独立财产对外承担民事责任。就主体的独立性而言，独立财产是第二性的而非决定性因素，在判断法人和非法人组织的民事责任上具有一定的价值。但对于自然人而言，财产独立问题不是其主体具有独立性的本质特征。

5. 独立名义

独立名义即民事主体通过自身的姓名或者名称的不同，以此区别于其他民事主体。主体的名义虽说非本质属性和决定性因素，但是具有表征作用和形式意义，对于其他主体判断该主体是否具有独立性具有工具和识别价值。

（二）平等性

自然人人格的平等性表现在不分性别、种族、阶层、贫富等因素而平等地享有主体资格。法人人格的平等性亦大致如此，不因法人的组织形态、性质、资金实力、规模和市场地位等的不同而在法律地位上有所优劣。在我国社会主义市场经济体制下，国有企业与民营企业、规上企业和中小微企业在法治化的营商环境下的平等地位及平等保护问题殊值研究。在确立民事主体人格平等的同时，更为重要的是实现平等保护。

（三）合法性

自然人民事主体的合法性与组织体人格的合法性不同，由于民法对于自然人的民事主体资格更多的是确认，即对于自然人权利能力的取得、消灭及其平等性方面予以确认，但不能对自然人主体本身是否合法进行判

定。组织体民事主体的合法性则主要反映在法律应设定其成为民事主体的要件和程序，符合法律规定者得以成为民事主体，具有法律规定的民事权利能力和民事行为能力。否则，则不能成为民事主体，就不具有民事权利能力，不能作为民事主体参与民事活动。组织体主体的合法性主要表现在：首先，取得民事主体资格的合法性，即其成为民事主体必须经过相应的法律程序，如注册登记或批准等；其次，类型的合法性；再次，消灭上的法定性，社会组织丧失民事主体资格时必须经过法定的清算破产程序。[1]

三 人的能力

法律上所谓能力，是指作为民事主体进行活动所应具备的地位或者资格，该地位或资格是由法律所赋予的。传统理论认为，民法上有三种能力，即民事权利能力、民事行为能力和民事责任能力。

我国《民法典》中出现的对人的能力的表述相对比较复杂，基本上还是指代传统民法中的民事权利能力和民事行为能力。但在有些场合的表述，并不一定指代的就是民事权利能力和民事行为能力，还要区分具体情况进行判断。在有些规定中，能力特指的行为能力，如监护能力、代管能力、判断能力等，指代的是相关领域的民事行为能力。欠缺相关能力将影响民事法律行为的效力。《民法典》还存在一些表述，如劳动能力、抚养能力、核实能力、履行债务能力、负担能力等，反映的并非民事主体的法律地位问题，不是决定民事主体行为能力的条件或者因素，而是判断民事主体是否具有胜任某项工作或者承担某种后果的主客观条件和可能性，与完成特定的民事活动任务实践相联系。缺乏该等能力不会影响法律行为的效力，但是对法律行为内容及其目的实现会产生重大影响，是判断民事主体可否承担相应义务或职责的重要依据。

（一）民事权利能力

民事权利能力，是指民事主体享有民事权利、承担民事义务的法律地位或法律资格。民事权利能力又被称为法人格或者人格。王利明教授认为，人格的第二重含义是指作为民事主体的必备条件的民事权利能

---

[1] 王利明：《民法总论》，中国人民大学出版社2009年版，第128页。

力。① 因此，民事权利能力主要解决的是，何种客观社会存在适于成为民事主体，具有享有民事权利、承担民事义务的资格，以及能否成为民事主体的问题。理解民事权利能力，可以从如下几个方面着手：

第一，民事权利能力是一个发展的概念，与其所存在的客观社会物质条件紧密相关，在不同的社会形态中，享有权利能力的主体范围和不同民事主体权利能力大小也不同。近代民法之前的社会界定，主体的范围及其权利能力是有差别的。而近代民法之后，才确立了平等而无差别的人格。

第二，民事权利能力仅是一种法律资格。民事主体要实际享有某一或者某些民事权利，除需要具备民事权利能力外，还必须通过实施民事活动，基于民事法律行为或者有其他法律事实，参加到具体的民事法律关系中去，享有或者获得民事权利。当然，由于民事权利的历史局限性，民事主体可以实际享有和实现的民事权利，最终还取决于一定的社会物质条件，受制于民事主体所处的时空环境和社会发展阶段。

第三，民事权利能力与民事主体紧密联系，二者不可分离，民事权利能力的取得和消灭实际就是民事主体的存续和消亡。就自然人而言，民事权利能力以出生为其始期，以死亡为其终期。就法人或其他非法人组织而言，组织体的设立完成之日为其民事权利能力取得之时，终止或注销登记之时则为其权利能力消灭之日。

第四，关于民事权利能力的规定具有强行法属性，当事人不得自行抛弃、限制或者转让。民事权利能力是民事主体之所以成为民事主体的前提和条件，承载着主体的内在价值，反映着法律对于人本身的认知和尊重，丧失权利能力在法律上即意味着死亡，故不允许抛弃、限制或者转让主体的权利能力，也不允许民事主体通过意思自治对自身的权利能力之有无或者大小进行约定，不得对权利能力本身设置负担、条件或进行处分。

在民法学说中，还存在一般权利能力与特别权利能力问题。一般权利能力泛指参加一般民事法律关系的法律资格；特别权利能力是指参加特定民事法律关系所要求的法律资格。本书认为，从权利能力的价值和目标而言，其解决的是客观的社会存在是否可以成为民事主体的问题，是宏观意义上的主体资格问题，故不存在再区分或者强调具体法律关系中主体的权利能力问题。有民事权利能力意味着其是民法世界中的主体，有资格参加

---

① 王利明：《民法总论》，中国人民大学出版社 2009 年版，第 127 页。

各种民事活动,故应不影响其民事主体资格。在具体法律关系中所谓法律资格,仅涉及是否适合享有权利或者是否能够担当义务的问题,如结婚能力等,实际上理应属于行为能力范畴。

(二)民事行为能力

民事行为能力,是指民事主体独立参加民事法律关系,以自己的行为取得民事权利或者承担民事义务的法律资格。民事行为能力和民事权利能力是两个不同层面的法律资格问题,民事权利能力是成为民事法律关系主体所必须具备的法律资格,而民事行为能力是民事主体可否自己独立实施民事法律行为的法律资格。对自然人而言,民事权利能力平等,自出生即平等地取得和享有,但法律只对有一定判断能力的人赋予民事行为能力,允许其参加相应的民事法律关系。

如果说民事权利能力解决的是可否成为民事主体的问题,那么民事行为能力则是从实然层面判断民事主体是否有能力独立实施民事活动、参加到具体民事法律关系,享有权利和承担义务。由于具体法律关系的性质和内容不同,并不是每个民事主体都可以通过自己的独立行为参加和实施的。判断具体民事主体是否具有行为能力,必须进行具体的事实判断。但要实现这一任务,存在无法完成的困难,势必消耗巨大的社会资源。因此,各国民法都规定一个概括标准,对达到这个概括标准的主体,赋予其相应的行为能力,而对于发生就具体民事主体是否具有相应的行为能力的争议情形,才启动判定程序进行具体判断。一般情况下,民法从自然人对民事法律关系的认知程度和判断能力大小入手,赋予不同的民事行为能力,对于法人和非法人组织,由于其组成的特殊性,故一般无例外地概括赋予其民事行为能力,并不区分其行为能力之大小。

由于自然人的年龄、智力程度和理性水平的不同,自然人的民事行为能力可以区分为完全民事行为能力、限制民事行为能力和无民事行为能力三种。同时,为了自然人权利能力的实现和拓展,辅之以监护和代理制度进行补足。法人和非法人组织,除仅自然人可参与的民事法律关系,如婚姻、收养、继承等具有人身性质的法律关系,由其组织体属性所决定的本质上不具有此等行为能力,在其他法律关系领域一般概括地具有行为能力,不再像自然人那样区分行为能力具体类型。

民事行为能力可以进一步分类,依其内容,可划分为身份行为能力和财产行为能力。身份行为能力是指民事主体以其自身独立行为参与身份法律关系，取得身份权利和承担相应法律义务的能力。在我国《民法典》中，又有不同的类型，如婚姻能力、收养能力。财产行为能力，是指民事主体得以自身独立行为参与财产法律关系，取得财产权利、承担财产法律义务的资格或者地位。由于财产法律关系的复杂性和丰富性，故民事主体的财产法律行为能力也比较复杂，在不同的财产法律关系中其内容及表达也稍有差异，如我国《民法典》规定的劳动能力、债务履行能力、负担能力和扶养能力等。需要注意的是，我国《民法典》第 35 条第 3 款规定的"对被监护人有能力独立处理的事务，监护人不得干涉"的规定，其所谓的有能力独立处理，其所指代的行为能力应该是概括的行为能力，既包含身份行为能力，同时又包括财产行为能力，不能简单说是哪一种行为能力。

民事行为能力中还有一类属于对特殊事务的判断和处理能力，并非要求民事主体以自己的行为参与到某种法律关系，而是具有对特殊事项的性质、内容、过程和法律效果等有能力判断和处理，如我国《民法典》第 1098 条第 2 项所规定的有抚养、教育和保护被收养人的能力，属于收养能力的条件范畴，但是又不同于身份行为能力，其重点在于考察收养人是否能够胜任对被收养人的抚养、教育和保护，并不具有身份行为内容，也不是财产行为，而是对被收养人的身心健康成长、人身安全的保护等事务的判断和处理能力。类似的行为能力在我国《民法典》中还有监护能力、代管能力、核实能力、判断能力和见证能力等。另外，自然人的性承诺能力问题也应属于这一范畴。

与民事行为能力紧密相关的另一个概念是判断能力，在民法学说和立法例中又被称为意思能力，是指自然人认识自己的行为的动机与结果，并根据此认识决定其正常的意思的能力。判断能力是法律赋予自然人民事行为能力的前提，判断一个自然人是否具有意思能力，需就自然人实施的具体法律行为，结合行为人的年龄、智力及精神状态等因素综合判定。我国《民法典》第 151 条有"一方利用对方处于危困状态、缺乏判断能力等情形"的规定，这里的"判断能力"，需要司法实践通过各种具体的交易环境、场景、交易内容以及合同的复杂程度[①]、行为后果的预见程度[②]等进

[①]《最高人民法院关于充分发挥司法职能作用助力中小微企业发展的指导意见》（法发〔2022〕2 号）。

[②] 最高人民法院《关于贯彻执行〈中华人民共和国民法通则〉若干问题的意见（试行）》〔法（办）发〔1988〕6 号，已失效〕第 5 条。

行综合判断和认定。

（三）民事责任能力

民事责任能力是指民事主体据以独立承担民事责任的法律地位或法律资格，又称为侵权行为能力。凡具有民事责任能力的主体，应对自己的行为所造成的后果依照约定或者法律规定，承担相应的民事责任。我国《民法典》中未明确规定民事责任能力的概念，但从相关规定可知，依法具有民事行为能力者，应具有相应的民事责任能力。但是，民事责任能力和民事行为能力是两种不同的资格，二者仍有诸多不同。

第一，制度设置的目的不同。民事行为能力制度意在判断民事主体是否能够以其自身的独立行为、按照自己的意思参与到具体民事法律关系中、设定权利承担义务，以追求自身利益及其实现的资格或者条件。而民事责任能力的功能和目的，在于考察民事主体是否能够独立承担民事责任，侧重于对主体的违法行为追究民事责任，保护他人和社会利益。

第二，对民事法律行为的效力影响不同。民事行为能力的有无和大小会直接决定民事主体实施的相应民事法律行为的效力，是判断民事法律行为效力的主要依据和标准。而民事责任能力并不影响民事法律行为的效力，而是决定主体是否能够自己承担民事责任的根据。

第三，就自然人而言，民事行为能力的有无和大小是事实判断的结果，有一定的范围，按照自然人的年龄、智力和理性水平进行区分，行为能力不同，其可以独立实施哪些民事法律行为的范围均有法律的明确规定。而民事责任能力仅是概括的规定，某民事主体有无民事责任能力，并无一定的范围，一般而言无论何种民事主体，尽管其民事行为能力之大小或范围各异，但其民事责任能力却并无区别。

第三节　民事法律关系客体

法律关系是法律规范在调整社会关系时，在法律主体间形成的一种具体的权利义务关系，而发生这种权利义务联系的中介就是法律关系的客体。① 因此，缺乏客体，法律关系就无法成就，主体的权利义务便无所依

---

① 郑晓剑：《对民事法律关系"一元客体说"的反思——兼论我国民事法律关系客体类型的应然选择》，《现代法学》2011年第4期。

归。要了解和掌握民事法律关系本身，就必须对民事法律关系的客体做出准确的判断。

一 民事法律关系客体的概念

法律关系的客体是法律关系主体发生权利义务联系的中介，是法律关系主体的权利义务所指向、影响和作用的对象，① 是满足主体物质和精神需要的物质和非物质财富，这种客体是应得到法律规范的确认和保护的客观世界的一部分。在卡尔·拉伦茨教授看来，只有当权利作为法律交易的客体时，权利才可以单独转让。当权利作为一个由法律行为处分的客体时，这种权利是一个"第二顺序的法律客体"。② 史尚宽教授认为："权利以有形或无形之社会利益为其内容或目的，例如物权以直接排他地支配一定之物为其内容或目的，债权以要求特定之人一定行为为其内容或目的，为此内容或目的之成立所必要之一定对象，为权利之客体。"③ 也有学者认为民事法律关系客体就是权利客体，如梁慧星教授认为民事法律关系的主体，亦即民事权利的主体，同样民事法律关系的客体即为民事权利的客体。④ 我国的主流理论认为法律关系的客体是民事权利义务所指向的对象。⑤

至于民事法律关系的客体到底是什么，存在一元客体和多元客体的理论分歧。有学者认为，既然民事法律关系是一个统一的概念，那么它的客体也应是统一的，单纯的物或行为都不能作为民事法律关系的要素。只有把它们结合起来，即结合成"体现一定物质利益的行为"才能成为民事法律关系的客体。因为民事法律关系的客体毕竟应该是具有某种利益的效果。⑥ 但究竟统一的高度抽象的客体所指为何，又分别有利益说和行为说之别。利益说认为：权利的目的指向为利益，该权利对应的义务与其共同的指向也是该利益；以该权利义务关系为主要权利义务关系的民事法律关

---

① 张文显主编：《法理学》（第三版），高等教育出版社、北京大学出版社2007年版，第163页。
② ［德］卡尔·拉伦茨：《德国民法通论》（上册），王晓晔、邵建东、程建英、徐国建、谢怀栻译，法律出版社2003年版，第281页。
③ 史尚宽：《民法总论》，中国政法大学出版社2000年版，第248页。
④ 梁慧星：《民法总论》（第五版），法律出版社2017年版，第60页。
⑤ 《民法学》编写组编：《民法学》（第二版）（上册），高等教育出版社2022年版，第41页。
⑥ 佟柔主编：《民法原理》，法律出版社1983年版，第33页。

系，目的指向也是这一利益。因此，只有利益，才可能成为民事法律关系中所有权利义务的目的指向，只有利益，才是民事法律关系的客体。①"利益说"受到了目的法学的代表人物——耶林的"权利利益论"观点的影响。在耶林看来，法律是实现立法者的目的的手段，故而权利的全部意义就当然在于立法者赋予人以权利所欲达到的目的。无疑，这个目的就是使人获得利益②。"行为说"认为既然法律通过调整人的行为来调整社会关系，那么权利和义务的对象抽象为"行为"是较好的选择。③ 这种观点看到了行为在法律关系的建立以及在权利义务的行使与实现过程中的重要性，因而将行为界定为法律关系的客体。马俊驹教授认为该说的缺陷在于既无法包含法律关系中权利对象的全部，也无法包含义务对象的全部。④ 以"行为"来构建一元化的民事法律关系客体，在逻辑上并不周延，若强予解释，则在绝对权法律关系中势必会产生"两张皮"的现象，即在物权关系、知识产权关系等绝对权法律关系中，权利人的权利指向是对于物、智力成果的支配行为，主要是作为，而义务人的义务指向则是某种不作为。⑤

还有一部分学者坚持多元客体观点，认为应根据民事法律关系的类型不同，区分其不同的客体。如王利明教授在其《民法总论》一书中就认为，关于民事法律关系客体，应当区分不同的民事法律关系确定。⑥ 我国的主流理论认为法律关系的客体是多元的，认为随着社会的发展，民事法律关系的客体也在不断扩张。可以肯定的是，不同类型的民事法律关系，其客体也不可一概而论。概括而言，主要包括财产、行为和人身利益。⑦

二 民事法律关系客体的特征

法律关系的客体也即权利客体，除了具备哲学意义上的客体的客观性和可被认识属性，还应具备对主体的有价值和能够被主体控制这两大法律

---

① 麻昌华、李明、刘引玲：《论民法中的客体利益》，《法商研究》（中南政法学院学报）1997年第2期。
② 马俊驹、张翔：《人格权的理论基础及其立法体例》，《法学研究》2004年第6期。
③ 高健：《法律关系客体再探讨》，《法学论坛》2008年第5期。
④ 马俊驹：《人格和人格权理论讲稿》，法律出版社2009年版，第152页。
⑤ 郑晓剑：《对民事法律关系"一元客体说"的反思——兼论我国民事法律关系客体类型的应然选择》，《现代法学》2011年第4期。
⑥ 王利明：《民法总论》，中国人民大学出版社2009年版，第86页。
⑦ 《民法学》编写组编：《民法学》，高等教育出版社2019年版，第36页。

属性。

(一) 客观性

客体是主体之外的客观社会存在，不具有主体性。在认识论的意义上，所谓客体只是指那些进入主体对象性活动领域，为主体对象性活动所现实地指向的客观事物，即只有与主体的认识和实践活动相关联的客观事物才能构成与主体相互作用的客体对象。① 故客体又具有可被认识的属性。那些未被主体认识到的客观事物，不能被主体作为法律关系中设定权利、义务所指向的对象，在法律的世界里，是不能被作为客体对待的。客观的社会存在之所以能够成为权利客体，其前提条件是其能够为人类所评价和利用，能够满足人们的精神和物质的需求。同理，物权客体也是相对于主体而言的，作为物权的客体必须能够满足主体之需求利益。

康德认为主体的本性表明自身自在地就是目的，是种不可被当作手段使用的东西，而客体则是可以被当作手段来使用的东西。② 在哲学发展的历史上，康德率先赋予了本体与现象以认识论的意义，把主客体的关系问题提到了哲学的最高地位。③ 而黑格尔将客体称为是外在的东西——即物、某种不自由的、无人格的以及无权的东西。④ 就哲学世界中的客体而言，事实上也经历了一个与主体相对立、相分离到客体应是被主体认识和反映的客观物质现象的认识过程。客体应该具有双重属性，即客观的物质属性和可被主体认识的属性，前者纯粹是物质范畴，而后者则是被深深打上了人类主观认识的烙印，是被主体认识和反映了的客观世界。

(二) 有用性

有用性指权利客体对主体的价值属性，指客体能够满足主体的物质和精神需要，对主体有物质利益和情感价值的客观物质属性。客体的价值属性，实质上讲的是对人的有用性，离开了主体对客体价值的理解和感受，那些物质世界中的客观存在无法进入法律的世界被人所评价和拥有。如果主体对于一个于己无任何用处或者认为无利益的东西，自然就无法被当作物权客体对待。客体对人的价值属性，是其成为民事法律关系客体的基本

---

① 康渝生：《主客体关系与哲学基本问题》，《求是学刊》1991年第5期。
② [德]伊曼努尔·康德：《道德形而上学原理》，苗力田译，上海人民出版社2005年版，第48页。
③ 康渝生：《主客体关系与哲学基本问题》，《求是学刊》1991年第5期。
④ [德]黑格尔：《法哲学原理》，范扬、张启泰译，商务印书馆1961年版，第50页。

物质前提，而对价值属性的认识和理解，其实也是客观物质世界被主体认知的过程，因认知的阶段性和结果不同，导致客体的价值属性也在法律上不断发生变化。

使用价值和价值都是相对于人这一主体而言的。客体是相对于主体而言的，我们所谓的客体是经过或能够为主体所评价或控制的那一部分客观世界。所以我们不难发现客体是主体的客体，客体要满足主体需求的客观利益。在不存在主体的前提下也就无所谓客体这一范畴了。因为物质世界中的客观物质显然不能简单地等同于我们在此所讨论的客体范畴，虽然二者在范围程度上具有一定的重合性，即客体是客观物质世界中进入人类主观评价的那一部分。但由于人类认识世界的局限性，客体的外延显然要小于客观物质世界这一外延的。可见客体与主体是一对相互依赖而存在的范畴。当然，应该看到在二者的关系中主体是占支配地位的，因为客体是相对于主体而言的，是能被主体所评价或利用的客观物质。在此一定要把它同哲学中主观与客观这一对范畴相区别。主观与客观的关系是思维与存在的关系，它们所要探求的是谁是第一性的、谁是第二性的问题，故主观与客观讨论的是哲学中宏观意义上的思维能否正确反映客观实在的问题。并且在二者的关系中主观世界对客观世界形成依赖，客观世界决定了主观世界的印象。

由于人类社会发展过程中的主体本身的复杂性，导致了对于客体的价值属性的认识也具有复杂性。这种复杂性要从主体对于客体价值的不同认识说起。

（1）使用价值和交换价值。在人类社会早期发展进程中，生产力发展水平极端低下，人们群居生活的主要目的是维持生命的存在和种的延续，客观世界对人们的有用性实际上就是其能够被人用来实现这一目的。当生产力进一步发展，出现了产品剩余和社会大分工之后，为了满足上述目的人们开始了剩余产品的交换，物权客体的交换价值被人们发现了。实际上交换价值的本质仍然是使用价值，使用价值是第一性的，交换价值是第二性的价值。只不过是在交易相对方那里物是否具有使用价值而已，也即只有在交易相对人那里物具有使用价值，才谈得上该物具有交换价值。当货币这种一般等价物出现后，交换价值的这种最原初意义就被能否被货币等量等值计量所代替了，人们看到的是物能否被货币所等量代替，却忘记了这背后所体现和反映的使用价值本身。

（2）物质利益和情感价值。就客体对于主体的价值来说，可以细分为物质利益和情感价值。物质利益是指能够满足主体的物质需要的价值，而情感价值则是其能够满足主体情感需要的价值属性。前者对于主体的生存和生活维持不可或缺，而后者对于主体的精神生活则弥足珍贵。

（3）利益的开放性和多元性。利益的开放性，即客体的有用性随着社会历史发展在不断地发展变化，随着人类对于自身本质和生存发展需要的理解不同而发生这样或那样的变化。因此，利益是一个开放的、发展变化的系统。当人类在工业革命的号角声中感受到了物质财富的极大丰富的同时，逐渐认识到环境和自由的重要性时，对于碧水蓝天的渴求和呼唤，引发了人们对自身发展的认真思考，环境利益于是就被人们认识到了，也就逐渐被纳入了应受法律规范的领域。

利益的多元化，是指由于具体主体的不同，对于同一客体的利益认知和利益需求是不同的，因而呈现利益多元化的样态。由于主体的多元导致利益的多元，因此才会发生纷繁复杂的利益纷争。也正因如此，才有了法律规范和配置社会资源的前提和必要。利益的多元性会随着社会的发展越来越复杂，并且日趋扩大化。我国民法学通说认为民事客体的具体分类主要有物、行为、智力成果、有价证券、权利以及非物质利益和虚拟财产。[1]《德国民事诉讼法》第264条把物扩展到了有体物、无体物和权利。[2] 现代德国物权法理论认为，"从人体分离出来并且已经独立化的人体部分可以是所有权客体之物"，并已经有判例支持了应对为避免丧失生育能力而专门存放起来的精子造成损害的赔偿请求。[3] 这些立法和判例表现了德国法物的概念的扩展。[4] 可见这种扩大的趋势已经在立法中逐步展开，客体所反映的利益多元化已是一种必然。

（三）可控性

可控制性则是指客体是可以被主体实际控制和支配的属性。因此，权利客体的范围要远比哲学意义上的客体狭窄，其仅是客观物质世界中那些

---

[1] 参见魏振瀛主编《民法》（第五版），北京大学出版社、高等教育出版社2013年版，第122页。

[2] 梅夏英：《财产权构造的基础分析》，人民法院出版社2002年版，第95页。

[3] ［德］曼弗雷德·沃尔夫：《物权法》，吴越、李大雪译，法律出版社2002年版，第8页。

[4] 杨立新、王竹：《论物权法规定的物权客体中统一物的概念》，《法学家》2008年第5期。

能够被主体控制并对主体有价值的那一部分而已。

首先,可控性是客体得以成立的事实前提。早期的人类社会,对于财富和社会资源的归属问题的解决,是以财富和社会资源的可控性为其事实前提,即只有那些能够为人类所控制、支配的客观存在才能被用来满足人们的各种需要,才能成为所有权的客体。无论是通过先占对自然资源的获得,还是通过劳动得到的产成品,都莫不是以人的行为获得对这些物的控制、支配为其基本途径和方式。在英美财产法中,谈及财产权利时一个非常有趣的命题就是首先要讨论财产的取得,要谈到捕获原则。比如对于野生动物的捕获,在达到何种控制程度时就认为取得了该野生动物的使用权,实际上这种取得的认定就是对于物的实际控制情况的事实判断和后果认定规则,是确认主体对物的权利取得的事实前提。

其次,可控性是客体的法律前提。"能够成为民事法律关系客体的物与物理学意义上的物是既有联系,又有区别的,它不仅具有物质属性,而且具有法律属性。"① 人类社会进入国家以后,对于某种物的归属秩序依然是以这种在事实上能够被人所支配为其法律前提。法律只能承认和许可那些能够被人所实际支配的现实之物成为主体的权利客体,而那些对人有这样那样的价值、但当时的人力无法控制和支配的客观存在,成为权利客体在法律上和人类的观念中是不可想象的。法律对于物权客体的界定,实质上也是一个定分止争的过程,而要在法律上对于主体权利的边界进行厘定和廓清,必须以主体对于物权客体在事实上能够控制为其前提。

最后,主体对客观世界控制能力的变化导致了客体范围的扩大。人类社会经历了从古代简单地对那些可以凭借人类感官可以感知的有体物的利用到现代对无形物的利用的长足发展,这种变化充分地显示了人类对自然力控制的增强和对于社会关系观察的深刻。生产力的发展,其实是伴随着人对于客观物质世界认识的进步和对其控制能力的增强的过程。人通过劳动和实践,逐渐在改造着客观物质世界,同时在这个过程中劳动本身也促使了人自身的进步、改变和提升。这种人的进步和提升又反过来提高了人认识世界、改造世界的能力,通过劳动的过程,人不断地发现和拓展客体的范围,物权客体也在这个过程中被不断地丰富和范围扩大。所以,我们

---

① 王利明:《民法总则研究》,中国人民大学出版社 2003 年版,第 191 页。

普遍看到的是，随着科学技术的不断发展和经济的繁荣，人类社会出现了众多前所未有的产品和商品以及那些逐渐被人所认识的价值和利用。其一，无体物越来越多地进入了人们的实际控制领域。在这一领域主要体现在对无线电以及光、热、磁场、电力、光谱资源等无形物的存储和控制上，这些技术产品逐渐走进人类生活的各个方面，改善了人类的生活方式，进而提高了生产生活的效率，同时又为这些技术的发展提供了巨大的需求动力，促成了这些技术的不断向前迈进。对于电、热、声、光以及空间物理上表现为无形状态的物，本质上为有体财产的延伸，仍然属于有体物的范畴，因为它尽管是以一种无形的状态表现的，但它仍然是一种不依赖人们意志的客观存在，而且能够为人们所支配。[①] 其二，体现在对有体物的抽象化的利用，诸如有价证券作为物的一种，显然利用的不再是证券的这一物体本身，相反的主要是利用这一有体物所承载着一种利益或者获得利益的可能性。显然这同先前的只是简单地利用有体物的物理形态的方法有所区别。其三，法律关系的物化。在罗马法中，有体物是指："实体存在于自然界之物质，而为人之五官所可觉及者也。如土地、房屋等。"无体物是指："法律上拟制之关系，而为人之五官所不可觉及者也。如用益权、地役权。"[②] 因此，在罗马法中，无体物实际上就是对于人们可以把握的法律关系的物化，通过物权规则来处理这些法律关系的规范。不独如此，随着社会的发展变化，实际上许多法律关系也在逐渐走向一个被物化的过程。我国现行物权法中这种情况比比皆是，如建设用地使用权的转让、设置抵押、拍卖等规定，实际上不是对于土地这种不动产本身的变动，而是对于建设用地使用权法律关系上设置的各种权利变动，是建设用地使用权关系被物化了。这种法律关系的物化并没有影响人们对于其所谓法律关系客体的认识，或者说在普通民众的视野里就是土地的权属发生了一定程度的变化，其适用的规则本身没有什么质的不同。其四，控制能力的增强也反映在人类随着科学技术的发展，通过自身的劳动逐渐发明和创造出一些在此之前根本就不存在的物上。对于有体物的发明创造，是人类社会物质文明进步的伟大贡献，也造就了我们今日丰富多彩的物质世界。人类的创造力是无限的，尤其是在当今的网络世界中，我们又创造了另一类物权客体——数据资源和数据空间。虽然对此论者持有不同的观点和看

[①] 屈茂辉：《关于物权客体的两个基础性问题》，《时代法学》2005年第2期。
[②] 陈朝璧：《罗马法原理》（上册），商务印书馆1937年版，第84页。

法，但不可否认的是，网络数据资源和数据所形成的网络空间，是有别于有形有体的已有物质世界的另外一个客观世界，不能就此否定其成为物权客体的可能和现实。

整个人类认识史表明，新劳动产品的出现，特别是现代知识密集的产品的换代升级，不仅表现了生产力的发展水平，而且表现了人类认识水平的深化。每一种新的劳动产品的出现，都同时表明了人类认识的进步。① 因此，随着人类对世界的认知逐渐深刻，生产力和科技水平的逐渐发展，那些在早期法律世界里无法被人们控制和支配的自然力，如电、气等无体物也被逐渐纳入物权客体的范畴，成为所有权的客体。同样，随着人类科技水平的发展，一些新类型的产品被创造出来，如电子革命过程中所产生的数据及其交换过程，逐渐也被人们所熟知和认可，有一部分（如网络世界中的物化产品Q币、游戏装备设施等）已经被纳入了物权客体的范畴。不管能否纳入知识产权保护，互联网上存在明确归属（主体）的信息，可以视为该主体的财产（物）来看待，赋予该主体以支配权利。这样，就可以解释在互联网上大量存在的信息交易或许可使用。② 如同整个客观物质世界一样，人类认识的客体必将不断地发展变化，而作为主体的人类自身也必将在改造客观世界的同时不断得到改造。③

(四) 合法性

法律关系中的权利客体问题，本质上属于上层建筑范畴，是被一定社会的法律所认可和保护的客观社会存在。可以借鉴刑法将其客体称为一种合法利益，因为法律无论哪一部门法都不能离开保护法益而存在，民法亦如此。我们需要更深层次地看到各个法律部门都是在维护一种法律秩序，而这种秩序恰恰是各种利益协调的产物。法律作为一种社会控制手段，其最主要的目的就是维持这种良好的秩序的良性发展，然而对秩序最为本质的表述则是保护各种利益能够在按照统治者抑或当事人认可或协商的前提下进行的合理配置。因此，法律关系客体的合法性，强调的是被法律所认

---

① 陈先达：《走向历史的深处：马克思历史观研究》，中国人民大学出版社2010年版，第154页。

② 高富平：《从实物本位到价值本位——对物权客体的历史考察和法理分析》，《华东政法学院学报》2003年第5期。

③ 康渝生：《主客体关系与哲学基本问题》，《求是学刊》1991年第5期。

可并予以保护的客观利益才可以成为法律关系客体。从实证意义上讲，法律关系客体的范围扩大及其突破，统统离不开法律的肯定和认许。以物权法律关系的客体为例，物权客体范围的扩大不仅仅体现在理论上的突破，在立法当中也已经有了突破和先例，如德国将电力这一无体物最终通过判例认定为物权客体，我国《产品质量法》在 2000 年通过修订，将电力规定为物的类型，我国《物权法》第 50 条将无线电频谱资源作为国家所有权的客体进行了明确规定，《民法典》第 127 条也对数据、网络虚拟财产的保护呼声作出了回应。

三　民事法律关系客体的多元与统一

人与社会的关系从根本上说来是一种价值关系。[①] 对法律关系客体问题的理解、认识和把握是随着人类社会对客观物质世界、人类自身的主体性认知水平的不断提高而日趋深刻和丰富的，这种认识和把握是一个逐渐发展变化的历史过程，只要人类探索客观物质世界的脚步一天不停歇，这种认识的深化和提高就不会止步不前。前已述及，我国理论上认为民事法律关系的客体具有多元性，根据法律关系的类型不同，其客体也各异。物权法律关系的客体是物或者财产，债权法律关系的客体是履行行为，知识产权法律关系的客体被认为是人类的智慧成果，而人身权法律关系的客体则是特定的人身利益。但既然承认法律关系是各种类型的法律关系的更进一步的抽象，从认识论角度讲，法律关系客体也可以从各种具体法律关系的客体进行概括。因为无论是财产法律关系还是人身权法律关系，其中隐含的权利义务所共同指向的对象性事物应该具有共同属性。

在物权法律关系中，物或者财产的本质是某种法律所认许的利益，传统民法中的所谓客体为物，只是这种利益的外化形式而已，并非客体本身。这也就能够说明无体物存在的原因和那些仅具有情感价值的物为什么能够成为物权客体。因为有体物、无体物仅仅是财产形态的表述，并不表明财产的本质，财产的本质在于财产的价值与使用价值——这是马克思主义经济学关于财产本质最经典的表述。用法律用语进行表述，应归结为"财产利益"。财产利益高度抽象出了一切不同形态的财产的最本质特性，在概念的内涵与外延上具有周延性。[②] 所有权体现的所有权目的是满足所

---

① 高飞乐：《主客体关系问题是当代哲学的基本问题》，《理论学习月刊》1989 年第 3 期。
② 林志农：《对于物权客体的新认识》，《人民法院报》2006 年 6 月 12 日第 B01 版。

有权人对物的控制和支配利益，用益物权的实现反映了权利主体利用他人之物的需求的满足，担保物权所实现的是物上的担保利益。物权权利都是在实现客体对主体需求的满足这一层面来说的，如果某一客观物质失去了对人的价值，那么它就不再是也不可能成为物权客体。如此，所谓物权就是对这种法律所认许和保护的利益的排他性控制（传统民法所谓之管领）权利，控制即支配，因此占有、使用、收益和处分就是控制的不同表现形式和途径，排除他人干涉也即仅此而已，那些为法律所认许、能够为人力所控制、对人有价值的客观利益，才是物权的真正客体。

债权法律关系的客体，一向被通说认为是履行行为。其实就其本质而言，行为仅是其表象而已，债权人或者债务人关注的绝不是履行行为本身，而是通过履行行为所体现的利益。比如，在竞业禁止的合同中，当事人不从事与其所担任现职务的单位有竞争关系的职务或行为，是一个消极的不作为义务，不作为就是履行行为本身。但不作为就是债权法律公司指向的客体吗？当事人关注的核心其实是因不作为所产生的商业利益，这才是当事人权利义务共同指向的对象性事务。商品之所以能够在不同主体之间流转，主要在于商品具有使用价值与交换价值的对立统一的属性。使用价值与交换价值是对于主体而言的，它体现着人类对客观物质世界中物质的主观评价。这种价值在商品的交换中得到了很好的实践。正是使用价值的差异与多样使得不同主体可以相互满足其需求，同时又是基于交换价值这一要素促成了不同商品之间的等值转换。因此，债权法律关系的客体，其实不是作为其表象的履行行为，而是通过履行行为所表现或者反映的履行利益。在我国最新版的马克思主义理论和建设工程重点教材《民法学》中，明显也出现了对这一问题传统认识的松动和变化，正好也佐证了这一点，该书认为"就债权法律关系而言，单纯的物和行为一样，都不能作为债权法律关系的要素，只有把它们结合起来，即结合体现一定物质利益的行为，才能成为债权法律关系的客体"[①]。

同理，在知识产权法律关系中，权利义务共同指向的对象也不是智慧成果本身，而是智慧成果背后所体现的人格和财产利益，智慧成果仅是上述人格和财产利益的载体，不是当事人关注的利益本身。人们对于知识产权法律关系客体之所以还停留在智慧成果本身，其实与物权法律公司的客

---

① 《民法学》编写组编：《民法学》（第二版）（上册），高等教育出版社2022年版，第41页。

体认知是一样的，仍停留在有体物和无体物的纠结和摇摆之中。在认识论中，所谓客体不过只是以观念形态被移入人脑，并经人脑改造加工过的那一部分客观物质存在，而并非等同于整个物质世界，① 关键在于人们能否对其加以控制和把握。由于人类社会生产力局限于对具有固体属性的物力利用上的依赖性，早期的民法学说与理论将知识产权法律关系客体认为是智慧成果尚可理解，但是否有体是不是就是客体的本质属性？人类现在生活在一个前所未有的科学技术高度发达的社会，科学的发展使得许多新鲜的事物出现在人们的现实生活当中。传统法律上把物的有体性作为物的本质属性实际上是一个认识和理解上的误区，它极大地局限了法律有关社会关系的理解和规范。人类今天正在以一个前所未有的速度向前发展，科技正使得更多新生事物越来越多地进入我们的生活领域，如果仍将有体性作为知识产权客体的一个本质属性进行认识和规定则是失之偏颇的。

因此，可以将民事法律关系的客体统一界定为民事权利和民事义务所共同指向的法律所认许、能够为人力所控制、对人有价值的客观利益。根据民事法律关系的类型不同，财产法律关系的客体是法律所认许、能够为人力所控制、对人有价值的财产利益，人事法律关系的客体是法律所认许、能够为人力所控制、对人有价值的人身利益。

第四节 民事法律关系的内容

一 民事权利

法学界的大多数学者一致认为"权利"一词是外国法律名词的移译，西方的权利概念起源于拉丁文"jus"。"jus"本身具有法、正义的含义。在德语里称为"Recht"，在法语里称为"droit"，在拉丁语里称为 jus。Jus 的基本含义有二：一为法，一为权利。② 它们之所以用一个词来表达这两个概念，是由于他们认为法律的目的就是规定和保护权利。从客观上看是法，而从主观上则为权利，两者合二为一。在直接继承了古代希腊、罗马文明的欧洲民族的语言中，法和权利也都是一个词。③ 当然除此以

---

① 康渝生：《主客体关系与哲学基本问题》，《求是学刊》1991 年第 5 期。
② 梁治平：《"法"辨》，《中国社会科学》1986 年第 4 期。
③ 周枏：《罗马法原论》（上册），商务印书馆 1994 年版，第 80 页。

外，它们同时还含有合理的意蕴，这是权利的伦理要求。故权利指正当而有所主张而言，并非"争权夺利"。① 权利观念最早发端于罗马法。在《查士丁尼民法大全》中，权利至少包含四种意义：①权威；②权力；③自由；④法律地位。并且在罗马法中已经出现了"概括的权利"这样一种较为发达的权利观念。

权利是法哲学的核心范畴，迄今为止，虽然从各个角度对权利概念的定义颇多，但没有一个概念树立起毫无争议的权威，美国学者庞德感叹道："法学之难者，莫过于权利。"② 作为一个名词，权利比别的任何一个词的含义都丰富，它至少在六种意义上被人们所使用。一是指应当得到承认与保护的利益；二是指实际上得到法律承认与保护的利益；三是指通过政治社会的强力来强迫另一个人或者所有其他人作出一定行为或者抑制一定行为的能力；四是指一种创立、改变或者剥夺各种法律权利从而创立或者改变各种义务的能力，这称为法律上的权利；五是指某种可以说是法律不过问的情况，也就是对自然能力不加法律限制的情况，这就是自由权及特权；六是指纯伦理意义上的正当之物。③

民事权利，是当事人为实现其利益所可实施的行为范围和利益边界，本质上是指法律为了民事主体的特定利益而提供的法律之力的保护，是法律之力和特定利益的结合。

(一) 民事权利的本质与特征

自从人类发现可以把人与人之间的关系通过权利和义务的对应关系来理解并以此设置各种关系时起，权利就构成这些关系的核心和关键。对这些关系的引导、规范和保护也莫不以此为制度设计的起点，而法律作为调整人类行为的重要手段，自然就离不开权利这一核心构件。因此，文正邦教授指出："认识了权利也就认识了法，揭示了权利的真谛也就揭示了法的真谛。"④ 权利同时又是一个基本的法学范畴，是构建法学知识体系的一个逻辑起点。观察和研究各种法律现象时，从权利义务关系角度去进行分析，可以帮助我们更好地理解和把握这些法律现象背后所隐藏的本质，发现其在整个人类社会发展变化的基本规律。对这些现象的本质及其基本

---

① 陈弘毅：《法治、启蒙与现代法的精神》，中国政法大学出版社1998年版，第27页。
② 张文显：《法哲学范畴研究》（修订版），中国政法大学出版社2001年版，第298页。
③ 张文显：《法哲学范畴研究》（修订版），中国政法大学出版社2001年版，第287页。
④ 文正邦：《有关权利问题的法哲学思考》，《中国法学》1991年第2期。

规律的体系化认知所形成的知识体系之一就是法学。研究权利的本质，应该从其终极意义上去追求和理解，而不能仅仅停留在对权利浅层本质或其本质的浅层表象的分析和讨论方面。

范进学教授在对中国法理学界对权利本质认识的主要理论进行仔细的梳理和比较评析后，通过从权利所表现的属性入手，提取隐藏在权利属性或要素背后的共同的特征，指出正当性是权利的各种属性或要素的共同本质特征，各种要素不过是对权利即正当的事物的不同角度、不同层面、不同领域的具体表现方式，它们都是基于"正当的事物"所派生的下位概念。因此，正当性即成为权利的本质特征。他又从权利的生成与演进过程分析，得出权利的原初意义就意味着正当的事物，而这种权利的正当性又来源于社会的承认，即契约。只有且唯有"正当"或"正当的"才是权利内在本质的构成要素，由此可以把权利界定为"正当的事物"，即权利就是正当的事物，义务则是应当的事物。① 本书非常赞同这种认识和理解。人类认识事物的本质及其发展规律就是如此，通过对表象的观察和分析，我们的认识不断向事物的深层次特征和本质抵近，最终发现其最本质特征和发展规律。利益、主张、资格、力量及自由，这些都是权利正当性的某一方面的反映，指出了权利背后的各种要素，在不同程度上解读了权利的丰富内涵，都在一定程度上揭示着权利的本质，但这些要素单独或其集合并不当然的是权利的本质。权利为正当的事物，使我们看到了权利要素背后的共同属性，这种共同属性，就是权利的深层次本质。

康德认为权利需要满足三个条件：其一，它只涉及一个人对另一个人的外在的和实践的关系，因为通过他们的行为这件事实，他们可能间接或直接地彼此影响；其二，权利的概念只表示他的自由行为与他人行为的自由关系；其三，在这些有意识的行为的相互关系中，权利的概念并不考虑意志行动的内容，不考虑任何人可能决定把此内容作为他的目的。意志行为或者有意识的选择之所以被考虑，只是由于它们是自由的，并考虑二人中一个人的行为，按一体普遍法则，能否与另一个人的自由相协调的问题。康德认为权利的普遍法则可以表达为"外在地要求这样去行动：你的意志的自由行使，根据一条普遍法则，能够和所有其他人的自由并存"②。上述

---

① 范进学：《权利概念论》，《中国法学》2003年第2期。
② [德]康德：《法的形而上学原理——权利的科学》，沈叔平译，林荣远校，商务印书馆1991年版，第39—41页。

权利条件，反复强调权利涉及人们之间可能的彼此影响，体现着人们相互之间的自由及其能否并存的关系问题，实质上是在说明权利是一个关系命题，是在与他人、社会发生联系时才有讨论价值的概念和现象。

探究权利的本质，必须将权利复归到它所赖以存在的客观世界中去，作为一个关系范畴对待。权利的本质离不开权利所产生的特定社会历史条件，正当的事物一定是在特定历史条件下正当的事物，超越客观历史条件限制的权利是不存在的和无法把握的。研究权利现象及探求其本质属性，不能抛开人类社会特定的历史阶段和与其相对应的特定历史条件，对权利本质的理解和把握是不能"玩穿越"的。因此，权利应该是在特定的社会历史条件下，被一定的人群所普遍认许的"正当的事物"。

1. 权利属于价值范畴，必须具有合伦理性

价值，体现了人们对某种事物的一种主观判断，这种主观判断要求事物的存在、结构、功用等符合判断者的某种愿望，能够满足判断主体的某种需求。就权利而言，其首先是一个价值范畴的概念，权利必须具有合伦理性。它所反映的"正当"就是一种价值判断，权利是被主体所承认的合乎人性、符合人们一般的正义观念的事物。

其一，权利应是一定社会中人群主流的伦理观念所认可的"正当的事物"。只有被社会主流观念所认可，权利才可以被社会大众予以尊重，从而得到一贯的有效保护（此处不管是基于道德约束、习惯遵守抑或法律强制力的保障），并最终使得权利得以实现。其二，那种仅为少数人或者个别人理解和认可的正当的事物，在未得到普遍的重视和尊重之前，还不足以成为权利。其三，这种不被社会主流认识和认可的正当的事物，并非没有意义，当社会发展到一定阶段，在逐渐被大众意识到和理解后，就必然会被认可为权利。

2. 权利属于关系范畴，权利只有在人与人的关系中才有意义

人是社会存在物，任何人都生活在一定的社会形态之中。任何个人都是属于一定社会形式的个人，社会是表示现实个人彼此发生的那些联系和关系的总和。反映人与人之间各种复杂社会关系和联系的权利，自然离不开其所存在的社会及其特定的发展阶段。因此，权利属于关系范畴，权利仍是在一定的社会环境中形成的、为人们所认识和维护的正当的事物。只有把权利置入它所赖以存在的社会背景中去考察，才能理解和认识权利所负载的价值，才能理解权利对主体的实际意义。理解权利的社会性，必须

把握如下几个方面：

首先，权利离不开特定社会结构和社会历史阶段。可以设想，人作为一个物种，应该有其持续的、根本的内在属性，与此相对应，那种对于人普适的价值应该是存在的。但人类的认识能力在无限的同时又是有限的，在不同的时期人们对权利的发现和认识总是被打上认知者所处时代的深刻烙印。且具体的人不是超越历史阶段的一个永久存在，具体的人总是生活在特定的社会之中，处于特定的社会结构之中。人的这种历史局限性，也决定了权利的历史局限性。权利总是和它赖以存在的社会历史阶段相联系，不同的时代，不同的社会，权利的规定性和其实现的条件及结果是不同的。因此，权利受制于它所赖以存在的客观社会历史条件，对权利的认识、权利观念、权利意识、权利保护等都是具有社会历史局限性的。作为一个客观的社会历史现象，将权利置于其所存在的社会之中进行研究才有价值。

其次，权利只有在人和人的联系和关系中讨论才有意义。人一旦离开了与其他人的联系和关系，他就是一个纯粹生物学意义上的存在，与物无异，就无法成为法律世界中的主体。这种意义上的人，无所谓其权利、义务及其他只有在跟他人发生关系和联系时才可能具有的属性。

最后，权利的社会性，隐含了两个基本命题：其一，权利的合伦理性是有阶级性的，那种超越社会历史形态、普适的正当性的事物是不存在的。权利总是代表着特定社会占社会支配地位的人群的观念和认识。即便它反映着一定社会整体的要求和价值，也一定是被主流人群认可和接受后才能称其为权利的。其二，社会的复杂性同时决定了权利的合伦理性也是复杂的，不同的主体站在不同的立场、从不同的角度对权利的合伦理性的认识及认识程度必然不同，这就带来了下文将要谈到的权利相对性的隐喻，权利注定是一定社会的一般人所承认和认可的正义，会与少数人所理解、遵从的正义发生不同层面和程度的冲突。

3. 权利的相对性

由权利的合伦理性和社会性所决定，权利具有相对性。相对性就是权利的受限定性，这种限定性包括两个方面：一是权利的历史限定性，是指权利作为特定社会历史条件下的正当的事物，离不开它所赖以存在的社会历史环境，它是被特定社会历史条件所决定的，具有历史规定性。二是人类认识的局限性，人们受制于其所生活的社会历史条件，对于权利的本质的认识、对于权利保护的必要性和保护程度的需要都是不同的。就权利本身而言，它是被理解为一种应有权利、法定权利抑或非权利，都由主体的认识自由水平和自身立场所决定。权利所负载的价值以及权利所要实现的目的、达到的功用等都因主体认识的局限而会发生实际的差异。

从本质上说，权利受制于其所存在的客观的社会历史条件，但在实践中，它又离不开主体的主观认识和个体的自我努力，权利会必然地投射出主观的特征，或者说被打上权利主体自身特殊的烙印。这种主观性的产生是必然的，同时又有其偶然性。必然性，是讲权利及其实践仍然最终决定于客观的社会历史条件；偶然性则是说在某一特定历史环境中，对权利把握、理解和践行又带有很大的主观性和随机性。这就是导致权利冲突产生的思想原因或者认识上的原因。

权利被不同的主体所认识和阐释，对权利价值的理解就有所不同，必然使得权利在实践中的享有和保护的水平出现差异，在行使权利时容易产生冲突和矛盾。权利的合伦理性，讲的是权利的价值问题，而人类社会所认知和追求的价值是不同的、有层级的，由此决定了权利的价值是有位阶的，那些保障人类社会生存、发展和自由的价值的权利，其位阶就必然高于那些保障和实现物质利益的权利，这种权利就应得到优先实现和保护。当然，由于主体对价值的理解和把握不同，对不同权利的位阶在处理和安排上也就会有差别，这就是一个极其复杂的价值衡量和利益切割的过程。权利的相对性，决定了人们在对待应有权利和法定权利时态度和方式的不同，从而使得立法对法定权利的制度安排有所差异，最终导致实有权利享有水平和保护程度出现各种差别。立法如何衡量和切割，就是科斯所言的权利配置问题，在权利冲突时，法律应当按照一种能避免较为严重的损害的方式来配置权利，或者反过来说，这种权利配置能使产出最大化。[1]

社会性问题，决定了人们如何认识自身与他人、与社会的关系和联系。一般来讲，权利尤其是法定权利是一定社会被社会中占支配地位的大多数人所认可的正当的事物，这也是立法必然遵循的规律。但当人们在反思这种立法时，那些被忽略的少数人的主张和诉求必然会通过种种渠道反映出来。是否给予这部分人的主张和诉求以法律保护，实质上是如何认识人和人的联系与关系的问题，是人类如何审视人的本质问题。因此，不

---

[1] 苏力：《〈秋菊打官司〉案、邱氏鼠药案和言论自由》，《法学研究》1996年第3期。

排除当人类一旦被发现某些特殊的主张和诉求反映的恰恰是人类发展的高级和终极追求时,承认其为权利、对其做出相应的制度安排则就成为一种必然。

4. 权利要素的复杂性

为解决权利解释多歧义之难题,霍菲尔德认为研究广义的权利——义务概念的最好方法是对相互关联和相互对立的概念进行逻辑分析,即分析权利相关的要素,以此获得对权利问题的明确理解、透彻陈述和真正解决。于是,他提出了权利(right 狭义)、无权利(no-right)、特权(privilege)、义务(duty 狭义)、权力(power)、无能力(disability)、豁免(immunity)和责任(liability 应当)八个基本概念作为"法律的最低公分母"。① 实际上,霍菲尔德宣称的"权利"一词包含狭义的权利,即要求权、特权或自由权、权力及豁免权四种情形。这里,霍菲尔德并非对"权利"下定义,而是分析了权利在不同场合中所具有的不同含义,以达到解说"权利是什么"的目的。②

文正邦教授认为权利的要素有三,即利益、行为自由和意志。利益既是权利的基础和根本内容,又是权利的目标指向,是人们享受权利要达到的目的(以及起始动机)之所在。行为自由是权利的又一基本要素,是权利的存在形式和载体。权利并不纯粹是一个实体范畴,它具有人的主观意志性的特征,它必须符合一定社会的阶级、集团和人们的意志倾向性,即符合一定的价值标准。所以毋宁说权利是一个价值范畴更为确切,法定权利乃是以符合一定意志倾向的社会规范之要求为存在前提。③ 夏勇教授把权利的要素总结为五个方面,即利益、主张、资格、力量和自由,并认为五个要素中的任何一个要素都能表示权利的某种本质,以这五个要素中的任何一个要素为原点给权利下一个定义都不为错。④

这些分析都说明,权利的要素是复杂的,这些要素都或多或少在某种意义上接近或者反映权利的本质。这种要素的复杂性,反映在认识层面,就是不同的解释者从不同的角度出发,集中或者侧重于上述要素的一个或者几个方面来对权利进行阐释,这种理论上的复杂性,本质上也是实践中

---

① 参见沈宗灵《现代西方法理学》,北京大学出版社 1992 年版,第 146—147 页。
② 参见范进学《权利概念论》,《中国法学》2003 年第 2 期。
③ 文正邦:《有关权利问题的法哲学思考》,《中国法学》1991 年第 2 期。
④ 夏勇:《权利哲学的基本问题》,《法学研究》2004 年第 3 期。

权利的复杂冲突与矛盾的反映。

5. 权利具有开放性

权利随着社会条件的发展而发展，人们对权利的价值、内涵和外延的认识也是不断变化的，都随人类如何认识自我和客观世界的能力的逐步增强和认识本身的渐臻深刻而发生变化。权利的开放性，强调权利类型的生发和权利内容的扩张是一个历史的必然，权利的量是不固定的，随着人类对自身认识局限性的逐步突破，对权利的认可和保护是逐渐扩大的。我们在理解和保护权利时，一定不能把权利理解为一个封闭的空间和固有的量，而应持一种更为开放的、积极的态度，认真对待社会中出现的新的权利概念、权利现象和权利诉求，革新已经陈旧的权利观念、改良现有的保护手段和方式。

譬如应有权利，在早期的人类社会可能更多的是如何满足人群自身的种的生存和繁衍的需要。但随着社会生产力的发展，人群的需要就不可能仅限于此了，逐渐产生了诸如自由、平等和自我实现等更高层次的需要，与此相应的也就产生了实现这些需要的权利诉求。法定权利和实有权利也走过了同样的发展历程，随着立法者对人的主体性认识的提高和对于应有权利的理解、伴之社会历史条件（生产力发展水平所决定的客观社会关系）的发展，应有权利越来越多地被纳入法定权利的范围而得到国家保护。主体实际享有的实有权利及其被保护的水平和实现的程度，也是一个逐渐扩大的历史发展过程，它与主体的权利意识、国家的立法、司法保护水平等因素都息息相关。

（二）民事权利的分类

民法由于其法律关系的复杂性和丰富性，决定了当事人可以设定的民事权利的复杂和多元。各国民事立法皆以发现和确认民事主体的民事权利为其使命，并确立不同的权利及其行使规则，由此形成了庞大的民事权利体系。对民事权利进行分类，是认识民事权利本质和特征的重要途径。民事权利可以从不同的角度、按不同的标准进行分类。

1. 绝对权和相对权

这种分类是以权利所及的人的范围为标准进行的划分。绝对权，是指能够请求一般人不为一定行为的权利，相对于所有的人产生效力，即可以对抗所有人的权利。其特征在于其义务人是权利主体之外的任何人，故称为对世权。绝对权所对应的义务内容是对他人的权利的容忍、尊重和不侵犯。相对权，是能够请求特定人为一定行为的权利，因该项权利仅仅对某个特定的人产生效力，其义务人是特定的，又称对人权。相对权所对应的义务的内容不限于消极的不作为，也包括积极的作为，而且主要体现为后者。

但绝对权和相对权的划分并不是绝对的，在例外的情形下相对权具有绝对权的特点。债权是典型的相对权，但基于权利的不可侵性原理，在例外情况下，承认债权具有不可侵性。1853年英国的拉姆雷诉瓦格纳案（Lumly V. Wagner）所确立的第三人诱使合同一方违反或者撕毁合同，受损害的另一方有权控告第三人的规则，在英美法系引起广泛的影响。① 在美国法中，在某些情况下，会将第三人的行为定性为对"违法契约的劝诱"，这是对原告既有债权的妨碍，属侵权的一种。不过，第三人只有在满足了一定条件的情况，才可能承担侵权责任。依据美国《第二次侵权法重述》，一个人以劝诱或其他方式，"故意""不当"地妨碍另一人与第三人的合同履行，导致第三人损失的，承担赔偿责任。②

我国《合同法》（已失效）第121条规定，当事人一方因第三人的原因造成违约的，应当向对方承担违约责任，当事人一方和第三人之间的纠纷，依照法律规定或者按照约定解决。该规定并未禁止当事人向第三人请求侵权赔偿，且对当事人一方并未界定，似乎既可是债权人，也可是债务人，因此，依法律规定符合侵权责任的构成要件即可追究该第三人侵害债权的责任。《民法典》第465条规定，依法成立的合同，受法律保护。依法成立的合同，仅对当事人具有法律约束力，但是法律另有规定的除外。从其规定表面看，似乎是合同债权只能被对方当事人侵犯。但是结合其但书和《民法典》第1164条的规定，应该说存在认可积极侵害债权的空间。买卖不破租赁被认为也是突破了相对权相对性。另外，预告登记制度，其旨在保障将来实现物权，预告登记后，未经预告登记的权利人同意，处分该不动产的，不发生物权效力，使得当事人签订买卖房屋的协议或者签订其他不动产物权的协议所确立的债权例外地具有绝对权属性。

---

① [美] E．艾伦·范斯沃思：《美国合同法》（原书第三版），葛云松、丁春艳译，中国政法大学出版社2004年版，第765页。
② 《第二次侵权法重述》[Restatement (second) of tort]，1979，§766. 转引自霍政欣《效率违约的比较法研究》，《比较法研究》2011年第1期。

2. 财产权、人身权、知识产权和社员权

民事权利依其客体所体现的利益的性质，可做如是划分。财产权，是以财产利益的归属和支配为其客体的权利，权利所体现的生活利益具有经济价值，可给予经济评价，由此决定，财产权利多数情况下可转移。人身权，是以自然人和法人的人身利益为客体的权利，权利所体现的利益与人身自由和个人尊严密切相关，不能以经济价值进行评价和衡量，但其救济手段最终仍要借助财产手段。因为人身权与特定的人身和身份紧密联系，故人身权与主体不可分离。知识产权，是以受保护的智慧成果所体现的人身和财产利益为客体的权利，其内容呈现人格权与财产权互相结合的两位一体性。社员权，指社团中的成员依据其在社团中的地位而对该社团产生的权利，以社员资格（地位）为发生基础，与这种资格相始终。社员权是一种复合权利，包括多种权利，其中既有经济性质的，也有非经济性质的，其客体归结为参与利益和财产利益。同时，社员权具有专属性，只能随社员资格的转移而转移，一般不能继承。

3. 支配权、请求权、形成权和抗辩权

支配权是对作为权利客体直接支配并享受其利益的权利，又称为管领权。支配权因其权利的作用在于对权利客体的直接支配性，故具有利益的直接实现性。对应义务的消极性表现在主体可直接支配其标的物，而无须他人行为和意志的介入。同时，主体可排除他人的非法妨碍。

请求权，是指能够请求相对人实施一定给付的权利。所谓给付，是指能够满足权利人请求权利益的行为。请求权一般认为属于派生性的权利，有些情况下以基础性权利的效力的形式存在，有些情况下是作为基础性权利的救济而存在。请求权必须通过义务人的给付方能实现，其权利作用体现为请求，而非支配。由此决定了请求权的权利效力具有非排他性，如就同一标的物，可以发生一物数卖，各个买卖合同均可以有效存在。同时，请求权的效力具有平等性，在一物数卖场合，任何一个买受人不能要求其债务人对其先履行。请求权依其发生的依据和基础不同，又可分为债权请求权、物上请求权、人身权请求权。

形成权是指仅凭权利人的单方意思表示就可使既存的法律关系发生变动的权利，形成权人单方的意思就足以使相应的法律效果发生，而无须对方的同意或者以其他方式参与。形成权行使的结果是导致权利发

生、变更或者消灭。形成权又可以分为使法律关系发生效力的形成权、使权利义务变更的形成权和使法律关系效力消灭的形成权。使法律关系发生效力的形成权主要有：追认权、同意权和确定权，如我国《民法典》第145条第1款后段规定的法定代理人同意或者追认权。使权利义务变更的形成权，是指因一方的单方行为就可以使既存的权利义务发生变动，如重大误解而请求变更合同权利义务的权利。使法律关系效力消灭的形成权，如抵销权、撤销权、解除权、终止权等。形成权产生的根据主要有两种，基于法律规定和当事人的合同约定。前者如《民法典》第384条规定的地役权人有权解除地役权合同，消灭地役权的法定情形。后者如《民法典》第562条的规定，当事人协商一致，可以解除合同。当事人可以约定一方解除合同的事由。解除合同的事由发生时，解除权人可以解除合同。形成权的行使方式有两种：其一，诉讼外行使，一般来说，权利人向对方当事人作单方意思表示就可以有效行使，不必经过诉讼程序。如果发生争议，当事人可以请求法院裁决。其二，依诉行使——形成之诉，在例外的情况下，有些形成权只能通过诉讼方式行使，其形成权只有在取得了胜诉判决后方会产生法律效力。对形成权行使的限制：其一，形成权通常不得附期限或者附条件；其二，当事人不得撤回行使的意思表示。

抗辩权是能够阻止请求权效力的权利。抗辩权主要是针对请求权的权利，目的在于阻止请求权的效力，从而使抗辩权人能够拒绝履行自己的义务。抗辩权的形式，并不否认相对人的请求权本身。从诉讼法的角度看，主要有三种抗辩：①权利未发生的抗辩，即主张对方的请求权根本就不存在。民法中的此类抗辩理由主要有：合同不成立，行为人无行为能力，行为违法，无权代理未经被代理人同意，行为的形式不合法律规定，如所有权转移未经登记。②权利消灭的抗辩，即主张对方的权利曾经存在，但因符合法律规定的方式消灭。主要原因有：清偿、提存、免除、抵销、混同等。③排除权利的抗辩，这种抗辩权是指当一方当事人提出请求权时，对方当事人有权拒绝履行的权利，即民事实体法中规定的抗辩权。又可分为一时性抗辩权和永久性抗辩权。一时性抗辩权，又称为延期抗辩权，是指能够暂时地阻止请求权效力发生的抗辩权，主要包括同时履行抗辩权和先诉抗辩权。永久性抗辩权，即其效力在于永久地阻止请求权的抗辩权，如已罹时效的抗辩权。根据是否需要当事人提出，抗辩权可以分为需要主张的抗辩权和无须主张的抗辩权。前述三类诉讼中的抗辩，前两类无须当事人主张，法院会主动以职权审查，而后一类抗辩，如果当事人不提出，法院不会主动适用。

4. 专属权和非专属权

民事权利依其可否与其主体相分离，可作如是划分：专属权，是专属于权利人一人的权利，如人格权、身份权。专属权以外的权利，为非专属权。区分二者在民法上具有重大意义，首先，可以明确什么权利可以作为交易的标的。其次，在强制执行中，专属权不能作为强制执行的对象。

5. 主权利和从权利、原权与救济权

相互关联的几项民事权利，依其地位划分为主权利和从权利，原权与救济权。主权利是相互有关联关系的几项权利中，能够不依赖其他权利而可以独立存在的权利。比如，用益物权一旦设定，法律规定其就具有了权利的独立性，不依赖于所有权，所有权人不得干涉用益物权人行使权利。与此相对应，须以主权利存在为前提的权利是从权利。在民法上，从权利的一般的处理原则是"对主权利的处分及于从权利"，比如抵押权就是从属于其所担保的主债权的从权利。

救济权是指因基础权利受到侵害或者被侵害的危险时产生的用以援助和救济基础权利的权利，其中需要被救济的基础权利就被称为原权。请求权中凡不属基础权利效力者，就是救济权。从某种意义上说，原权利和救济权也是主权利和从权利的关系，如果没有原权利，救济权就没有任何价值，救济权是为了变化原权利而存在的。如果法律在赋予主体以原权利的同时，不赋予救济权，那么原权利就没有保障。

（三）我国民法所构建的权利体系

在民法典编纂中，非常重要的内容就是将我国经过实践检验的权利类型固定下来，并为未来我国可能存在的新型民事权利留下足够的空间。《民法典》总则编第五章专门规定了民事权利，对人格权、物权、债权、知识产权、继承权、股权和其他投资性权利、数据、网络虚拟财产的保护和特殊人群的民事权利保护等做出了全面规定。《民法典》各分编及相关单行法律，共同构成我国民事权利体系的宏观构架，如图3-1所示。

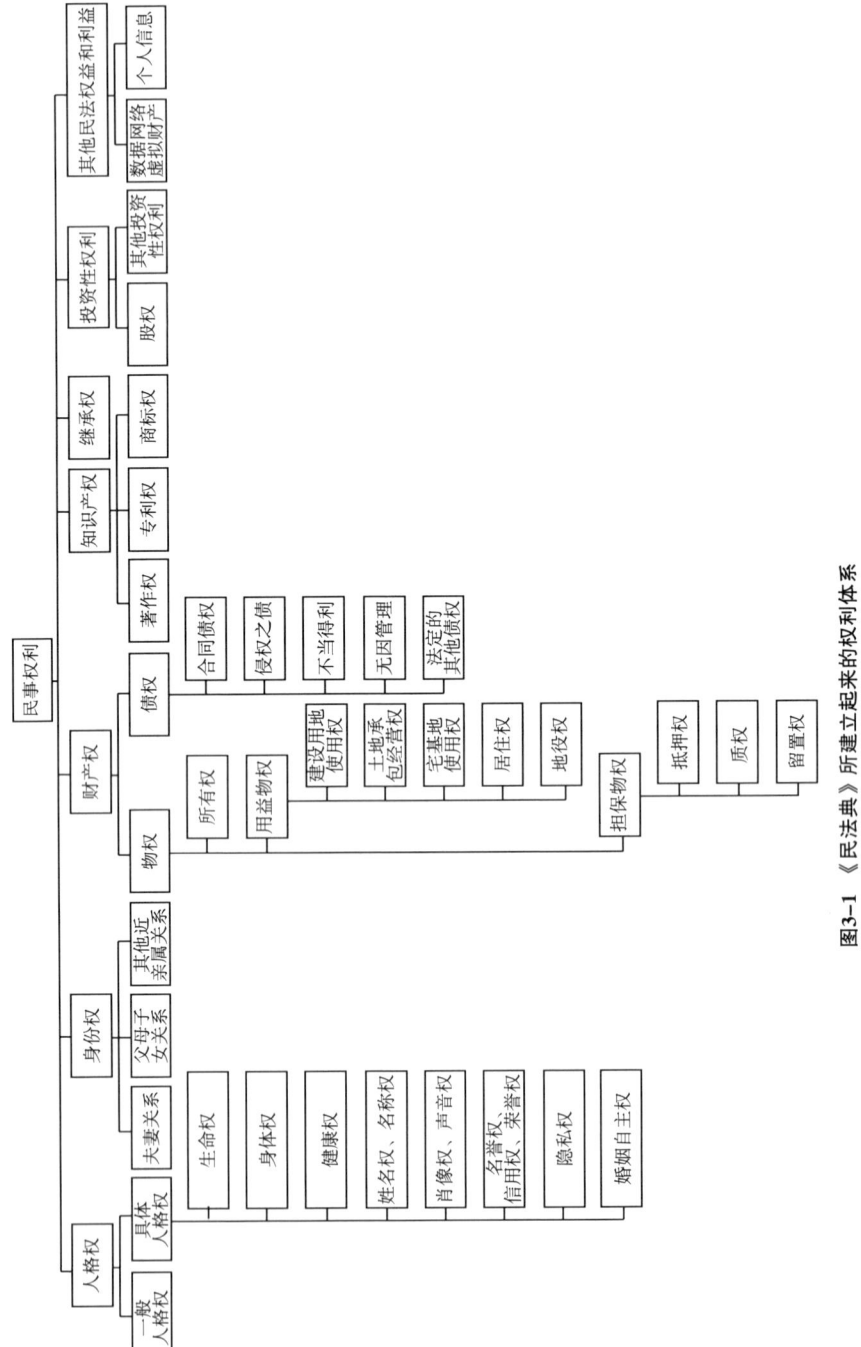

图3-1 《民法典》所建立起来的权利体系

(四) 民事权利的行使与保护

民事权利的行使，是权利的享有者依照权利的内容和范围实施行为，从而实现其中利益的情形。民事权利行使应当履行法定的和约定的义务，不得滥用民事权利，同时要遵循不得妨害公共利益原则、禁止权利滥用原则和诚实信用原则。即使是民事主体放弃其民事权利，也要遵守法律的特殊规定，如继承人因放弃继承权，致其不能履行法定义务的，放弃继承权的行为无效。①

民事权利民法关于权利的保护是通过权利救济制度来实现的，即赋予当事人以救济权，并且提供方便可靠的程序，确保救济权的行使。救济权的行使程序可以分为自力救济和公力救济。自力救济是允许权利人依靠自己的力量强制他人，从而维护受到侵犯的权利的保护程序，主要包括自己行为和自助行为两种方式。自己行为是指为了防卫或者避免自己或者他人所面临的损害不得已而侵害他人的行为，主要包括正当防卫、紧急避险。正当防卫是指对于现实的不法侵害加以反击，以保护自己或者他人权利的行为。紧急避险是指为了避免自己或者他人的人格利益、财产利益所遭受的急迫危险，不得已而实施的加害他人的行为。自助行为是为了保护自己的权利，对于加害人的自由加以拘束、限制，或者对侵权人的财物采取的扣留、损毁等合理措施。《民法典》第1177条规定②的情形，就是自助行为。公力救济是通过国家的专门力量和程序，用以保护民事权利的手段，主要包括民事诉讼和强制执行。

二 民事义务

民事义务是民事法律关系当事人一方为了满足他方利益所应实施的行为限度。作为法律关系的重要内容，民事权利和民事义务一般是相对存在的，所谓"无无权利的义务，也无无义务的权利"，即是此意。在民法中民事权利比较发达，形成了相对成熟而稳定的权利体系及其规则。民事义务作为与之相对的概念和法律关系的内容，其实也有极其复杂的分类和构

---

① 最高人民法院关于适用《中华人民共和国民法典》继承编的解释（一）（法释〔2020〕23号）第32条。

② 《民法典》第1177条：合法权益受到侵害，情况紧迫且不能及时获得国家机关保护，不即采取措施将使其合法权益受到难以弥补的损害，受害人可以在保护自己合法权益的必要范围内采取扣留侵权人的财物等合理措施；但是，应当立即请求有关国家机关处理。

受害人采取的措施不当造成他人损害的，应当承担侵权责任。

成,违反的民事义务性质不同,在法律上所产生的后果和承担的责任也有所不同。

(一) 民事义务的特征

民事义务的实质主要体现在,首先,民事义务是以不利益为内容的法律拘束力,相对于民事权利而言,民事权利人行使权利所体现或获得的利益,即是民事义务人的不利益。其次,自从近现代民法涤除了人身责任后,民事义务就不存在对义务负担者人格的拘束。再次,民事义务与权利的实现具有法律之力的保障相应,民事义务如得不到履行,权利人可以诉诸法律强制义务人履行。最后,民事义务旨在满足权利人的利益,其具体内容是与具体法律关系中的权利相对应的。

(二) 民事义务的种类

根据民事义务产生的依据不同,可分为法定义务和意定义务,前者是直接根据法律规定产生的,后者是由当事人通过法律行为自主设定的义务,如当事人通过订立合同,确定合同中的义务等。

根据义务是否构成当事人可以独立诉请履行的内容,又可分为主给付义务和附随义务。前者是权利人可以单独请求义务人履行的义务,不履行则会构成根本违约,权利人享有法律关系的解除权。后者是为了更好地实现权利、依据诚实信用原则等所产生的义务,当事人不履行的,不构成权利人解除法律关系的依据和基础,如债权债务终止后,当事人应当承担的通知、协助等义务。

根据义务的给付内容可将民事义务分为积极义务和消极义务。积极义务是指义务人必须履行相应的履行行为,权利人的权利才可得以实现或满足,消极义务是指义务人只要消极的不作为,如容忍、尊重和不积极干涉即可实现权利人权利的义务类型。一般来讲,绝对权所对应的义务人的义务一般是消极义务,而相对权的实现一般来讲须有义务人的积极履行行为。

第五节 民事法律关系的变动及其原因

一 民事法律关系的变动

任何民事法律关系都有其发生发展、变化消亡的过程。研究法律关系的变动本身，就是准确把握法律关系的主体、客体、内容等发生了何种变化，这种变化会直接导致其所适用的法律规则可能发生变化。当事人通过法律行为设立、变更和消灭法律关系是最为常见和最为主要的变动原因与手段。

（一）民事法律关系的发生

民事法律关系的发生，是指在客观上产生了一个民事法律关系，即因法律关系的建立，产生某项权利归属于某个（某几个）民事主体的后果。对民事主体而言，参与到具体民事法律关系中去，取得权利承担义务，故又可以称为权利取得。权利取得又可以分为原始取得和继受取得。

原始取得是指不以既存权利的存在为前提而取得权利的情形，又被称为权利的绝对发生，如天然孳息所有权的取得，[1] 就属于所有权的绝对发生。自然人通过劳动取得劳动果实、获取工资、发明获得专利、当事人缔结合同取得合同债权等都属于相关权利的绝对发生。

继受取得是由前手权利人取得既存权利的情形，属于权利的相对发生。又可以分为移转型继受取得与创设型继受取得、概括型继受取得与特定型继受取得。

（1）移转型继受取得与创设型继受取得。前者是指将前手权利原封不动地归属于后手的权利取得，如通过买卖取得所有权的情形。创设型继受取得是变更前手权利内容而取得新权利的情形，如银行在抵押物上享有的抵押权，就是所有权分离抵押物交换价值创设担保物权的结果，所有人并不丧失所有权。

（2）概括型继受取得与特定型继受取得。把前手的权利连同义务作为整体的继受取得是概括型继受取得，如法人合并情形。与此相反，只从前手权利人取得某项特定权利，则为特定型继受取得，如债权的部分。

（二）民事法律关系的变更

民事法律关系的变更，是指一个既存的民事法律关系发生了构成要素方面的变化。故从权利变动的角度讲，就是权利的变更。权利的变更是权利存续中其形态发生变化的情形，主要包括：权利内容的变更、权利效力的变更、权利主体的变更。权利内容的变更，即民事权利发生了量变或部

---

[1] 《民法典》第 321 条第 1 款：天然孳息，由所有权人取得；既有所有权人又有用益物权人的，由用益物权人取得。当事人另有约定的，按照其约定。

分质变,如债权人免除债务人部分债务的,债权债务部分终止,原债权即发生了量变。诉讼时效期间届满的债权就发生了质变,从可以诉求法院强制保障的债权变成一旦债务人抗辩则不被国家强制力保障的债权。权利效力的变更也称权利作用的变更,是指权利的支配力发生了变更,如所有权人的完全支配就因用益物权的设立而受到限制。权利主体的变更,实际即移转型继受取得,是指权利本身未发生变化,仅是权利主体易位、发生了变更。

(三) 民事法律关系的消灭

权利消灭即权利与其主体分离的情形,可分为绝对消灭和相对消灭两种。绝对消灭即权利本身不复存在,如食物因被消耗殆尽而导致所有权绝对消灭、撤销权因超过除斥期间未行使而消灭。相对消灭,是权利由前手移转于后手,对前手而言谓之权利消灭,而对后手而言则为权利取得,实即权利主体发生了变更的情形。

二 民事法律关系变动的原因——民事法律事实

法律事实就是在私法上能够引起权利义务发生、变更或者消灭的自然事件或者人的行为。法律事实的特征主要有如下几个方面:首先,法律事实的作用就是法律关系中具体权利义务与主体相结合的媒介,即权利义务与主体的结合、分离或者说任何主体取得权利或者承担义务的合法原因。离开了法律事实,民事法律关系变动就缺乏法律上的原因。其次,确认民事法律事实的根据是民事法律规范,客观情况是否能够引起民事法律关系的变动,须经民事法律规范予以确认或者认可,否则不会被认可为法律关系变动的原因,不会发生相应的变动效果。最后,民事法律事实具有客观属性,表现为自然事件或者人的行为,能够通过某种外在方式为主体感知得到,均应具备客观性和可被认识属性。那些纯粹主观的臆想或者未表示出来的内心意思,均不可能作为导致法律关系变动的原因。

民事法律关系的产生、变更和消灭,有些情形下仅以一个法律事实就可以发生,有时需要以两个以上的法律事实的相互结合为根据,如遗嘱继承和遗赠扶养协议,必须具备继承开始即被继承人死亡实施及其生前订有有效的遗嘱或遗赠扶养协议,然后才能够按照遗嘱、遗赠或者协议办理遗产处理事宜。在复杂法律关系中,必须注意和重视这些事实构成。

民法理论上，根据法律事实是否与人的意志有关，可分为自然事实和人的行为两大类。

（1）自然事实。自然事实是指人的行为之外的能够引起民事法律关系发生、变更或消灭的一切客观情况。自然事实又可以分为状态和事件两种。状态是指某种客观情况的持续。如自然人下落不明状态满两年的规定，就是一种状态，该法律事实产生的法律效果就是利害关系人可以向人民法院申请宣告该自然人为失踪人。事件是指某种客观情况的发生，是指与人的意志无关、能够引起民事法律后果的客观现象，包括自然灾害和不可抗力。

（2）人的行为。法律上所称人的行为是指人的有意识的活动。人的行为又可以根据其是否以意思表示为要素分为民事法律行为、准民事法律行为、事实行为和其他行为。

民事法律行为是民事主体通过意思表示设立、变更、终止民事法律关系的行为。[1] 民事法律行为是实现民事主体意思自治的手段和途径，故要求必须以意思表示为要素，行为人要具备相应的行为能力。

准民事法律行为是法律对于行为人的行为是否具有意思表示内容并不考察，行为的效果取决于法律明确规定，行为人有无意思表示及意思表示的内容均与行为的效力无关。准民事法律行为的法律效果，在民事法律规范无明确规定时，可以准用法律行为的相关规定。准民事法律行为又可以分为意思通知、观念通知和感情表示。意思通知是行为人的行为中有意思表示，但其行为的效果不取决于行为人的意思，而是由法律规定，如《民法典》第145条第2款规定的相对人的催告，[2] 包含有催促法定代理人于限定期限内追认的意思，但其法律后果不取决于催告内容，而是由法律规定。观念通知是行为人告知相对人以客观事实情况，行为中没有自身明确的意思内容，行为的效果仍由法律规定。如在合同缔约阶段，要约人向受要约人通知，告知其承诺迟到到达要约人，该通知的法律效果为迟到

---

[1] 参见《民法典》第133条。
[2] 《民法典》第145条：限制民事行为能力人实施的纯获利益的民事法律行为或者与其年龄、智力、精神健康状况相适应的民事法律行为有效；实施的其他民事法律行为经法定代理人同意或者追认后有效。相对人可以催告法定代理人自收到通知之日起三十日内予以追认。法定代理人未作表示的，视为拒绝追认。民事法律行为被追认前，善意相对人有撤销的权利。撤销应当以通知的方式作出。

的承诺构成新要约。① 感情表示是表意人表达对相关当事人宽恕、原谅或者对自己以往行为表示悔过的一种行为类型，本身不表达某种主观的追求，无具体的意思表示内容，其法律效果取决于法律明确的规定。如我国《民法典》第 38 条规定"确有悔改表现"，经其申请，人民法院可以在尊重被监护人真实意愿的前提下，视情况恢复其监护人资格，第 1125 条第 3 款规定的"确有悔改表现，被继承人表示宽恕"，该继承人不丧失继承权。

事实行为，是指法律仅要求行为人有具体的行为即可，而对其行为是否有意思表示及其意思表示内容均不予考察的行为类型。因其对行为有无意思不做要求，仅依据行为人的行为即赋予相应的法律效果，故对行为人的行为能力亦不做要求和考察。民法中有大量的事实行为，如先占、加工、拾得遗失物、发现埋藏物等，其具体法律效果分别由法律规定，不能准用有关法律行为的规则。事实行为因其不以意思表示为要素，属于无关乎心理状态的行为，具有非表意性，故又称为非表示行为。事实行为的主要特征是其法律后果非决于当事人的意思表示，而是由民法强行性规定，行为人的行为仅在符合法律要求时才产生法律后果，如合法建造、拆除房屋等事实行为设立或者消灭物权的，自事实行为成就时发生效力。由事实行为的性质所决定，事实行为不可以以代理的方式实施。

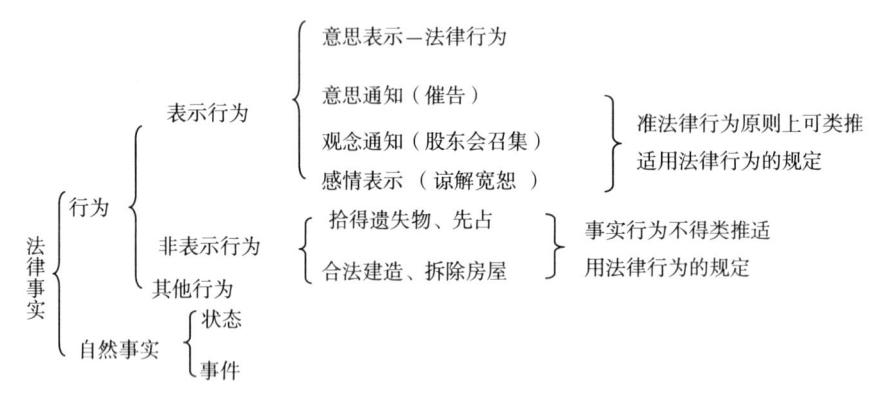

```
                        ┌ 意思表示—法律行为
              ┌ 表示行为 ┤ 意思通知（催告）      ┐ 准法律行为原则上可类推
         ┌ 行为┤        │ 观念通知（股东会召集）├ 适用法律行为的规定
法律     │    │        └ 感情表示（谅解宽恕）  ┘
事实  ───┤    │ 非表示行为 ┌ 拾得遗失物、先占    ┐ 事实行为不得类推适
         │    └ 其他行为   └ 合法建造、拆除房屋 ┘ 用法律行为的规定
         └ 自然事实 ┌ 状态
                    └ 事件
```

图 3-2　法律事实分类及适用规则

其他行为是指作为法律事实的人的行为中，除民事法律行为、准民事法律行为和事实行为之外的行为，这类行为多从行为所导致的损害后果上

---

① 参见《民法典》第 486 条。

进行判断，考察是否超过了必要的限度，如超过必要限度则需承担一定的民事责任，如未超过必要限度，则不承担责任，如防卫过当和避险过当行为。①

---

① 参见《民法典》第 181 条第 2 款：正当防卫超过必要的限度，造成不应有的损害的，正当防卫人应当承担适当的民事责任。第 182 条第 3 款：紧急避险采取措施不当或者超过必要的限度，造成不应有的损害的，紧急避险人应当承担适当的民事责任。

第四章

民事主体——自然人

自然人是基于自然规律出生而取得民事主体资格的人。自然的人类生殖过程由性交、输卵管受精、植入子宫、子宫内妊娠等步骤组成。① 但由于医疗水平的提高和生物科技的发展,出现了人工授精、体外受精和无性生殖等人类生殖技术。生殖技术操纵了许多人认为不应该有技术干预的自然生殖过程,在不同程度上使遗传的、妊娠的父母身份与养育的父母身份分离,这种分离可能危及家庭和社会的结构。生殖技术让第三者提供一个在通常的生殖中不存在的遗传或妊娠因素,从而使家庭关系复杂化。② 从民事主体角度看,生殖技术的发展也对与自然人相关的问题提出了许多挑战,如胚胎、基因编辑儿、DNA 重组等。从最高人民法院的指导案例的认定来看,我国是认可人工授精生殖技术之下自然人的民事主体资格的。③

自然人与公民不同,公民仅指具有一国国籍的人。民法作为规范平等主体人身关系和财产关系的法律规范总和,其所调整的民事主体范围不一定限于一国公民,在其境内从事民事活动的一切自然人均应受其调整和规范。故民法一般不使用公民这一概念。我国由于对自然人和公民概念在认识上的不同,在相关民事法律中使用的概念曾有过变化。在 1986 年的《民法通则》中使用"公民(自然人)"的表达方式,但从其第 8 条规定看实际规定的就是自然人。在《民法通则》之前,在一些部门规章和最

---

① 邱仁宗:《生命伦理学》,上海人民出版社 1987 年版,第 28 页。
② 邱仁宗:《生命伦理学》,上海人民出版社 1987 年版,第 66 页。
③ 最高人民法院指导案例 50 号"李某、郭某阳诉郭某和、童某某继承纠纷案"中认为,夫妻关系存续期间,双方一致同意利用他人的精子进行人工授精并使女方受孕后,男方反悔,而女方坚持生出子女的,不论该子女是否在夫妻关系存续期间出生,都应视为夫妻双方的婚生子女。

高人民法院的规范性文件中，曾使用自然人概念。① 1984 年 9 月 15 日最高人民法院印发的《民事诉讼收费办法（试行）》第 12 条就规定了自然人缴纳诉讼费用确有困难，申请缓交、减交或免交的，由人民法院审查决定。1999 年《合同法》第 2 条则采用"自然人"的表述，在法律层面正式放弃了《民法通则》对自然人与公民混用的做法。之后的相关民事立法以及《民法总则》和《民法典》均以自然人作为民事主体。

自然人的外延包括本国公民、外国公民和无国籍人，凡在我国领域内的民事活动，均应适用《民法典》的规定。运用自然人的概念，就可以有效地将外国人和无国籍人包含进来。

民法中的自然人作为最为主要的民事主体，是民法所维护的核心价值的负载，具有最为广泛的民事权利能力，可以实施各种民事活动，能够参与到最为广泛的人身关系和财产关系中去。民法所设定的行为规则，也以确保自然人的生存和发展为其目标和己任。

第一节　自然人的民事权利能力

一　自然人民事权利能力的概念与特征

权利能力问题，解决的是可否成为民事主体的问题，就是主体性问题。法律之所以赋予自然人以权利能力，是人类社会一直将人作为万物之灵，是世界的主宰而非客体。在立法上确认权利能力，就是认可自然人具备主体资格，可以参与到民事法律关系中去，成为权利的享有者和义务的承担者。因此，民法都要认可和规定自然人的权利能力。自然人的民事权利能力，是指自然人享有民事权利、承担民事义务的资格。

第一，平等性。具备民事权利能力、成为民事主体，才有资格参与到民事法律关系中去，因而权利能力是自然人从事民事活动的法律前提，而自然人要获得自身生存和发展的必要的物质基础，必须通过民事活动实现。现代文明社会以维护人的生存权和发展权为其核心价值和目标，因此，赋予自然人无差别的民事权利能力，是各国民事立法的首要任务

---

① 如 1980 年 2 月 1 日国家出版局《关于转发中美贸易关系协定第六条的通知》中就规定"缔约双方同意在互惠基础上，一方的法人和自然人可根据对方的法律和规章申请商标注册，并获得这些商标在对方领土内的专用权"。

之一。

第二，不可转让性。民事权利能力是自然人生存和发展的必要条件，自出生时起到死亡时止，在其生命存续期间所拥有，与其主体不可分离。这就决定了自然人的民事权利能力具有不可转让性，这是维护人的主体性的必然要求。转让权利能力，就意味着放弃民事主体资格，这与近现代民法的基本理念相悖，法律并不容许更不承认转让及其效力。

第三，民事权利能力是自然人成为民事法律关系主体的前提条件，与其主体资格密切相关，是法律所保护的主体价值及基本人权的负载，故非依法律规定和法定程序不得被限制或者剥夺。

二 权利能力的开始

自然人因出生的事实而取得民事权利能力，出生后，自然人即具有民事主体资格，具有民事权利能力，有资格参与到民事法律关系中去。出生属于法律事实的一种，对自然人民事权利能力取得至关重要，故如何确定出生问题成为一个现实和理论中的重大问题。

何谓出生，有着"一部露出说""露出说""断带说"和"独立呼吸说"等不同的观点和认识。一般来说，我国法律对于自然人出生的认定需要具备两个条件，即"出"的要件，强调胎儿与母体相分离，不再是母体的组成部分；"生"的要件，强调胎儿与母体分离之际是活体，保有生命。但什么是保有生命，可供判断的因素有很多，标志生命活动存在的生命体征主要有心率、呼吸、体温、脉搏、血压、瞳孔和意识等，因此不能单纯以心跳和呼吸来判断。

（一）出生时间的证明

出生为事实问题，理论上应以出生的实际时间为准。但是该时间的确定，却存在证明的问题。我国在《民法通则》时代，基本上以户籍证明为准。[1] 但是随着医疗和妇幼保健事业的逐渐发展，新生儿基本上都是在医院出生，故《民法典》采用了以出生证明记载的时间为准。如果没有出生证明的，则以户籍登记或者其他有效身份登记记载的时间为准。[2] 但

---

[1] 《最高人民法院关于贯彻执行〈中华人民共和国民法通则〉若干问题的意见（试行）》第1条：公民的民事权利能力自出生时开始。出生的时间以户籍证明为准；没有户籍证明的，以医院出具的出生证明为准。没有医院证明的，参照其他有关证明认定。

[2] 参见《民法典》第15条。

是，无论是出生证明，还是户籍登记等，均属关于出生时间的传来证据，故其记载仅具有推定效力，允许以其他可靠证据予以推翻。故我国《民法典》又规定，有其他证据足以推翻以上记载时间的，以该证据证明的时间为准。

(二) 我国法律对胎儿利益的特殊保护

生命是一个逐渐发展形成的过程，在出生之前，有十月怀胎的过程。为了保护未来的民事主体，如何对待胎儿的保护，就需要民法作出认真的回答。对此问题，各国大致有三种不同的立法选择。其一是概括主义，即只要胎儿在出生时生存，就认为胎儿和已出生婴儿一样具有民事权利能力。如《巴西新民法典》第2条规定，人的民事人格始于活着出生，但法律从受孕开始保护胎儿的权利。① 其二是列举主义，即认为胎儿原则上无民事权利能力，但在若干例外情形下则视为有民事权利能力。如《德国民法典》的立法者认为，未出生之胎儿不应具有完全的权利能力，但在权利能力之限制上，又存在难以表述的困难，故未作出一般性的规定，而是通过特殊规定的方法提供保护。② 如第844条（2）中规定，"即使该第三人在侵害发生时已被孕育成胎儿但尚未出生，也发生该项赔偿义务"③。其三，绝对主义，即绝对贯彻胎儿不具有民事权利能力的原则。在我国《民法通则》中，胎儿是没有民事权利能力的。但为了照顾胎儿出生后的利益，在《继承法》有继承份额保留的规定。④ 我国司法实践也认为，自然人的权利能力始于出生，终于死亡，胎儿尚未出生，不具有权利能力，不是民法上的权利主体，但胎儿在分娩前属于母体的组成部分，活体胎儿具有生命独特的先期身体法益，如在母体内因致伤而流产，应作为母体健康权的延伸法益予以特别保护。⑤

我国《民法典》编纂过程中，对胎儿的保护理念发生了根本性的转变，采用的是个别保护主义模式。首先，承认胎儿在特殊情形下具有民事

---

① 《巴西新民法典》，齐云译，中国法制出版社2009年版，第3页。
② 杜景林、卢谌：《德国民法典评注：总则·债法·物权》，法律出版社2011年版，第6页。
③ 《德国民法典》（第3版），陈卫佐译注，法律出版社2010年版，第309页。
④ 参见《继承法》（已废止）第28条：遗产分割时，应当保留胎儿的继承份额。胎儿出生时是死体的，保留的份额按照法定继承办理。
⑤ 赵某某诉凤某等公司机动车道路交通事故责任纠纷案，安徽省宁国市人民法院〔2016〕皖1881民初3478号。

权利能力。《民法典》第 16 条规定，涉及遗产继承、接受赠与等胎儿利益保护的，胎儿视为具有民事权利能力。但是，胎儿娩出时为死体的，其民事权利能力自始不存在。关于"等胎儿利益保护"的含义和外延，应该说我国采取的是一种开放性的扩大保护立法，凡类似于遗产继承、接受赠与情形的利益保护均应包含在其中。我国司法实践中，就有认可胎儿的拆迁相关利益的判例，认为胎儿应公平地享受补偿和生活保障的权利。[1] 最高人民法院相关判决也认为在征收集体土地时，应把胎儿列为安置对象进行补偿。尤其是对集体经济组织全部集体土地予以征收的，进行安置补助时必须保障被征地农民原有生活水平不降低、长远生计有保障，并且要充分考虑胎儿的特殊情况，给予特别保障。[2] 其次，对胎儿的继承利益予以特殊保护。《民法典》继受了《继承法》第 28 条关于保留胎儿的继承份额的相关规定。[3] 应当为胎儿保留的遗产份额没有保留的，应从继承人所继承的遗产中扣回，为胎儿保留的遗产份额，如胎儿出生后死亡的，由其继承人继承；如胎儿娩出时是死体的，由被继承人的继承人继承。[4]

三 自然人民事权利能力的终止

自然人的民事权利能力，因死亡事实的发生而消灭。死亡为自然人生命的绝对消灭，终极地无法再行参与到民事法律关系中，无法取得权利和承担义务。关于死亡的标准，随着对生命本质的理解和医学与医疗技术的日益进步，人们对其的认识也在发生着变化，从脉搏停止说、心脏搏动停止说、呼吸停止说发展到脑死亡说。在我国，一般以呼吸和心跳均告停止为自然人生理死亡的时间，但是，如果还存在标志生命活动存在的心率、体温、脉搏、血压、瞳孔和意识等其他生命体征时，则要综合判断自然人是否已死亡。

---

[1] 王某诉某公司与某合作社房屋拆迁安置补偿合同纠纷一案，北京市通州区人民法院发布服务新型城镇化建设十大典型案例【法宝引证码】CLI.CR.430692284。
[2] 李某某、杨某某、唐某某、刘某某诉三亚市人民政府征收安置补偿案，最高人民法院〔2018〕最高法行申 7016、7017、7019、7021 号。
[3] 参见《民法典》第 1155 条。
[4] 《最高人民法院关于适用〈中华人民共和国民法典〉继承编的解释（一）》（法释〔2020〕23 号）第 31 条。

（一）死亡时间的证明

死亡时间如同出生的时间一样，也是一个事实问题。因此如何证明这一客观事实至关重要。一般应以死亡证明上记载的死亡时间为准；没有死亡证明的，以户籍登记或者其他有效身份登记记载的时间为准。有其他证据足以推翻以上记载时间的，以该证据证明的时间为准。[①]

由于死亡决定着民事主体权利能力的丧失，尤其在继承领域具有重要的法律价值。继承是因被继承人死亡而开始，在常态下，这一问题容易判断。但是，在特殊情形下自然人的死亡时间难以判断时，需要法律规定推定规则，以降低判断难度、简化法律关系。[②]

（二）我国法律对死者利益的特殊保护

自然人死亡，即发生民事权利能力的消灭。但死者的姓名、肖像、名誉、荣誉、隐私、遗体等受到侵害的，法律是否要加以保护，关系到立法的价值判断问题。理论上对此问题有过不同的看法和观点，形成了死者权利保护说[③]、近亲属利益保护说[④]、人格利益继承说[⑤]、人格利益延伸保护说[⑥]和人身遗存保护说[⑦]等。

自然人的属性具有复杂性。作为一个自然的生物学意义上的人，具有自然属性，而作为社会关系的参与者和社会关系的结合点，人又具有社会的、伦理的属性。在社会关系领域，社会的、伦理的属性是自然人的本质属性。自然人在其生存期间，所形成的人格记忆和利益，对于其他社会成员来说并不一定随着该自然人的死亡而消灭无踪。而是会逐渐沉淀在岁月的历史长河中，构成人类文明及其记忆的一分子。侵害自然人的姓名、肖像、名誉、荣誉、隐私、遗体等这些人格利益，除了会损害死者亲属的利益外，更为甚者可能还会害及社会公共利益，因而有加以保护的必要。

[①] 参见《民法典》第15条。
[②] 参见《民法典》第1121条第2款：相互有继承关系的数人在同一事件中死亡，难以确定死亡时间的，推定没有其他继承人的人先死亡。都有其他继承人，辈分不同的，推定长辈先死亡；辈分相同的，推定同时死亡，相互不发生继承。
[③] 龙卫球：《民法总论》，中国法制出版社2001年版，第339—340页。
[④] 梁慧星：《民法总论》，法律出版社1996年版，第132页；葛云松：《死者生前人格利益的民法保护》，《比较法研究》2002年第4期。
[⑤] 麻昌华：《论死者名誉的法律保护——兼与杨立新诸先生商榷》，《法商研究》（中南政法学院学报）1996年第6期。
[⑥] 杨立新、王海英、孙博：《人身权的延伸法律保护》，《法学研究》1995年第2期。
[⑦] 李锡鹤：《论保护死者人身遗存的法理根据》，《华东政法学院学报》1999年第2期。

我国《民法典》分别规定了关于英雄烈士和死者人格权益保护的内容，相对体系化地建立起我国对死者利益的特殊保护制度。在理解和适用有关规定时，应注意如下几个方面的区别：

（1）在死者的范围上存在部分重叠。英雄烈士本就属于死者范畴，故对其也可以适用第994条的规定。二者在适用范围上存在重叠，相关请求权主体可以根据情况不同选择适用上述两个条文作为请求权规范基础。

（2）人格利益保护的范围不同。第994条采用开放性规定，规定的是死者的姓名、肖像、名誉、荣誉、隐私、遗体等。根据《个人信息保护法》的规定，死者的相关个人信息也属于保护之列。[①] 最高人民法院相关司法解释也认可对于死者人脸信息，死者近亲属可以依据《民法典》第994条请求信息处理者承担民事责任。[②] 而《民法典》第182条是封闭性的规定，仅是姓名、肖像、名誉、荣誉，对于英雄烈士等的其他人格法益，不能依据本条行使请求权。

（3）请求权主体不同。第994条规定了请求权主体行使权利的主体范围限于近亲属。而且在行使请求权时有法定顺序限制的，即分为两个顺序，配偶、子女、父母有权依法请求行为人承担民事责任，死者没有配偶、子女且父母已经死亡的，其他近亲属有权依法请求行为人承担民事责任。《个人信息保护法》第49条则对死者近亲属查阅、复制、更正、删除等权利的顺序则没有限定。《民法典》第185条未明确规定请求权主体及其范围，本书认为应解释为近亲属和公益诉讼的主体。

（4）保护的时间限度有别。第994条规定的死者的近亲属均亡故的，即不存在请求权主体，也就没有可能再适用该条规定进行保护，这实际上就是一个时间限度。但第185条没有规定请求权主体，故其保护时间在理论上应认为是无限制的。

[①]《个人信息保护法》第49条：自然人死亡的，其近亲属为了自身的合法、正当利益，可以对死者的相关个人信息行使本章规定的查阅、复制、更正、删除等权利；死者生前另有安排的除外。

[②]《最高人民法院关于审理使用人脸识别技术处理个人信息相关民事案件适用法律若干问题的规定》（法释〔2021〕15号）第15条：自然人死亡后，信息处理者违反法律、行政法规的规定或者双方的约定处理人脸信息，死者的近亲属依据《民法典》第九百九十四条请求信息处理者承担民事责任的，适用本规定。

第二节 自然人的民事行为能力

一 自然人民事行为能力的概念与特点

民事行为能力是指自然人能够独立参加民事法律关系，通过自己的行为取得民事权利或者承担民事义务的法律资格。自然人由于其在年龄、智识和经验等方面存在差异性，法律为了保护意思能力的欠缺者的合法利益和交易安全，维护正常的社会经济秩序，需要对具体的自然人是否具有行为能力进行判断，并赋予其不同的行为能力。

自然人行为能力的有无或者范围问题，是一个事实判断问题，理论上要一一判定。但是，要逐个甄别在事实上却无法做到，因此，各国立法通过确定一般标准来进行界定，如以年龄、智力或者判断能力之大小等因素来规定不同的行为能力。而对于特殊自然人的行为能力，可以通过行为能力认定制度来进行判定。

民事行为能力与民事权利能力是两种不同的民事能力类型，二者有显著的差别。首先，民事权利能力是充当民事法律关系主体所必须具备的法律资格，有权利能力才有资格参与民事法律关系。而民事行为能力是以民事主体具有民事权利能力为前提，是民事主体据以独立实施民事法律行为的法律资格，强调主体能够独立实施民事活动，通过自身独立行为参加到具体法律关系的能力或资格。其次，自然人的民事权利能力一律平等。一个人的权利能力，并不以他的年龄和精神发展状态为条件，也并不取决于他能否亲自行使权利、识别和履行其义务、依"私法自治"而行为。[①] 但自然人的民事行为能力，则根据其年龄、智力和判断能力的大小而有所不同。另外，民法中不区分自然人民事权利能力的具体种类，而在民事行为能力制度中，由于参加的民事法律关系类型不同，对自然人的行为能力要求亦有别，如监护能力、婚姻能力、收养能力、负担能力等。

---

① [德] 卡尔·拉伦茨：《德国民法通论》（上册），王晓晔、邵建东、程建英、徐国建、谢怀栻译，法律出版社 2003 年版，第 56 页。

二 自然人民事行为能力的分类

《民法通则》根据自然人的具体情况，按照年龄的不同和辨认能力的差异，将自然人的民事行为能力划分为完全民事行为能力、限制民事行为能力和无民事行为能力三种。《民法典》继受了这种分类，只是将限制行为能力的年龄规定为8周岁以上的未成年人，改变了《民法通则》10周岁以上的规定。

（一）完全民事行为能力人

1. 成年人

完全民事行为能力，是指能够通过自己的独立行为参加民事法律关系，取得民事权利和承担民事义务的资格。自然人成年，意味着其生理和心理已经成熟，能够认识和理解自己行为的性质和后果，能够学习和理解社会生活的一般规则和法律的相关规定，并能够基于这种理解作出自己的判断和选择。基于这种理解和预见，自然人能够依据自身的独立判断做出是否实施某种民事活动的决策，自然也应承担其决策所带来的后果。因此，成年人，一般被认为是具有完全民事行为能力人。在我国，18周岁以上的自然人为成年人，可以独立实施民事法律行为。

2. 视为完全民事行为能力人

但是前述关于成年人具有完全民事行为能力的规定，在实践中难免会挂一漏万。我国《劳动法》明确，年满16周岁的未成年人可以参加到劳动法律关系中去，作为劳动者享有平等就业和选择职业的权利、取得劳动报酬的权利、休息休假的权利、获得劳动安全卫生保护的权利、接受职业技能培训的权利、享受社会保险和福利的权利、提请劳动争议处理的权利以及法律规定的其他劳动权利。另外，我国自然人经过9年义务教育后，有相当一部分进入中等职业院校学习，毕业后参加工作时多数也尚未成年。这一部分未成年人需要缔结劳动合同，参与社会经济生活。如果还将其界定为限制行为能力人，对于其合法权益保护和市场交易安全、社会秩序的稳定都可能带来严重的不良影响。因此，与《劳动法》和我国的国情实际相适应，《民法典》第18条第2款规定，16周岁以上的未成年人，以自己的劳动收入为主要生活来源的，视为完全民事行为能力人。

所谓"以自己的劳动收入为主要生活来源的"，司法机关曾解释为能够以自己的劳动取得收入，并能维持当地群众一般生活水平。①《民法典》颁行后，最高人民法院认为，"对于民通意见、合同法解释一、合同法解释二②的实体性规定所体现的精神，与民法典及有关法律不冲突且在司法实践中行之有效的，如民通意见第2条关于以自己的劳动收入为主要生活来源的认定规则等，人民法院可以在裁判文书说理时阐述"③，这一认识之后又被最高人民法院相关司法解释予以继续坚持。④

（二）无民事行为能力人

无民事行为能力，是指自然人不具有通过自己的行为独立参与民事法律关系，取得民事权利和承担民事义务的资格。无民事行为能力人，如要实现自身民事权利能力的平等性，只能借助于监护人的代理行为实施民事法律行为，取得民事权利承担民事义务。在我国《民法典》中，无民事行为能力人有三种类型：不满8周岁的未成年人、8周岁以上不能辨认自己行为的未成年人和不能辨认自己行为的成年人。

我国《民法通则》规定的无行为能力人的年龄下限标准为不满10周岁，在《民法总则》立法过程中，草案将《民法通则》规定的限制民事行为能力人的年龄下限标准从"10周岁"降到"6周岁"，主要考虑是：随着经济社会的发展和生活教育水平的提高，未成年人生理心理的成熟程度和认知能力都有所提高，适当降低年龄有利于其从事与其年龄、智力相适应的民事活动，更好地尊重这一部分未成年人的自主意识，保护其合法权益。这一调整也与我国义务教育法关于年满6周岁的儿童须接受义务教育的规定相呼应，实践中易于掌握、执行。⑤ 2017年3月10日，第十二届全国人民代表大会第五次会议各代表团全体会议、小组会议审议民法总则草案时，一些代表提出，6周岁的儿童虽然有一定的学习能力，开始接

---

① 《最高人民法院关于贯彻执行〈中华人民共和国民法通则〉若干问题的意见（试行）》[法（办）发〔1988〕6号]第2条。
② 以上分别是对《最高人民法院关于贯彻执行〈中华人民共和国民法通则〉若干问题的意见（试行）》《最高人民法院关于适用〈中华人民共和国合同法若干问题的解释〉（一）》和《最高人民法院关于适用〈中华人民共和国合同法〉若干问题的解释（二）》的简称。
③ 最高人民法院2021年4月6日《全国法院贯彻实施民法典工作会议纪要》。
④ 《最高人民法院关于适用〈中华人民共和国民法典〉婚姻家庭编的解释（一）》（法释〔2020〕22号）第53条第2款：十六周岁以上不满十八周岁，以其劳动收入为主要生活来源，并能维持当地一般生活水平的，父母可以停止给付抚养费。
⑤ 全国人大常委会《关于〈中华人民共和国民法总则（草案）〉的说明》（2016年7月5日）【法宝引证码】CLI.DL.14287。

受义务教育,但认知和辨识能力仍然不足,在很大程度上还不具备实施民事法律行为的能力,建议改为8周岁为宜。①

关于"不能辨认自己行为"的理解,是指"没有判断能力和自我保护能力,不知其行为后果"②。对于此等自然人,可以认定为不能辨认自己行为的人。《民法典》中所规定的"不能辨认自己行为",应继续贯彻这一解释精神。③

(三) 限制民事行为能力人

限制民事行为能力,是指自然人享有民事权利和承担民事义务的资格受到一定的限制,仅可以独立实施纯获利益或者与其年龄、智力相适应的民事法律行为,其余民事法律行为则只能由其代理人代理或经其法定代理人同意或追认后,方为有效。限制行为能力人有两种类型:8周岁以上的未成年人和不能完全辨认自己行为的成年人。

1. 8周岁以上的未成年人

自然人成长到一定年龄,其生理和心理都在日渐变得成熟,通过社会交往和学习,逐渐开始能够认识和辨认自己行为的社会属性、预见行为的后果,这是一个相对比较漫长的知识和经验的积累过程,不是一蹴而就的。达到何等程度就可以认为能够对自己的行为进行最基本的辨认和选择,就是限制行为能力人的标准问题。前已述及,《民法典》编纂过程中,我国立法机关根据我国社会经济发展变化的实际,下调了限制行为能力的未成年人的年龄下限,从"10周岁"降到"8周岁",即规定8周岁以上的未成年人为限制民事行为能力人。

2. 不能完全辨认自己行为的成年人

民法之所以规定行为能力的不同,目的在于保护辨别或判断能力欠缺者的利益,防止其贸然进入民事法律关系,造成权利义务的失衡和产生不必要的矛盾和纠纷。对于成年人,如果由于存在认识和判断能力的障碍或缺陷,不能完全辨认自己行为的性质后果的,亦有给予行为能力方面保护的必要。故对这一部分成年人,也应规定为限制民事行为能力人,通过代

---

① 《第十二届全国人民代表大会法律委员会关于〈中华人民共和国民法总则(草案)〉审议结果的报告》(2017年3月12日)【法宝引证码】CLI.DL.9008。
② 《最高人民法院关于贯彻执行〈中华人民共和国民法通则〉若干问题的意见(试行)》[法(办)发〔1988〕6号]第5条。
③ 最高人民法院2021年4月6日《全国法院贯彻实施民法典工作会议纪要》。

理人代理实施民事法律行为。《民法典》第 22 条规定，不能完全辨认自己行为的成年人为限制民事行为能力人，实施民事法律行为由其法定代理人代理或者经其法定代理人同意、追认，但是可以独立实施纯获利益的民事法律行为或者与其智力、精神健康状况相适应的民事法律行为。

（1）关于"不能完全辨认自己行为"的理解。最高人民法院曾解释，对于比较复杂的事物或者比较重大的行为缺乏判断能力和自我保护能力，并且不能预见其行为后果的，可以认定为不能完全辨认自己行为的人。① 这一解释，对于《民法典》来说同样适用。当然，应该肯定，法律对于限制行为能力人能够辨认的行为还是要予以必要的尊重，只是对于其不能辨认的部分，不直接认可其行为的效果，需要通过法定代理人追认或者同意。

（2）纯获利益的民事法律行为。所谓纯获利益的民事法律行为，在日本民法中是指单纯的获得权利，或者被免除义务的行为，例如接受不伴随负担的赠与、承诺免除债务的要约等。② 杨立新教授认为我国民法中的纯获利益，是指单纯取得权利、免除义务，即限制行为能力人获得利益时，不因其法律行为而在法律上负有义务。③ 对于这样的利益，限制行为能力人可以接受，《民法典》实施前，最高司法机关通过司法解释规定他人不得主张其行为无效。④ 该解释在《民法典》时代，仍具有指导价值。因此，纯获利益的民事法律行为，是指该法律行为的做成，行为人不承担任何义务或者负担，仅享有利益，如接受奖励、赠与、报酬，或者行为人应承担的义务或责任被无条件豁免的情形，如不要求履行法定义务、豁免侵权责任等。

（3）关于"与其智力、精神健康状况相适应"的理解。对于限制行为能力的成年人，法律也必须尊重其可以自己有能力实现的意思自主部分，对其能够理解和判断的行为，应该允许其单独实施。但如何判断哪些行为该限制行为能力人能够单独实施，则需要综合考察和判断。一般来

---

① 《最高人民法院关于贯彻执行〈中华人民共和国民法通则〉若干问题的意见（试行）》[法（办）发〔1988〕6 号］。
② ［日］我妻荣：《新订民法总则》，于敏译，中国法制出版社 2008 年版，第 64 页。
③ 杨立新主编：《中华人民共和国民法总则要义与案例解读》，中国法制出版社 2017 年版，第 103 页。
④ 《最高人民法院关于贯彻执行〈中华人民共和国民法通则〉若干问题的意见（试行）》[法（办）发〔1988〕6 号］第 6 条。

说，就是看该成年人的理解能力、是否存在相应的经验积累以及所欲实施的法律行为的复杂程度，综合这些因素而定。① 如果行为人不能判断，或者超出了其生活经验，比较复杂的法律行为，则不能单独实施，需要其法定代理人的同意或者追认。但是，需要特别注意的是，与限制行为能力人实施的效力待定民事法律行为不同，法律对某类行为有明确的行为能力要求时，必须符合该规定所要求的行为能力，否则无效。如订立遗嘱行为，属于资产处分行为，遗嘱人立遗嘱时必须具有完全民事行为能力，司法解释直接排除了限制行为能力的成年人立遗嘱的可能。② 这样，限制行为能力人所立遗嘱，属于无效而非效力待定的法律行为，故不存在法定代理人追认的问题。

(四)《民法典》中的特殊行为能力制度

我国《民法典》中还规定了一些特殊类型的民事法律行为的实施，民事主体需具备特殊行为能力，如监护能力、婚姻能力、收养能力、负担能力等。这些行为能力是实施相关法律行为时特别要求具备的资格或者条件，不具备这些相应的行为能力，民事主体就不能实施该法律行为。例如，收养行为属于非常重大的身份法律行为，一旦成立生效，就会产生自然人身份关系变更的法律后果，养父母与养子女间即形成父母子女关系。而且这种身份关系的变动，还会引起一系列的相关法律后果，如产生养子女与养父母的近亲属间的近亲属关系。养子女与生父母以及其他近亲属间的权利义务关系，因收养关系的成立而消除。由于身份关系的保护，进而影响原有的继承关系的变化。故法律设置非常严格的条件限制，对于收养人的年龄、身体条件、品行、养育子女的能力等都有明确的要求。③ 实际上就涉及收养人的收养能力的特殊规定，即除了具备完全的民事行为能力外，还必须具备抚养、教育和保护被收养人的能力。

---

① 参见《最高人民法院关于适用〈中华人民共和国民法典〉总则编若干问题的解释》（法释〔2022〕6号）第5条。
② 参见《最高人民法院关于适用〈中华人民共和国民法典〉继承编的解释（一）》（法释〔2020〕23号）第28条：遗嘱人立遗嘱时必须具有完全民事行为能力。无民事行为能力人或者限制民事行为能力人所立的遗嘱，即使其本人后来具有完全民事行为能力，仍属无效遗嘱。遗嘱人立遗嘱时具有完全民事行为能力，后来成为无民事行为能力人或者限制民事行为能力人的，不影响遗嘱的效力。
③ 参见《民法典》第1102条。

三 无民事行为能力和限制行为能力人的认定制度

对于成年人而言，由于其年龄和生理发育等因素，社会大众一般无法单纯从其年龄或者面相去判断其行为能力的有无或者是否受到限制。因此，需要个案具体判断其是否不能辨认或者不能完全辨认自己的行为。为此，《民法典》专门规定了无民事行为能力和限制行为能力人的认定制度，并在《民事诉讼法》中规定了认定公民无民事行为能力、限制民事行为能力案件的特别程序。

（1）须依申请。与限制行为能力的未成年人不同，对于成年人认定无民事行为能力人或者限制民事行为能力人，无法单纯从年龄标准进行判断，必须个案进行。在我国，这一认定需要通过民事诉讼程序中的特别程序进行，因此，必须有民事主体向基层人民法院提出申请。

（2）申请主体特定。《民法典》规定，不能辨认或者不能完全辨认自己行为的成年人，其利害关系人或者有关组织，可以向人民法院申请。关于利害关系人的范围，《民法典》第24条没有明确。但可以参照有关宣告死亡和宣告失踪制度中利害关系人的司法解释来认定。[①] 而关于有关组织的范围，主要是对被申请人负有保护职责的单位或以保护判断能力存有缺陷的特殊自然人为其活动宗旨的组织，包括居民委员会、村民委员会、学校、医疗机构、妇女联合会、残疾人联合会、依法设立的老年人组织、民政部门等。[②]

（3）由人民法院按照特别程序审理。《民事诉讼法》专门规定了审理认定公民无民事行为能力、限制民事行为能力案件的特别程序，实行一审终审，由审判员一人独任审理，应当在立案之日起30日内审结。人民法

[①] 《最高人民法院关于适用〈中华人民共和国民法典〉总则编若干问题的解释》（法释〔2022〕6号）第16条：人民法院审理宣告死亡案件时，被申请人的配偶、父母、子女，以及依据民法典第一千一百二十九条规定对被申请人有继承权的亲属应当认定为民法典第四十六条规定的利害关系人。

符合下列情形之一的，被申请人的其他近亲属，以及依据民法典第一千一百二十八条规定对被申请人有继承权的亲属应当认定为民法典第四十六条规定的利害关系人：

（一）被申请人的配偶、父母、子女均已死亡或者下落不明的；

（二）不申请宣告死亡不能保护其相应合法权益的。

被申请人的债权人、债务人、合伙人等民事主体不能认定为民法典第四十六条规定的利害关系人，但是不申请宣告死亡不能保护其相应合法权益的除外。

[②] 参见《民法典》第24条第3款。

院经审理认定申请有事实根据的，判决该公民为无民事行为能力或者限制民事行为能力人。

当然，如果被判决为无民事行为能力或者限制民事行为能力人的成年人，其行为能力恢复的，仍然可以向法院申请，经特别程序审理作出新判决，撤销原判决。

第三节 监护制度

早在罗马法中，即有监护和保佐制度。监护和保佐制度均是对自权人而设，到了共和国末年，监护和保佐已经成为一种社会公益性质的职务，不再完全是私人的事情，而受公法保护。监护人和保佐人无正当理由也不能随意辞职。最初，监护的主要作用在于补充受监护人的能力，保佐则是代理被保佐人管理财产，这种区别到帝政后期便逐渐消失。① 后世各国民法大都无例外地规定自然人民事权利能力一律平等，从而在法律上消除了具体自然人的性别、年龄、性格以及财富多寡等因素对民事主体资格的影响和羁绊，使得法律面前人人平等的原则能够在法律上得以确立和贯彻。然而在实际生活中，自然人因其年龄、智力和判断能力等不同和差异，导致其行为能力存在差别，无行为能力人和限制行为能力人不能独立实施民事法律行为，无法正常实现其取得民事权利的需求。为弥补自然人行为能力的不足，民法设置了监护制度，通过引入监护人的行为，补足被监护人的民事行为能力缺憾，从而使其权益得以实现和得到保护。

一 监护的性质

监护是对行为能力有欠缺者的保护制度安排，目的是通过确定监护人，由其对被监护人的人身、财产和合法权益进行监督保护。其中，履行

---

① 在罗马法中，人可分为两类：自权人和他权人。自权人受自己权力的支配，他权人受他人权利的支配，如家长权和主人权力。他权人因为受家长权和主人权力的支配，所以无须设置监护。罗马法监护制度的对象是自权人。但是，并非所有的自权人都有监护人。监护只适用于未适婚人和适婚女子。未适婚人是指未满14岁的男子和未满12岁的女子。适婚女子是指年满12岁的自权人。由于对适婚女子的监护是男女不平等观念的表现，与我国现行监护制度没有任何借鉴价值，本书不予过多论述。与监护制度类似的是罗马法的保佐制度。保佐制度是与监护制度既类似又有区别的一项制度。保佐的对象是精神病人和浪费人。罗马法后期，达到适婚年龄而没有成年的男子也可以申请法官为他选任保佐人参与法律行为。

监督和保护职责的人称为监护人，而被监督、保护的人称为被监护人。我国《民法典》第二章第二节专门规定了监护制度，建立起以家庭监护为基础、社会监护为补充、国家监护为兜底的比较完善的具有中国特色的社会主义监护制度规则体系。

关于监护制度的性质，历来有不同认识，主要有以下三种观点：一为权利说，该说认为监护是一种身份权，如有学者认为，监护是赋予监护人代理被监护人进行民事活动的权利，① 监护权是亲权的延伸和救济②。二为义务说，该说认为，监护制度并未赋予监护人任何利益，而只是课以沉重的负担，因此就事实而言，监护是法律课加给监护人的片面义务。若说监护为权利，岂不等于说监护制度乃为监护人的利益而设，从世界各国关于监护的立法看，无不确定监护为一种义务，这点在我国亦不应例外。③ 三为职责说，该说认为监护制度纯粹为保护被监护人的利益，绝不允许监护人借监护以谋取自身利益。监护职责既是监护人的职权，又是监护人的义务和责任。④ 对于监护制度性质的讨论，意在明确监护人的法律地位及其职责权限。

从《民法典》第35条规定的表述及相关规则内容看，我国《民法典》将监护作为职责进行规定，尤其从关于国家兜底监护的规定看，更是明确赋予民政部门监护职责。监护职责既有来源于亲权的衍生部分，如关于未成年子女的监护，也有来源于我国社会主义国家性质所要求的特殊内容，如规定民政部门等组织的监护。因此，我国《民法典》中监护的制度价值有别于其他国家和地区的民事立法中的监护制度价值，既有传统民法的制度功能，又有与我国国情实际相联系、具有中国特色的价值追求。

第一，监护制度的共同价值是使无民事行为能力人和限制民事行为能力人的民事权利能力得以充分实现。民事权利能力平等只是参与民事活动机会上的平等，而由于民事行为能力的差别，对自然人民事权利的真正实现有着各种影响，事实上无法做到实质上的平等。通过监护制度，由监护人履行监护职责，对被监护人的人身、财产等合法权益进行保护，能够使

---

① 佟柔主编：《中国民法学·民法总则》，中国人民公安大学出版社1990年版，第119页。
② 张俊浩主编：《民法学原理》（修订版），中国政法大学出版社1997年版，第115页。
③ 彭万林主编：《民法学》，中国政法大学出版社1994年版，第61页。
④ 魏振瀛主编：《民法》（第五版），北京大学出版社、高等教育出版社2013年版，第61页。

这些自然人的民事权利能力得以最大程度地实现。第二，无民事行为能力人和限制民事行为能力人，无法独立实施法律规定的民事法律行为，无法自行通过"私法自治"实现自身的权利需要。而通过监护制度，通过监护人的意思和行为的介入，补足被监护人的意思能力的瑕疵。第三，设置监护制度，让民事活动中行为能力有所欠缺者的行为能力得以补足，尽可能减少社会生活中因行为能力而产生的无效或者可撤销法律行为，有利于稳定社会秩序、促进其正常运转。第四，《民法典》确立了最有利于监护人原则，当监护人因法定事由被撤销监护人资格后，安排临时监护措施，要按照最有利于被监护人的原则指定监护人。未成年人是祖国的未来，促进其身心健康发展，是全社会的责任和义务，更是监护人的法定职责。没有依法具有监护资格的人的，监护人由民政部门符合条件的居民委员会、村民委员会担任。这都是为了最大化地保护和保障需要监护的无民事行为能力人和限制民事行为能力人的合法权益的制度安排，反映了我国民法对每一个民事主体的呵护和保障，是《民法典》弘扬社会主义核心价值观的表现，是我国社会主义法治为民初心的本质体现。

关于监护的类型，有不同的分类。最为重要者为依据发生的依据不同，将监护分为法定监护、意定监护和指定监护。法定监护是指由法律明确规定而发生的监护，监护产生的依据是法律的明确规定，如《民法典》第27条规定父母是未成年子女的监护人。意定监护，是指监护是由有关当事人的自主的意思而产生，如依法具有监护资格的人之间可以协议确定监护人，通过协议确定的监护，就是意定监护。指定监护是指通过人民法院依申请指定监护人的情形。根据被监护人的不同，可以分为对未成年人的监护和对成年人的监护。

二 未成年人的监护

由未成年人所占人口比重及其身心健康发展的重要性所决定，未成年人的监护是监护制度体系的核心和最为重要的组成部分，其所涵盖的监护类型也最为丰富。

（一）法定监护及其类型

法定监护是指由法律直接规定而设置的监护，未成年人的法定监护主要有四种类型。

1. 父母监护

保护妇女、未成年人、老年人、残疾人的合法权益，是婚姻家庭法的基本原则之一，父母监护本质上来源于亲权。各国民法一般都规定父母是未成年子女的当然监护人。父母监护是基于父母子女关系的自然属性和法律属性所确定的一种监护。从自然属性讲，父母子女关系是最为亲近的直系血亲关系，抚育子女身心健康成长是婚姻家庭关系的重要内容。从法律属性看，父母有教育、保护未成年子女的法定权利，同时父母对未成年子女负有抚养、教育和保护的义务。因此，确定父母为未成年子女的监护人是民法确定未成年人监护的一般原则和首要选择。

2. 其他近亲属的监护

当未成年人的父母已经死亡或者没有监护能力的，由其他近亲属按照顺序担任监护人。其他近亲属作为监护人，无论从血缘关系、亲疏远近方面，都比较有利于未成年人合法权益的保护。由他们担任监护人，体现了法律维护家庭伦理和亲情的愿望，也是弘扬家庭美德，家庭成员敬老爱幼、互相帮助的必然内容。当然，未成年人的近亲属担任监护人的，必须拥有监护能力。

3. 其他有监护能力的人的监护

在没有父母和近亲属可担任监护人的前提下，我国《民法典》还规定，可以由其他愿意担任监护人的个人或者组织担任未成年人的监护人。根据法律规定，适用这一规定，需要符合如下条件：①未成年人的父母已经死亡或者没有监护能力；②未成年人的祖父母、外祖父母、兄、姐已经死亡或者没有监护能力；③有监护能力的人或者组织愿意监护；④须经未成年人住所地的居民委员会、村民委员会或者民政部门同意。

关于监护能力，前已述及，应属于监护领域监护人应具备的特殊的行为能力。根据最高人民法院的司法解释，根据担任监护人的是自然人还是有关组织，对其监护能力的考察和判断因素有所不同。人民法院认定自然人的监护能力，应当根据其年龄、身心健康状况、经济条件等因素确定；认定有关组织的监护能力，应当根据其资质、信用、财产状况等因素确定。

4. 遗嘱指定的监护

《民法典》第29条规定，被监护人的父母担任监护人的，可以通过遗嘱指定监护人。这一规定是关于遗嘱监护的规定，允许担任监护人的父母，通过遗嘱方式为未成年子女在父母死亡后指定监护人。

遗嘱指定监护的性质，是父母对未成年子女法定监护的一种派生形式或者衍生形式，本质上属于父母对其监护职责的处分。当然，通过遗嘱指定所取得的监护，其产生依据是基于作为监护人的被监护人父母的意思，故从这一角度看，遗嘱指定的监护也可以说是属于意定监护的一种特殊类型。

理解遗嘱指定监护，需要把握如下几个要点：

第一，能够通过遗嘱指定监护的，只能是担任未成年子女监护人的父母，即只有正在担任监护人的父母。因没有监护能力或者被剥夺监护资格而未担任监护人的父母，不得通过遗嘱指定。同样，不是未成年人父母的其他任何监护人，如祖父母、外祖父母、兄、姐以及其他被同意担任监护人的人，均不得通过遗嘱指定监护。

第二，遗嘱指定监护人的行为是父母共同的行为，还是父或者母均可以单独实施的行为，则需要具体分析。如果父或者母一方不具有监护能力，未担任未成年子女的监护人的，自然只能够由担任监护人的父或者母通过遗嘱指定监护。如果父母均为监护人，则要区分具体情况：①父母共同订立遗嘱指定监护的，则以最后死亡一方的死亡时间确定指定监护人，因为该共同订立的遗嘱在父或者母最后一方死亡时才发生法律效力。②未成年人由父母担任监护人，父母中的一方通过遗嘱指定监护人，另一方在遗嘱生效时有监护能力，有关当事人对监护人的确定有争议的，人民法院应当适用《民法典》第27条第1款的规定确定监护人，即由该生存的父或者母一方担任监护人。③未成年人由父母担任监护人，父母中的一方通过遗嘱指定监护人，另一方在遗嘱生效时有监护能力，有关当事人对监护人确定无争议的，究竟是由生存的有监护能力的父或者母一方担任监护人，还是由遗嘱指定的人担任监护人，相关司法解释没有明确。父母有监护能力，其担任未成年子女的监护人是民法所确立的基本原则和首要选择，故应由生存并有监护能力的父或者母一方担任监护人。只有当其死亡且无遗嘱再指定他人为监护人时，执行先死亡一方所立遗嘱，确定未成年人的监护人。④未成年人由父母担任监护人，父母中的一方通过遗嘱指定监护人，另一方在遗嘱生效时无监护能力的，则按照遗嘱内容确定监护人。⑤未成年人由父母担任监护人，父母均单独通过遗嘱指定监护人的，则由后死亡一方所立遗嘱确定监护人。理由是，如果单独通过遗嘱指定的一方死亡，而另一方尚生存，生存一方所立遗嘱与先死亡一方所立遗嘱指定的监护人不一致的，即为生存一方对先死亡一方的遗嘱指定有异议，按照相关司法解释应由生存一方担任监护人，该生存一方死亡时，由其所立遗嘱所指定的人担任监护人。

第三，关于遗嘱指定监护人的确定。遗嘱属于死因行为，在立遗嘱人死亡时才发生效力，此时由被指定的愿意承担监护职责的人担任监护人。但是如果遗嘱生效时，被指定的人不愿意承担监护职责怎么办，从最有利于保护被监护人利益角度出发，不应强行要求该被指定的人担任监护人。故担任监护人的被监护人父母通过遗嘱指定监护人，但遗嘱生效时被指定的人不同意担任监护人的，应当适用《民法典》第27条、第28条的规定确定监护人。①

（二）指定监护

指定监护是指由于没有法定监护人，争抢、推诿当监护人或者对担任监护人有争议的，由有关部门指定或人民法院依申请指定监护人而设置的监护。之所以规定指定监护制度，其目的是确保在无法及时确定监护时，能够借助于公权力的及时介入，尽快消除未成年人及其合法权益无人监督保护的状态。指定监护是我国《民法典》坚持最有利于未成年人的原则的体现，具体可从如下几个方面进行理解和把握。

1. 多元指定主体

《民法典》规定有权指定监护人的单位或者组织为被监护人住所地的居民委员会、村民委员会、民政部门和人民法院，从指定主体来看，具有多元性，其目的是尽可能促成监护人的及时产生，给未成年人利益保护提供周详的无间断保护。

2. 二元指定方式

从指定的程序不同可以将指定监护区分为行政指定和司法指定。行政指定由被监护人住所地的居民委员会、村民委员会或者民政部门直接指定监护人。虽然居民委员会和村民委员会属于基层群众性自治组织，但其有协助人民政府开展工作、对未成年人保护的法定职责，其指定监护人的行为与民政部门的指定一样，属于依法履职行为。司法指定则是由人民法院

---

① 《最高人民法院关于适用〈中华人民共和国民法典〉总则编若干问题的解释》（法释〔2022〕6号）第7条。

依照有关当事人的申请，依照法定程序指定监护人的情形。

指定监护也可以从是否必须有当事人的申请而区分为直接指定和依申请指定。直接指定是在对监护人的确定有争议的情形下，由被监护人住所地的居民委员会、村民委员会或者民政部门直接指定监护人。依申请的指定是由人民法院依照有关当事人的申请，依法指定监护人的情形。

依申请的指定又可分为两种具体类型：

（1）有关当事人对被监护人住所地的居民委员会、村民委员会或者民政部门指定监护人指定不服的，可以向人民法院申请指定监护人。有关当事人不服居民委员会、村民委员会或者民政部门的指定，在接到指定通知之日起30日内向人民法院申请指定监护人的，人民法院经审理认为指定并无不当，依法裁定驳回申请；认为指定不当，依法判决撤销指定并另行指定监护人。有关当事人在接到指定通知之日起30日后提出申请的，人民法院应当按照变更监护关系处理。

（2）有关当事人也可以直接向人民法院申请指定监护人。

3. 确保监护的无缝衔接

无论是前述行政指定还是司法指定，在确定监护人前，要确保未成年人的人身权利、财产权利以及其他合法权益时刻处于有人保护状态，在监护人产生前仍需有人监护。《民法典》规定，当出现此等情形时，被监护人住所地的居民委员会、村民委员会、法律规定的有关组织或者民政部门要担任临时监护人，承担起监护职责。对临时监护的未成年人，民政部门可以采取委托亲属抚养、家庭寄养等方式进行安置，也可以交由未成年人救助保护机构或者儿童福利机构进行收留、抚养。①

4. 综合多种因素，妥善指定监护人

指定监护人首先应当尊重被监护人的真实意愿，即要在指定前征求未成年人的意见。给未成年人营造和谐、温暖、健康、安全的成长环境，是指定监护时要实现的首要目的。未成年人虽然在行为能力方面存在欠缺，但是其对于有资格的监护人的情感联系、信任和心理依赖的程度不同，对监护关系的良性运行至关重要，决定着是否能够实现指定监护的目的。因此，一定要通过沟通、观察等途径，了解和尊重未成年人的真实意愿。其次，按照最有利于被监护人的原则进行，具体参考以下因素确定：①与被

---

① 参见《未成年人保护法》第93条。

监护人生活、情感联系的密切程度，以保护被监护人的心理健康；②从客观上考察亲疏远近、依法具有监护资格的人的监护顺序，也是是否能够最有利于被监护人的考虑因素；③对拟指定的监护人进行品行考察，看是否有不利于履行监护职责的违法犯罪等情形；④对拟指定的监护人的监护能力、意愿等进行考察，看其是否有履行监护职责的主观积极性和条件等。

5. 指定的监护人范围有限

监护在我国的属性是法定职责，因此不能随意扩大承担这种职责的主体范围。扩大指定监护人的范围，也有放弃国家兜底法定职责的嫌疑，故无论是行政指定还是司法指定，监护人只能在依法具有监护资格的人中产生。关于指定监护人的人数问题，没必要强求一律，应从有利于保护被监护人原则出发，根据具体情况确定，既可以是一人，也可以是两人以上。

6. 指定具有法律效力，不得随意变更

前已述及，指定监护属于国家行政权或司法权的行使，监护人一旦确定后，就具有相应的效力确定性，非经法定程序不得擅自变更。故擅自变更的，不发生变更的法律效力，不免除被指定的监护人的责任。

(三) 协议监护

当对担任监护人存在争议时，可以通过指定监护解决。同样，民法也鼓励相关当事人通过协商，自行友好地解决这一问题。因此，对未成年人的监护，也可以由依法具有监护资格的人之间通过协议确定。我国《民法典》确立了协议监护制度。理解和适用这一制度，需要把握如下要点：

第一，父母是未成年人法定的监护人，故不允许采取协议的形式，与其他依法具有监护资格的人约定免除具有监护能力的父母的监护职责。当然，如果有监护能力的父母与其他具有监护资格的人约定，在未成年人的父母丧失监护能力时，由该具有监护资格的人担任监护人的，属于附停止条件的法律行为，约定本身并不违背《民法典》设定监护制度的目的和宗旨，故应予以支持。

第二，未成年人父母离婚时，可否协议免除一方的监护职责。《民法典》规定了有监护资格的人之间有权协议确定监护人，但是否包括未成年人的父母，则需要考察。父母对于未成年人的法定监护职责，是其法定权利，又是其法定义务，同时更多地还包括家庭亲情在其中，不能简单地用权利义务全部概况，在其父母离婚时不能将对子女的监护职责互相让渡和处分。同时，法律也仅规定了离婚双方可以就子女抚养问题进行协议，而没有规定对子女监护职责的协议问题。虽然事实上在夫妻离婚后，未成年子女往往是随父或母一方共同生活，或定期轮流与一方共同生活，但是任何一方的监护职责并没有被剥夺或者限制。本书认为，离婚后父或母的部分监护职责转化为提供抚养费义务和行使探视权等表现形式，通过提供抚养费，为未成年子女提供成长的物质保障，通过探视，与未成年子女进行直接交流沟通，促其心理健康发展。同时，也可以通信等其他方式，对未与其共同生活的未成年子女进行一定程度的监护。

第三，协议确定监护人，不受《民法典》第27条第2款所列顺序的限制。既可以由顺序在先的人担任监护人，也可以由顺序在后的人担任监护人。

第四，协议监护，必须尊重被监护人的真实意愿。在协议监护中，虽然协议是在有监护资格的人之间协商，但是不等于被监护人被完全置于被动的境地，其主体性必须得到尊重和保护。同时，从最有利于未成年人原则出发，仍应尊重其真实意愿。

（四）国家监护

实践中，由于撤销监护资格或者没有具有监护资格的人，此时未成年人如何确定监护的问题，以往我国法律中没有明确规定，往往仅是由民政部门进行社会救助和帮困，而缺乏落实监护的措施。我国《民法典》第32条直接规定由有关组织担任，实现国家兜底保护。国家监护的要件是：没有依法具有监护资格的人的；监护人由民政部门担任，也可以由具备履行监护职责条件的被监护人住所地的居民委员会、村民委员会担任。

我国《民法典》规定的由被监护人住所地的居民委员会、村民委员会和民政部门兜底承担监护职责，是为了切实贯彻保护未成年人原则，同时也是我国社会主义制度优越性的表现。在监护制度中，上述组织和部门，除了承担兜底监护职责，其实还承担了更广泛的法定职责和义务。包括对其他愿意担任监护人的个人或者组织担任监护人的同意权、指定监护人的权利、担任临时监护人的义务、为被监护人安排必要的临时生活照料措施的义务，有权申请人民法院撤销监护人资格。其中，民政部门对申请撤销监护人资格负有兜底责任和最终义务，即个人和民政部门以外的组织未及时向人民法院申请撤销监护人资格的，民政部门应当向人民法院申请。

三 成年人监护

对成年人的监护，在《民法通则》中，主要是对于行为能力有欠缺的精神病人的监护，这种类型的监护可以称为狭义的成年人监护。有学者分析道，"精神病人"是一种不雅、歧视性的称谓，除这种人格歧视因素外，精神病在人们心目中被认为是难以启齿的疾病。[1]《民法典》对于这一立法规定进行了继受，但是不再提精神病人这一表述。广义的成年人监护，除了上述行为能力有欠缺的成年人监护，还包括老年监护，即成年人在其精神健康状况正常、有完全民事行为能力的情况下，预先为自己在丧失或者部分丧失行为能力后所确定的监护。这实际上是一种通过附生效条件法律行为所确定的监护，条件成就，预先所设定的监护开始，由监护人履行监护职责，理论上称为"老年监护"。《民法通则》中没有规定老年监护问题。但是随着我国经济社会的发展，人们对于自身事务认识和理解的加深，预先妥善处理自己行为能力出现欠缺时的人身照顾、财产处理等一系列事务问题，成为现实需要。故《民法典》顺应这种发展变化的要求，尊重当事人的意思自治，吸收其他国家类似立法的成就，增加了这一类型监护的规定。

（一）无民事行为能力或限制民事行为能力的成年人的监护

对于无民事行为能力或限制民事行为能力的成年人的监护，属于法定监护范畴，与未成年人的监护不同之处主要在于监护人的范围和顺序不同，在范围上，增加了配偶和子女，是考虑到成年人的行为能力欠缺，实际中有可能在并没有影响其结婚和生育，或者行为能力欠缺是在婚后或生育子女之后发生的，故存在配偶和子女。因而也应成为有监护资格的人。关于确定监护人的顺序，在我国《民法通则》《民法典》中，一直是按照亲疏远近来进行排序的，[2] 也符合人之常情和亲情伦理秩序要求。

至于对无民事行为能力或限制民事行为能力的成年人监护，在遗嘱方式指定监护人、协议监护人、临时监护等方面，与前述未成年人的监护中的内容基本一致，不再赘述。

（二）有完全民事行为能力的成年人意定监护

完全民事行为能力人有权处置自身事务，这是自然人意志自由的反

---

[1] 杨立新主编：《民法总则重大疑难问题研究》，中国法制出版社 2011 年版，第 58 页。
[2] 参见《民法典》第 28 条。

映，也是意思自治的必然结果。对于自身人身事务和财产管理的安排，只要不违反法律的禁止性规定和公序良俗原则，理应在法律层面得到认许和尊重。由于自然人在年老时，存在疾病、器官组织的自然衰老，导致其判断能力和处理相关事务的能力丧失或者部分丧失，其实就需要有人来对这方面的事务进行监督管理，防止老年人合法权益受损或者得不到有效保护。因此，法律允许在其民事行为能力正常时预先做出长远安排，无论从其权益保护还是从社会秩序的维护方面来说，都是值得肯定的。我国《民法典》第33条规定成年人可以协商选定监护人。由于是成年人对自己未来事务的预先安排，在其丧失或者部分丧失行为能力之后，就无法再以法律行为的方式对这种安排进行变更或者解除，故需要谨慎为之。为了记录和载明协议的内容，我国规定当事人要采取书面形式。理解成年人意定监护制度，应注意把握如下要点：

第一，协议选择监护人的主体必须是具有完全民事行为能力的成年人。选择此种方式确定未来的监护人，是其私法自治的结果。只要不违反法律的强行性规定，其选择应予以容许和尊重。

第二，协议选择的对象范围具有广泛性，《民法典》对此并无明确的限定。只要是愿意承担监护职责的自然人和组织都可以。既然这种监护是完全行为能力人意思自治的表现，法律就没有必要限定其选择的范围和干涉其选择自由，完全交由该成年人自主判断和选择。同时由于是完全行为能力人的自主行为，故其选择也无须经过民政部门等组织的同意。

第三，协议选择是有完全民事行为能力的成年人对于自己丧失或部分丧失民事行为能力之后监护事项的事先协商、事先安排。需要该成年人与选定的监护人进行充分的协商，就监护事项达成意思表示一致。

第四，协议确定监护人的行为属于要式行为，需要依法采取书面形式。其目的是更好地反映当事人的真实意思，防止以后口说无凭，缺乏证据。

第五，协议确定监护人开始履行监护职责附有条件，在该成年人丧失或者部分丧失民事行为能力时条件成就。在此之前，协议对双方当事人有法律约束力，但当事人均对该协议享有任意解除权。[①]

[①] 《最高人民法院关于适用〈中华人民共和国民法典〉总则编若干问题的解释》（法释〔2022〕6号）第11条第1款：具有完全民事行为能力的成年人与他人依据民法典第三十三条的规定订立书面协议事先确定自己的监护人后，协议的任何一方在该成年人丧失或者部分丧失民事行为能力前请求解除协议的，人民法院依法予以支持。该成年人丧失或者部分丧失民事行为能力后，协议确定的监护人无正当理由请求解除协议的，人民法院不予支持。

第六，成年人是通过协议事先确定的监护人，其目的是保护合法权益和管理个人事务。但当其选定的监护人开始履职之后，没有依约依法履行监护职责，存在侵害被监护人合法权益情形时，该选定的监护人的监护资格，亦可以依法撤销。有关个人或者组织可以申请撤销其监护资格。当事前确定的监护人被撤销监护资格后，该已经丧失或者部分丧失行为能力的成年人的监护人确定，就应按前述法定监护的确定程序确定。通过法定程序确定的监护人，应根据该成年人之前订立的选定监护人的协议约定，追究被撤销监护资格的选定监护人的违约责任或依法追究其侵权责任等。

四　监护人的职责

（一）监护职责的来源

由于我国民法中所规定的监护，既不是单纯的权利，也非纯粹的义务，而是一种职责。关于监护人职责的来源，大致有三个方面。

其一，来源于家庭关系的内容。近代以来，身份关系已经逐渐限缩到婚姻家庭领域，尤其在监护制度的设计里面，主要是在有一定婚姻家庭关系的成员之间确定监护人。《民法典》规定禁止家庭成员间的虐待和遗弃，家庭成员应当敬老爱幼，互相帮助，维护平等、和睦、文明的婚姻家庭关系。近亲属之间的监护，其职责就来源于上述有关家庭关系的属性要求。

其二，来源于当事人自愿。对于行为能力欠缺者提供监护，实现最有利于监护人原则的要求，除了规定有近亲属关系的自然人有监护资格外，法律也尽可能扩大能够实施监护的人的范围，允许有关组织和个人在征得被监护人住所地的居民委员会、村民委员会或者民政部门同意后成为监护人。这类个人和组织的监护职责，即是基于其自愿而取得。

其三，来源于有关组织的法定职责。民政部门、居民委员会、村民委员会承担相应的监护职责，来源于《未成年人保护法》《老年人权益保障法》《社会救助暂行办法》《残疾人保障法》等法律行政法规的规定。

（二）监护人职责的内容

民法确立监护制度的目的在于弥补行为能力欠缺者行为能力的不足，希望通过监护人的行为来实现被监护人通过法律行为参与到各种民事法律关系中，实现与其他民事主体民事权利能力的平等。同时，由于被监护人在识别和判断能力方面的欠缺，其人身权利、财产权利和其他合法权益也需要有监护人进行保护，这也是监护人职责的应有内容。这一点在未成年人的健康成长方面尤为重要。

（1）监护人的首要职责是代理被监护人实施民事法律行为。自然人在其生存发展过程中，要保持生命的延续和必要的生活质量，实现其衣食住行各方面的需要，绝大多数要通过与其他社会成员发生各种民事法律关系才能够实现。而这些民事法律关系又主要是通过法律行为来设定，需要监护人履行监护职责、通过代理机制作出这些法律行为。

（2）保护被监护人的人身权利、财产权利以及其他合法权益等。被监护人因为行为能力欠缺，对其自身的人身权利、财产权利及其他合法权益的性质、状态，如何有效行使和保护等，均存在理解和判断上的困难和不足，监护人就必须在这些方面予以监督和保护。关于上述鉴定保护职责的内容，非常广泛，涉及被监护人的生产生活、身心健康、学习教育、品格养成、财产保护、合理管教等多方面。①

（三）履行监护职责的要求

《民法典》第35条对监护人履行监护职责做出了比较全面的规定，主要体现在如下几个方面：

第一，应当按照最有利于被监护人的原则履行监护职责。民法设监护制度的目的，并非为监护人自身利益设置权利，而是为保护被监护人的人身、财产等利益设置的职责。监护人依其监护职责而享有的为特定行为的权利，如管理被监护人财产、管束监护人的行为等权利，这些权利属于他益权，应本着最有利于被监护人的原则行使。在实施监护职责时，要注意从有利于监护人的身心发展、财产安全和维护被监护人财产的存在目的等

---

① 《未成年人保护法》（2020年修正）第16条：未成年人的父母或者其他监护人应当履行下列监护职责：
（一）为未成年人提供生活、健康、安全等方面的保障；
（二）关注未成年人的生理、心理状况和情感需求；
（三）教育和引导未成年人遵纪守法、勤俭节约，养成良好的思想品德和行为习惯；
（四）对未成年人进行安全教育，提高未成年人的自我保护意识和能力；
（五）尊重未成年人受教育的权利，保障适龄未成年人依法接受并完成义务教育；
（六）保障未成年人休息、娱乐和体育锻炼的时间，引导未成年人进行有益身心健康的活动；
（七）妥善管理和保护未成年人的财产；
（八）依法代理未成年人实施民事法律行为；
（九）预防和制止未成年人的不良行为和违法犯罪行为，并进行合理管教；
（十）其他应当履行的监护职责。

角度进行通盘考虑，除为维护被监护人利益，不得处分被监护人的财产。

第二，尊重被监护人的真实意愿。被监护人因为其自身行为能力存在欠缺，需要监护人予以佐助和照管。虽然在监护关系中处于被监护的地位，但是在对外关系上，被监护人的主体地位并不因存在被监护的情形而受到任何贬损，其主体性必须得到确保。因而在被监护人能够判断和认识其行为的范围内，其意思表示仍应被充分地尊重和保护，监护人就这一部分意思自主，应尊重其真实意愿，不得干预，对于其有能力自主确定和解决的事项，应保障和帮助其实现。①

第三，非有正当理由不得拒绝监护职责。监护职责，对监护人而言既是其权利，也是其义务，不能随意放弃监护职责，更不能无理由拒绝履行监护人职责。监护人履行监护职责，理应亲自实施与监护职责相关的行为。监护人依法履行监护职责产生的权利，受法律保护。监护人不履行监护职责或者侵害被监护人合法权益的，应当承担法律责任。

实际生活中，当监护人遇到患病、外出长期务工等原因无法完全、正常履行监护职责时，法律允许监护人将全部或者部分监护职责委托给他人，但应严格遵守有关规定。② 但委托给他人的仅是照护责任，而非全部监护职责，故监护人在已经委托他人照护的情形下，仍应履行监护职责，要加强与被监护人的联系和交流，尤其对于未成年人，要及时了解未成年人的生活、学习、心理等情况，并给予未成年人亲情关爱，及时采取干预措施等。

（四）监护人的损害赔偿责任

正因为监护职责的核心目的是保护被监护人的人身和财产等合法权益，故《民法典》规定，监护人不履行监护职责或者侵害被监护人合法权益的，应当承担法律责任。监护人承担法律责任的情形有如下几种：

第一，监护人不履行监护职责，致使被监护人的人身、财产和其他合法权益受到损害的。此种情况下，是指第三人的行为侵害了被监护人的人身、财产和其他合法权益。按照侵权法的原理，应由侵权人进行赔偿。但考虑到监护人在发生侵权的情形下，有怠于或者不履行监护职责的情形，故应理解为当该实施侵权的第三人不能赔偿或者不能完全赔偿时，其不能

---

① 参见《民法典》第35条。
② 参见《未成年人保护法》第22条、第23条。

赔偿的部分，应由监护人承担补充赔偿责任。

第二，监护人因故意或者过失给被监护人造成财产损失的。这种情况下，属于监护人直接侵权，应按照侵权责任法的相关规定由监护人承担损害赔偿责任。为了加强对未成年人合法权益的保护，监督其监护人依法履行监护职责，对未成年人的监护人还可以采取劝诫、制止、训诫，责令其接受家庭教育指导等责任措施。[①]

第三，在监护关系存续期间，被监护人造成他人损害的。如果因监护人管教不严，致使被监护人实施不法行为造成他人损失的，由监护人承担民事责任。与前述第一、第二种情形不同，此处造成他人损害是因被监护人造成他人损害。故如果监护人尽了监护职责的，可以适当减轻其民事责任。监护人在承担赔偿责任时，应首先从被监护人的财产中支付赔偿费用，不足部分由监护人以自己的财产适当承担。《民法典》侵权责任编中对此有明确规定，如教唆、帮助无民事行为能力人、限制民事行为能力人实施侵权行为的，应当承担侵权责任；该无民事行为能力人、限制民事行为能力人的监护人未尽到监护职责的，应当承担相应的责任。无民事行为能力人、限制民事行为能力人造成他人损害的，由监护人承担侵权责任。监护人尽到监护职责的，可以减轻其侵权责任。有财产的无民事行为能力人、限制民事行为能力人造成他人损害的，从本人财产中支付赔偿费用；不足部分，由监护人赔偿。如果发生在监护人将监护职责委托给他人期间，无民事行为能力人、限制民事行为能力人造成他人损害，监护人还是应当承担侵权责任，但是受托人有过错的，承担相应的责任。

五　监护人资格的撤销和恢复

民法确立监护制度的目的，就是要保护被监护人的人身、财产和其他合法权益。如果监护人不履行监护职责或者未依法履行监护职责的，其行为严重违背监护的目的和宗旨，就应该及时终结这种监护关系，重新为被监护人确立新的监护人，切实维护其合法权益。我国《民法典》建立了

---

① 《未成年人保护法》第118条规定，未成年人的父母或者其他监护人不依法履行监护职责或者侵犯未成年人合法权益的，由其居住地的居民委员会、村民委员会予以劝诫、制止；情节严重的，居民委员会、村民委员会应当及时向公安机关报告。

公安机关接到报告或者公安机关、人民检察院、人民法院在办理案件过程中发现未成年人的父母或者其他监护人存在上述情形的，应当予以训诫，并可以责令其接受家庭教育指导。

监护人资格的撤销制度。

（一）撤销的法定情形

撤销监护人资格的情形，属于严重违反监护职责和法律规定的情形，故必须严格控制其适用。

（1）实施了严重损害被监护人身心健康的行为。我国《未成年人保护法》对于监护人不得实施的行为有详细列举，[①] 其中大多数属于严重损害被监护人身心健康的行为。在理解我国《民法典》所规定的严重损害未成年人身心健康的行为时，这些规定有很好的解释和说明价值。

对于实施严重损害成年被监护人身心健康行为，可以参考《未成年人保护法》列举的行为类型，根据成年被监护人的生理、心理发育程度及其要求，财产和其他合法权益保护的实际需要等因素综合确定。

（2）怠于履行监护职责，或者无法履行监护职责并且拒绝将监护职责部分或者全部委托给他人，导致被监护人处于危困状态。我国曾一度发生过"留守困境儿童"遭受侵害或者因无人监护致死致残的事件，这是未成年人合法权益保护实践中不可容忍的现象，也是令人悲痛的非常事件。其原因多为未成年人的父母患病或者外出打工，不能履行监护职责，但又不将监护职责委托他人，导致其未成年子女事实上处于无人监护的状态。因此，为解决这一问题，《民法典》专设这一款规定，明确规定怠于履行监护职责，或者无法履行监护职责并且拒绝将监护职责部分或者全部委托给他人，导致被监护人处于危困状态的，有关个人和组织可以申请撤

[①]《未成年人保护法》第 17 条：未成年人的父母或者其他监护人不得实施下列行为：

（一）虐待、遗弃、非法送养未成年人或者对未成年人实施家庭暴力；

（二）放任、教唆或者利用未成年人实施违法犯罪行为；

（三）放任、唆使未成年人参与邪教、迷信活动或者接受恐怖主义、分裂主义、极端主义等侵害；

（四）放任、唆使未成年人吸烟（含电子烟，下同）、饮酒、赌博、流浪乞讨或者欺凌他人；

（五）放任或者迫使应当接受义务教育的未成年人失学、辍学；

（六）放任未成年人沉迷网络，接触危害或者可能影响其身心健康的图书、报刊、电影、广播电视节目、音像制品、电子出版物和网络信息等；

（七）放任未成年人进入营业性娱乐场所、酒吧、互联网上网服务营业场所等不适宜未成年人活动的场所；

（八）允许或者迫使未成年人从事国家规定以外的劳动；

（九）允许、迫使未成年人结婚或者为未成年人订立婚约；

（十）违法处分、侵吞未成年人的财产或者利用未成年人牟取不正当利益；

（十一）其他侵犯未成年人身心健康、财产权益或者不依法履行未成年人保护义务的行为。

销其监护人资格。

（3）实施严重侵害被监护人合法权益的其他行为。本项规定是一个概括的兜底性规定，实践中由人民法院根据具体情况进行认定。

（二）必须依法定程序

撤销监护人资格，须依照法定程序进行，要经过申请、安排必要的临时监护措施、依法指定等环节。

（1）须依申请。有关申请撤销监护人资格的民事主体是有关个人或者组织。对"有关个人或者组织"，《民法典》有明确解释性规定，所谓有关个人，是指除监护人之外其他依法具有监护资格的人。组织，是指居民委员会、村民委员会、学校、医疗机构、妇女联合会、残疾人联合会、未成年人保护组织、依法设立的老年人组织、民政部门等。其中，需要注意的是，民政部门有法定的申请义务，如果有关个人和前述除民政部门以外的组织未及时向人民法院申请撤销监护人资格的，民政部门应当向人民法院申请。

（2）由人民法院撤销监护人资格，同时须安排必要的临时监护措施。人民法院受理案件后，应依据法律的规定和事实，认定监护人是否构成了法定的可撤销监护人资格的事由。如果具备了可撤销的法定事由，应依法撤销监护人资格。为了防止在撤销监护人资格期间继续发生严重损害被监护人的合法权益的情形，防止新的损害结果发生，人民法院在撤销监护人资格的同时，要安排必要的临时监护措施。

（3）按照最有利于被监护人的原则依法指定监护人。为了确保被监护人合法权益保护的无缝衔接，在撤销监护人资格、安排必要的临时监护措施的同时，人民法院应指定新的监护人。关于可指定的监护人范围，《民法典》第36条未明文规定，在解释上，应按照第27条第2款、第28条规定的有监护资格的人中指定。如果出现不存在有监护资格的人这一特殊情况时，人民法院应按照第32条规定的范围，在民政部门和具备履行监护职责条件的被监护人住所地的居民委员会、村民委员会中指定监护人。

需要注意的是，无民事行为能力人的配偶有《民法典》第36条第1款规定行为，其他有监护资格的人可以要求撤销其监护资格，并依法指定新的监护人；变更后的监护人代理无民事行为能力一方提起离婚诉讼的，人民法院应予受理。①

（4）不免除法定费用的负担义务。实践中要考察该监护人是否还应继续承担婚姻家庭关系中的相关义务，如没有相关法律义务，则在被撤销监护人资格后，就不再负担任何义务。例如，其他愿意担任监护人的个人或者组织担任监护人的，在被撤销监护人资格后，即不再对监护人承担任何义务。但是如果按照法律的规定，依法负担被监护人抚养费、赡养费、扶养费的父母、子女、配偶等，被人民法院撤销监护人资格后，则还应当继续履行费用的负担义务。

（三）监护人资格的恢复

对于监护人资格被撤销后能否恢复的问题，我国立法采取的是有条件恢复制度，即被监护人的父母或者子女被人民法院撤销监护人资格后，除对被监护人实施故意犯罪的外，确有悔改表现的，经其申请，人民法院可以在尊重被监护人真实意愿的前提下，视情况恢复其监护人资格。

监护人资格恢复须满足法定的条件和履行必要的程序。①可能恢复监护人资格的仅是被监护人的父母或者子女，其他被撤销监护人资格的人或者组织，均不能申请恢复。这主要是考虑到，虽然该被撤销监护人资格的父母或子女曾有严重侵害被监护人合法权益的行为，但考虑到其系被监护人的直系亲属，基于自然人情感、心理和和谐家庭关系存续的需要，允许这一部分人在符合法定的条件下恢复其监护人资格，对被监护人的身心健康、人身权利等保护更为有利。但是，如果该被监护人的父母或者子女对被监护人因实施故意犯罪被撤销监护人资格的，法律明确不得申请恢复。②申请人确有悔改表现。这里确有悔改表现，应从主客观两个方面进行考察和判断。主观上应有悔改态度，如对其被撤销监护人资格的行为的认识、悔过和反省，客观上应有悔改的行为，如主动关心、爱护被监护人、向被监护人表达悔过的明确意思等。③经该被撤销监护资格的人申请。④视情况恢复，明确赋予法官以自由裁量权。《民法典》在这里明确授权人民法院，既可以恢复，也可以拒绝恢复。考量的因素主要有两方面，其一是一定要尊重被监护人的真实意愿，如果被监护人已经和现在的监护人建立了比较良好的感情、心理联系，不愿意再接受其父母或者子女监护

---

① 《最高人民法院关于适用〈中华人民共和国民法典〉婚姻家庭编的解释（一）》（法释〔2020〕22号）第62条。

的，就没必要恢复。其二是视情况，即人民法院要从申请人的悔过表现、被监护人真实意愿、最有利于保护被监护人利益等方面进行充分考察和分析判断，然后决定是否准予恢复。在监护资格恢复的考虑因素中，我国《民法典》并没有明确规定要关注指定监护人的因素。本书认为，在撤销监护资格后，指定的监护人履行监护职责，有可能在监护过程中与被监护人建立比较好的感情联系。况且监护关系本身不完全是财产权利的监护，还有对被监护人人身、心理等多方面的保护和照管。因而在考虑监护资格恢复的因素中，理应对指定监护人方面的因素进行适度的考虑，这样显得更人性化一些。

监护资格恢复的法律效果是，原被剥夺监护资格的人重获监护资格，开始对被监护人履行监护职责。在被剥夺监护资格期间法院指定的监护人与被监护人的监护关系即行终止，同时应向恢复监护资格的监护人移交监护事务。

六 监护监督问题

监护虽然在监护人和被监护人之间存在监督、管理和照护的被动情况，二者仍然是平等的民事主体，不能因监护关系的存在贬损或减少被监护人的主体独立性。但是，被监护人行为能力方面的缺陷，导致了在监护关系中被监护人相对劣势的实际处境，被监护人的权益容易遭受侵害或得不到及时保护。因此，监护人和被监护人在行为能力方面的差异，必然导致可能存在事实上的不对等问题。实践中出现的监护人侵害被监护人人身、财产利益的情形每每发生，不积极履行监护职责导致被监护人流离失所、遭受侵害的也不在少数。因此，对二者相对失衡的法律关系进行调整，引入监护关系以外的力量来监督监护人依法履行监护职责，防止或者纠正其违法或者不适当的监护行为，从而给被监护人的权益保护再增加一层保障。这样，就有必要建立起相应的监护监督制度，监督监护人的履责行为。

我国《民法典》对于监护监督制度，并未在术语和语词上进行明确。学者一般是从《民法典》第36条的规定出发，将其内容解释成我国的监护监督制度，认为该条规定初步确立了监督主体、监督类型、监督方式等内容。① 杨

---

① 庞鹏：《〈民法典〉时代老年人监护监督的行政介入研究——基于辅助性原则的视角》，《行政与法》2022年第4期。

立新教授在对《民法总则(草案)》第34条①进行分析时认为,该条实际上已经规定了比较全面的监护监督人范围、民政部门的最终的监护监督职责。②

(一) 监护监督的概念和特征

监护监督是指有关个人或者组织,依法对监护人履行监护职责状况予以监督的法律制度。由于监护法律关系的特殊性,监护职责的履行需要有相应的监督制度配套,由监护监督人或者组织来监督监护人的履责状况,切实维护被监护人的合法权益。监护监督制度是完整的监护制度的题中应有之义和结构性规范内容,是现代监护制度理念的必要组成部分。就我国的监护监督制度而言,具有如下几个方面的特征。

第一,监护监督建立的理念,是认为监护实质上是国家对于公民的必要保护义务,监护制度是对公民合法权益保护的制度载体之一。有学者认为应充分认识到监护更多地属于一项为国家或民族培养、造就合格公民的公共职责,才能建构合理的监护人选任与监护监督制度。③

第二,监护监督来源于监护职责的法定性。无论监护的产生是基于法定、当事人约定或者有关组织或者法院的指定,其一旦产生,就依据《民法典》第34条、第35条的相关规定产生了法定的监护职责,其职责内容由法律进行规定,具有法定性。监护人履行监护职责,需要有相应的监督人或者监督机构进行监督,督促其完成法定的监护职责。

第三,监护监督针对的主要是监护人履行监护职责情况,既包括对监护行为本身进行监督,如对其代理实施的民事法律行为的目的和结果进行考察,有没有不保护或者侵害被监护人权益的情况;也包括对监护实施的效果的评估,如监护是否符合法律规定监护制度的目的和宗旨,是否切实起到了保护被监护人人身、财产和其他合法权益的效果和作用。

(二) 监护监督的分类

对于监护监督,可以从不同的角度以不同的标准进行分类。

(1) 未成年人监护监督和成年监护监督,这是以被监护的对象的不

---

① 《民法总则(草案)》第34条规定的是监护人丧失监护资格的事由,即后来的《民法典》第36条的内容。
② 杨立新:《〈民法总则(草案)〉自然人制度规定的进展与改进》,《法治研究》2016年第5期。
③ 朱广新:《监护监督制度的立法构建》,《苏州大学学报》(法学版)2020年第1期。

同进行分类。未成年人由于行为能力方面的不足,在实践中其合法权利极容易遭受非法侵害,在监护关系中也不例外。因此,未成年人的监护是我国监护的核心和主要组成部分,对未成年人监护的监督也是监护监督制度的主要方面。对成年人监护监督而言,由于监护本身产生的复杂性,导致监督的内容也比较复杂,除了按照法律规定进行监督,还存在对于老年监护中当事人之间协议内容履行情况的监督问题。

(2) 以监护监督产生的依据,可以将其区分为法定监护监督和意定监护监督。法定监护监督是指依据法律的规定确立监护监督人或者组织的情形。意定监护监督主要是指通过委托或指定等形式确立监护监督人或者监督组织的情形。既然法律允许对监护本身可以通过协议和遗嘱指定,自然应允许在协议确定和遗嘱指定监护人的同时,可以设定监护监督人。完全民事行为能力人通过协议给自己设置监护人时,不妨顺便设定监护监督人,从而更好地保证其预设监护的实施效果和自身权益的有效保护。

(3) 根据监护监督的主体是自然人还是相关机构组织,可以将监护监督分为监督人监督和机构监督。前者是指由自然人担任监护监督主体的监护监督,后者是指由组织或者机构担任监护监督人的监护监督。随着我国社会工作组织日益增多和工作的有序开展,可以预见,将来越来越多的专业社会工作组织将进入监护监督领域,在监护监督方面发挥更大的作用。

(4) 一般意义上的监督,往往都从事前、事中和事后三个方面开展,监护监督也不例外。事前监督,可以带有预见性的监督,比如未成年人到了接受义务教育的年龄,监督人就可以事先了解监护人是否为其接受义务教育做好准备。事中监督,更多的是对监护人正在实施履行监护职责的情况进行监督。而事后监督,则更多的是在已经发生因不履行职责或者履行监护职责不到位而发生侵害被监护人权益的情形后的监督。上述监督方式,事前和事中的监督实施起来难度比较大,往往是事后监督。但事后监督的滞后性,又不能很好地防范和避免侵害被监护人利益的情况发生,故属于监督的一个难题。

(三) 监护监督机制

监护监督制度的顺畅高效运行,离不开健全的监护监督机制。因此,监督人、监督的内容和监督的措施,监督结果的应用及评估,都是要重点考虑的问题。我国《民法典》并未建立起健全的监护监督体制,建议可以考虑从如下几个方面入手。

1. 监护监督针对的监护类型

监护监督究竟是对所有的监护类型全覆盖，还是仅对部分监护类型进行监督？对此问题，有学者认为对部分监护类型不适用，如未成年子女由父母监护时，无须设置监护监督人予以日常监督，只要允许法院或儿童保护机关在未成年人最佳利益遭受危害时采取适当干预措施即可。① 也有学者认为监督制度所保障的权益对象涵盖整个被监护人群体，同时批评《民法典》并未虑及未成年人群体的特殊需求，未将其与成年人监护监督区分开来。② 由于监护监督谋求的是监护关系的相对平衡，目的在于防止监护人不履行监护职责、不积极履行监护职责或者实施侵害被监护人利益的行为，不论在何种监护类型中，这种情形均有可能发生，故均有进行监督的必要。对于未成年人的监护，不能想当然地觉得父母天性疼爱孩子、不会侵害子女的权益，实践中出现的父母对未成年子女遗弃、虐待甚至是性侵的情况，说明对于父母监护也必须进行监督。

2. 监护监督主体一元还是多元

我国《民法典》并未明确监护监督主体的承担者是单一的还是多元的，但是从相关法律规定来看，实行的应该是监护主体多元制。如就未成年人监护监督而言，除了近亲属等自然人作为监督人，在监护监督机构方面，有学者就认为可以由人民法院在居（村）委会中指定专人负责本辖区内的监护监督事务，从而使政府监督与亲属监督相互补充。③ 也有人认为应形成司法监督、政府兜底、社会支持三位一体的未成年人监护监督体系。④ 上述观点和建议，更多地从建立公权力的监督角度出发。其实在监督人的产生方面，有当事人的意思自治问题，有关当事人完全可以自主选定进行监督的人或者组织。所以说，二者均不可偏废。

多元制监督主体，在能够最大化地满足监护监督需求的同时，带来的问题就是行使监督职责的主体范围过于宽泛，并未对其进行权限分层，这

---

① 朱广新：《监护监督制度的立法构建》，《苏州大学学报》（法学版）2020 年第 1 期。
② 赵若辉、姚学宁：《完善我国内地非亲权未成年人监护监督制度之探究——以澳门未成年人监护监督制度为镜鉴》，《中国青年社会科学》2022 年第 3 期。
③ 刘淑波、孟珍：《论监护监督制度》，《长春理工大学学报》（社会科学版）2005 年第 2 期。
④ 上海市人民检察院课题组、钱雨晴：《未成年人监护监督制度的体系化构建》，《中国检察》2023 年第 11 期。

就极大可能在实务中造成"九龙治水,各自为战"的多元化监督混乱局面。① 是否可以实行一元监护监督主体制度,学者们很少考虑这一问题。有学者认为,由民政部门作为行政监督机构,具体化监护监督措施,以更好地维护未成年人合法权益。② 也有学者认为,应该形成法院为主、家庭和社会参与的多元监督机制。③

我国民政部门承担着兜底监护的法定职责,由其担任监护监督人,可能会存在监督和被监督者系于一身的情形。而法院是审判机关,从其职能定位上讲,属于裁判者,故不宜担任监督人。如果从一元监督主体制度构建出发,从形成统一高效的监护监督制度角度讲,可以利用现有或者设置专门机构来担任监护监督主体。建议由人民检察院成立专门部门来行使监护监督职责,一来符合其法律监督机关的职责定位,是对《民法典》监护制度执行情况的法律监督;二来对居(村)民委员会和民政部门依法履责的监督,属于对行政执法活动监督的必要组成部分。

3. 监护监督主体的确定

从多元监督主体体系构建角度进行分析,监护监督主体的确定,需要解决谁可以成为监护监督主体,具体的监护监督主体应该是单个或者多个以及如何成为监护监督主体的问题。

第一,谁可以成为监护监督主体。这一问题,应当区分监护监督人的产生方式,如果是由协议或者遗嘱方式确定监护人的同时确定的监督人,其范围自然不必有限制,只要具有相应的行为能力,愿意履行监督职责即可,自然人和组织均不设限。如果监督人的产生是依法定,则要有所限定。按照《民法典》第36条的规定,其中的有关个人或者组织,都可以成为监护监督主体,其中民政部门具有法定的兜底性监督职责。

第二,监督主体是单数或者是复数。《民法典》就此问题并未有明确规定。从第36条的规定意旨看,立法者希望有比较丰富的监督层次和形式,一切从最有效保护被监护人的合法权益角度出发,如果二人以上能够起到更好更大的监督作用,就不应排斥监督主体是复数的情况。在监督人

---

① 赵若辉、姚学宁:《完善我国内地非亲权未成年人监护监督制度之探究——以澳门未成年人监护监督制度为镜鉴》,《中国青年社会科学》2022年第3期。
② 林艳琴:《论我国未成年人监护监督制度》,《学术交流》2013年第8期。
③ 孙海涛:《美国成年人监护监督制度研究——兼议〈中华人民共和国民法总则〉的相关规定》,《私法》2017年第1期。

之上是否还应有监督监护监督人的问题,杨立新教授认为,这个问题提得特别不专业,而且缺乏必要的逻辑性。①

第三,关于监督主体的选任问题,我国立法也不明确。本书认为,如果是意定监护监督,由相关当事人自行选定,监督人表示愿意接受选定即可。如果是法定监护监督,未被确定为监护人的其他有监护资格的人,均可以作为监督人,无须选定,如果这些人互相推诿或者争抢担任监督人的,可以由民政部门、居(村)民委员会指定或者申请法院指定。如果无有监护资格的人,则依法应由国家兜底,此时的监护监督人建议由检察院派员担任。

(四)监护监督主体的主要职责

我国无关于监护监督职责的具体明确规定,但可从《民法典》的相关规定中解读,并可以推导,主要围绕着监护的类型,针对未成年人和成年人监护的不同,对监护人履行对被监护人在人身权利保护、身心健康、教育成长、财产权益保护等方面的履责情况进行监督。

(五)监督措施

实践中,监护监督多采用告诫书、督促监护令、家庭教育令等令状形式,监督手段丰富性不足、针对性也不强,存在"未对症下药"的情况。②《民法典》对于监护监督的手段和措施没有明确规定。从最有利于保护被监护人的原则出发,对具有《民法典》第36条第1款规定情形的监护人,依法申请撤销监护人资格是监护监督最有力的措施。

七 监护关系的终止

监护关系因相关自然人无民事行为能力或者限制行为能力而发生,亦应视被监护人民事行为能力变化情况以及监护人情况的变化而终止。监护关系的终止有绝对终止和相对终止之别,前者是指被监护人取得了完全民事行为能力或者死亡的,不存在为其再确定监护人的情形。相对终止主要是指发生监护人死亡、丧失监护能力或者被撤销监护人资格等事由时,现有监护关系终止,现有监护关系终止后,被监护人仍然需要监护的,应当

---

① 杨立新:《〈民法总则(草案)〉自然人制度规定的进展与改进》,《法治研究》2016年第5期。

② 上海市人民检察院课题组、钱雨晴:《未成年人监护监督制度的体系化构建》,《中国检察》2023年第11期。

依法另行确定监护人、建立新的监护关系的情形。结合《民法典》的相关规定，监护关系的终止可以分为如下几种情形：

（1）对于未成年人的监护，自成年之日起，该被监护人即为完全民事行为能力人，原来的监护关系自然终止。

（2）对于无民事行为能力或限制行为能力的成年人的监护，只有当其恢复完全的民事行为能力，原监护关系终止。

（3）监护人不宜继续担任监护人或者监护人不履行监护职责，人民法院可以根据有关人员或者有关组织的申请，依法撤销监护人资格的，其与被监护人的监护关系终止。

（4）监护人或被监护人一方死亡或者监护人丧失监护能力。被监护人死亡的，原监护关系即告消灭，不再存在确定监护的问题。监护人一方死亡或者监护人丧失监护能力的，则在原监护关系消灭的同时，还存在重新确定监护关系问题。

（5）因撤销监护人资格的情形下所发生的指定监护，因监护人资格经申请被人民法院恢复而终止。

（6）委托监护人因委托协议期限届满或者委托协议约定的终止事由的发生而终止。

监护关系终止的效力是，监护人从监护关系中解脱出来，不再承担监护职责。被监护人具有或者恢复完全民事行为能力的，监护人还要向其移交监护期间的事务。如果另行确定新的监护人的，原监护人应向新的监护人移交监护事务。

第四节　宣告失踪和宣告死亡制度

自然人的民事权利能力伴其生命始终，始于出生、终于死亡。而且自然人一般是围绕着其住所地为中心与其他人发生各种联系和关系，并建立起以其住所地为中心的各种社会关系。但是，当自然人处于无法查知其生存与否的状态，就影响该等社会关系的内容的确定及其有效实现。对于这些问题，民法上设有宣告失踪和宣告死亡制度来予以解决。宣告失踪重点在于解决如何有效处置被宣告失踪人的财产关系问题，对其民事主体资格并不撼动。而宣告死亡意在全面解决其身份和财产关系，使得其配偶得以解除婚姻关系的束缚，财产开始继承，发生和真实死亡相同的法律效果。

当然，一旦该自然人又重新出现，相应的法律关系又可恢复到未被宣告死亡之前的状态。我国民法也规定了宣告失踪和宣告死亡制度。

一 宣告失踪

宣告失踪是指自然人离开自己的住所，下落不明达到法定期限，经利害关系人申请，由人民法院宣告其为失踪人的法律制度。民法确立宣告失踪制度的目的，在于通过司法程序确认自然人失踪的事实，结束失踪人财产无人管理及其权利不能正常行使、义务不能及时履行的非正常状态，使得有关失踪人的权利义务得到正常行使，以保护失踪人和利害关系人利益，维护社会经济秩序稳定。我国《民法通则》中就规定了宣告失踪制度，在《民法典》编纂过程中，对其予以继受，并根据我国的司法实践经验对相关规则进一步进行了细化。

（一）宣告失踪的条件和程序

宣告失踪制度意在解决失踪人财产关系的不稳定或者得不到有效保护的状态，故须满足法定的条件，并按照法定的宣告程序进行。

首先，须有自然人下落不明满2年的事实。下落不明，是指自然人离开自己最后的住所或居所后没有音讯，且为持续不间断状态。此外，需注意"下落不明"与"生死不明"是不同的。生死不明是指不知道自然人是否仍然生存。而下落不明既包括不知道该自然人是否仍然生存的情况，也包括知道该自然人仍然生存却不知其住所或居所的情况。下落不明的自然人就是民法所称的失踪人。下落不明的时间应从最后获得该自然人消息之日起计算。战争期间下落不明的时间应从战争结束之日或者有关机关确定的下落不明之日起计算。

其次，须由利害关系人向人民法院提出申请。有权提出宣告失踪申请的利害关系人，主要包括四类人：一是失踪人的近亲属。二是对失踪人有继承权的代位继承人，即发生代位继承时的被继承人子女的直系晚辈血亲和被继承人兄弟姐妹的子女。三是尽了主要赡养义务、作为第一顺序继承人的丧偶儿媳、丧偶女婿。四是债权人、债务人、合伙人等与被申请人有民事权利义务关系的民事主体，但是不申请宣告失踪不影响其权利行使、义务履行的除外。宣告失踪申请由上述利害关系人一人或数人提出均可，且无先后顺序的区别。即使利害关系人之间就是否宣告失踪有争议，只要符合受理条件的，法院也应受理。

最后，须由人民法院依照法定程序宣告。宣告失踪只能由人民法院作出判决，其他任何机关和个人无权作出宣告失踪的决定。在《民事诉讼法》中，宣告失踪案件应按照特别程序的规定，由审判员一人独任审理，实行一审终审。人民法院接到宣告失踪的申请后，应当发出寻找下落不明人的公告。宣告失踪的公告期间为三个月。公告期间届满，人民法院应当根据被宣告失踪的事实是否得到确认，作出宣告失踪的判决或者驳回申请的判决。

（二）确定财产代管人

宣告失踪所产生的法律后果主要是为失踪人设立财产代管人，由代管人对失踪人的财产进行管理，处理相关债权债务事务。财产代管人在何等范围的人之中产生，《民法典》除了规定失踪人的配偶、成年子女、父母以外，对其他的人则没有限定，只要其愿意担任财产代管人即可。由于财产代管人仅是管理财产，不存在对失踪人其他事务的处理问题，属于纯粹经济事务的管理，故不需要代管人与失踪人存在一定的身份关系。当然，从管理的方便性考虑，配偶、成年子女、父母最为便利。如果对担任代管人存在争议，或者没有愿意承担代管任务的人，则应由人民法院指定代管人。

财产代管人的任务主要是妥善管理失踪人的财产，维护失踪人的财产权益。代管人管理的内容包括保管、维护、收益以及必要的经营行为和处分行为。失踪人所欠税款、债务和应付的其他费用，由财产代管人从失踪人的财产中支付。代管人管理失踪人的财产，应尽善良管理人的注意义务，财产代管人因故意或者重大过失造成失踪人财产损失的，应当承担赔偿责任。

因失踪人的债权债务关系涉诉的，代管人在诉讼中诉讼主体地位的确定，应根据具体情况确定。失踪人的财产代管人向失踪人的债务人请求偿还债务的，人民法院应当将财产代管人列为原告。债权人提起诉讼，请求失踪人的财产代管人支付失踪人所欠的债务和其他费用的，人民法院应当将财产代管人列为被告。经审理认为债权人的诉讼请求成立的，人民法院应当判决财产代管人从失踪人的财产中支付失踪人所欠的债务和其他费用。

财产代管人不履行代管职责、侵害失踪人财产权益或者丧失代管能力的，失踪人的利害关系人可以向人民法院申请变更财产代管人。财产代管人有正当理由的，也可以向人民法院申请变更财产代管人。人民法院变更财产代管人的，变更后的财产代管人有权要求原财产代管人及时移交有关财产并报告财产代管情况。

（三）失踪宣告的撤销

失踪事实发生后，如果失踪人又出现的，则其就不具备下落不明的状态条件，失踪宣告即应依法撤销。失踪宣告一经撤销，代管人的代管权随之终止，就应当将其代管的财产及其收益交还给被宣告撤销失踪的人，并将代管期间对其财产管理和处置的详细情况告知该人。失踪人也有权要求财产代管人及时移交有关财产并报告财产代管情况。

二　宣告死亡

宣告死亡是指自然人离开自己的住所，下落不明达到法定期限，经利害关系人申请，由人民法院宣告其死亡的法律制度。宣告死亡制度是人民法院以判决的方式推定自然人死亡。法律上设立宣告死亡制度的目的，是为了结束下落不明的自然人与他人之间的财产关系和人身关系的不稳定状况，对稳定社会经济生活有重要意义。

（一）宣告死亡的要件和程序

第一，自然人下落不明须达到法定的期间。根据《民法典》的规定，一般情况下，自然人下落不明满四年的，利害关系人可以向人民法院申请宣告该自然人死亡。因意外事件，下落不明满二年。因意外事件下落不明，经有关机关证明该自然人不可能生存的，申请宣告死亡不受二年时间的限制。比如实践中发生的曹某娣等申请宣告公民死亡案，失踪人方某南2018年11月14日随"兴旺333"号船在秘鲁海域生产作业，当日上午5时50分，方某南不慎被海锚绳索拖带落水，下落不明，无生还可能，舟山市公安局定海区分局西码头边防派出所及舟山市普陀区六横镇人民政府出具证明，确认上述情况属实，①该案申请宣告就不受二年时间的限制。

第二，须经有利害关系人的申请。关于利害关系人的范围，与宣告失踪法律规定中的利害关系有所不同，具体包括：①被申请人的配偶、父母、子女，以及依据《民法典》第1129条规定对被申请人有继承权的丧偶儿媳、丧偶女婿对岳父母。②被申请人的其他近亲属，以及依据《民

---

① 曹某娣等申请宣告公民死亡案，宁波海事法院〔2018〕浙72民特591号。

法典》第 1128 条规定对被申请人有代位继承权的被继承人的子女的直系晚辈血亲及被继承人的兄弟姐妹的子女，必须在满足被申请人的配偶、父母、子女均已死亡或者下落不明且不申请宣告死亡不能保护其相应合法权益的条件下，才可以作为利害关系人申请。不符合上述条件的，均不是《民法典》第 46 条规定的利害关系人，不得申请宣告死亡。③被申请人的债权人、债务人、合伙人等民事主体一般情况下，不能被认定为《民法典》第 46 条规定的利害关系人，但是不申请宣告死亡不能保护其相应合法权益的除外。

与《民法通则》对宣告死亡的利害关系人有法定顺序的规定不同，《民法典》对上述符合法律规定条件的利害关系人，未限定申请的次序，均可以单独或共同申请死亡，不受亲属关系远近等影响。

第三，须由人民法院依法判决宣告。人民法院受理宣告死亡的案件后，须发出寻找下落不明人的公告。宣告死亡的公告期间为一年。因意外事故下落不明，经有关机关证明该公民不可能生存的，宣告死亡的公告期间为三个月。公告期间届满，人民法院应当根据被宣告死亡的事实是否得到确认，作出宣告死亡的判决或者驳回申请的判决。对同一自然人，有的利害关系人申请宣告死亡，有的利害关系人申请宣告失踪，符合本法规定的宣告死亡条件的，人民法院应当宣告死亡。被宣告死亡的人，人民法院宣告死亡的判决作出之日视为其死亡的日期；因意外事件下落不明宣告死亡的，意外事件发生之日视为其死亡的日期。

(三) 死亡宣告的法律效力

宣告死亡制度的目的不在于保护死亡人的利益，而在于保护同其有利害关系的其他人的利益。宣告死亡与公民自然死亡将产生相同的法律后果，主要包括被宣告死亡的人的婚姻关系，自死亡宣告之日起消除；他的继承人因此可以继承其遗产；受遗赠人可以取得遗赠等。

宣告死亡只是依法对失踪人死亡的推定，事实上该失踪人的生命不一定终结。因此，被宣告死亡的自然人事实上存活的，其民事权利能力和民事行为能力并不受宣告死亡的影响，仍然可以从事民事活动，实施民事法律行为，其实施的民事法律行为按其生效要件判断，仍然可以是有效的。

(三) 死亡宣告的撤销及相关法律关系的处理

通过法院的判决做出的宣告死亡，仅是法律上的推定死亡，所发生的法律后果虽说与生理死亡的结果相同，但不排除被宣告死亡的人事实上并未死亡的情形出现。因此，当被宣告死亡的人重新出现，应依法撤销死亡宣告。被宣告死亡的人在撤销死亡宣告后，其相应的因宣告死亡而消除或者发生的民事法律关系，应依据具体情况恢复或做出妥当的处置。

其一，关于婚姻关系，宣告死亡发生与真实死亡同样的法律后果，被宣告死亡的人的婚姻关系自然消灭。当死亡宣告被撤销时，其原有的婚姻关系处理问题，比较复杂，其中的原理也不同。主要需考虑婚姻的本质、生存配偶的主观意愿和社会公众的一般认知。在我国婚姻关系的建立是以结婚登记为准，婚姻是法律对男女共同关系的确认。由于宣告死亡仅是一种法律上的推定，当该推定的事实又被推翻的，婚姻关系没有发生法律层面的实质变化，自然可以恢复。但在生活事实层面，被宣告死亡一方下落不明时间过长，其配偶已经不再有婚姻关系下的亲密感情时，强行恢复婚姻关系，则不符合以爱情和感情为基础的婚姻的本质，故在这种情形下，要尊重婚姻的实质要求，尊重该配偶的意愿，如果其向婚姻登记机关书面声明不愿意恢复，则不能自然恢复。如果被宣告死亡的自然人的配偶发生了新的婚姻关系，则其与被宣告死亡的人的婚姻关系无论在法律上还是在事实上均告终结，阻断了婚姻关系恢复的可能，即使其配偶再婚后又离婚或再婚后其配偶又死亡的，也不能恢复与被宣告死亡人的婚姻关系。

其二，在被宣告死亡期间，被宣告死亡的人的子女被他人依法收养的，由于事实上其无法表达对收养事宜的意愿，纵使造成下落不明的原因有被宣告死亡人的非主观因素，但是在法律上其仍有可归咎之处。故在其死亡宣告被撤销后，不得以未经本人同意为由主张收养行为无效。

其三，死亡宣告发生继承或遗赠，财产所有权发生变动。当死亡宣告被撤销时，其原有的财产关系依法应有序恢复。但其中恢复财产关系的法理亦非常复杂。继承或者遗赠的财产仍存在的，宣告死亡之人可以要求返还，其返还请求权是基于所有权本身，还是基于法律的直接规定应有区别。本书认为，由于所有权已经变动，死亡宣告被撤销不构成所有权变动的法律事实，被撤销死亡宣告的人在法律上无法行使物上返还请求权。因此，返还请求权应该是基于法律的特殊规定。如果继承或者遗赠的财产无法返还的，也不能适用损害赔偿的法理，而仅是依法应当给予适当补偿。之所以是适当补偿，也是因为被撤销死亡宣告的人对其下落不明有可归咎之处。当然，如果被宣告死亡是因为利害关系人故意所致，则不应因其非法行为获得任何利益，其所继承或者遗赠的财产所有权自始不发生变动。

故利害关系人隐瞒真实情况，致使他人被宣告死亡而取得其财产的，被撤销死亡宣告的人有权要求返还财产，该返还请求权属于物上返还请求权。利害关系人不能返还或者还造成被撤销死亡宣告的人其他经济损失的，还应承担赔偿责任。

第五节　自然人的户籍和住所

一　自然人的户籍、居住证和居民身份证

户籍是以户为单位记载自然人的姓名、出生、住所、结婚、离婚、收养、失踪和死亡等事项的法律文件。户籍制度是国家的一项基本行政制度，是国家依法收集、确认、登记公民出生、死亡、亲属关系、法定地址等公民人口基本信息的法律制度。户籍管理制度是一项基础性社会管理制度。我国目前正在深化户籍制度改革，加快完善财政、土地、社保等配套政策，为促进经济持续健康发展提供持久强劲动力，为维护社会公平正义与和谐稳定奠定坚实基础。

与自然人户籍相关的还有居住证。所谓居住证是持证人在居住地居住、作为常住人口享受基本公共服务和便利、申请登记常住户口的证明。居住证登载的内容包括：姓名、性别、民族、出生日期、居民身份证号码、本人相片、常住户口所在地住址、居住地住址、证件的签发机关和签发日期。居住证持有人在居住地依法享受劳动就业，参加社会保险，缴存、提取和使用住房公积金的权利。县级以上人民政府及其有关部门应当为居住证持有人提供义务教育、基本公共就业服务、基本公共卫生服务和计划生育服务、公共文化体育服务法律援助和其他法律服务、国家规定的其他基本公共服务。

为了证明居住在中华人民共和国境内的公民的身份，保障公民的合法权益，便利公民进行社会活动，维护社会秩序，我国还制定了《居民身份证法》。居民身份证号码是每个公民唯一的、终身不变的身份代码，由公安机关按照居民身份证号码国家标准编制。公民从事有关活动，需要证明身份的，有权使用居民身份证证明身份。

上述户籍、居住证和居民身份证，与自然人的民事活动发生各种关联，在自然人身份和实施民事活动中具有重要的证明作用。如《民法典》规定，自然人以户籍登记或者其他有效身份登记记载的居所为住所；《民

法典》合同编中的各类合同，在其一般条款中均要求应当载明当事人的姓名或者名称和住所。

二 自然人的住所

住所是法律确认的自然人的中心生活场所。《民法典》规定，自然人以户籍登记或者其他有效身份登记记载的居所为住所。

（一）住所的认定

认定为自然人的住所，须满足如下条件：

第一，须是自然人在一定时限内持续居住的场所。对于住所的认定，有意思主义和客观主义的不同，前者认为住所的设定或者变更，除定住的事实之外一般以定住的意思为必要。客观主义，认为住所的成立、继续、变更上，完全纯客观地决定，即把住所作为纯粹客观性观念也是可能的（客观主义）。① 因此，住所不是自然人临时的居住场所，如旅店、学生宿舍、医院病房等，因为这些场所并非自然人久住的场所，而是自然人明确认知属于为住宿、求学或医治疾病而短期居住的场所，在事实上人们一般也不会认为这些场所就是自然人的住所。关于居住期限，我国《民法典》未规定。最高人民法院《关于贯彻执行〈中华人民共和国民法通则〉若干问题的意见（试行）》规定，公民离开住所地最后连续居住一年以上的地方，为经常居住地。该解释已经废止，但其关于经常居住地的认定，依然具有说明价值，故"连续居住一年以上"可以作为认定住所的时间标准。

第二，须属固定处所，即住所应与土地保持一定程度的紧密联系，附着或者定着在土地之上或之中。因而在航天空间站、船舶或者海上作业平台上连续居住超过一年的场所，不宜被认为是住所。

第三，须经法律确认。《民法典》第25条规定，自然人以户籍登记或者其他有效身份登记记载的居所为住所；经常居所与住所不一致的，经常居所视为住所。

（二）住所的法律价值

自然人的住所在民事法律和公法上均具有非常重要的价值，是确定自然人的身份的重要依据之一。住所在民事法上的价值主要体现在：①是决

---

① ［日］我妻荣：《新订民法总则》，于敏译，中国法制出版社2008年版，第88页。

定失踪的空间标准；②是决定婚姻登记管辖的空间标准；③是决定个体工商户登记管辖的空间标准；④是决定债务清偿地的空间标准；⑤是决定民事诉讼地域管辖的标准；⑥是决定涉外民事法律关系法律适用的空间标准。住所在公法上的价值主要涉及选举、纳税、服兵役、监视居住、取保候审等方面事项。

第六节　个体工商户和农村承包经营户

我国民法上还有两类非常重要的自然人民事主体，即个体工商户和农村承包经营户。二者是我国社会主义建设发展实践的历史产物，有其存在的必要性和重要性，在社会主义市场经济发展中具有非常重要的适应性和活力，在将来一段比较长的历史发展进程中将继续存在并发挥其独特的作用。1986年的《民法通则》、2017年的《民法总则》及《民法典》对二者都做了规定。

一　个体工商户

（一）个体工商户的历史沿革

个体经济是我国社会主义建设实践伊始就存在的一种经济成分，早在1949年的《共同纲领》中就明确承认农民和手工业者的个体经济，认可其积极作用，强调个体经济在国营经济领导之下，与其他经济成分一道，分工合作，各得其所，以促进整个社会经济的发展。从性质上讲，个体经济属于私营经济类型，《共同纲领》第30条规定，凡有利于国计民生的私营经济事业，人民政府应鼓励其经营的积极性，并扶助其发展。个体经济的从业者分为个体农民、个体手工业者和其他个体劳动者，体现的是生产资料个体劳动者私有制。1954年《宪法》对个体劳动者所有制明确认可，指导和帮助个体农民增加生产，并且鼓励他们根据自愿的原则组织生产合作、供销合作和信用合作。依照法律保护手工业者和其他非农业的个体劳动者的生产资料所有权。国家指导和帮助个体手工业者和其他非农业的个体劳动者改善经营，并且鼓励他们根据自愿的原则组织生产合作和供销合作。

到1956年全国各地私营工商业、手工业、私营运输业的社会主义改造运动达到了高潮，资本主义企业实行了全行业的公私合营，个体劳动者的企业实现了各种不同程度的合作化，参加社会主义改造的人数，约占私营工商业、手工业、私营运输业的80%。① 某些适合于个体经营而自己又不愿参加合作社的手工业户，应该维持他们原有的单独经营方式。② 到1957年，个体经济在整个国民经济体系中的贡献比例已经大大降低。③ 农业合作化基本实现以后，在我国农村中，除了部分还没有进行土地改革的少数民族地区外，还有3%左右的个体农户。国家的政策是对个体农民加强领导和教育，紧密地团结他们，争取他们自愿地加入农业合作社。凡不愿意加入的，听其自便。④ 全国农村在1958年下半年普遍地实现了人民公社化。⑤ 个体农民就基本上退出了历史舞台，⑥ 但非农业的个体劳动者还继续存在。1975年、1978年《宪法》均仍承认其法律地位和作用，允许非农业的个体劳动者在城镇街道组织、农村人民公社的生产队统一安排下，从事在法律许可范围内的、不剥削他人的个体劳动。大力发展自负盈亏的集体所有制经济，适当发展不剥削他人的个体经济。⑦

我国城镇个体劳动者，新中国成立初期是900万人，1966年仍有近200万人，1978年底只剩下15万人。中共中央认为个体经济是社会主义公有制经济的不可缺少的补充，在今后一个相当长的历史时期内都将发挥积极作用，应当适当发展，提出鼓励和扶植城镇个体经济的发展。⑧ 自此，城镇个体经济开启了历史的新篇章。国务院明确，对于有利于国计民

---

① 《国务院关于对私营工商业、手工业、私营运输业社会主义改造中若干问题的指示》（1956年7月28日）【法宝引证码】CLI.2.161224。
② 《国务院关于目前私营工商业和手工业的社会主义改造中若干事项的决定》（1956年2月8日）【法宝引证码】CLI.2.161031。
③ 《第一届全国人民代表大会第四次会议关于周恩来总理的政府工作报告关于1956年国家决算和1957年国家预算和关于1957年度国民经济计划的决议》（1957年7月15日）【法宝引证码】CLI.1.176182。
④ 《国务院关于正确对待个体农户的指示》（1957年12月13日）【法宝引证码】CLI.2.161730。
⑤ 《第二届全国人民代表大会第二次会议关于为提前实现全国农业发展纲要而奋斗的决议》（1960年4月10日）【法宝引证码】CLI.1.176654。
⑥ 直到1963年我国还存在没有参加合作社和人民公社的个体牧民。参见《国家民委党组关于少数民族牧业区工作和牧业区人民公社若干政策的规定（草案）的报告》（1963年1月14日）【法宝引证码】CLI.16.256433。
⑦ 《第五届全国人民代表大会第三次会议关于1980、1981年国民经济计划安排，1979年国家决算、1980年国家预算和1981年国家概算的决议》（1980年9月1日）【法宝引证码】CLI.1.176175。
⑧ 《中共中央关于转发全国劳动就业会议文件的通知》（1980年8月7日）【法宝引证码】CLI.16.30770。

生的个体经济，注册开业后，应当予以支持，在货源、货款、税收、劳动力、产品销售等方面，统筹安排，给予方便。他们的正当权益，应受到国家法律的保护，任何单位、任何人都不得平调他们的资财，强加给不合理的负担，侵犯他们的利益。① 此后工商行政管理总局的文件中出现了个体工商户的称谓。② 1981 年我国《经济合同法》使用了"个体经营户"的概念。1982 年 7 月 7 日，国务院发布《关于城镇非农业个体经济若干政策性规定》，明确提出了个体经营户的概念，保护个体经营户的正当经营、合法收益和资产。③ 1982 年《宪法》第 11 条规定，在法律规定范围内的城乡劳动者个体经济，是社会主义公有制经济的补充。国家保护个体经济的合法的权利和利益。国家通过行政管理，指导、帮助和监督个体经济。

1983 年《统计法》首次在法律中使用个体工商户称谓，并将其纳入统计对象和范围。1986 年《民法通则》将个体工商户正式规定在自然人中，明确承认其法律地位。④ 为了指导、帮助城乡劳动者个体经济的发展，加强对个体工商户的监督、管理，保护其合法权益，1987 年国务院出台《城乡个体工商户管理暂行条例》。2011 年 3 月 30 日国务院第 149 次常务会议通过《个体工商户条例》，自 2011 年 11 月 1 日起施行，废止了《城乡个体工商户管理暂行条例》。《个体工商户条例》在 2014 年、2016 年进行过两次修订。2017 年《民法总则》以及《民法典》对个体工商户的主体资格延续了《民法通则》的做法。2022 年 9 月 26 日国务院第 190 次常务会议通过的《促进个体工商户发展条例》自 2022 年 11 月 1 日起施行，《个体工商户条例》同时废止。

(二) 概念及法律特征

根据《民法典》第 54 条规定，自然人从事工商业经营，经依法登记，为个体工商户。根据前述历史沿革的考察，可以看出，无论是《民

---

① 《国务院关于开展和保护社会主义竞争的暂行规定》（1980 年 10 月 17 日）【法宝引证码】CLI.2.816.

② 工商行政管理总局贯彻国务院《关于严格控制物价、整顿议价的通知》的通知（一九八〇年十二月十日）【法宝引证码】CLI.4.317495。

③ 《国务院关于城镇非农业个体经济若干政策性规定》（1981 年 7 月 7 日）【法宝引证码】CLI.2.1029。

④ 《民法通则》第 26 条：公民在法律允许的范围内，依法经核准登记，从事工商业经营的，为个体工商户。个体工商户可以起字号。

法通则》还是《民法典》，均将个体工商户作为民事主体置于自然人中进行规定。个体工商户具有如下法律特征：

第一，个体工商户是我国个体经济发展过程中形成的一种特有表现形式。从《共同纲领》到1982年《宪法》都对个体经济进行了肯定，认为是社会主义公有制经济的补充。个体经济是社会主义市场经济的重要组成部分，个体工商户是重要的市场主体，在繁荣经济、增加就业、推动创业创新、方便群众生活等方面发挥着重要作用。

第二，能够申请登记为个体工商户的自然人具有限定性。《民法典》并未限定哪些自然人可以申请登记为个体工商户，但是根据《促进个体工商户发展条例》第2条的规定，有经营能力的公民在中华人民共和国境内从事工商业经营，依法登记为个体工商户。同时，根据该条例第37条的规定，香港特别行政区、澳门特别行政区永久性居民中的中国公民，台湾地区居民可以按照国家有关规定，申请登记为个体工商户。因此，条例排除了外国人和无国籍人申请登记为个体工商户的可能。与《民法典》对自然人的规定比较，这些规定对可以成为个体工商户的主体范围明显进行了限缩，二者的范围并不完全一致。

第三，所从事的经营业态和经营范围限定为工商业。在1997年的《城乡个体工商户管理暂行条例实施细则》中，将对原《城乡个体工商户管理暂行条例》第3条规定的个体工商户可从事的行业和业态进行了解释和细化。[①] 2011年11月1日起，登记机关根据申请人申请，参照《国民经济行业分类》中的类别标准，登记个体工商户的经营范围。目前，我国个体工商户按照2022年3月1日国家市场监督管理总局公布的《市场主体登记管理条例》进行登记管理。

第四，须经登记。我国目前对个体工商户实行市场平等准入、公平待

[①] 《城乡个体工商户管理暂行条例实施细则》（1987年9月5日国家工商行政管理局发布）第5条：《条例》第三条所列行业的划分：

工业、手工业，是指从事自然资源开采和商品的生产、制造、加工、矿产开采，以及生产设备、工具修理等；

建筑业，是指从事土木建筑、设备安装和建筑设计、房屋修缮等；

交通运输业，是指从事公路、水上客货运输，装卸搬运等；

商业，是指从事商品收购、销售、贩运、储存等；

饮食业，是指从事理发、照相、浴池、洗染、旅店、刻字、体育娱乐、信息传播、科技交流、咨询服务等；

其他行业，是指国家法律和政策允许个体工商户经营的其他行业。

遇的原则。个体工商户可以登记为不同类型的市场主体，可以依法申请登记为个人经营的个体工商户、家庭经营的个体工商户，家庭参加经营的家庭成员姓名、登记联络员的信息应进行备案。

第五，对外以登记的个体工商户的名义进行。这是个体工商户与作为普通民事主体自然人的重要区别。一般情况下，自然人作为民事主体参加各种民事活动，主要是为了满足自己日常生活的需要。自然人一旦以个体工商户的资格从事商品生产和经营活动，就成为市场主体。在办理登记、备案事项时，申请人应当配合登记机关通过实名认证系统，采用人脸识别等方式进行实名验证，可以登记为经营者的姓名或者另行使用名称。

(三) 责任的承担

个体工商户的财产权、经营自主权等合法权益受法律保护，任何单位和个人不得侵害或者非法干预。个人经营的个体工商户，以全部个人财产承担无限清偿责任，而不是以全部家庭财产对其债务承担责任。其债权人只能就经营者的个人财产提出债权请求。家庭经营的个体工商户，应以家庭共有财产来承担清偿责任。无法区分究竟是个人经营还是家庭经营的，法律规定其债务以家庭财产承担。

二 农村承包经营户

农村承包经营户是我国特有的民事主体，来源于我国公有制经济中的集体经济形式。由于1958年和1959年两年的连续"大跃进"和我国农村人民公社化，使我国农村发生了巨大、深刻的变化，个体农民在我国从根本上不复存在了，个体经济形式在政策和法律上不再包括个体农民。党的十一届三中全会以来，我国农村发生了许多重大变化。其中，影响最深远的是，普遍实行了多种形式的农业生产责任制，而联产承包制又越来越成为主要形式。人民公社原来的基本核算单位即生产队或大队，在实行联产承包以后，有的以统一经营为主，有的以分户经营为主，它们仍然是劳动群众集体所有制的合作经济。在这种经营方式下，分户承包的家庭经营只不过是合作经济中一个经营层次，是一种新型的家庭经济。它和过去小私有的个体经济有着本质的区别，不应混同。[①] 我国改革从农村实行家庭联

[①] 《中共中央关于印发〈当前农村经济政策的若干问题〉的通知》(中发〔1983〕1号1983年1月2日)【法宝引证码】CLI.16.109227。

产承包责任制率先突破，逐步转向城市经济体制改革并全面铺开，确立社会主义市场经济的改革方向，更大程度更广范围发挥市场在资源配置中的基础性作用，坚持和完善基本经济制度和分配制度。[①] 1985年1月1日中共中央、国务院制定《关于进一步活跃农村经济的十项政策》，就加速发展农村商品生产、商品经济制定十项经济政策，释放了农村商品积极发展的潜力和活力。实行家庭联产承包责任制，废除人民公社，突破计划经济模式，初步构筑了适应发展社会主义市场经济要求的农村新经济体制框架。[②] 1986年《民法通则》第27条首次规定了农村承包经营户的定义，即农村集体经济组织的成员，在法律允许的范围内，按照承包合同规定从事商品经营的，为农村承包经营户。在这个定义中，农村承包经营户和商品经营紧密联系，从事商品经营是农村承包经营户的本质特征。[③]《民法总则》修改了农村承包经营户的定义，使其基本特征发生了变化，不再强调按承包合同规定从事商品经营。[④]

（一）农村承包经营户的概念和特征

根据《民法典》的规定，农村承包经营户是指农村集体经济组织的成员，依法取得农村土地承包经营权，从事家庭承包经营的，为农村承包经营户。其特征主要表现在如下几个方面：

第一，农村承包经营户是农村集体经济组织的成员。我国自从实行人民公社化，个体农民不再存在。农民成了集体经济组织的成员。家庭承包经营是集体经济组织内部的一个经营层次，是双层经营体制的基础，不能把它与集体统一经营割裂开来，对立起来，认为只有统一经营才是集体经济。[⑤] 我国农村改革，实行农村联产承包责任制，农民与集体仍是内部经济分层关系，并未改变集体经济形式。

第二，依法取得土地承包经营权。稳定完善双层经营体制，关键是稳

---

① 《中共中央关于党的百年奋斗重大成就和历史经验的决议》（2021年11月11日）【法宝引证码】CLI. 16. 5078690。

② 《中共中央关于农业和农村工作若干重大问题的决定》（1998年10月14日）【法宝引证码】CLI. 16. 20813。

③ 王胜明：《试论个体工商户、农村承包经营户》，《中国法学》1986年第4期。

④ 《民法总则》（已废止）第55条：农村集体经济组织的成员，依法取得农村土地承包经营权，从事家庭承包经营的，为农村承包经营户。

⑤ 《中共中央关于农业和农村工作若干重大问题的决定》（1998年10月14日）【法宝引证码】CLI. 16. 20813。

定完善土地承包关系。土地是农业最基本的生产要素,又是农民最基本的生活保障。稳定土地承包关系,才能引导农民珍惜土地,增加投入,培肥地力,逐步提高产出率;才能解除农民的后顾之忧,保持农村稳定。这是党的农村政策的基石,绝不能动摇。① 因此,签订土地承包合同,取得土地承包经营权,是农村承包经营户的基本法律特征。

第三,从事家庭承包经营活动。农民根据法律和承包合同,承包土地等生产资料,取得农村土地承包经营权,以家庭或个人为基本单位从事承包经营。实行土地集体所有、家庭承包经营,使用权同所有权分离,建立统分结合的双层经营体制,理顺了农村最基本的生产关系。这是能够极大促进生产力发展的农村集体所有制的有效实现形式。实行家庭承包经营,符合生产关系要适应生产力发展要求的规律,使农户获得充分的经营自主权,能够极大地调动农民的积极性,解放和发展农村生产力;符合农业生产自身的特点,可以使农户根据市场、气候、环境和农作物生长情况及时作出决策,保证生产顺利进行,也有利于农户自主安排剩余劳动力和剩余劳动时间,增加收入。这种经营方式,不仅适应以手工劳动为主的传统农业,也能适应采用先进科学技术和生产手段的现代农业,具有广泛的适应性和旺盛的生命力。②

(二) 农村承包经营户的民事主体资格

农村承包经营户以户为单位开展家庭承包经营,虽与单个的自然人有别,但是由于土地承包关系是以家庭为基础建立的,其组织性并不是很明显。自《民法通则》首次将其载入法律以来,农村承包经营户就成为非常重要的民事主体,归类于自然人之中,成为独立的市场主体,被党和国家的各类文件所坚定、支持和切实保障。③《民法典》亦不例外。

(三) 农村承包经营户责任的承担

虽然农村承包经营户归属于自然人作为民事主体,但是其对外的债务或责任承担却有别于自然人。因为在我国土地承包经营具体实践中,农村

---

① 《中共中央关于农业和农村工作若干重大问题的决定》(1998年10月14日)【法宝引证码】CLI. 16. 20813。
② 《中共中央关于农业和农村工作若干重大问题的决定》(1998年10月14日)【法宝引证码】CLI. 16. 20813。
③ 《中共中央关于农业和农村工作若干重大问题的决定》(1998年10月14日)【法宝引证码】CLI. 16. 20813。

承包经营户从事农村土地承包经营的情况比较复杂。随着城镇化进程的加快以及农村外出务工人员日益增多，在具体从事土地承包经营事务上发生了区分，有的由全部家庭成员经营，有的由部分家庭成员经营。农村承包经营户的债务，也应加以区分，从而更为公平、合理以及能够更好地适应农村经济社会发展的现实。《民法典》第56条第2款规定，农村承包经营户的债务，以从事农村土地承包经营的农户财产承担；事实上由农户部分成员经营的，以该部分成员的财产承担。

第五章

民事主体——法人

法人作为民事主体的主要类型之一,是一国经济社会发展中重要的市场主体,在民法中具有非常重要的地位和作用。法人是自然人组织行为的异化形式,也是自然人实现自身目的的重要途径和手段。当法人被认许为民事主体之后,由于其与自然人个体行为的差别,具有了自身的组织结构、目的和行为方式,在其意志的形成、行为的做成和法律责任的承担方面均具有与自然人不同的特点,因而构成了自然人之外蔚为壮观的法人行为和法人行为规则系统。分析、认识和理解法人制度,就是对自然人本质的反省及其社会本质的再认识过程。

第一节 法人制度概述

法人是人类社会发展到一定历史阶段的产物,当单个的自然人或者家庭无法实现其某种特殊目标时,联合其他社会成员的力量共同实施某种行为的集体行动和组织化行为方式便成了必需和必然。组织行为的过程,就是自然人不断社会化和自我异化的过程,也是不断地自我实现的过程。这种社会化的人的行为在民法上所采取的表现形式就是合伙、法人等,其实国家也是人的行为社会化的表现形式。自然人联合的结果之一,就是使法人成为自然人之外的第二大民事主体。一旦法人取得了法律所规定的主体资格后,法人就超越于自然人而具有了自身的独立属性。当以组织形式出现的自然人的联合做出行为时,其将不再代表某一具体成员的利益和目的,而是代表组织的利益和目的,组织成员以组织名义所为的行为也不简单的是个体的行为,而是被理解和认可为代表组织或者本身就是组织的行为。

一 法人的概念

法人的概念，在不同的立法中，因立法者对法人的本质认识的不同而有所差异。在《德国民法典》中，法人既可以是其成员的变更与其存在没有关系的人的联合体，也可以是为着一定目的并具有为此目的而筹集的财产而组建起来的组织体。[1] 就社团法人而言，《德国民法典》规定，非以经济上的营业经营为目的的社团，因登记于有管辖权的区法院的社团登记簿而取得权利能力。在规范构成方面，要求社团已经设立，即已经存在一个设立中的社团，为取得权利能力，仅需要申请开始登记程序即可。在法律效果方面，社团随登记于社团登记簿而取得权利能力，并因此成为法人。[2] 而《瑞士民法典》规定，团体组织以及有特殊目的的独立机构，在商业登记簿上登记后，即取得法人资格。公法上的团体组织及机构，非经济目的的社团、宗教财团、家庭财团，不需要经上述登记。且与《德国民法典》不同，《瑞士民法典》规定法人依照法律或章程设立必要的机关后，即具有行为能力。[3] 虽然这些立法例对法人的规定表述有所差异，但都认可法人是独立的民事主体，具有相应的民事权利能力和民事行为能力，能够独立参与民事活动，依法享有民事权利和承担民事义务。

二 法人的特征

作为独立的民事主体，法人有其不同于自然人的内在特征，也有与其他非法人组织存在差异的地方，主要体现在其组织的合法性和独立性上。

第一，法人是一种社会组织。法人既可以是人合组织，也可以是财合组织，都是自然人为了实现一定的社会目的而通过人的联合或者财产的集合形成的组织形式，与自然人个体的存在目的有所不同，往往反映着组织自身的利益和目的。法人是社会组织，有明确的活动目的和内容，为了实现其目的，法人需要有一定的组织机构、明确的职能、权限和组织分工。法律和其他民事主体认可对外行为上其是组织的行为，而非组织成员的个体行为。因此，组织上的统一性是法人能够成为民事主体的前提，这也是

---

[1] [德] 卡尔·拉伦茨：《德国民法通论》（上册），王晓晔、邵建东、程建英、徐国建、谢怀栻译，法律出版社2003年版，第178页。
[2] 杜景林、卢湛：《德国民法典评注：总则·债法·物权》，法律出版社2011年版，第10页。
[3] 《瑞士民法典》，殷生根译，法律出版社1987年版，第13页。

法人与自然人之间的根本区别。

第二,法人必须为法律认许为民事主体。一定的社会组织虽然具备了组织的独立性,但是如果得不到国家法律的认可允许,自不能够成为民事主体、参与民事活动。例如,《瑞士民法典》规定,违背善良风俗或有违法目的的机构、团体组织,不能取得法人资格。[①] 在我国,对于黑社会性质组织、恶势力组织,不但不承认其民事主体资格,而且属于扫黑除恶的对象,按《刑法》和《反有组织犯罪法》的规定要进行严厉打击。因此,不是任何组织都能取得法人资格,只有那些满足法定的条件,并得到国家认可或批准的社会组织,才能取得民事主体资格。

第三,法人拥有独立的财产或者经费。法人被认可具有民事主体地位,是由其主体的独立性决定的。而其独立性,必然要求法人拥有独立的财产或者经费。民事主体,对外承担责任或者债务的信用基础是其责任财产,因此要取得民事主体资格、具有民事权利能力,必须要有财产基础。财产基础是其开展民事活动的物质前提,也是承担责任的物质基础。由于法人类型不同,对其财产要求不同,对于营利法人而言,要有独立的财产,对于非营利法人和其他特别法人来说,要有一定的活动经费。独立的财产或者经费,要求法人的财产与其参加者或者成员的财产相区别,互相独立,同时也要与其他民事主体的财产相独立。这样,法人在财产方面又区别于合伙、个体工商户和农村承包经营户。

第四,法人以自己的名称参加民事活动。法人应当有自己的名称,这是我国《民法典》对法人的强制性要求,也是法人人格独立性的外在标志,以此区别于其他法人或者民事主体。法人以其名称独立参加民事活动,这是法人有自己独立财产的必然结果,是其独立性的必然要求。在我国,法人应进行登记或者备案,以登记或者备案的名称开展各种民事活动,以名称来彰显自身的独立性和区别于其他民事主体。

第五,独立承担民事责任。法人独立承担民事责任,是其主体独立性的必然要求,也是其拥有独立财产的必然结果。正因为法人区别于其成员和其他民事主体,所以必然应独立承担由自己活动所产生的后果,依法或者依约承担相应的法律责任。因此,法人自身的责任与其法人成员或者创立者的责任是不同的,如法人的法定代表人因执行职务的行为,被认为是

[①] 《瑞士民法典》,殷生根译,法律出版社1987年版,第13页。

法人的行为，法定代表人的人格被法人所吸收，法定代表人执行职务的行为造成他人损害的，应由法人来承担民事责任。除法律另有规定外，法人的成员和组织者并不对法人的债务承担责任。

三　法人的本质

法人的本质，即法人何以与自然人同样具有民事权利能力，成为可以享有权利负担义务的民事主体。展开对法人本质的分析和探讨，有助于理解民法中法人制度的设计及其规则，对于理解主体制度意义重大。

法人自其进入到法律的世界以来，就引起学者们的广泛关注和讨论，对于法人为何能够与自然人一样作为民事主体，享有权利、承担义务，形成了不同的观点和看法。在制定《德国民法典》时，人们曾对法人的"法律性质"有过激烈的争论，即它们究竟是一个设想中"拟制"的人，还是从人的组织或组织体这样（社会学上的）现实出发，是一个"与个人完全相同的真实的完全的人"（如奥托·冯·吉尔克所说），或者它们仅是为一定目的而筹集的特别财产在法律上的独立化（目的财产说）。现在这个争论消失了。这些互相对立的观点，没有一个能完全站得住脚。[①] 我国法学界也曾爆发关于法人本质的讨论，但因长期自我封闭，讨论属于补课性质，未能有所突破。[②] 王泽鉴教授认为，法人实为一种目的性的创造物，在使一定的人或财产成为权利义务的归属主体，得经由其机关从事法律交易，在社会实际生活有其自我活动作用的领域，在此意义上亦具有社会的实体性。[③] 法人的本质在于法人存在的客观必然性、社会必要性和法律的容许。

第一，法人是自然人团体行为的高级形式和载体。人的社会联系是客观的、必然的。它的存在是不以人的意志为转移的。[④] 与作为自然人个体的行为方式不同，法人是自然人有组织行为的表现。无论从自然人的结社自由角度，还是从人类保护自身生存和发展的需要层面讲，单个的自然人无法抵御和防范来自自然界和社会的各种侵袭和灾害，为实现更可能、更

[①] [德] 卡尔·拉伦茨：《德国民法通论》（上册），王晓晔、邵建东、程建英、徐国建、谢怀栻译，法律出版社2003年版，第179—180页。
[②] 张俊浩主编：《民法学原理》（修订版），中国政法大学出版社1997年版，第164页。
[③] 王泽鉴：《民法总则》（增订版），中国政法大学出版社2001年版，第149页。
[④] 陈先达：《走向历史的深处：马克思历史观研究》，中国人民大学出版社2010年版，第84页。

大和更好的生存和发展机会,自然人必须通过联合来共同行为。因此,法人的出现和存在有其历史和社会的必然性,是人类团体行为的一种表现形式而已。与零散的、偶尔的自然人的联合相对,法人是人类团体行为的高级形式,是组织化、目的化了的自然人的行为方式及其载体。就其本质而言,与家庭、氏族和部落基于血缘的纽带联系不同,法人这种自然人的联合,主要是以特定的经济目的的实现为纽带,是为了实现特定经济目的联合,是自然人经济目的实现的特殊表达和方式。

第二,法人是人类社会发展到一定阶段的必然产物。法人制度属于社会上层建筑的一部分,是经济发展要求的反映和表现形式。当生产力发展到一定程度,自然人已有零散的、偶尔的经济联合行为(如合伙)无法容纳和实现更为宏大的经济目的。到了资本主义阶段,生产力发展水平和经济交往的频繁程度,史上前所未有,经济发展的需要决定必然产生组织化的经济表现形式。资本主义生产的社会性,把人更加紧密地结合在一起。[①] 以特定的人的联合和财产的加入,形成相对稳定、固定的组织结构,通过组织化的行为来进行管理和运行的法人形式就必然出现。

第三,法人是国家对人的组织化行为的认可在民法上的反映。法人之所以得以成为独立的民事主体,除了其具备社会的必要性,国家的承认和法律的许可也是一个非常重要的因素。任何特定的经济表现形式要取得立法的肯认,都有一个认识到接受的发展变化过程。近代国家在立法中认可法人制度也经历了限制、放任到助成的过程。法人是自然人的联合或者结合,是组织化了的人或财产的集合。法国大革命之际,个人自由之思潮,达于顶点,以为法人制度足以拘束个人之自由,妨害社会之进步,维时之法国民法即无直接关于法人之规定,虽对于特殊事项间接承认法人之存在,然亦才特许主义以限制之,是为法律对于法人禁止之时期。[②] 德国民法采取准则主义,对法人采取宽松的放任态度。随着资本主义以及进入20世纪产业社会化发展的需要,各国非但不干涉法人的设立,而且大都采取积极的助成态度。

第四,法人独立性是自然人行为社会化的必然结果。为了实现更高更

---

① 陈先达:《走向历史的深处:马克思历史观研究》,中国人民大学出版社2010年版,第146页。
② 胡长清:《中国民法总论》,中国政法大学出版社1997年版,第96页。

大更好的经济目标,通过自然人的联合或特定财产的集合形成了法人这种表现形式,本身就决定了法人的独立性。法人的组织化行为有别于自然人的行为,法人的利益就必然区别于法人成员的利益,其责任也就区别于自然人的责任。而一旦法人被国家和法律认许为一类独立的民事主体之后,法人就在法律上与作为其成员、管理者的自然人一样成为一类独立的法律关系主体,法人在其意思、行为、财产和责任等方面的独立性也必然得到法律的承认。法人绝不是拟制的,它是在个人之外,与之同样地发挥独立的社会作用,具有适合作为权利能力主体的社会价值的组织,这些组织能够成为法人,终归是基于其组织担当的社会性作用被认为有社会价值。①

因此,法人的出现和发展,离不开社会生产力的发展,是生产力发展到一定历史阶段自然人行为的社会化、组织化表现形式,决定于其所赖以存在的经济基础。归根结底,法人是被国家法律承认的自然人行为的高级表现形式和载体。

第二节 法人的分类

任何分类都是对事物类型化认识的开始和结果。对法人的分类,是更准确把握法人本质及其规则的需要。关于法人的分类,有传统分类和现行《民法典》的分类之区别。

一 法人的传统分类

自法人产生并被法律认许,就发生对其分类的问题。在传统理论和立法实践中,将法人以不同的标准进行不同分类。我国在《民法通则》中的分类,不同于现行《民法典》的分类,故也列入传统分类中进行叙述。

(一) 公法人和私法人

关于公法人和私法人的划分标准,历来学者们论说不一。通说采综合说,即主张斟酌以下因素来认定法人属于公法人还是私法人:①凡由国家依其意思设立的是公法人,而由社员、私人捐助人设立的则是私法人;②凡在成员的加入上具有强制性、人事由国家任免的是公法人,而在内部关系上实行平等自愿原则的是私法人;③凡其目的事业由法律直接规定的

---

① [日] 我妻荣:《新订民法总则》,于敏译,中国法制出版社2008年版,第117页。

是公法人，而由社员、私人捐助人规定的则是私法人；④凡国家授予公共权力的是公法人，而经营私法事业的则是私法人；⑤凡不允许擅自解散的，是公法人，凡得由社员大会决定而解散的，则为私法人。

区分公法人和私法人在于确定其目的事业、法律依据、设立规则等方面的不同。

（二）社团法人与财团法人

这是以构成私法人的成立基础之不同对私法人进一步区分。社团法人是以人的结合作为法人成立基础的私法人，成员之间具有很强的人身信任性质，故属于人合组织，如各类公司等。而财团法人是以一定的财产作为其成立基础，独立的财产是其存在的前提和基础，如基金会法人。社团法人和财团法人的主要区别如下：

（1）成立基础不同。社团法人成立的基础为人的组合，同时要有成员的出资。财团法人为财合组织体，要求必须有构成其成立基础的特定财产。

（2）设立人的地位不同。一般来说，社团法人的设立人设立法人后，即成为社团法人的组织成员。如公司成立后，公司的设立人往往就成为公司的股东。而财团法人，其设立人在法人设立后，并不会成为法人的成员。

（3）设立行为性质不同。社团法人的设立行为属于合同行为，且属生前行为。而财团法人的设立行为为单方行为，并且可以遗嘱的方式实施，即可以是死因行为。

（4）有无意思机关不同。社团法人由其成员大会或股东会为其意思机关，以形成法人的意思。而财团法人是按照其设立人的意思设立，仅有执行设立人意思的执行机关，而无意思机关。

（5）目的事业不同。社团法人既有从事社会公益的，也是有从事私益的。而财团法人主要从事社会公益活动。

（三）营利法人、公益法人

以法人的目的不同为标准，可将法人分为营利法人和公益法人。以营利为目的所设立的法人是营利法人，反之为公益法人。关于营利的含义，有不同的说法，有谓应视社团之目的事业而定，如其目的事业性质上为经济行为，即为营利者。有谓不仅须其目的事业性质上为经济行为，且须分配其所得之利益于各社员。① 我国《民法典》则规定营利法人须同时满足前述两项标准,既要实施经济行为,又须向成员分配利润,即以取得利润并分配给股东等出资人为目的成立的法人,为营利法人。社团法人,既可以设定为公益法人,也可以是营利法人。国家对待公益法人和营利法人的规制有所不同,二者设立所依据的法律、程序及国家对法人所进行的管理也是有区别的。

(四)《民法通则》的划分

我国《民法通则》对法人的分类,与传统大陆法系国家对法人的分类方式和分类结果有所不同,将法人分为企业法人、机关法人、事业单位法人和社会团体法人。《民法通则》的分类结果对我国各项法律制度产生了深远的影响,甚至在《民法典》中也能看到其影子。如在营利法人的类型或范围中,就明确了有限责任公司、股份有限公司和其他企业法人等类型,机关法人最终仍存在并归于特别法人之中。因此,了解《民法通则》对法人的分类,对于《民法典》中法人的分类仍然有重要的解释价值和现实意义。尤其是企业法人的称谓并没有被完全消除,仍存在于《民法典》之中。

二 中国《民法典》对法人的分类

民法典编纂过程中,2017年的《民法总则》未采用《民法通则》对法人的分类标准,而是重回大陆法系传统,将法人分为营利法人、非营利法人,同时规定了特别法人类型,借以容纳我国经济社会发展中出现的、需要法律确认的新的法人类型。

(一) 营利法人

根据《民法典》第76条的规定,以取得利润并分配给股东等出资人为目的成立的法人,为营利法人。

第一,营利法人属于人合组织,由其出资人组成,出资人需要向法人缴纳出资。如《公司法》规定,设立有限责任公司,应当具备符合法定人数的股东、有符合公司章程规定的全体股东认缴的出资额等条件。

第二,法人存续的目的是要取得利润,即通过法人的行为及其管理,要获取投资回报、赚取利润,因而属于经济目的。

---

① 胡长清:《中国民法总论》,中国政法大学出版社1997年版,第103页。

第三，将利润分配给出资人，即以实现出资人的私益为终极目的。取得分配利润是出资人权利的基本内容之一，如果法人连续盈利，并且符合法律规定的分配利润条件而不向出资人分配的，出资人可以请求分配或者"用脚投票"，请求公司按照合理的价格收购其股权。

第四，营利法人要制定法人章程和经营期限，只能登记一个名称、一个住所或者主要经营场所。《民法典》第79条规定，设立营利法人应当依法制定法人章程。《公司法》中也有此明确要求。根据我国《市场主体登记管理条例》，市场主体的经营期限应当向登记机关办理备案，市场主体只能登记一个名称，只能登记一个住所或者主要经营场所。

第五，营利法人必须有健全的法人治理结构。根据《民法典》的规定，营利法人必须建立起权力机构、执行机构和监督机构。如公司法人应有股东会、董事会（执行董事）和监事会（监事）等机构。

第六，营利法人须依法登记。未经登记，不得以市场主体名义从事经营活动。依法设立的营利法人，由登记机关发给营利法人营业执照。这是营利法人区别于非营利法人和特别法人的重要法律特征，非营利法人并非均需办理登记，如《民法典》第88条后段就规定，依法不需要办理法人登记的，从成立之日起，具有事业单位法人资格。

《民法典》规定营利法人主要包括有限责任公司、股份有限公司和其他企业法人等。有限责任公司是其股东以认缴的出资额为限对公司债务承担责任的公司。股份有限公司则是其股东以认购的股份为限对公司债务承担责任。"其他企业法人"，按照《民法通则》中的规定以及与其配套的《企业法人登记管理条例》的规定，应该包括具备法人条件的下列非公司企业：全民所有制企业；集体所有制企业；联营企业；在中华人民共和国境内设立的中外合资经营企业、中外合作经营企业和外资企业；私营企业；依法需要办理企业法人登记的其他企业。《民法典》施行后，《民法通则》及《企业法人登记管理条例》废止，对于法人登记代之以《市场主体登记管理条例》。根据该条例，其他非公司企业法人指的就是具备法人资格的非公司的全民所有制企业、集体所有制企业、联营企业，其范围明显小于原《企业法人登记管理条例》规定的企业法人类型。

（二）非营利法人

非营利法人，是指为公益目的或者其他非营利目的成立，不向出资人、设立人或者会员分配所取得利润的法人。非营利法人的特征主要在于：

第一，非营利法人不以营利为目的。与营利法人不同，非营利法人的目的主要是社会公益目的，如事业单位法人是为提供公益服务而设立；具备法人条件，为公益目的以捐助财产设立的基金会、社会服务机构等，经依法登记成立，取得捐助法人资格；而社会团体法人既可以是以公益目的，也可以是以会员共同利益等非营利目的设立，但不得从事营利性经营活动。

第二，非营利法人依法取得的财产，必须用于公益目的或者会员共同利益等非营利目的，决定了非营利法人并不向其出资人、设立人或者会员分配利润。如社会团体法人的经费，以及开展章程规定的活动按照国家有关规定所取得的合法收入，必须用于章程规定的业务活动，不得在会员中分配，必须执行国家规定的财务管理制度，应接受财政部门的监督。资产来源属于国家拨款或者社会捐赠、资助的，还应当接受有关审计机关的监督。

第三，非营利法人不一定需要全部办理法人登记。根据《民法典》规定，非营利法人中的一部分事业单位法人、社会团体法人，依法不需要办理法人登记，从成立之日起，即具有事业单位法人资格，如参加中国人民政治协商会议的人民团体，以及由国务院机构编制管理机关核定并经国务院批准免于登记的团体。

第四，非营利法人终止时，不得向其出资人、设立人或者会员分配剩余财产。剩余财产应当按照法人章程的规定或者权力机构的决议用于公益目的，无法按照法人章程的规定或者权力机构的决议处理的，由主管机关主持转给宗旨相同或者相近的法人。

非营利法人包括事业单位、社会团体、基金会、社会服务机构等。

（1）事业单位，是指国家为了社会公益目的，由国家机关举办或者其他组织利用国有资产举办的，从事教育、科研、文化、卫生、体育、新闻出版、广播电视、社会福利、救助减灾、统计调查、技术推广与实验、公用设施管理、物资仓储、监测、勘探与勘察、测绘、检验检测与鉴定、法律服务、资源管理事务、质量技术监督事务、经济监督事务、知识产权事务、公证与认证、信息与咨询、人才交流、就业服务、机关后勤服务等活动的社会服务组织。这些社会服务组织，经依法登记成立，取得事业单位法人资格；依法不需要办理法人登记的，从成立之日起，具有事业单位法人资格。

事业单位法人包括：①各级党委、政府直属事业单位；②党中央、国务院直属事业单位举办的事业单位；③各级人大、政协机关、人民法院、人民检察院和各民主党派机关举办的事业单位；④各级党委部门和政府部门举办的事业单位；⑤使用财政性经费的社会团体举办的事业单位；⑥国有企业及其他组织利用国有资产举办的事业单位；⑦依照法律或有关规定，应当由各级登记管理机关登记的其他事业单位。

(2) 社会团体。社会团体是指中国公民自愿组成，为实现会员共同意愿，按照其章程开展活动的非营利性社会组织。社会团体法人包括：①学术性社团：各类学会、研究会等；②行业性社团：各类协会、商会等；③专业性社团：各类从事专业业务的促进会等；④联合性社团：各类联合会、联谊会（同学会、校友会）等；⑤基金会：各类基金会；⑥其他群众团体：工会、共青团等。

(3) 捐助法人。捐助法人是指具备法人条件，经依法登记成立的为公益目的以捐助财产设立的基金会、社会服务机构等。基金会，是指利用自然人、法人或者其他组织捐赠的财产，以从事公益事业为目的，按照《基金会管理条例》的规定成立的非营利性法人，基金会依照章程从事公益活动，应当遵循公开、透明的原则。

(4) 社会服务机构。社会服务机构是指登记为法人的民办非企业单位，① 是社会组织的一种主体组成部分。所谓民办非企业单位是指企业事业单位、社会团体和其他社会力量以及公民个人利用非国有资产举办的，从事非营利性社会服务活动的社会组织。②

(三) 特别法人

《民法典》并未对特别法人进行概念界定，只是在第 96 条进行了类型列举。根据列举的特别法人类型，可以将特别法人理解为营利法人和非营利法人之外其他法人，其发挥的职能和作用具有公益性、部分承担着国家和社会管理的职责，是国家实现社会治理的重要抓手和基础。

特别法人包括机关法人、农村集体经济组织法人、城镇农村的合作经济组织法人和基层群众性自治组织法人。

---

① 参见《民政部关于进一步加强和改进社会服务机构登记管理工作的实施意见》（民发〔2018〕129 号）【法宝引证码】CLI.4.324917。
② 参见《民办非企业单位登记管理暂行条例》第 2 条。

1. 机关法人

根据《第二次全国基本单位普查办法》① 规定，机关法人是指各级党政机关和国家机关，包括：①县级以上各级中国共产党委员会及其所属各工作部门；②县级以上各级人民代表大会机关；③县级以上各级人民政府及其所属各工作部门；④县级以上各级政治协商会议机关；⑤县级以上各级人民法院、检察院机关；⑥县级以上各民主党派机关；⑦乡、镇中国共产党委员会和人民政府，以及街道办事处。有学者提出，其划分依据明显脱离了《民法通则》关于法人确立标准的规定，仅适用于第二次全国基本单位普查中法人单位的划分，显然不能视为我国机关法人范围的有效规定。② 上述分类虽没有包含军事机关，但对机关法人的内涵和外延的理解有着积极的参考和说明价值。

2. 农村集体经济组织

农村集体经济组织是指各级集体经济组织中，为农户和各类新型经营主体提供农业生产性服务的农村集体经济组织，包括独立的农村集体经济组织和村委会代行职能的农村集体经济组织。③

3. 城镇、农村的合作经济组织

合作经济组织就是城镇的个体劳动者或者建立在农村家庭承包经营基础上的农产品的生产经营者或者农业生产经营服务的提供者、利用者所组成的各种专业合作社，属于自愿联合、民主管理的互助性经济组织。④ 农民专业合作社经依法登记，取得法人资格。根据《农民专业合作社法》第5条第2款的规定，农民专业合作社对由成员出资、公积金、国家财政直接补助、他人捐赠以及合法取得的其他资产所形成的财产，享有占有、使用和处分的权利，并以上述财产对债务承担责任。农民专业合作社成员，则以其账户内记载的出资额和公积金份额为限，对农民专业合作社承担责任。⑤

---

① 统计局、中编办、民政部、财政部、税务总局、工商总局、质检总局《关于印发〈第二次全国基本单位普查办法〉的通知》（国统字〔2001〕51号）【法宝引证码】CLI.4.317797。

② 屈茂辉：《机关法人制度解释论》，《清华法学》2017年第5期。

③ 农业农村部办公厅《关于开展农业生产性服务业专项统计的通知》（农办经〔2018〕9号）【法宝引证码】CLI.4.314778。

④ 参见《农民专业合作社法》第2条。

⑤ 参见《农民专业合作社法》第6条。

4. 基层群众性自治组织法人

主要是居民委员会和村民委员会。居民委员会是居民自我管理、自我教育、自我服务的基层群众性自治组织。[1] 村民委员会是村民自我管理、自我教育、自我服务的基层群众性自治组织，实行民主选举、民主决策、民主管理、民主监督。[2]

第三节 法人的民事能力

法人这种社会组织自其被国家认许后，作为一类重要的民事主体，由法律赋予其民事权利能力和民事行为能力，能够参与民事活动。但毕竟法人与自然人存在着诸如生理结构、情感价值等不同，其所参与的民事法律关系类型以及民事能力，均与自然人有所不同，有其自身特点。

一 法人的民事权利能力

法人的民事权利能力，就是法人作为民事主体所具有的能够参与民事法律关系，取得民事权利和承担民事义务的资格。具备民事权利能力，即取得民事主体资格，才有可能和机会参加到民事法律关系中去。民事权利能力是法人实施民事活动的法律前提。

(一) 法人民事权利能力的开始与终止

《民法典》第 59 条规定，法人的民事权利能力和民事行为能力，从法人成立时产生，到法人终止时消灭。由于我国《民法典》的法人分类及法人类型的不同，法人的成立和终止情形并不完全一致。

1. 法人权利能力的开始

法人类型不同，成立的时间和标准不同。依法设立的营利法人，由登记机关发给营利法人营业执照。营业执照签发日期为营利法人的成立日期，即法人行为能力的开始之日。非营利法人经依法登记成立，取得法人资格，具备权利能力，依法不需要办理法人登记的，从成立之日起，具有法人资格，具备权利能力。不需要办理法人登记的，其成立时为其批准设立或成立之日。经有关主管部门依法审核或者登记，已经取得相应的

---

[1] 参见《城市居民委员会组织法》第 2 条。
[2] 参见《村民委员会组织法》第 2 条。

执业许可证书的事业单位，则自其取得相应的执业许可证之日为其民事权利能力开始之时。捐助法人，以其登记成立之日为其民事权利能力开始之时。有独立经费的机关和承担行政职能的法定机构，其成立之日为其权利能力开始之时。城镇农村的合作经济组织以其登记完成之日为其权利能力的开始时间，而其他特别法人则依相关法律规定确定其行为能力的开始。

2. 法人民事权利能力的终止

法人依法被撤销、解散、宣告破产或者因其他法定事由终止的，需要依法进行清算和注销登记。处于清算过程中的法人其民事权利能力受到严格限制，法人不得从事与清算和注销无关的生产经营活动。因此，在清算和注销相关事务范围内，法人具有相应的民事权利能力，自其办理注销登记之后，其民事行为能力完全终止。

（二）法人民事权利能力的范围

法人因系社会发展的必要和法律的认许才得以成为民事主体，与自然人存在着本质的不同，故其民事权利能力与自然人等应有所区别，受其法律属性、法律规定及法人成立目的的限制。

首先，基于自然性质的限制，专属自然人的某些权利能力的内容，如生命健康权、婚姻家庭关系中的权利、继承权利等自然人独有的权利等，法人不可能享有，法人也无法参与到该等法律关系中去。《瑞士民法典》规定，法人享有除性别、年龄或亲属关系以外的自然人的本质为要件的一切权利及义务。[①] 故法人不具有参与自然人以性别、年龄或亲属关系为内容的这些法律关系的民事权利能力。

其二，由于法人的主体资格出于法律的认可，故同时亦受法律上的限制，如《公司法》规定公司不得成为其他公司的无限责任股东。

第三，法人目的上的限制，即法人的权利能力的范围，以其事业目的所必要的范围为限。如事业单位开展活动，按照国家有关规定取得的合法收入，必须用于符合其宗旨和业务范围的活动。事业单位接受捐赠、资助，必须符合事业单位的宗旨和业务范围，必须根据与捐赠人、资助人约定的期限、方式和合法用途使用。我国法律没有规定对法人的目的的登记问题，但是对作为市场主体的营利法人需要登记其经营范围，有些类型的非营利法人需要登记其设立宗旨和业务范围，有些类型特别的法人则有其

[①] 《瑞士民法典》，殷生根译，法律出版社1987年版，第13页。

法定的职责和权限，故不可一概而论。对于具有法定职责权限的特别法人而言，根据法无规定不可为的公法原理，其职责权限应属权利能力范畴，超此范围其行为当然无效。对于需要登记其设立宗旨和业务范围的非营利法人而言，超越设立宗旨和业务范围的行为被严格禁止。① 因此，设立宗旨和业务范围应属于对非营利法人民事权利能力的限定。

而对于营利法人而言，其经营范围并非法人的宗旨或者目的，对其到底是民事权利能力还是行为能力，抑或都不是，存在争论，形成了权利能力限制说、行为能力限制说、代表权限制说或内部责任说。权利能力限制说认为，法人的目的范围对于法人活动的限制，是对于法人权利能力的限制。行为能力限制说认为，法人的目的范围，属于对法人行为能力的限制。代表权限制说认为，法人的目的，不过是划定法人机关的对外代表权的范围。而内部责任说认为法人的目的，不过决定法人机关在法人内部的责任。且不论营利法人的经营范围是否可以认定为就是法人目的，单纯从其经营范围本身而言，实际上也有所不同，可区分为包括一般经营项目和许可经营项目。经营范围中属于在登记前依法须经批准的许可经营项目，市场主体应当在申请登记时提交有关批准文件。② 未经设立登记从事许可经营活动或者未依法取得许可从事经营活动的，由法律、法规或者国务院决定规定的部门予以查处；法律、法规或者国务院决定没有规定或者规定不明确的，由省、自治区、直辖市人民政府确定的部门予以查处。其行为后果并未如社会团体法人违背设立宗旨和业务范围那般严重。举重以明轻，超越一般经营项目更是不能认为是应予严格禁绝的行为。结合原《企业经营范围登记管理规定》和现行有效的《市场主体登记管理条例》的规定，经营范围是企业从事经营活动的业务范围，并未明确经营范围是决定企业权利能力的依据，甚至某种程度上经营范围还可以参照政策文件、行业习惯或者专业文献等提出，也未明确违反了经营范围会导致何等严重后果。经营范围发生变化的，企业只是须对章程或者合伙协议进行修订，并向企业登记机关申请变更登记而已。因此上述情况也远达不到影响其权利能力的程度。同样，根据《民法典》关于法定代表人超越权限的行为、执行职务行为的效果来看，并无意使法人章程或者法人权力机构对法定代表人代表权的限制成为评判越权行为效力

---

① 参见《社会团体登记管理条例》第 30 条。
② 参见《市场主体登记管理条例》第 14 条第 1 款。

的依据,故也未采行为能力限制的观点。《民法典》第505条更是明确规定,当事人超越经营范围订立的合同的效力,应当依照本法第一编第六章第三节和本编的有关规定确定,不得仅以超越经营范围确认合同无效。更是没有将经营范围作为判断合同效力的依据。从维护市场交易安全、减少交易成本、促进经济繁荣角度讲,也无将市场主体的经营范围理解成权利能力或行为能力限制的必要。故本书认为,对于营利法人的经营范围的章程规定及其登记,仅是表明其行业或者经营特征,与权利能力和行为能力无关,不能作为认定营利法人民事权利能力或者民事行为能力的来源或限制的依据。

二 法人的民事行为能力

法人的民事行为能力,是法人通过自己的独立行为取得民事权利、承担民事义务的能力,是国家赋予法人独立进行民事活动的能力或资格。法人因其系法律的认许而具有法律上的民事能力,故对其行为能力并不能如自然人那样依其年龄、智力和理性程度区分为不同的行为能力人。一般来说,具备民事权利能力,法人即具备民事行为能力,从法人成立时产生,到法人终止时消灭。且法人的行为能力并无具体范围限制。我国《民法典》在其规定中,涉及法人行为能力的条款仅有两条,而且均是与民事权利能力合到一块论述。

与自然人相比,法人的民事行为能力,具有如下特点:①法人的行为能力和权利能力同时产生、同时终止。这里的同时终止,是指法人的民事权利能力终止,则其民事行为能力也同时终止。但是法人行为能力丧失是否导致其权利能力的终止,则不一定。我国曾有高级人民法院的判决认为,被吊销营业执照后果是导致法人的经营资格被剥夺从而丧失法人的行为能力,企业法人行为能力的丧失最终会导致企业法人主体资格的消灭,但并不立即消灭,只有在进行清算并到工商管理部门办理注销登记手续后方才使企业法人的主体资格归于消灭。① 而最高人民法院对此问题的态度相对谦抑和平和,认为企业被吊销营业执照是工商管理部门对企业法人的行政处罚,是对其企业法人行为能力的限制,但该企业的主体资格仍然存

---

① 内蒙古自治区高级人民法院包头市九原区麻池镇永茂泉村民委员会与包头市郊区昆仑冶炼轧钢厂合同纠纷,〔2018〕内民申2181号再审审查与审判监督民事裁定书【法宝引证码】CLI.C.65357224。

在，仍应以其全部资产对外承担民事责任。[①] ②法人的民事行为能力受其权利能力范围的限制，与其保持一致。在特殊情况下，法人的行为能力可能会被限制，如被吊销营业执照，处于清算、注销阶段的法人，其行为能力范围只能与其清算和注销事务有关。③自然人的行为能力通常是由自己来实现，而法人则不同，法人不能自己实施行为，其行为能力通常是由法人的机关或者法人机关委托的代理人来实现，仍需由具体的自然人付诸实施。

三　法人的民事责任

法人的民事责任能力，是法人行为能力中的一种特殊形式，它是指法人据以独立承担民事责任的资格，又称侵权行为能力。我国立法肯定法人的民事责任能力，《民法典》第60条规定，法人以其全部财产独立承担民事责任。法人的责任，可以从三个方面去考察：

其一，法人的违约责任。法人的法定代表人或者非法人组织的负责人超越权限订立的合同，除相对人知道或者应当知道其超越权限外，该代表行为有效，订立的合同对法人或者非法人组织发生效力。违约责任是未按照法律的规定或者合同的约定履行或完全履行所应承担的法律责任，这是法人违反其法定或者约定义务所应承担的必然后果，受《民法典》总则编和合同编的调整。

其二，法人的侵权责任。法人的侵权责任，则是指法人实施的侵犯他人合法权益的行为所应承担的不利法律后果。法人侵权责任承担的前提是存在应由法人担责的侵权行为。一般来说，法人应担责的侵权行为须满足如下条件：①须属于代表机关或者其他有权代表法人者实施的行为，如法定代表人、员工的执行职务行为。②须属于执行法人的职务的行为。法定代表人、员工执行法人的职务的行为就被认为是法人的行为。依照通说，判断职务行为的标准为：在外观上须足以认为属于执行职务；须依社会共同经验足以认为与法人职务有相当关联。③须符合一般侵权行为的要件：有加害行为、有损害事实、损害的发生与加害行为之间具有因果关系，须加害行为出于过错，行为人造成他人民事权益损害，不论行为人有无过错，法律规定应当承担侵权责任的，应依其规定。

[①] 枣庄市峰城区国有资产经营有限公司与中国信达资产管理公司济南办事处借款担保合同纠纷上诉案，最高人民法院〔2006〕民二终字第169号【法宝引证码】CLI.C.2441227。

《民法典》明确规定了法定代表人以法人名义从事的民事活动，其法律后果由法人承受，法定代表人因执行职务造成他人损害的，由法人承担民事责任。法人承担民事责任后，依照法律或者法人章程的规定，可以向有过错的法定代表人追偿。

其三，法人的社会责任。营利法人作为一类重要的社会主体，在从事自身的经营活动的过程中，必须也要遵守一般社会主体必须遵守的行为规则、商业道德，其行为受政府和社会的监督。同时也要承担社会责任，积极参与一定的社会公益和慈善活动。

四 营利法人人格否认制度

法人自其被确认为民事主体的一种，即相应地拥有民事权利能力和民事行为能力，对外能够独立参与民事活动，承担相应的法律责任。法人的主体资格、行为和民事责任具有独立性，与法人的参加者、投资者等自然人相区分。尤其在营利法人中，公司类法人的投资者利用以出资额为限的有限责任，滥用法人的人格，给法人的其他投资者、债权人带来损害时，能否突破有限责任和公司的独立人格，追究滥用者超越其出资限额的民事责任，就成为司法实践和立法必须面对的现实问题。如果法人人格被用于不正当目的、不正当地损害他人利益，或者妨碍公共政策的实施，那么，在具体案件中，法院就有理由不承认该法人的独立地位，这就涉及法人人格否认问题。

法人人格否认制度是近年来西方国家民商法尤其是公司法理论中讨论较多的问题。这一理论也称为公司股东或债权人的"直索责任"或者"揭开公司的面纱"（piercing the veil of the company）的理论。在有中国特色社会主义市场经济建设过程中，市场主体在设立公司中虚假出资、抽逃出资，以及公司经营中经营者与公司人格混同、财务混同的情况常有出现。因此，建立法人人格否认制度是法人制度之必要、有益的补充，是法人制度的配套和完善。2005年10月27日，第十届全国人民代表大会常务委员会第十八次会议修订《公司法》时，在第20条增加了公司股东滥用权利责任的规定。经过理论认识的逐渐深刻和司法实践的发展，这一制度被《民法总则》规定到法人制度中，《民法典》对其加以继受。《民法典》第83条规定，营利法人的出资人不得滥用出资人权利损害法人或者其他出资人的利益。滥用出资人权利给法人或者其他出资人造成损失的，应当依法承担民事责任。营利法人的出资人不得滥用法人独立地位和出资人有限责任损害法人的债权人利益。滥用法人独立地位和出资人有限责任，逃避债务，严重损害法人的债权人利益的，应当对法人债务承担连带责任。

《公司法》和《民法典》的相关规定，为营利法人人格否认制度提供了法律依据。需要注意的是，法人的独立人格是民法的原则规定，人格否认仅是例外情形。故只有在法律规定的特殊情形下，依照法定程序做出法人人格否认的判断。我国司法实践认为，法人人格否认最根本要件在于公司法人独立意志的丧失，从而导致公司对外不能完全独立地承担民事责任，该制度的目的在于防止大股东将其投资的企业作为工具，使其丧失独立性，并且利用其获得利益。违背股东与公司分离原则是公司法人人格否定的重要情形，在违背股东与公司分离原则下存在人格混同和财产混同两种情况。[①] 财产混同主要是存在股东与公司资金混同、财务管理不作清晰区分等，股东的资产与公司资产难分你我，互为所用，公司财产与股东财产难以分辨。[②] 而关于人格混同的情形，颇显复杂。判断法人人格混同的重要标准是审查是否存在人员混同、组织机构混同、业务混同、经营混同、场所混同等要素，判断法人与其股东是否存在一致决策、一致行动、一致管理等丧失法人人格独立性的情形。

第四节 法人的成立

法人的成立，指法人开始取得法人资格，相当于自然人的出生。法人的成立，需要有设立行为，即经过法人的组建行为。经过设立行为，被国家和法律认可后法人即告成立，取得独立的民事主体资格。当然，由于法人类型不同，设立后是否需要登记情况有别，有些批准设立的法人即具有法人资格，无须登记，有些法人则依法需要进行登记，经登记始取得法人资格。因此，法人的设立是法人成立的前置阶段，不经设立就无所谓成立问题。如营利法人属于市场主体，申请市场主体设立登记，登记机关依法

[①] 河北中电开利贸易有限公司诉上海博恩世通光电股份有限公司等买卖合同纠纷案，最高人民法院〔2014〕民申字第 2149 号民事裁定书【法宝引证码】CLI. C. 6744376。

[②] 亚之羽航空服务（北京）有限公司等与宽甸金远房地产开发有限公司居间合同纠纷再审申请案，最高人民法院〔2016〕最高法民申 2096 号民事裁定书【法宝引证码】CLI. C. 8616553。

予以登记的,签发营业执照。营业执照签发日期为市场主体的成立日期①。除按照有关规定向登记管理机关备案的事业单位法人外,其他需要登记的事业单位法人,在申请登记时也需要经审批机关批准设立后才可以申请,故也必须有设立的阶段和过程。

一 法人成立的条件

法人成立的条件,是指法人具备的实质要件,具备此要件就可以经过法定程序被确认为具备法人资格。对于法人的成立条件,我国立法表述有一个发展变化的过程,在《民法通则》中,称其为"法人应当具备的条件",在《公司法》中称其为"设立条件",《民法典》中表述为"法人成立的条件",其实所要表达的都是同一内容,即法人应具备的实质条件。

根据《民法典》的规定,我国法人的成立条件,可以分为一般条件和具体条件。所谓一般条件,是指所有法人均应具备的条件,是对法人实质性要件的普遍性要求。而具体条件则是因法人的类型不同,按照不同类型法人的性质和特点应具备的条件,属于个性条件要求,如公司法规定设立有限责任公司应当具备的条件。关于法人成立的一般条件,共有四个方面。

(一) 名称

法人的名称是其主体独立性标志之一,可以在形式上与其他民事主体相区别,也可以将法人与其组织者和成员区别开来。关于法人名称方面的要求,根据法人的分类不同而有所区别。

1. 营利法人

营利法人属于市场主体,根据《市场主体登记管理条例》的规定,市场主体只能登记一个名称,经登记的市场主体名称受法律保护。对其名称的具体要求,由于营利法人亦属于企业范畴,故其应按照《企业名称登记管理规定》确定名称。企业名称由行政区划名称、字号、行业或者经营特点、组织形式组成。跨省、自治区、直辖市经营的企业,其名称可以不含行政区划名称;跨行业综合经营的企业,其名称可以不含行业或者经营特点。根据国务院《企业名称登记管理规定》第11条的规定,企业

---

① 参见《市场主体登记管理条例》第21条。

名称不得有下列情形：①损害国家尊严或者利益；②损害社会公共利益或者妨碍社会公共秩序；③使用或者变相使用政党、党政军机关、群团组织名称及其简称、特定称谓和部队番号；④使用外国国家（地区）、国际组织名称及其通用简称、特定称谓；⑤含有淫秽、色情、赌博、迷信、恐怖、暴力的内容；⑥含有民族、种族、宗教、性别歧视的内容；⑦违背公序良俗或者可能有其他不良影响；⑧可能使公众受骗或者产生误解；⑨法律、行政法规以及国家规定禁止的其他情形。企业名称冠以"中国""中华""中央""全国""国家"等字词，应当按照有关规定从严审核，并报国务院批准。①

2. 非营利法人名称的确定

对于非营利法人的名称，由于其类型不同，国家对其名称的要求也有所不同，以下分述之。

事业单位名称是事业单位的文字符号，是各事业单位之间相互区别并区别于其他组织的首要标志，应当由以下部分依次组成：①字号：表示该单位的所在地域，或者举办单位，或者单独字号的字样；②所属行业：表示该单位业务属性、业务范围的字样，如数学研究、教育出版、妇幼保健等；③机构形式：表示该单位属于某种机构形式的字样，如院、所、校、社、馆、台、站、中心等。② 事业单位名称不得使用含有下列内容的文字：①有损于国家、社会公共利益的；②可能造成欺骗或者引起误解的；③其他法律、法规禁止的。③

社会团体的名称应当符合法律、法规的规定，不得违背社会道德风尚。社会团体的名称应当与其业务范围、成员分布、活动地域相一致，准确反映其特征。全国性的社会团体的名称冠以"中国""全国""中华"等字样的，应当按照国家有关规定经过批准，地方性的社会团体的名称不得冠以"中国""全国""中华"等字样。④

根据《基金会名称管理规定》，基金会法人的名称应当反映公益活动的业务范围，其名称应当依次包括字号、公益活动的业务范围，并以"基金会"字样结束。公募基金会的名称可以不使用字号，如使用字号，

---

① 参见《企业名称登记管理规定》第12条。
② 参见《事业单位登记管理暂行条例实施细则》第19条。
③ 参见《事业单位登记管理暂行条例实施细则》第21条。
④ 参见《社会团体登记管理条例》第10条第2款。

字号不得使用自然人姓名、法人或者其他组织的名称或者字号。基金会名称不得含有下列内容和文字：①有损于国家、社会公共利益的；②可能对公众造成欺骗或者引起公众误解的；③有迷信色彩的；④外国国家（地区）名称、国际组织名称；⑤政党名称、国家机关名称及部队番号；⑥其他基金会的名称；⑦外国文字、汉语拼音字母、数字；⑧其他法律、行政法规规定禁止的。①

另外，基金会还不得使用下列名称：①已被登记管理机关撤销登记，自撤销登记之日起未满3年的基金会的名称；②已注销登记，自注销登记之日起未满3年的基金会的名称；③已变更名称，自变更登记之日起未满1年的基金会的原名称。②

3. 特别法人的名称

特别法人的名称需要根据其类型不同，分别依据相关法律法规或党内法规确定，一般应包含行政区域、类型和职能或业务范围等要素。③

法人的名称与自然人的姓名都具有标注其独立民事主体的价值和功能。但二者也有不同，在名称的确定方面法人有特殊的法律限制规定，其限制的范围要比自然人姓名的规定要复杂。另外，自然人姓名作为其人格的标志，与自然人不可分离，不可让与。但法人的名称权却具有可让与性，《民法典》第1013条规定，法人、非法人组织享有名称权，有权依法决定、使用、变更、转让或者许可他人使用自己的名称。

（二）组织机构

法人必须具备一定的组织机构，明确其权力机关、执行机关和监督机关。法人的组织机构是实现法人团体意志、独立享有民事权利和承担民事义务的组织保证。

营利法人一般要具备决策机构、执行机构和监督机构。如公司法人要设股东会、董事会或执行董事、监事会或监事，设法定代表人。非营利法人的组织机构因其类型不同而有区别，如理事会是基金会的决策机构，理事人数为5—25人，设监事、基金会理事长、副理事长和秘书长等。

特别法人一般要以相应的组织法等法律法或合作社章程等的规定，设立相应的组织机构。

---

① 参见《基金会名称管理规定》第10条。
② 参见《基金会名称管理规定》第11条。
③ 参见《农业农村部办公厅关于启用农村集体经济组织登记证有关事项的通知》。

(三) 住所

法人开展各类民事活动，必须依赖于特定的空间场所进行，因此须有自己固定的场所。原则上，法人以其主要办事机构所在地为住所。关于法人住所的数量，法人申请登记的住所只能是一个。①

法人住所的制度价值与自然人的住所相同，都是为了使法律关系集中统一，并且便于管理，因此强调住所只能有一个。除了根据自然人自然性质决定的住所的功能，住所在私法和公法上的价值，法人与其相同。

(四) 独立财产

法人成立条件中要求法人有必要的财产或者经费，这是法人对外能够独立承担民事责任的物质前提，也是法人与其成员、投资者财产独立的必然要求。对于营利法人，要求有必要的财产，对于非营利法人和特别法人而言，要有开办资金、必要的经费或者拨款。

营利法人必须具备法人必要的独立财产。如有限责任公司，其独立财产来源于股东的出资和公司的经营积累。

非营利法人也应有独立的资产和经费。如事业单位的财产来源于其开办资金和经费，其中开办资金包括举办单位或者出资人授予事业单位法人自主支配的财产和事业单位法人的自有财产，经费来源是指事业单位的收入渠道，包括财政补助和非财政补助两类。②

特别法人中，机关法人的经费来源主要是财政资金。农村集体经济组织可依法依规采取多种形式筹集资金，筹集资金应当履行本集体经济组织决策程序，确定筹资方式、规模和用途。③ 农民专业合作社的财产主要来源于成员出资、公积金、国家财政直接补助、他人捐赠以及合法取得的其他资产所形成的财产。农民专业合作社成员的出资方式相对比较灵活，可以用货币出资，也可以用实物、知识产权、土地经营权、林权等可以用货币估价并可以依法转让的非货币财产，以及章程规定的其他方式作价出资。④ 村民委员会办理本村公益事业所需的经费，主要由村民会议通过筹

---

① 《市场主体登记管理条例》第11条第1款：市场主体只能登记一个住所或者主要经营场所。《事业单位登记管理暂行条例实施细则》第25条：事业单位住所是事业单位的主要办事机构所在地。一个事业单位只能申请登记一个住所。
② 参见《事业单位登记管理暂行条例实施细则》第32条。
③ 参见《农村集体经济组织财务制度》第12条。
④ 参见《农民专业合作社法》第13条。

资、筹劳解决，考虑到村民委员会还承担一定的基层治理职能，故当其筹集经费确有困难的，由地方人民政府给予适当支持。①

二　法人设立的原则和方式

法人的设立是指为创办法人组织，使其具有民事主体资格而进行的多种连续准备行为。法人是自然人行为的组织化和异化，因此，法人的成立需要有一个设立的准备过程。就其设立，各国的立法态度及对设立的方式要求亦有不同。

（一）法人设立的原则

因法人类型的不同，以及法人制度发展的历史阶段的不同，关于法人设立的原则，大体有如下几种：

1. 自由设立主义

自由设立主义，是指是否即如何设立法人，由其设立者自由决定，国家对其不加干涉或限制，因此又称为放任主义。自由设立主义是早期资本主义发展过程中对法人设立所采取的一种态度，在欧洲中世纪，由于商业的发展和商事公司的勃兴，各国曾多采用放任主义。自由设立法人，对法人的财产和承担责任的能力不加限制，有碍交易安全，故近代以来各国陆续放弃了这种做法。

2. 特许设立主义

特许设立主义，是指法人的设立需由国家专门的法令规定或制定特别法律，故又称为立法特许主义。这是国家为实现其特殊的需要，对一些法人的设立通过立法规定其设立的原则。如我国为了加强支援农业资金的统一管理，使这些资金充分发挥效益，更好地为发展农业生产服务，国务院提请批准设立中国农业银行，1963年11月9日第二届全国人民代表大会常务委员会第一百零六次会议作出《关于批准设立中国农业银行的决议》，批准设立中国农业银行，作为国务院的直属机构。②

3. 许可设立主义

许可设立主义，是指法人设立时除应符合法律规定的条件外，还要经过国家主管行政机关的批准。主管机关依照相关规定进行审查后作出批准

---

① 参见《村民委员会组织法》第37条第2款。
② 《全国人民代表大会常务委员会关于批准设立中国农业银行的决议》【法宝引证码】CLI.1.296。

或不批准的决定。之所以采取许可设立主义，大抵是为了防止特定领域或特定类型的法人实施不当行为，侵害社会公共利益，故必须对设立法人的自由采取必要的限制，国家进行适当的干预。我国为了适应证券市场对外开放的需要，加强和完善对外资参股证券公司的监督管理，明确外资参股证券公司的设立条件和程序，规定由中国证券监督管理委员会负责对外资参股证券公司的审批和监督管理，依法进行审查，并在规定期限内作出是否批准的决定。

4. 准则设立主义

准则设立主义，也称登记主义，是指由法律规定法人成立应具备的条件，无须经过主管部门批准，设立人依照该条件设立法人，直接到登记机关办理登记后法人即告成立。①

5. 强制设立主义

强制设立主义即国家以法令规定某种行业或某种情况下必须设立一定法人组织的设立原则。如原《国务院关于整顿边地贸易经营秩序制止假冒伪劣商品出境的通知》规定，凡经国务院批准开放的边境口岸都必须设立海关和商检机构，并应具备相应的检查检验场所。现行《海关法》规定，国务院设立海关总署，统一管理全国海关。国家在对外开放的口岸和海关监管业务集中的地点设立海关。海关的隶属关系，不受行政区划的限制。海关依法独立行使职权，向海关总署负责。

(二) 我国现行法采取的法人设立原则

1. 营利法人的设立原则

营利法人是最重要的市场主体类型，我国规定其设立采取以准则设立为原则、许可设立为例外的设立原则。《市场主体登记管理条例》第21条规定，申请人申请市场主体设立登记，登记机关依法予以登记的，签发营业执照。营业执照签发日期为市场主体的成立日期。法律、行政法规或者国务院决定规定设立市场主体须经批准的，应当在批准文件有效期内向登记机关申请登记。

2. 非营利法人的设立原则

非营利法人的设立原则，根据法人的类型不同，我国采取了不同的做法。事业单位法人的设立采取许可设立主义，事业单位经县级以上各级人

---

① 参见《市场主体登记管理条例》相关规定。

民政府及其有关主管部门批准成立后，应当进行登记或者备案。社会团体法人的设立原则，有采特许设立主义的，如妇女联合会、工会、团组织等，需要按照国家法律和行政命令的规定来设立；也有采许可主义的，如各种协会、学会等，其法人的设立需要经过业务主管部门审查同意，然后向登记机关申请登记才可成立。对于捐助法人，在我国采取的是许可设立主义，如基金会法人设立，需要先有业务主管单位同意设立的文件，然后按照《基金会管理条例》的规定，申请设立登记。

3. 特别法人的设立原则

机关法人的设立，必须有宪法和相关国家机构设置法的特别规定，故其设立原则采取的是特许设立主义，机关法人自成立之日起，即具有法人资格。农村集体经济组织法人、基层群众性自治组织法人也采取的是特许设立主义。而城镇农村的合作经济组织法人，则采取准则设立主义，以设立农民专业合作社为例，设立人应当向工商行政管理部门提交申请文件，申请设立登记。

（三）法人的设立方式

设立法人，依照法人类型的不同，而有以下方式：①命令设立，即政府以命令设立法人的方式，如前述海关的设立，即按照这种方式设立。②发起设立，即由发起人一次性认足法人成立所需资金而设立法人，如营利法人中的有限责任公司，股东在认足公司章程规定的出资后，由全体股东指定的代表或者共同委托的代理人向公司登记机关报送公司登记申请书、公司章程等文件，申请设立登记。③募集设立，即法人组织所需的资金，在发起人未认足之时，将所剩余资金向社会公开募集，以募集足所需的资金的一种法人的设立方式。④捐助设立，即由法人或者自然人捐足法人所必需资金的一种法人设立方式。《民法典》规定，具备法人条件，为公益目的以捐助财产设立的基金会、社会服务机构等，经依法登记成立，取得捐助法人资格。

三　法人成立的程序

法人具备法人的成立条件，经过成立程序后，即具备独立的民事主体资格。法人成立的程序，一般要求要依法成立、有设立行为，并办理相应的批准、备案、申请、登记等手续后始告成立。

依法成立，强调法人必须是合法的组织，为国家法律所容许，非法组织自不得成为法人。同时，要求法人必须依照法律规定的程序设立，如机关法人成立须有国家的法令或者决定。设立行为是指法人的设立人或者成员，要实施一系列的满足法人条件的行为，包括确定法人的名称、住所，建立法人的组织机构，募集法人的财产或者经费等。法人成立，需要根据其具体的类型办理相应的批准、备案、申请、登记等手续。

1. 营利法人的成立程序

公司法人，根据《公司法》第29条的规定，股东认足公司章程规定的出资后，由全体股东指定的代表或者共同委托的代理人向公司登记机关报送公司登记申请书、公司章程等文件，申请设立登记。非公司法人按照《市场主体登记管理条例》的规定，提交申请材料。对上述公司法人和非公司企业法人的申请材料，由登记机关对其进行形式审查，对申请材料齐全、符合法定形式的，予以确认并登记。

2. 非营利法人的成立程序

非营利法人，因其具体类型不同，我国对其成立程序的规定有所不同。

（1）事业单位法人的成立。法律规定具备法人条件、自批准设立之日起即取得法人资格的事业单位，或者法律、其他行政法规规定具备法人条件、经有关主管部门依法审核或者登记，已经取得相应的执业许可证书的事业单位，不再办理事业单位法人登记，由有关主管部门按照分级登记管理的规定向登记管理机关备案。县级以上各级人民政府设立的直属事业单位直接向登记管理机关备案。事业单位经县级以上各级人民政府及其有关主管部门批准成立后，应当依照法律登记或者备案。

（2）成立社会团体，应当经其业务主管单位审查同意，并依法进行登记，依法不需要登记的除外①。

（3）申请设立基金会，申请人应当向登记管理机关提交下列文件：申请书、章程草案、验资证明和住所证明、理事名单、身份证明以及拟任理事长、副理事长、秘书长简历、业务主管单位同意设立的文件。登记管理机关应当自收到前述全部有效文件之日起60日内，作出准予或者不予登记的决定，准予登记的，发给《基金会法人登记证书》。②

---

① 参见《社会团体登记管理条例》第3条第3款。
② 参见《基金会管理条例》第11条。

3. 特别法人的成立程序

民法典对于特别法人的设立程序，规定不一。有独立经费的机关和承担行政职能的法定机构从成立之日起，即具有机关法人资格，可以开展为履行职能所需要的民事活动。农村集体经济组织须依法取得法人资格，村民委员会的设立，由乡、民族乡、镇的人民政府提出，经村民会议讨论同意，报县级人民政府批准。居民委员会的设立、撤销、规模调整，则由不设区的市、市辖区的人民政府决定。

设立农民专业合作社，应当向工商行政管理部门提交申请书、设立大会纪要和章程等文件进行设立登记。登记机关应当自受理登记申请之日起20日内办理完毕，向符合登记条件的申请者颁发营业执照，登记类型为农民专业合作社。[①]

四 法人设立人的行为及其法律后果

法人的成立需要一个过程，必须履行必要的法律程序，设立人行为的后果承担，对于市场交易安全的保护和市场秩序的维护尤为重要。故在其设立过程中，设立人的行为及其结果归属是民法需要解决的重要问题。《民法典》第75条的规定[②]确立了如下几方面的规则：

第一，设立人为设立法人从事的民事活动，其法律后果由法人承受。法人的成立，必须有设立行为，当法人依法得以成立，需对其成立过程中的设立行为承担法律后果。

第二，法人未成立的，设立人为设立法人所实施的行为，其法律后果由设立人承受。设立法人的行为，如果最终未能成立法人，或者没有获得登记，未取得法人资格的，即为设立失败。但设立人的设立行为中所产生的民事责任，需要有人承担。《民法典》规定其后果由设立人承受，言下之意，是因设立法人签署的合同，由设立人作为当事人承担法律后果，其他法律行为由设立人享受权利，承担义务。如因设立行为产生有关法律责任的，则由设立人承担法律责任。如果设立人为二人以上的，对因设立所实施的民事活动，参与的民事法律关系，由该等设立人享有连带债权，承

---

① 参见《农民专业合作社法》第16条。
② 《民法典》第75条：设立人为设立法人从事的民事活动，其法律后果由法人承受；法人未成立的，其法律后果由设立人承受，设立人为二人以上的，享有连带债权，承担连带债务。设立人为设立法人以自己的名义从事民事活动产生的民事责任，第三人有权选择请求法人或者设立人承担。

担连带债务。

第三,设立人以自己的名义从事设立活动产生的民事责任,赋予第三人以选择权,第三人有权选择请求法人或者设立人来承担。由于法人设立阶段,名称的确定需要过程和法定程序,故实践中出现在法人设立过程中,设立人以自己的名义实施了民事活动,建立起一系列的民事法律关系。如果法人最终成立,其权力机关不认可该法律关系,则第三人的权益保护就出现问题,故《民法典》规定,赋予第三人以选择权,由其选择请求法人或者设立人承担。至于法人成立后,其权力机构能否有可能和理由抗辩第三人的此种选择权,《民法典》并没有规定。从文义和立法目的考虑,本书认为应该不得抗辩第三人的选择权。如果法人未成立,则第三人只能向设立人主张权利,自无选择向法人主张的可能和机会。

第五节 法人的组织机构和决议

法人作为民事主体,毕竟是符合社会发展要求的特定组织,不可能像自然人那样进行思维和行动。故欲实现其权利能力,就必须有其特殊的机制设计。法人的意思表示、决策和行为仍需通过或者借助于自然人付诸实施。因此,进行决策和行为的自然人或自然人组合就成为法人的组织机构,也叫作法人机关。法人组织机构中自然人以法人名义实施的行为就是法人的行为。法人形成决策,需要通过决议的方式进行。

一 法人的组织机构

法人的组织机构,即法人治理结构,是根据法律或法人章程的规定,对内管理法人事务,对外代表法人从事民事活动的个人或集体。法人的组织机构,是根据法律、章程或条例的规定于法人成立时产生,不需特别委托授权就能够以法人的名义对内负责法人的生产经营或业务管理,对外代表法人进行民事活动的集体或者个人。法人的组织机构具有以下特征:

(1)依照法人章程或条例的规定而设立。如公司章程应规定公司设立股东(大)会、董事会(执行董事)和监事会(监事),社会团体法人的章程应规定设权力机构和执行机构等。

(2)法人的组织机构属于法人的必要构成部分,对外与法人是同一人格,由法人组织机构对外代表法人实施民事法律行为。如法人的法定代表人,是依照法律或者法人章程的规定,代表法人从事民事活动的负责人。法定代表人以法人名义从事的民事活动,其法律后果应由法人承受。

(3) 法人的组织机构是形成、表示和实现法人意志的机关。公司法人是法人的最为典型的形态,有法人的意思形成机构、执行机构和监督机构。如有限责任公司股东会由全体股东组成。股东会是公司的权力机构,依照本法行使职权。董事会是公司的执行机关,董事会对股东会负责,行使下列职权:召集股东会会议,并向股东会报告工作、执行股东会的决议。监事会是公司的监督机构,有权检查公司财务,有权对董事、高级管理人员执行公司职务的行为进行监督,负有对违反法律、行政法规、公司章程或者股东会决议的董事、高级管理人员提出罢免的建议等职权。又比如,基金会法人中,理事会是基金会的决策机构,依法行使章程规定的职权,监事依照章程规定的程序检查基金会财务和会计资料,监督理事会遵守法律和章程的情况,列席理事会会议,有权向理事会提出质询和建议,并应当向登记管理机关、业务主管单位以及税务、会计主管部门反映情况。

(4) 法人的组织机构对内负责业务管理或者生产经营,对外代表法人为民事行为。如农民专业合作社成员大会由全体成员组成,是其权力机构,行使修改章程,选举和罢免理事长、理事、执行监事或者监事会成员,决定重大财产处置、对外投资、对外担保和生产经营活动中的其他重大事项等职权。

(5) 法人的组织机构由集体或者单个自然人组成,作为机构担当者的是自然人,在以法人的名义实施行为时,其人格即为法人所吸收。如营利法人中的有限责任公司,设董事会的,董事会由3—13人的自然人组成。法人的法定代表人,由单个的自然人组成,如未设董事会或者执行董事的,法人章程规定的主要负责人为其执行机构和法定代表人。事业单位法定代表人是按照法定程序产生,代表事业单位行使民事权利、履行民事义务的责任人,应当是具有完全民事行为能力的自然人和该事业单位的主要行政负责人。法人机关中的自然人以法人的名义实施民事法律行为时,所代表的就是法人的人格,其行为就是法人的行为,而不再是具体的自然人的行为,自然其行为的结果就由法人承担。即使该自然人在实施相关民事法律行为时,超越了法人章程的规定,其行为仍由法人承担。

(一) 法人组织机构的构成

法人组织机构一般由权力机构、执行机构、监督机构和法定代表人四部分构成，形成决策、执行和监督的法人治理结构。

法人组织机构最为典型的是营利法人，其法人治理结构最为完善。权力机构行使修改法人章程，选举或者更换执行机构、监督机构成员，以及法人章程规定的其他职权。执行机构行使召集权力机构会议，决定法人的经营计划和投资方案，决定法人内部管理机构的设置，以及法人章程规定的其他职权。监督机构依法行使检查法人财务，监督执行机构成员、高级管理人员执行法人职务的行为，以及法人章程规定的其他职权。

在我国，非营利法人的机关，根据其类型不同亦有区别。组织机构是申请事业单位法人登记的必备要件，如捐助法人应当设理事会、民主管理组织等决策机构，并设执行机构。

特别法人中，机关法人、农村集体经济组织、居民委员会、村民委员会，以其所赖以设立的相关组织法律法规，设立相应的组织机构。如居民委员会由主任、副主任和委员共5—9人组成。根据需要设人民调解、治安保卫、公共卫生等委员会。农村集体经济组织设村民会议和村民代表会议，人数较多或者居住分散的村，可以设立村民代表会议。[①]

城镇农村的合作经济组织，按照其章程设立相应的组织机构。如农民专业合作社权力机构就是成员大会，由全体成员组成。农民专业合作社设理事长一名，可以设理事会。理事长为合作社的法定代表人。农民专业合作社可以设执行监事或者监事会，理事长、理事、经理和财务会计人员不得兼任监事。理事长、理事、执行监事或者监事会成员，由成员大会从本社成员中选举产生，依照《农民专业合作社法》和章程的规定行使职权，对成员大会负责。

(二) 法人的分支机构

法人的分支机构是法人的组成部分，它是法人在某一区域设置的完成法人部分职能的业务活动机构。法人的分支机构经法人授权并办理登记，可以成为独立的民事主体，可以在银行开立结算账户，对外进行各项民事活动，但进行民事活动所发生的债务和所承担的责任最终由法人负责。法人的分支机构还可以在法人的授权范围内以自己的名义参与民事诉讼。如

---

① 参见《村民委员会组织法》第11条、第23条、第24条、第25条等。

《公司法》第 14 条规定，公司可以设立分公司。设立分公司，应当向公司登记机关申请登记，领取营业执照。分公司不具有法人资格，其民事责任由公司承担。

二　法人的决议

决议是与单方法律行为、双方法律行为和多方法律行为并列而存的民事法律行为的一种特殊类型。

（一）法人决议的成立

《民法典》第 134 条第 2 款规定，法人、非法人组织依照法律或者章程规定的议事方式和表决程序作出决议的，该决议行为成立。根据以上规定，决议主要有两个方面的成立要件。

其一，必须依照法律或者章程规定的议事方式进行。如有限责任公司股东会的议事方式就是召开股东会会议，股东会会议分为定期会议和临时会议，其中定期会议应当依照公司章程的规定按时召开。临时会议则由代表 1/10 以上表决权的股东，1/3 以上的董事，监事会或者不设监事会的公司的监事有权提议召开。

其二，必须依照法律或者章程规定的表决程序。如有限责任公司股东会会议如果未经法定和章程规定的程序作出的决议，存在未召开会议、会议未对决议事项进行表决、出席会议的人数或者股东所持表决权不符合规定、表决结果未达到通过比例等情形的，当事人可以寻求相应的救济，主张决议不成立。[1]

（二）法人决议的效力

法人依照法律或者章程规定的议事方式和表决程序作出的决议，符合《民法典》规定的法律行为的成立要件和生效要件，如参与表决的民事主体具有相应的民事行为能力、表决的意思表示真实、不违反法律、行政法规的强制性规定，不违背公序良俗，决议即应生效。

法人的决议，其效力分为两个方面，对内效力和对外效力。决议对内效力讲的是对法人的组织机构及其组成人员的约束力，即在未经法院依申请撤销法人决议之前，该决议对法人及其成员、出资人等具有法律约束

---

[1] 参见《最高人民法院关于适用〈中华人民共和国公司〉若干问题的规定（四）》（2017）第 5 条。

力。对外效力讲的是依据法人决议，对与法人进行交易的相对人的约束力问题。根据法人组织机构以法人名义从事民事法律行为后果承担的规定，交易相对人和法人依据决议做出的意思表示所形成的法律关系，要依据该法律关系的成立和生效条件进行具体判断。法律关系有效则相对人受其约束，无效或者被撤销则该自始不具有法律约束力，对交易相对人自然不具有约束力。

（三）营利法人决议的撤销

由于决议是一种特殊的法律行为形式，其特点是一旦按照法定或者章程规定的表决方式和表决程序做出，即对法人及其成员具有法律约束力。由于决议的表决大都为多数决，这意味着即使在表决时明确发表弃权，或者反对意见的表决人也要受决议的法律约束。但是，如果法人的权力机构、执行机构作出决议的会议召集程序、表决方式违反法律、行政法规、法人章程，或者决议内容违反法人章程的，则需要给利害关系人提供应有的救济。

《民法典》第85条规定了对营利法人的出资人的救济路径，即出资人可以请求人民法院撤销该决议。但是营利法人依据该决议与善意相对人形成的民事法律关系不受影响。法律没有必要也不应该要求与营利法人进行交易的相对人去查知和掌握营利法人做出决策的决议是否违反法律、行政法规、法人章程，或者决议内容违反法人章程的，故善意相对人与营利法人依据该决议形成的民事法律关系不受决议效力瑕疵的影响。《公司法》第22条也规定，股东会或者股东大会、董事会的会议召集程序、表决方式违反法律、行政法规或者公司章程，或者决议内容违反公司章程的，股东可以自决议作出之日起60日内，请求人民法院撤销。《最高人民法院关于适用〈中华人民共和国公司法〉若干问题的规定（四）》规定，股东请求撤销股东会或者股东大会、董事会决议，符合《民法典》第85条、《公司法》第22条第2款规定的，人民法院应当予以支持，但会议召集程序或者表决方式仅有轻微瑕疵，且对决议未产生实质影响的，人民法院不予支持。股东会或者股东大会、董事会决议被人民法院判决确认无效或者撤销的，公司依据该决议与善意相对人形成的民事法律关系不受影响。

第六节　法人的变更与终止

法人作为社会组织、被国家法律认可的民事主体，也有其存续过程和发展变化，在这个过程中法人会随着其宗旨、目的的变化等而发生组织形态、类型及名称地址等变化，这些变化均影响法人主体资格的识别和相应变化，有的甚至对法人的责任承担发生影响。法人终止则发生法人民事主体资格的消亡的后果。

一　法人的变更

法人的变更是指在法人的存续期间内，法人在组织机构、性质、活动范围、财产或者名称、住所、隶属关系等重要事项上发生的变动。

（一）法人主体的变更

在法人存续期间，由于宗旨或目的事业发展的需要，法人发生主体的合并和分离的情形，即是主体的变更。主体的变更，强调民事主体资格发生了变化，主要有法人分立和法人合并两种类型。

法人分立，由原来的法人主体分立成两个新的主体，这就是新设分立，或者原法人主体资格继续存在，但产生了新的法人主体，如派生式分立。法人分立牵扯到原法人的法律责任的承担和继受问题。我国《民法典》第67条第2款规定，法人分立的，其权利和义务由分立后的法人享有连带债权，承担连带债务，但是债权人和债务人另有约定的除外。这一规定，明确就法人分立所导致的主体变更，首先尊重民事主体的意思自治，对分立前原法人的债权债务由债权人和债务人约定。当债权人和债务人没有约定或者约定不明的，则按照法定的规则处理，即由分立后的法人享有连带债权、承担连带债务。

法人合并，也会导致主体的变更或者消灭。法人合并分为吸收式合并和新设合并。吸收合并是指，一个法人的主体资格为另一法人所吸收，被吸收的法人不再存续。新设合并是指，两个或两个以上的法人合并成为一个新的法人，原法人不再存续。法人合并也关系到原法人的债权债务关系等处理问题。由于法人合并，并不影响承担债务或者法律责任的责任财产范围和基础，故对于债权人的保护并不产生实质性的影响，故《民法典》第67条第1款规定，法人合并的，其权利和义务由合并后的法人享有和承担。

(二) 组织机构的变更

法人组织机构的变更，实际其法人治理结构的变化，不会导致法人主体资格发生变化，但牵扯法人的行为决策、内部管理，同时关系到法人对外意思及行为的作成，还涉及相对人信赖利益的保护问题。比如，不设董事会的有限责任公司，改设董事会，就影响决议的作成，由原来执行董事一个人做出决议变成由董事会以会议多数决的形式形成决议。

法人法定代表人的变更，主要是法定代表人因法人有权机构更换或者发生法律规定必须更换的情形。如公司、非公司企业法人的法定代表人在任职期间发生如下情形，就必须向登记机关申请变更登记：①无民事行为能力或者限制民事行为能力；②因贪污、贿赂、侵占财产、挪用财产或者破坏社会主义市场经济秩序被判处刑罚，执行期满未逾5年，或者因犯罪被剥夺政治权利，执行期满未逾5年；③担任破产清算的公司、非公司企业法人的法定代表人、董事或者厂长、经理，对破产负有个人责任的，自破产清算完结之日起未逾3年；④担任因违法被吊销营业执照、责令关闭的公司、非公司企业法人的法定代表人，并负有个人责任的，自被吊销营业执照之日起未逾3年；⑤个人所负数额较大的债务到期未清偿；⑥法律、行政法规规定的其他情形。

如果法人形成决议更换了法定代表人，但是没有进行相应的变更登记，原法定代表人仍以法人的名义实施民事活动，其后果由谁承担，也会发生纠纷或者争议。此时需要保护法律关系的善意相对方的信赖利益。如《民法典》第65条规定，法人的实际情况与登记的事项不一致的，不得对抗善意相对人。

(三) 其他登记事项的变更

法人的其他登记事项，是指除上述法人主体变更和组织机构变更之外的其他登记事项的变更。如营利法人变更登记事项，应当自作出变更决议、决定或者法定变更事项发生之日起30日内向登记机关申请变更登记，变更登记事项属于依法须经批准的，申请人应当在批准文件有效期内向登记机关申请变更登记。[1]

---

[1] 参见《市场主体登记管理条例》第24条。

二 法人的终止

法人终止是指法人丧失作为民事主体的资格，法人的民事权利能力和民事行为能力均告终止，其意义与自然人的死亡相同。自然人有生理死亡和宣告死亡之别，法人终止却无此区分。但法人需要具备法定的原因和履行法定程序后才能够得以有效终止。

(一) 法人终止的原因

法人终止的原因主要有三种，即法人解散、被宣告破产和法律规定的其他原因。

1. 法人解散

法人作为一种法律认许的组织，能够设立，自也可以解散。所谓法人解散，是指消灭法人组织属性，依法定程序消灭其民事主体资格的法律事实。导致法人解散的情形，《民法典》第69条规定了如下几种情形：①法人章程规定的存续期间届满或者法人章程规定的其他解散事由出现；②法人的权力机构决议解散；③因法人合并或者分立需要解散；④法人依法被吊销营业执照、登记证书，被责令关闭或者被撤销；⑤法律规定的其他情形。

2. 法人被宣告破产

在我国，企业法人不能清偿到期债务，并且资产不足以清偿全部债务或者明显缺乏清偿能力的，由债务人、债权人或依法负有清算责任的人提出破产申请，人民法院依法宣告债务人破产。

3. 法律规定的其他原因

是指除了前述法人解散和被宣告破产以外的原因，如事业单位被撤销解散的、完成章程规定的宗旨的社会团体，即应注销登记，其民事主体资格消灭。①

(二) 法人终止的程序

法人终止如同法人设立一般，也有一个过程，一般要进行清算，对其债权债务和自身事务做出安排和处理，然后办理相应的终止手续。

1. 法人的清算

是指清理已撤销、解散或者被宣告破产法人的财产，了结其现存法律

---

① 参见《事业单位登记管理暂行条例》第13条、《社会团体登记管理条例》第19条。

关系和相关事务的程序。《民法典》规定，法人解散的，除合并或者分立的情形外，清算义务人应当及时组成清算组进行清算。清算期间法人存续，但是不得从事与清算无关的活动。法人清算后的剩余财产，按照法人章程的规定或者法人权力机构的决议处理。法律另有规定的，依照其规定。破产清算，则是按照《企业破产法》破产清算的规定进行。事业单位办理注销登记前，应当在审批机关指导下成立清算组织，完成清算工作。社会团体在办理注销登记前，应当在业务主管单位及其他有关机关的指导下，成立清算组织，完成清算工作。清算期间，社会团体不得开展清算以外的活动。基金会在办理注销登记前，应当在登记管理机关、业务主管单位的指导下成立清算组织，完成清算工作。

2. 办理注销登记

营利法人因解散、被宣告破产或者其他法定事由需要终止的，应当依法向登记机关申请注销登记。经登记机关注销登记时，其主体资格终止。注销依法须经批准的，应当经批准后向登记机关申请注销登记。清算结束并完成法人注销登记时，法人终止；依法不需要办理法人登记的，清算结束时，法人终止。

非营利法人的注销登记情况有所不同。其中，事业单位被撤销、解散的，应当向登记管理机关办理注销登记或者注销备案。事业单位应当自清算结束之日起15日内，向登记管理机关办理注销登记。事业单位办理注销登记，应当提交撤销或者解散该事业单位的文件和清算报告；登记管理机关收缴《事业单位法人证书》和印章，并予以公告。

社会团体应当自清算结束之日起15日内向登记管理机关办理注销登记。办理注销登记，应当提交法定代表人签署的注销登记申请书、业务主管单位的审查文件和清算报告书。登记管理机关准予注销登记的，发给注销证明文件，收缴该社会团体的登记证书、印章和财务凭证。基金会应当自清算结束之日起15日内向登记管理机关办理注销登记，由登记管理机关向社会公告。

农民专业合作社解散的，由依法成立的清算组负责处理与清算有关未了结业务，清理财产和债权、债务，分配清偿债务后的剩余财产，代表农民专业合作社参与诉讼、仲裁或者其他法律程序，并在清算结束时办理注销登记。

第六章

民事主体——非法人组织

一般认为，民事主体的类型就是自然人和法人。在这二者之外是否还存在第三民事主体，一直有不同的观点和争论。如果存在第三民事主体，其又是什么、应包括哪些类型？在《民法通则》中规定的民事主体就是自然人和法人，之外是否存在其他民事主体，理论上认为还存在国家、外国人和外国组织以及其他特殊主体等。[①]

一 非法人组织的概念及其由来

2017年的《民法总则》，适应我国社会发展现实的需要并首次规定了非法人组织这一概念，并建立起相应的主体制度，从而在我国民法上确立了第三民事主体。《民法典》继受这一概念和制度安排，也规定了非法人组织，并且将其界定为是不具有法人资格，但是能够依法以自己的名义从事民事活动的组织。

我国《民法典》中非法人组织的概念，来自《合同法》等法律中的"其他组织"，但其范围却又小于"其他组织"的范围，被限制在"个人独资企业、合伙企业、不具有法人资格的专业服务机构等"范围内。"其他组织"本是民事诉讼法中的概念，[②] 后来逐渐进入民事实体法范畴。关于"其他组织"的含义和范围，最高人民法院在司法解释中有过明确，强调其他组织是指合法成立、有一定的组织机构和财产，但又不具备法人资格的组织。[③] 可以看出，民事诉讼法中的其他组织，有一部分属于现在

[①] 马俊驹、余延满：《民法原论》（上），法律出版社1998年版，第81—82页。

[②] 《民事诉讼法》（1991年）第49条：公民、法人和其他组织可以作为民事诉讼的当事人，法人由其法定代表人进行诉讼。其他组织由其主要负责人进行诉讼。

[③] 《最高人民法院关于适用〈中华人民共和国民事诉讼法〉若干问题的意见》（法发〔1992〕22号）40 民事诉讼法第四十九条规定的其他组织是指合法成立、有一定的组织机构和

属于《民法典》中的公司法人、社会团体法人或法人的分支机构，这是在当时的法律环境下为了解决民事诉讼当事人的诉讼主体问题而采取的解释，本身不一定完全科学和规范。

1999年《合同法》第2条第1款规定了合同的概念，其中将其他组织和自然人、法人并列作为平等的民事主体，这是在民事法律中首次认可其他组织作为民事主体。但《合同法》并未解释其他组织的内涵和外延，从理论和实践上一般以《最高人民法院关于适用〈中华人民共和国民事诉讼法〉若干问题的意见》的解释为准。在《民法总则》立法过程中，有学者提出把法人的分支机构作为非法人组织，会出现很多矛盾的问题，例如，法人承担有限责任，如果把法人的分支机构作为非法人组织，就要承担无限责任。因此，对草案进行了修改，把法人的分支机构放到法人中规定，不再将其作为非法人组织。① 这一意见在《民法总则》立法中被予以重视和采纳，将法人的分支机构排除出非法人组织的范畴。

《民法典》作为我国的基本法之一，对民事主体做了全面的规定，其立法的高位阶和权威性应该得到尊重和树立。因此，《民事诉讼法》及其他法律法规中存在的"其他组织"应该做出相应的修改，与《民法典》保持一致。

二　非法人组织的特征

非法人组织之所以被法律认许为一种独立的民事主体类型，是因为其在社会经济发展活动中扮演着非常重要的角色，由于其组织性，其行为模式的组织性特征不同于自然人。而与法人健全完善的治理结构和决策机制相比，非法人组织在这方面明显稍逊一等。在责任承担方面又与其成员的责任藕断丝连，并未绝对区分。

财产，但又不具备法人资格的组织，包括：
(1) 依法登记领取营业执照的私营独资企业、合伙组织；
(2) 依法登记领取营业执照的合伙型联营企业；
(3) 依法登记领取我国营业执照的中外合作经营企业、外资企业；
(4) 经民政部门核准登记领取社会团体登记证的社会团体；
(5) 法人依法设立并领取营业执照的分支机构；
(6) 中国人民银行、各专业银行设在各地的分支机构；
(7) 中国人民保险公司设在各地的分支机构；
(8) 经核准登记领取营业执照的乡镇、街道、村办企业；
(9) 符合本条规定条件的其他组织。
① 杨立新：《民法总则：条文背后的故事与难题》，法律出版社2017年版，第256页。

（一）非法人组织是不同于法人的组织

首先，非法人组织仍然是一种具有社会作用的组织，具有组织的属性，应该用其相对固定的名称、组织机构和组织行为规则。同时作为组织，也应具有相对的稳定性，不同于临时性的有组织的活动。其次，非法人组织从其类型上看，应该是人合性组织，是自然人的有机结合，但又区别于法人和自然人本身，为了开展组织活动，还应有自身相对独立的财产或经费。最后，作为组织，非法人组织可以设代表人或者管理人，代表非法人组织实施民事法律行为。《民法典》第105条规定，非法人组织可以确定一人或者数人代表该组织从事民事活动。

（二）有自己的独立名义

独立名义是非法人组织重要的人格识别标志之一。作为相对稳定的社会组织，应有自身独立的、与其他民事主体相区分的名称，且以该名义对外进行民事活动。《市场主体登记管理条例》明确要求，名称是个人独资企业、合伙企业登记的必备事项，由申请人依法自主申报。

（三）有自身特定的存续目的或目的性事业

非法人组织应有自己的设立目的，应当依照法律的规定登记。其存续目的，既可以是营利性的，也可以是非营利性目的。在我国的登记实践中，非法人组织的目的性事业其实表现得不是非常明确，一般反映在经营范围中，而经营范围是非法人组织的一般登记事项。

（四）须经登记设立

非法人组织仍然是须经法律认可才可以成为民事主体，故须经依法设立登记后才可以开展各种民事活动。设立登记是其成为民事主体的法律前提，未经设立登记，在法律上不具有合法性，其所实施的民事活动无法得到法律的保障，并且应依据实施行为类型[1]进行程度不同的查处[2]。

---

[1] 《市场主体登记管理条例实施细则》（2022年3月1日国家市场监督管理总局第52号令）第68条：未经设立登记从事一般经营活动的，由登记机关责令改正，没收违法所得；拒不改正的，处1万元以上10万元以下的罚款；情节严重的，依法责令关闭停业，并处10万元以上50万元以下的罚款。第69条：未经设立登记从事许可经营活动或者未依法取得许可从事经营活动的，由法律、法规或者国务院决定规定的部门予以查处；法律、法规或者国务院决定没有规定或者规定不明确的，由省、自治区、直辖市人民政府确定的部门予以查处。

[2] 《市场主体登记管理条例》第43条：未经设立登记从事经营活动的，由登记机关责令改正，没收违法所得；拒不改正的，处1万元以上10万元以下的罚款；情节严重的，依法责令关闭停业，并处10万元以上50万元以下的罚款。

（五）责任承担的特殊性

非法人组织经设立登记后，即具有民事主体资格，有相应的民事权利能力和民事行为能力，可以从事民事活动和经营活动。但是，与法人的成员或者投资者的有限责任不同，非法人组织一般以其自有财产清偿债务，自有财产不足时，由出资人或者设立人承担无限责任。

（六）参照适用法人的一般规定

非法人组织属于一种特殊组织，在责任的承担上与法人这种组织不同，但其组织结构、意思的形成等和法人有相似与相同之处，除了其特殊的规定性，其余可参照《民法典》总则编关于法人的一般规定。

三 非法人组织的种类

《民法典》所规定的非法人组织，包括个人独资企业、合伙企业、不具有法人资格的专业服务机构等。不具有法人资格的专业服务机构，是指以专门知识和专门技能为客户提供有偿服务为目的，并依法承担责任的组织，如不具有法人资格的律师事务所、会计审计事务所、评估师事务所等。也有学者认为，不具有法人资格的专业服务机构原本就是《合伙企业法》中规定的特殊的普通合伙企业，性质是合伙企业。[①]

非法人组织是我国《民法典》对除自然人和法人以外的民事主体的概括。《民法典》的"等"应为等外等，是一个开放的概念和体系，即凡符合非法人组织的条件和要求的，都属于此处的非法人组织。因此，应包括那些具有主体资格，但立法却未能列举的非法人组织，如不具有法人资格的中外合作企业，外商独资企业，经依法登记并领取营业执照的乡镇企业、街道企业等。

（一）个人独资企业

所谓个人独资企业，是指依照本法在中国境内设立，由一个自然人投资，财产为投资人个人所有，投资人以其个人财产对企业债务承担无限责任的经营实体。个人独资企业，在我国是一个随着市场经济发展而形成的民事主体，其设立、事务管理、解散清算及责任承担等事项，《个人独资企业法》均做了全面的规定。

[①] 杨立新：《民法总则：条文背后的故事与难题》，法律出版社2017年版，第255页。

1. 个人独资企业的特征

个人独资企业是我国法律所承认的一种特殊的企业类型,被确认为独立的民事主体。其特征在于:

第一,具备企业组织形态。个人独资企业与自然人的根本区别在于其组织性,自然人在民法上认许其意志和行为的独立性,能够独立参与民事活动。而个人独资企业是以经营实体的企业组织形态出现,可以依法招用职工、设立分支机构、委托或者聘用他人管理个人独资企业事务,能够实现比单个自然人更大的行为自由和空间。个人独资企业与个体工商户也有区别,最大不同在于组织形态,即是否采取企业组织形态。在此基础上导致设立条件、法律地位、适应的市场规模、财会制度、解散清算程序等以上诸多不同。[1]

第二,个人独资企业的财产为投资人个人所有。与同为组织的法人不同,个人独资企业虽是独立的民事主体,但其财产不具有独立性。不像法人,股东投入的财产归法人所有,构成法人的独立财产。个人独资企业的投资人对企业的财产依法享有的是所有权,归投资人个人所有。

第三,依法设置会计账簿,进行会计核算。作为一种组织形态,个人独资企业在企业用工方面,也与自然人的雇用员工不同,根据《个人独资企业法》的规定,企业应当依法与职工签订劳动合同,保障职工的劳动安全,职工依法建立工会,应当按照国家规定参加社会保险,为职工缴纳社会保险费。

第四,责任的承担的特殊性。个人独资企业的债务由其投资者承担无限责任。

2. 个人独资企业的条件

个人独资企业作为企业形态存在,正是利用了企业这种组织形式,实现单个的自然人无法实现的组织化经营目标。因此,从规范其设立行为角度讲,仍然要具备一定的条件和经过相应的法定程序才得以设立。在我国,设立个人独资企业应当具备下列条件:

(1)投资人限制。投资人数量的限制,要求必须为一个自然人。由此决定,个人独资企业在我国所有制类型上,属于私营经济范畴。投资人的禁止条件,不是任何自然人都可以投资设立个人独资企业,法律、行政

---

[1] 李建伟:《个人独资企业法律制度的完善与商个人体系的重构》,《政法论坛》2012年第5期。

法规禁止从事营利性活动的人，如国家公务员，不得作为投资人申请设立个人独资企业。①

（2）有合法的企业名称。独立的名称是组织性的表现，以区别于其他民事主体。企业名称的申请登记的必备条件，个人独资企业的名称应当与其责任形式及从事的营业相符合，由申请人依法自主申报。个人独资企业只能登记一个名称，经登记的市场主体名称受法律保护。

（3）有投资人申报的出资。虽说个人独资企业的财产不具有完全的独立性，其所有权仍归投资人所有，但是出资的申报直接关系到承担责任的财产范围及其清偿顺序，故在设立申请中必须写明投资人的出资额和出资方式，一来与投资人的其他财产相区分，二来与投资人的家庭共有财产相区分。

（4）有固定的生产经营场所和必要的生产经营条件。个人独资企业开展的是组织化经营活动，因此，必须有固定的生产经营场所，以其主要办事机构所在地为住所，还必须有必要的生产经营条件，开展常态化经营活动。从事临时经营、季节性经营、流动经营和没有固定门面的摆摊经营，不得登记为个人独资企业。

（5）有必要的从业人员。个人独资企业属于现代企业制度的一种类型，从事经营活动须有必要的从业人员，这是其组织特性的必然要求。个人独资企业的从业人员除了投资人以外，还包括聘用的职工和企业事务管理人员。

3. 个人独资企业的设立原则

我国规定个人独资企业的设立，采取的是准则主义，即只要符合法定的设立条件，经申请登记后即可设立。经申请，符合条件的登记机关发给营业执照。营业执照的签发日期，为个人独资企业成立日期。

（二）合伙企业

合伙是指两个或者两个以上的人（自然人、法人）为了共同的经济目的，自愿签订合同，共同出资、共同经营、共负盈亏和风险，对外负无限连带责任的联合体。合伙是自始就伴随着人类社会发展产生的一种自然人的联合，其组织化、固定性程度较低，联合的时间也不固定。正是这种组织化程度较低，决定了其灵活性和非常强的实用性，合伙组织及合伙现

---

① 参见《个人独资企业法》第16条。

象一直在人类社会生活中长期存在。合伙作为民事主体在各国都普遍得到了承认，我国《民法通则》在其第二章"公民（自然人）"之中规定了个人合伙，1997年我国颁布了《合伙企业法》，对合伙企业进行了全面的规定。应该说，当时我国对于合伙是通过《民法通则》和《合伙企业法》分别进行规定的，这样就对无论是最为简单的个人合伙，还是组织化程度较高的合伙企业都有了相应的法律规范。但是在《民法典》中，却采取了不同于以往的规范方式，在非法人组织中规定了合伙企业，而将普通的个人合伙纳入合同编中用合伙合同专章进行了规定。从法典的体例安排上看，似乎无意将普通民事合伙再作为民事主体对待，而是认为其仅是一种合同法律关系。但从合同编合伙合同章的内容看，不单全是合同关系有关行为规则的规定，而是大多涉及合伙财产、合伙事务的执行、内外部关系的处理和责任的承担等规定，本质上还是属于民事主体内容问题的规定。当然由个人合伙的组织化程度较低，即使将其作为主体对待，还是应属于自然人的主体范围之内。

合伙企业是组织化程度较高的合伙形式，是个人合伙的企业化形态，有独立名称、固定住所、相对独立的财产和法律责任，因而被《民法典》作为非法人组织的主要类型规定进来，成为一类独立的民事主体。

1. 合伙企业的概念和特征

合伙企业是指两个或者两个以上的人（自然人、法人）为了共同的经济目的，签订合伙协议，共同出资、共同经营、共负盈亏和风险，对外负无限连带责任的经济组织。合伙企业具有如下主要法律特征：

第一，合伙企业是独立的经济组织，具有团体属性。与单个的自然人不同，合伙企业是一种人合组织，有区别于其他民事主体的名称，有自身的合伙目的和合伙经营范围，还要有住所或者主要经营场所，以此区别于其他民事主体。由此决定，合伙企业的财产、利益和责任均具有相对独立性。

第二，合伙协议是合伙成立的法律基础。我国法律要求合伙企业设立必须订立书面的合伙协议，这是合伙企业成立的必备条件。合伙协议在合伙企业的设立和今后的运行中发挥着至关重要的作用，是合伙企业内部管理的根本性文件。合伙协议的订立是一种共同法律行为，具有诺成性，合伙人协商一致即告成立。同时合伙协议属于要式合同，依法应采用书面形式、载明法定事项。①

第三，合伙人之间是一种共同出资、共同经营、分享收益、共担风险的关系。合伙人向合伙出资，是其基本的法律义务，合伙人应按照合伙协议的约定履行出资义务。同时，合伙人对执行合伙事务享有同等的权利，有权对合伙企业参与管理，并就有关事项参与决议。对合伙利润，合伙人有权参与分配，对合伙企业的亏损，合伙人也应分担。

第四，合伙人对合伙企业的债务承担无限连带责任。从交易安全保护角度，民法规定合伙人对合伙企业的债务承担的责任与法人中股东的有限责任不同，除有限合伙人外，普通合伙人承担的是无限连带责任。

2. 合伙企业的类型

（1）普通合伙企业。普通合伙企业是指由普通合伙人组成，合伙人对合伙企业债务承担无限连带责任的合伙企业。普通合伙企业是我国合伙企业的主体组成部分和设置常态，在实践中广泛存在。在普通合伙企业中，还包括一类特殊的普通合伙企业，主要是对合伙企业中以专业知识和专门技能为客户提供有偿服务的专业服务机构，如会计师事务所、律师事务所等，为了适当降低合伙人的连带责任，规定了这一特殊类型。特殊的普通合伙企业的特殊之处在于因个别合伙人执业活动中的故意或者重大过失，造成合伙企业债务的，合伙人在承担责任方面不同，由造成合伙企业债务的个别合伙人承担无限责任或者无限连带责任，其他合伙人则以其在合伙企业中的财产份额为限承担责任。

（2）有限合伙企业。《民法典》并未规定有限合伙，但《合伙企业法》中则明确了合伙企业包括有限合伙企业这种特殊形式。所谓有限合伙企业，是指由普通合伙人和有限合伙人组成，普通合伙人对合伙企业债

---

① 《合伙企业法》第18条：合伙协议应当载明下列事项：
（一）合伙企业的名称和主要经营场所的地点；
（二）合伙目的和合伙经营范围；
（三）合伙人的姓名或者名称、住所；
（四）合伙人的出资方式、数额和缴付期限；
（五）利润分配、亏损分担方式；
（六）合伙事务的执行；
（七）入伙与退伙；
（八）争议解决办法；
（九）合伙企业的解散与清算；
（十）违约责任。

务承担无限连带责任,有限合伙人以其认缴的出资额为限对合伙企业债务承担责任的合伙企业。有限合伙企业是在社会经济发展过程中根据市场发展需要产生的一类特殊合伙企业,既能满足市场交易安全对合伙人无限连带责任的要求,又能满足个别合伙人希望规避投资风险,仅承担有限责任的投资需求,因而是两种责任形态的有机结合。

3. 合伙企业的财产

合伙企业的财产具有相对独立性,独立于合伙人的个人财产,应与其合伙人的财产相区分。合伙企业的财产主要由两部分构成,即合伙成立时合伙人出资投入的财产和合伙经营积累的财产。合伙人的出资,是指合伙人为了筹集合伙企业所需的资本而实施的给付。合伙经营积累的财产,是指合伙企业成立后运营过程中所积累的财产,包括以合伙企业名义取得的收益和依法取得的其他财产。合伙财产区别于合伙人的财产,在合伙财产分割前,合伙人仅根据合伙协议享有合伙财产的相应财产份额。

各国民法大多设立专门规定来保全合伙企业的财产,以维持合伙企业财产的相对独立性、稳定性、完整性和安全性。对合伙企业的财产的保全措施主要有:①财产分割之禁止。除法律另有规定的外,合伙人在合伙企业清算前,不得请求分割合伙企业的财产。②合伙人对合伙企业财产份额转让的限制,在合伙人对外转让或者人民法院强制执行合伙人份额时,其他合伙人有优先购买权。③合伙人债权人的抵销权、代位权行使的限制。由合伙企业的财产的相对独立性决定的,不能将合伙人的财产和合伙企业的财产简单混同,合伙人的债权人不能够突破合伙企业财产的独立性,直接在合伙企业财产上行使抵销权或者代位权。④份额出质的限制。合伙人在合伙企业未经清算前,享有合伙企业的财产份额,对该份额,合伙人可以出质,但是出质必须严格按照法律规定进行。①

4. 入伙、退伙

入伙是指于合伙企业成立后,合伙人以外的人加入合伙企业并取得合伙人资格的行为。由于合伙企业具有人合组织属性,故入伙需要其他合伙人接受,故需要满足一定的条件才可以实现。第三人入伙首先需要原合伙协议的内容和条件。其次还要经过合伙企业已有合伙人的同意。由于入伙

---

① 《合伙企业法》第25条:合伙人以其在合伙企业中的财产份额出质的,须经其他合伙人一致同意;未经其他合伙人一致同意,其行为无效,由此给善意第三人造成损失的,由行为人依法承担赔偿责任。

后，新合伙人需要对合伙企业在其入伙前的债务承担无限连带责任，故要保障新合伙人的知情权和选择权，故原合伙人应当向新合伙人如实告知原合伙企业的经营状况和财务状况。

退伙是指合伙人依法定程序退出合伙企业丧失合伙人资格的行为，有声明退伙、当然退伙和除名三种情形。退伙非绝对导致合伙关系的终止，即除非退伙的发生导致合伙人数不足两人时，不会导致原合伙企业的终止。

5. 合伙企业终止

合伙企业终止，是指由于法律规定的原因而使合伙企业事务终结，合伙企业在法律上归于消灭。合伙企业终止，其民事权利能力和民事行为能力消灭，民事主体资格终止。一个现存的合伙企业终止，需要经过解散、清算和办理注销登记三个独立的步骤。

第七章

民事法律行为

民事法律事实中，最为重要的类型就是民事法律行为。民事法律行为是民事主体实现私法自治的主要手段，强调民事主体可以通过自己的意思形成相应的法律关系，从而实现自身生存和发展的各种需要。在财产法领域，民事法律行为的作用尤为明显，社会物质财富的利用和流通，绝大多数就是通过民事法律行为来进行的。民事法律行为在大陆法系国家民法中被称为法律行为，并没有前缀限制词"民事"二字。

法律行为的概念来源于德国注释法学派，为德国第一次民法草案所采用，日本在起草民法时，转译为法律行为。① 但也有认为最早使用"法律行为"概念的是德国学者丹尼埃·奈特尔布兰德（Daniel nettelblandt, 1719—1791）。② 弗卢梅认为，法律行为旨在通过个人自治即通过实现私法自治的原则以设定一个调整内容的方式成立、变更或解除一个法律关系。③ 我国也有学者认为原本意义上的"法律行为"（Rechtsgeschäft）是对各种财产交易中的设权行为的抽象和提炼，是为债权契约"量身定做"的。④

我国《民法通则》在保留"法律行为"概念原有含义的前提下，用"民事法律行为"替代"法律行为"一词。这是世界民法立法史上的一个独创。⑤ 究其原因：第一，深受苏联民法理论的影响。第二，法律行为本

---

① 胡长清：《中国民法总论》，中国政法大学出版社1997版，第184页。
② 王利明：《法律行为制度的若干问题探讨》，《中国法学》2003年第5期。
③ 王利明：《法律行为制度的若干问题探讨》，《中国法学》2003年第5期。
④ 张作华：《法律行为概念及其适用范围之原本考察——以"法律行为（Rechtsgeschäft）"的词源为线索》，《四川师范大学学报》（社会科学版）2008年第4期。
⑤ 佟柔主编：《中国民法学·民法总则》，中国人民公安大学出版社1990年版，第207—208页。

为民法上的概念，由于现代各部门法法律概念的相互吸收，法律行为的概念已经上升为法理学的范畴，为了区别于法理学和其他部门法中的法律行为制度，《民法通则》在法律行为之前加上"民事"二字予以限定。①《民法通则》第 54 条规定，民事法律行为是公民或者法人设立、变更、终止民事权利和民事义务的合法行为。该规定的理论依据来自苏联民法理论。有学者考证认为法律行为本质合法说观点，实系苏联"意志法"理论及其计划经济体制的产物。②

在大陆法系国家，法律行为是私法中独有的概念和制度，是平等主体表达其意思和目的的工具和手段。法律行为的核心理念是意思自治，在私法中才允许民事主体自我判断、自我决策、自我负责。公法领域更多地强调社会公共利益或者统治阶级利益的保护和实现，更多地体现的是命令和服从、强制和被强制的关系，故不存在依据当事人自己的意思发生法律效果的空间，法律行为自然不会在公法制度中生成了。

鉴于法律行为属于民法中的特有概念，形成的制度规则就是如何确保民事主体行为自由和意思自主，故理应对其从概念上进行严格界定。在我国《民法总则》立法过程中，曾有学者提出应将"民事法律行为"更名为"法律行为"。③ 但最终立法者并未改变对民事法律行为语词的使用，但对其内涵进行了重大修正，删除了合法性的规定，增加了意思表示要素，弥补了行为人范围的不足。④《民法总则》对民事法律行为的概念进行了明确规定。⑤ 对这一规定，梁慧星教授认为，民事法律行为与大陆法系所通用的"法律行为"概念完全等同，毫无区别。前置"民事"二字，仅在表明专属于民法领域之法律概念而已。⑥《民法典》编纂出台，继受了《民法总则》的规定，再无改变。

---

① 魏振瀛主编：《民法》（第五版），北京大学出版社、高等教育出版社 2013 年版，第 138—139 页。
② 高在敏：《法律行为本质合法说观点源头考——对民事法律行为本质合法说质疑之三》，《法律科学》（西北政法学院学报）1999 年第 6 期。
③ 朱庆育：《〈民法总则（草案）〉（"民事法律行为"章）修改意见》，《北航法律评论》2016 年第 1 辑。
④ 杨立新主编：《中华人民共和国民法总则要义与案例解读》，中国法制出版社 2017 年版，第 495 页。
⑤ 《民法总则》第 133 条：民事法律行为是民事主体通过意思表示设立、变更、终止民事法律关系的行为。
⑥ 梁慧星：《民法总论》（第五版），法律出版社 2017 年版，第 164 页。

第一节 民事法律行为概述

我国《民法典》颁布实施后，民事法律行为的概念和规则在法典中做了固定。因此，对其语词的严谨性和准确性，在理论上虽有讨论的空间，但从尊重立法权威和有利于实践的角度出发，则应使用"民事法律行为"一词。

一 民事法律行为的概念和特征

民事法律行为，是能够引起民事法律关系变动的民事法律事实，是实现当事人意思自治的根据和手段。自从《德国民法典》通过"提取公因式"的方法将法律行为从民法各分则编抽象到总则编之后，就对以法律行为建立人身关系、财产关系的各个法域产生统辖、涵摄作用，指导着具体领域相关法律关系的变动规则和行为规范。在大陆法系国家，有关法律行为及其制度规则方面的研究，形成了蔚为壮观的学说和理论，对于近现代民法的体系化和法典化起到了极大的促进作用，也使得民法的概念和规则体系更为合理和富于逻辑。

（一）民事法律行为是民事主体私法自治的途径和手段

公民的人身自由被作为我国法律的基本价值予以充分的尊重和保护，我国《宪法》规定，公民的人身自由不受侵犯，禁止非法拘禁和以其他方法非法剥夺或者限制公民的人身自由。为了贯彻和落实《宪法》的前述规定，我国《民法典》亦做了相应的规定。人身自由在私法范畴，更多地体现为行为自由，如财产处分自由、婚姻自由和遗嘱自由。这些行为自由大多数情况下要通过民事法律行为来实现，即民事主体通过实施具体民事法律行为，参与到具体民事法律关系中去，为自己设定权利，实现其行为目的。私法自治是法律赋予公民的一种自治空间，在这种自治空间内，公民可以通过法律行为自由地为自己设定权利义务，实现自己的私法利益。[①] 拉伦茨教授认为，法律行为是指一个人或者多个人从事的一项行为或者若干项具有内在联系的行为，其目的是引起某种私法上的法律效果，亦即使个人与个人之间的法律关系发生变更。每个人都通过法律行为

[①] 李军：《私法自治的基本内涵》，《河北法学》2005 年第 1 期。

的手段来构成他同其他人之间的法律关系；法律行为是实现《德国民法典》的基本原则——"私法自治"的工具。① 作为私法自治的实现手段，法律行为制度的基础在于承认权利主体能够根据自己的意思形成、变更或消灭私法上法律关系，实质上是当事者在自己规定中形成法律效果，此即为私法自治原则所肯定的价值在私法制度上的表现。②

在自由竞争的市场环境中，私法自治有利于发挥市场主体的主动性和积极性，能够通过法律行为的调节机制，配置社会物质资源，将社会物质财富配置到能够最大化发挥其效益的领域和环节。私法自治存在的弊病也是明显的，容易发生市场失灵和竞争失序，这是政治经济学和民法学都需要认真面对的问题。私法自治是在民事领域内民事主体的自我决定和自由实现，但这种自治并不能脱离开整个社会发展的环节和方面，仍然处于国家和社会的整体法律框架之下。因此，私法自治仍是受限制的自治。自治的界限是以不得违反国家法律和社会公共利益为前提。③ 我国《民法典》在规定民事法律行为制度的同时，明确强调要弘扬社会主义核心价值观，以此作为引领私法自治机制的重要约束性和指导性原则，使得法律行为制度能够在最大化发挥其指导民事主体自主性、创新性的前提下，保证民事法律行为及其效果本身符合社会主义核心价值观的要求。

自从《德国民法典》将法律行为制度抽象到总则之中，法律行为作为实现私法自治的重要工具，对财产法中的物权、债权、财产继承，对身份法中的若干领域，如结婚、离婚等，发挥着重要的统辖作用。而民法调整社会关系的方式，就是主要通过法律行为建立起民事主体之间的民事法律关系，确定主体间的权利义务内容，并据此建立起一整套行为规则、权利救济系统，这成为民法典体系化的主要结构和逻辑表达。正是由于法律行为制度的设立，使得散见在民法各个部分的杂乱无章的表意行为有了共性的东西，从而形成了一个统一的制度。④

（二）民事法律行为的概念

关于民事法律行为的概念界定，不同的研究者其观点有所不同。德国

---

① ［德］卡尔·拉伦茨：《德国民法通论》（下册），王晓晔、邵建东、程建英、徐国建、谢怀栻译，法律出版社2003年版，第426页。
② 李军：《私法自治的基本内涵》，《河北法学》2005年第1期。
③ 李建华、许中缘：《论私法自治与我国民法典——兼评〈中华人民共和国民法（草案）〉第4条的规定》，《法制与社会发展》2003年第3期。
④ 王利明：《法律行为制度的若干问题探讨》，《中国法学》2003年第5期。

学者梅迪库斯认为，所谓法律行为是指私人的、旨在引起某种法律效果的意思表示。① 我国学者对法律行为在学理上也有不同的理解和认识。王泽鉴教授认为，法律行为是以意思表示为要素，因意思表示而发生一定的私法效果的法律事实。② 20世纪90年代，梁慧星教授就提出，所谓法律行为，是指以发生私法上效果的意思表示为要素的一种法律事实。③ 张俊浩教授认为，民事法律行为是依其意思表示的内容发生法律效果的行为。④

我国《民法典》编纂时，立法者最终放弃了原《民法通则》中将民事法律行为界定为合法行为的不妥做法，使得民事法律行为的概念和规则重回大陆法系民法传统，将民事法律行为定义为民事主体通过意思表示设立、变更、终止民事法律关系的行为。

(三) 民事法律行为的特征

根据《民法典》的规定，结合民法原理，我国民法中的民事法律行为，具有民事性、表意性、目的性和设权性。

第一，民事法律行为是民事主体的表示行为。民事法律行为不同于公法中各主体的行为，其行为的主体是法律地位平等的民事主体。民事法律行为属于民事主体的表示行为，具有表意性，主体要借以表达自身的某种意思，追求某种民事法律效果的发生。如此，民事主体能否准确理解其行为的性质和后果、确保表示行为中的表示和目的具有同一性，能否决定表示行为的内容以及是否作出表示行为就非常重要。因此，与非表示行为不同，表示行为要求行为人能够判断和识别自己的行为，只有具有相应行为能力的民事主体，才能够实施表示行为。

第二，民事法律行为以意思表示为要素。意思表示具有目的性，是民事法律行为所要记载和表达的核心，要表达民事主体的愿望和行为目的。所谓意思表示，是表意人将其期望发生某种法律效果的内心意思以一定方式表现于外部的行为，是行为人内心意思外化的过程和途径。通过意思表示，使得外界能够了解和知晓行为人的意思及其内容。这样才能够在当事人之间形成某种民事法律关系，从而达致民事主体实施民事活动、参与民

---

① [德] 迪特尔·梅迪库斯：《德国民法总论》，邵建东译，法律出版社2001年版，第142页。
② 王泽鉴：《民法总则》（增订版），中国政法大学出版社2001年版，第250页。
③ 梁慧星：《民法总论》，法律出版社1996年版，第152页。
④ 张俊浩主编：《民法学原理》（修订版），中国政法大学出版社1997年版，第206页。

事法律关系的目标。无论民事法律行为的方式如何，均需有意思表示。

第三，民事法律行为的目的在于引起民事法律关系的变动，旨在设立、变更、终止某种民事法律关系，在民事法律关系的变动中进一步引起民事权利和义务的发生、变更和消灭。法律行为的做成，目的是变更法律关系，故是民事主体通过其民事法律行为积极追求的结果。

第四，法律行为的效果规定于意思表示。民事法律行为是实现私法自治的途径和手段，民事主体通过民事法律行为设定的法律关系和表达的行为目的，只要不违反法律和公序良俗，法律听任并保障其实现。通过民事法律行为所建立或者变动的民事法律关系，必然引起民事权利的取得或者变动。它通过赋予当事人自由意志以法律效力，使当事人能够自主安排自己的事务，从而实现了民法主要作为任意法的功能。①

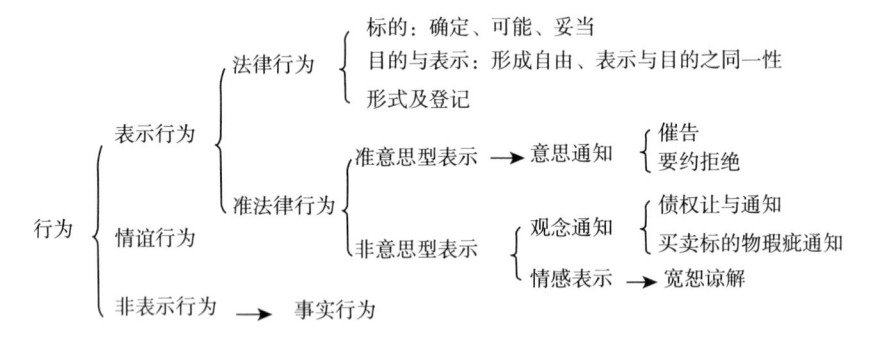

```
           ┌ 法律行为 ┌ 标的：确定、可能、妥当
           │          │ 目的与表示：形成自由、表示与目的之同一性
    ┌ 表示行为         └ 形式及登记
    │     │          ┌ 准意思型表示 → 意思通知 ┌ 催告
    │     └ 准法律行为│                        └ 要约拒绝
行为┤                 │                ┌ 观念通知 ┌ 债权让与通知
    ├ 情谊行为        └ 非意思型表示  │          └ 买卖标的物瑕疵通知
    │                                 └ 情感表示 → 宽恕谅解
    └ 非表示行为 → 事实行为
```

图 7-1　行为分类

二　法律行为的边缘界定

如果仅从概念去理解法律行为，对于实践而言，往往是不够的。因为概念决不等于实际的存在，而且对于任何一个概念来说，其中心地带是非常清楚明了的，但往往在与其他事物的连接地带就变得模糊不清。② 民事法律行为之所以产生法律后果，是因为行为人通过意思表示希望产生其所实现的目的，发生其所预设的法律后果，并且行为人把这一意思明确地表达了出来，为相对人和外界所感知了解或者知晓。

在生活实践中，还存在一些行为发生在法律层面之外，实施行为的主

---

① 王利明：《法律行为制度的若干问题探讨》，《中国法学》2003 年第 5 期。
② 李永军：《民法总论》，法律出版社 2006 年版，第 421—422 页。

体的真实想法是并不希望发生某种法律效果，或者其实施行为时根本就没有预设行为的法律后果，或者说如果意识到有某种法律上的约束力，行为人就根本不会实施这种行为。这些行为一般也不能产生法律后果，该种行为通常被称为"情谊行为"或"社会层面上的行为"。比如同事之间下班后约饭、同学之间约定去爬山，均没有赋予对方法律上约束力的意思在其中。民事法律行为和情谊行为之外，人类社会生活中还存在一些有法律意义的行为，如事实行为和准法律行为。这些行为的法律后果由法律直接规定，并不取决于行为人的主观追求及其意思。

（一）情谊行为

情谊行为中行为人并无形成民事法律关系的意思，即没有创设权利、负担义务的意思表示，故其行为本身并不具有设权性。在一般情况下情谊行为的内涵和外延是清晰的，但有时候情谊行为又非常复杂，判断时会容易发生一定的困惑和困难。

对于有些情谊行为，无论在法律上还是一般人的认知里，均不认为具有法律约束力，属于无异议的情谊行为。在日常生活中，人们经常把一种行为当作有某种约束力的行为如约定来看待，基于生活规则或者习惯来予以遵守，但当事人却无建立法律上的约束力的意思。如邀请他人共进晚餐，因为这种行为旨在社交和娱乐，邀请人还是被邀请人均不会将此等邀请或者答应邀请理解为具有法律上的约束力，其行为本身是出于社交和娱乐的目的，参与不参与双方都不可能认为要承担何种法律责任。

还有些情况，是行为人并没有意识到行为的后果具有法律上的约束力。当事人一般不会对是否存在法律约束作实际的思考，也想不到会发生法律约束力的困扰。往往是在出现了麻烦或者一方当事人受到损害时，行为人才开始认识到问题的重要性和复杂性，才开始在法律上进行思考。在生活中常见的思维表达就是"早知如此，何必当初"，如果行为人一开始意识到其行为可能产生法律上的纠葛，行为人就不会去实施该情谊行为。在上海，曾发生这样一个案件，陈某、高某某系表兄妹关系，2008年10月27日，陈某因高某某父亲去世前去奔丧。当日中午，死者尸体出殡前，高某某亲戚朱某某将一捆爆竹递给陈某燃放。死者尸体在崇明县殡仪馆火化后，死者的骨灰盒需在崇明县港西镇协兴村定南某队老坟下葬。到达该地点后，陈某待汽车停稳即燃放第一个爆竹，当其燃放第二个爆竹时，该爆竹突然爆炸斜射冲向陈某右眼，致右眼受伤。经鉴定，陈某被爆竹炸伤，致右眼上睑皮肤损伤，右眼球破裂伤等。法院审理认为，陈某去高某某家奔丧、帮助高某某燃放爆竹均属于建立在其与高某某之间亲戚亲情基础上自愿的情谊行为，不应产生相应的法律后果，即双方之间不会因此形成具有法律约束力的某种权利义务（合同）关系，包括帮工关系。陈某从事该行为时自身并不愿意或没有想到受法律约束的意思。① 这里法院判决的理由是行为人没有使自己的行为受到法律约束的意思，判断的标准与德国学者梅迪库斯的观点相同。这一标准叫作受法律约束的意思或法律后果意思。即"一项情谊行为，只有在给付者具有法律上受约束的意思时，才具有法律行为的性质。这种意思，表现为给付者有意使他的行为获得法律行为上的效力……亦即他想引起某种法律约束力……而且受领人也是在这个意义上受领这种给付的。如果不存在这种意思，则不得从法律行为的角度来评价这种行为"②。

在我国实践中，发生得比较多的是好意同乘、共同饮酒案件。好意同乘是指驾驶员基于善意互助或友情帮助而允许他人无偿搭乘的行为，具有无偿性、非法律拘束性、双方合意性。共同饮酒是一种社交行为，亦是情谊行为的体现，一旦共饮人存在危险或人身损害等不良结果，导致侵权责任产生，则饮酒行为造成民事规范上相关义务的违反，故而需要法律进行规范和调整。在共同饮酒场合，共同饮酒者之间相互劝酒，势必增加参与饮酒人的危险可能，必然要求每个饮酒人都要合理注意自己的行为对他人造成的影响，由此引起合理的安全保障义务。③ 违反该义务，应承担相应的赔偿责任。

（二）事实行为

事实行为属于非表示行为，对是否存在意思表示并不做要求，有些情况下干脆就不存在意思表示，只要行为人实施了该行为即可，因而事实行为不以意思表示为要素。事实行为与民事法律行为的区别主要在于：首先，事实行为不要求有意思表示，有无意思表示不是事实行为的构成要件和考虑因素。其次，由事实行为不以意思表示为要素的特征决定，事实行

---

① 陈某与高某某身体权纠纷上诉案，上海市第二中级人民法院〔2010〕沪二中民一（民）终字第333号民事判决书【法宝引证码】CLI.C.475955。
② [德]迪特尔·梅迪库斯：《德国民法总论》，邵建东译，法律出版社2001年版，第153页。
③ 艾某兴等与张某芳等机动车交通事故责任纠纷案，北京市第三中级人民法院〔2022〕京03民终360号民事判决书【法宝引证码】CLI.C.411158838。

为不考虑行为人的意思能力，即不考虑其行为能力，只要行为人实施了某种行为即可产生某种法律规定的后果，如合法建造、拆除房屋行为成就时，发生物权变动效力。最后，事实行为不适用代理。因为代理制度的目的是通过代理人实施民事法律行为，事实行为无意思表示内容的要求，故不适用代理。

（三）准法律行为

在人的行为中，还有一种特殊的具有法律意义的行为，行为本身有可能含有某种意思表示或者在有些情形下根本就没有意思表示，但是行为的效果却并不取决于行为人的意思表示，而是由法律直接规定这类行为叫准法律行为。准法律行为又可以分为准意思型表示和非意思型表示，前者为意思通知，后者主要包括观念通知和情感表示两种情况。

准意思型表示行为即意思通知，是指行为人在行为中有意思表示，但是该行为的后果不由该意思决定，而是由法律直接规定。如《民法典》第48条规定，相对人的催告后果产生对被代理人未作表示的行为的法律推定，即视为拒绝追认，同时在合同被追认之前，赋予善意相对人以撤销权。另外，《民法典》第629条规定的买受人拒绝接收多交部分的通知，其后果是不产生买受人按照合同的价格支付价款的义务，同时买受人可以代为保管多交部分标的物，可以主张出卖人负担代为保管期间的合理费用。

非意思型表示，是指行为人的行为中没有意思内容，仅是对客观事实的一种表达，或者是某种主观感情、态度的表达。观念通知，又称事实通知，是指行为人向相对人告知以某种客观事实而非自己的意思，依照法律规定产生相应法律后果的行为。如《民法典》第590条规定的发生不可抗力的通知，其通知的内容是将发生不可抗力的客观情况予以告知，本身不包含通知人的主观意思，该通知行为的后果是不能履行合同的，根据不可抗力的影响，部分或者全部免除遭受不可抗力一方的责任。情感表示，是行为人对自己或者对他人既有的行为、做法在主观上表达的一种悔改、宽恕、谅解的态度。如《民法典》第38条和第1125条规定的悔改，以及第1125条第2款规定被继承人表示的宽恕，在满足其他条件的情形下就会恢复监护人资格或者恢复继承人继承权的法定后果。

第二节　法律行为的分类

关于民事法律行为的类型，可以根据不同的标准对其进行分类。我国《民法典》将民事法律行为分为单方、双方和多方法律行为，另外还规定了决议这种特殊的民事法律行为类型。在理论上，也有对民事法律行为的分类方法及类型化认识，这些分类对于全面准确掌握民事法律行为的本质和特征无疑具有非常重要的解释和说明价值，对于理解民法有关民事法律行为的规定具有重要的理论指导意义。

一　双方行为、单方行为、多方行为和决议

这是以民事法律行为成立所必需的意思表示的数量为标准所进行的分类，也是我国民法典中对民事法律行为最基本的分类。

所谓单方法律行为，是指仅需一方当事人的意思表示就可成立的法律行为。单方法律行为的成立无须他方当事人行为和意思的配合或者介入。民法中存在着大量的单方法律行为，有的是权利人单方行使权利而没有相对人的行为，如所有权的抛弃；有的单方法律行为虽由行为人单方即可做出，但是对其他利害关系人的权利会产生影响，会导致他人权利的变动，如订立遗嘱、免除债务等行为。

双方法律行为，是指法律行为的做成，必须有双方当事人相对应的意思表示达成一致，缺乏任何一方的意思表示则无法成立。合同行为是典型的双方法律行为，形成合同需要有双方当事人意思合致的过程，一般需经过缔约中的要约、承诺阶段实现意思表示的一致。合同法律关系中，当事人的权利义务往往具有对应性，一方的权利即为对方的义务，一方的义务即为对方的权利。

多方法律行为，是两个以上当事人就其互相并行的意思表示达成一致的法律行为。多方法律行为是两个以上的民事主体为了实现共同的行为目标而采取的共同行为，表现为其意思表示的内容和目标是并行不悖的，实现该共同目标与当事人意思表示必须一致。如民法中市场主体章程的制定、合伙协议的订立等。多方法律行为与双方法律行为的区别在于，多方法律行为中当事人的利益和目标是一致的，而双方法律行为中当事人的利

益往往是相对应的。

决议是组织行为和决策的常见行为方式，与单方法律行为、双方法律行为和多方法律行为的不同主要在于：第一，决议的主体具有特殊性，只能由法人或者非法人组织做出，是法人或者非法人组织形成其决策的手段，自然人的决策由其自行作出，无须通过何种议事方式或者程序，无法也不能采用决议这种意思表示形式。第二，决议中的意思表示并不是针对参与决议的成员，而是针对法人或非法人的意思形成机构的。由此决定了决议的效力内外有别。对内，决议约束的是法人、非法人组织及其成员。对外，决议需要由法人、非法人的代表机关或者代理人表达为法人、非法人的单方意思表示，根据与其相对人形成的民事法律关系，再决定其对相对人的法律约束力。第三，决议需要严格按照程序进行。《民法典》规定，决议须按照法定或者章程、合伙协议约定的议事方式和表决程序做出，只要符合该议事方式和表决程序，决议做出后对于法人和非法人组织就具有法律约束力，不要求参与决议的民事主体意思表示一致。决议形成往往实行的是多数决，只要大于法定或者约定的比例即可形成有效决议，即使表决的过程中可能存在表示异议或弃权的情况。第四，决议的形式和约束力比较特殊。决议只要依法做出，记载其意思表示内容所使用的语句将完全一致，并不反映决议形成过程中的讨论、争议或者不同意见。即使在决议过程中个别参与决议的成员持不同或者反对意见，对其仍具有法律约束力。以上特点，决定了在判断决议的效力时，除了考虑决议本身的意思表示是否真实、合法，还要考察决议的形成是否履行了法律规定或章程、合伙协议约定的议事方式和表决程序。

二　财产法律行为与身份法律行为

根据民事法律行为的效果不同，是导致发生财产关系变动还是发生身份关系变动，可将法律行为分为财产法律行为和身份法律行为。财产法律行为是发生财产关系变动效果的法律行为，因该行为的做成，发生某种财产权益的归属、变更或者消灭。如出让合同的形式，经登记而创设建设用地使用权、订立买卖合同产生货物买卖的债权债务等。

身份行为是发生身份关系变动的法律行为，如结婚和离婚。身份行为既可以是单方行为也可以是双方行为。前者如《民法典》规定的婚姻撤销权①，撤销权的行使行为，就是单方行为。后者如收养行为，《民法典》规定，收养人收养与送养人送养，应当双方自愿，需要收养人与送养人意思表示达成一致才可以成立。

区分财产法律行为和身份法律行为的意义在于，由于身份行为会产生身份法上的权利和义务关系的变动，但不一定发生某种财产利益的流动或者变化。因此，不能简单地用财产法律行为的原理和规定进行理解和适用。因为传统民法中的法律行为系指"民事主体以产生、变更和消灭财产权利或义务为目的、以意思表示为要素的交易行为"。由 Recht 与 Geschäft 所确定的"法律行为"内涵及适用范围的确非常狭小。② 各国民法典总则编中的法律行为部分，多从鼓励交易、繁荣经济等立场出发，更多的是从合同法律行为进行抽象和设计，不一定能够准确和正确反映身份法律行为的性质和特点。因此在解读和适用身份法律行为时不可不察。值得肯定的是，正是认识到财产法律行为和身份法律行为在性质和法律适用上的不同，《民法典总则编解释》第 1 条就明确规定，《民法典》第二编至第七编对民事关系有规定的，人民法院直接适用该规定；《民法典》第二编至第七编没有规定的，适用《民法典》第一编的规定，但是根据其性质不能适用的除外。

三 负担行为与处分行为

根据财产法律行为的效果的不同，在理论上可将其进一步区分为负担行为和处分行为。这种划分是德国民法理论对财产行为进行分析和解释的基础，由此形成了令人瞩目的负担行为、处分行为和无因性理论。我国《民法典》中虽无负担行为和处分行为的概念，但是在相关规定中却有二者的影子和制度原理，在司法实践中负担行为和处分行为区分理论更是被用来作为解释相关法律规定及其适用的重要理论依据。如关于处分权受限制的房地产转让合同效力问题，最高人民法院认为要正确适用合同效力和物权变动区分原则，发挥合同法和物权法在不同交易阶

---

① 《民法典》第 1053 条：一方患有重大疾病的，应当在结婚登记前如实告知另一方；不如实告知的，另一方可以向人民法院请求撤销婚姻。请求撤销婚姻的，应当自知道或者应当知道撤销事由之日起一年内提出。

② 张作华：《法律行为概念及其适用范围之原本考察——以"法律行为（Rechtsgeschäft）"的词源为线索》，《四川师范大学学报》（社会科学版）2008 年第 4 期。

段的调整功能。①

(一) 负担行为

负担行为 (Verplichtungsgeschäfte), 指以发生债权债务为其内容的法律行为, 亦称为债务行为或者债权行为。② 负担行为作成后, 行为人因此对相对人负有给付的义务, 承担了某种权利负担。从另一个角度看, 因负担行为的作成, 产生一项或者多项请求权, 或者——在现金交易行为中——至少产生一项能够保留给付的法律原因。③ 从理论上分析, 我国《民法典》合同编中各类典型合同, 应均属于负担行为的表现形式。

(二) 处分行为

处分行为 (Verfügungen), 是指直接使某种权利发生、变更或消灭的法律行为, 不同于负担行为, 它并不是以产生请求权的方式, 为作用于某项既存的权利作准备, 而是直接完成这种作用行为。④ 处分即直接导致发生权利的变动, 如抛弃直接导致所有权的消灭, 形成抵押合意经登记产生债权人取得抵押权的法律后果等。根据处分行为发生的法律效果不同, 可以将其进一步区分为物权行为和准物权行为：物权行为是指发生物权法上效果的行为, 如前述所有权的抛弃、抵押权的设立等。准物权行为指以债权、人身权或知识产权等作为标的的处分行为, 如债务免除、肖像许可使用合同等。

(三) 负担行为与处分行为的关系

第一, 二者的生效要件不同。处分行为适用确定原则或特定原则, 要求最迟在处分行为生效之时, 处分行为所涉及的具体的客体必须予以确定。⑤ 其原理在于, 因为处分行为直接导致物权变动, 故只有标的确定, 才能判断对哪个具体的标的发生了物权变动, 如此才具有公示的意义。而负担行为一般无此要求, 如实践中的买卖合同, 在其签署生效时, 不要求

---

① 《最高人民法院关于当前民事审判工作中的若干具体问题》(2015 年 12 月 24 日)【法宝引证码】CLI. 3. 267397。
② 王泽鉴:《民法总则》(增订版), 中国政法大学出版社 2001 年版, 第 262 页。
③ [德] 迪特尔·梅迪库斯:《德国民法总论》, 邵建东译, 法律出版社 2001 年版, 第 167 页。
④ [德] 迪特尔·梅迪库斯:《德国民法总论》, 邵建东译, 法律出版社 2001 年版, 第 168 页。
⑤ [德] 迪特尔·梅迪库斯:《德国民法总论》, 邵建东译, 法律出版社 2001 年版, 第 168 页。

出卖人一定拥有货物或者将货物特定化。

第二，由于处分行为导致权利直接变动，处分行为生效就要求行为人有处分权。如在《民法典》第 311 条规定的所有权取得的特别规定中，除构成善意取得外，无权处分行为不发生物权变动的法律效果，所有权人仍可以行使追及权。而任何人都可以从事负担行为，行为人没有处分权，一般不会影响负担行为的效力，但会发生给付不能的违约责任。《民法典》第 597 条第 1 款规定①就是此意。孙宪忠教授非常贴切地举例道：现代市场经济中，一个商家不可能先把标的物从国外进口，先放在自己的仓库，使自己成为一个所有权人，然后再把货卖给中国的商场。这个道理想通了，也就知道没有所有权的合同是可以成立生效的。②

第三，由于处分行为直接导致法律关系和权利变动，故对于物权法上的处分行为，还要适用公示原则。③ 要求处分行为必须通过某种可以为外界感知的客观手段或者方式（登记或交付）对外表现或者展示出来，经过公示，才发生权利变动的效果，如以建筑物、土地附着物、建设用地使用权或海域使用权等抵押的，抵押权自登记时设立。

负担行为和处分行为在实践中的存在状态非常复杂，有时二者并存于同一法律关系之中，如买卖合同中，既有合同权利义务安排，又有出卖物所有权的转移问题。有时仅有负担行为而无处分行为，如租赁合同，不发生租赁物的物权变动。还有些情况下，仅有处分行为而无负担行为，如所有权的抛弃、债务免除等。

当物权行为与债权行为基于同一标的物而存在时，如买卖合同及其履行时，既存在负担行为，行为人在法律上承担了标的物的交付义务，同时存在处分行为，如发生标的物所有权的转移，由此便产生二者的联系。当买卖中的负担行为和处分行为均有效时，即合同有效且所有权依法移转，则买受人依法确定地取得标的物的所有权。如果发生买卖中的负担行为和处分行为均无效或均不成立，如出卖人在签订合同和交付货物时均为限制行为能力人，其法定代理人嗣后未予追认或者明确表示不同意的，则买卖

---

① 《民法典》第 597 条：因出卖人未取得处分权致使标的物所有权不能转移的，买受人可以解除合同并请求出卖人承担违约责任。法律、行政法规禁止或者限制转让的标的物，依照其规定。

② 孙宪忠：《中国民法典采纳区分原则的背景及其意义》，《法治研究》2020 年第 4 期。

③ ［德］迪特尔·梅迪库斯：《德国民法总论》，邵建东译，法律出版社 2001 年版，第 169 页。

合同作为效力未定，法律行为因未得到追认自始无效，买受人也因出卖人无处分能力而无法取得标的物的所有权。如此，即使买受人已经占有货物，也不会取得所有权，相应地出卖人也不会丧失货物的所有权。出卖人可以行使其物权请求权，要求买受人返还所有物。

当负担行为成立有效，但处分行为不成立或无效时，如买卖合同成立生效，而至交付标的物时，因出卖人的原因导致标的物灭失的，则买受人无法取得标的物所有权，在无同类物替代的情形下，买受人只能向出卖人主张违约责任，如《民法典》第597条第1款[①]的规定就是这个原理。另外，实践中出现的不可归因于抵押人的因素导致未能办理抵押登记手续，而发生的法律后果及其处理，[②] 其中也是这个道理，即抵押合同生效，但是抵押物灭失，抵押权未有效设立，债权人只能主张违反抵押合同的违约责任。

当负担行为不成立或无效，但处分行为成立有效。如某未成年人甲在其十八岁生日前三天将其父母赠与的摩托车以市场价出售给同学乙，在其过完生日后第三天交付摩托车，其父母了解情况后对摩托车买卖事宜不同意。在这种情况下，买受人乙能否取得摩托车的所有权，取决于立法对交易中存在的处分行为和负担行为关系的态度。对此，形成了两种不同的立法主义：要因主义和无因主义。要因主义，即在立法上采取处分行为与负担行为同其命运的模式，负担行为无效或者不成立，处分行为即亦无效或者不成立。在前述案件中，由于负担行为做成时，属效力待定法律行为，而嗣后因甲父母的不同意，使得该买卖合同自始无效。这样，就牵连的影响摩托车的所有权转移行为也无效，故即使乙已经受领了给付，也不能取得摩托车的所有权。甲仍可以作为所有权人有权要求乙返还该摩托车。无因主义，即区分处分行为和负担行为的效力，使二者各自按照各自的构成要件进行判断，处分行为不受负担行为效力的影响。即使负担行为不成立或者无效，但如果处分行为做成时，符合处分行为的成立和生效要件，则

---

① 《民法典》第597条：因出卖人未取得处分权致使标的物所有权不能转移的，买受人可以解除合同并请求出卖人承担违约责任。法律、行政法规禁止或者限制转让的标的物，依照其规定。

② 《最高人民法院关于适用〈中华人民共和国民法典〉有关担保制度的解释》第46条：不动产抵押合同生效后未办理抵押登记手续，抵押财产因不可归责于抵押人自身的原因灭失或者被征收等导致不能办理抵押登记，债权人请求抵押人在约定的担保范围内承担责任的，人民法院不予支持。

发生处分行为的法律效力。则甲和乙之间的摩托车买卖合同，因甲的法定代理人不同意而自始无效。但到摩托车交付时，甲已经是完全民事行为能力人，交付行为因不存在主体行为能力的瑕疵，其生效要件齐备，故确定有效。因此，在法律上乙确定地获得了摩托车的所有权。但由于乙取得摩托车的所有权，没有有效负担行为的支持，故欠缺法律上的依据和原因，从而依法构成不当得利。此时，在乙已经取得摩托车所有权的前提下，甲同时丧失所有权，故仅能依照不当得利原理请求乙返还不当得利。

区分负担行为和处分行为，尤其是采取处分行为的要因性和非要因性，对当事人的权利影响比较大。如前述摩托车买卖事宜，如乙为一家企业，一旦在摩托车交付后乙发生破产，则基于物权的优先效力所有人享有别除权，在要因主义和无因主义不同的立法模式下，甲的权利保护及其结果就有很大差别。

区分负担行为和处分行为，对于理解交易过程具有重要意义。当事人就同一标的物可以实施若干个负担行为，却仅能成立一个处分行为。因为处分行为是转让权利的行为，具有某种分配的属性：它们的法律后果对有关权利的归属作了变更，进而改变了财物的归属。这类处分行为可以对抗任何人，这种效果是"绝对的"。① 处分行为人在丧失权利后不可能有权再次处分该标的物。在买卖合同及其履行中，区分二者还能够精准地判断合同履行过程中权利义务变动状态及其相应的法律效果，进而为当事人提供相应的法律救济路径和措施。另外，二者的区分构成了公示公信原则的基础。因为处分行为的效果是绝对的，具有对抗所有人的效力，因此，必须通过特定的方式记载和传达这种效果的变化，这就需要确立公示原则。由于负担行为的效力是相对的，不具有对抗的效力，故无须公示。公示公信原则是负担行为与处分行为区分后的必然要求。

四　有因行为与无因行为

对于负担行为和处分行为关系处理的不同立法模式，也导致了有因行为和无因行为的区分。区分有因行为与无因行为的标准是，法律行为本身是否包含着一项法律原因，或者法律行为还需要具备一项法律原因，否则

---

① [德] 卡尔·拉伦茨：《德国民法通论》（下册），王晓晔、邵建东、程建英、徐国建、谢怀栻译，法律出版社 2003 年版，第 439—440 页。

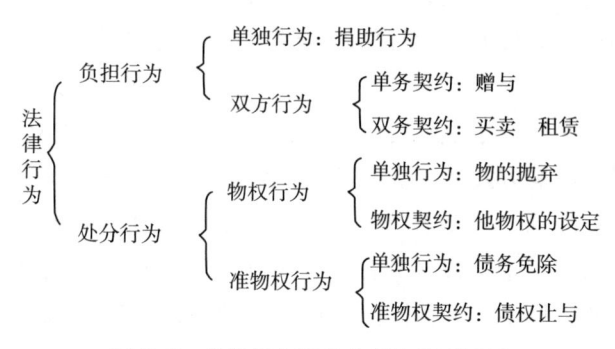

```
                    ┌ 单独行为：捐助行为
          ┌ 负担行为 ┤
          │         └ 双方行为 ┌ 单务契约：赠与
法                             └ 双务契约：买卖  租赁
律 ┤
行         ┌ 物权行为 ┌ 单独行为：物的抛弃
为         │         └ 物权契约：他物权的设定
          └ 处分行为 ┤
            准物权行为 ┌ 单独行为：债务免除
                     └ 准物权契约：债权让与
```

图 7-2　负担行为和处分行为类型示例

就会受到不当得利的追究。① 原因（法律原因，罗马法上称为 Causa），乃当事人为财产上给予（Zuwendung）之目的。② 谢在全先生指出："若债权行为会左右物权行为之效力时，则该物权行为系有因行为（有因主义）。反之，倘物权行为之效力，不受其原因即债权行为所影响时，则该物权行为系无因行为（无因主义）具无因性。"③ 德国著名民法学家萨维尼认为"一个源于错误的交付也是完全有效的"④。

物权行为无因性理论，由以下三个基本原则构成：其一，分离原则。即将一桩交易中，产生标的物交付义务的负担行为，与标的物所有权的转移行为（处分行为）作为两类行为区别开来。如前述买卖摩托车的合同行为，与转移摩托车所有权的处分行为从交易过程中分离出来，按照各自不同的构成要件区别对待。这种义务负担行为（买卖）与物权变动行为（所有权让与合意）之间体系上的分离，被称为分离原则（Trennungsprinzip）。⑤ 其二，无因性原则。在将负担行为和处分行为分离的基础上，进一步使处分行为的效力不受负担行为效力的影响而单独判断。无因性原则所要解决的问题是，物权行为是否需要一个原因

---

① ［德］迪特尔·梅迪库斯：《德国民法总论》，邵建东译，法律出版社 2001 年版，第 169 页。
② 王泽鉴：《民法总则》（增订版），中国政法大学出版社 2001 年版，第 267 页。
③ 谢在全：《民法物权论》（上册），中国政法大学出版社 1999 年版，第 71 页。
④ 孙宪忠：《"抽象物权契约"理论——德意志法系的特征》，《外国法译评》1995 年第 2 期。
⑤ ［德］鲍尔/施蒂尔纳：《德国物权法》（上册），张双根译，法律出版社 2004 年版，第 92 页。

性的目的规定（"内容无因性"问题），以及物权行为之效力，是否取决于义务负担行为的效力（"外部的无因性"）。德国现行法对这两个问题的回答是，处分行为不具有目的性，也不依赖于原因行为。① 其三，形式主义原则。由无因性原则所决定，为了表征处分行为的独立性及其效力，需要通过某种客观方式将该行为表达或者展现出来，否则外界无法判断是否发生了物权变动。故要求处分行为必须采用某种特定形式公示行为本身，法律上采取了动产以转移占有、不动产以登记为其向社会公示的形式，无此形式，则不产生物权转移的效力，因此，又可称之为公示要件主义原则。

自20世纪80年代后期以来，中国民法学界就是否采纳物权行为理论展开讨论，多数学者持否定立场。② 但是也有学者认为，2007年，物权法立法采纳了区分原则，规定于《物权法》第15条。现在，《民法典》第215条继续采纳了区分原则。③

从我国的司法实践来看，其实早已经开始区分负担行为和处分行为的不同。如在2013年最高人民法院的一份判决书中，明确"根据《物权法》第十五条规定之精神，处分行为有别于负担行为，解除合同并非对物进行处分的方式，合同的解除与否不涉及物之所有权的变动，而只与当事人是否继续承担合同所约定的义务有关"④。在效力上，也事实上采取按照各自的生效要件进行判断。如以所有权、使用权不明或者有争议的财产抵押构成无权处分，与抵押合同的生效要件并不挂钩，最高人民法院相关司法解释已经明确。⑤ 该司法解释将抵押合同的生效要件和抵押权的生效要件相区分，且明确二者之间效力的独立性。但是，对善意取得制度的

---

① ［德］鲍尔/施蒂尔纳：《德国物权法》（上册），张双根译，法律出版社2004年版，第92页。
② 梁慧星：《民法总论》（第五版），法律出版社2017年版，第173页。
③ 孙宪忠：《中国民法典采纳区分原则的背景及其意义》，《法治研究》2020年第4期。
④ 申请再审人成都讯捷通讯连锁有限公司与四川蜀都实业有限责任公司、一审第三人四川友利投资控股股份有限公司房屋买卖合同纠纷案，最高人民法院〔2013〕民提字第90号民事判决书【法宝引证码】CLI. C. 2227853。
⑤ 《最高人民法院关于适用〈中华人民共和国民法典〉有关担保制度的解释》第37条：当事人以所有权、使用权不明或者有争议的财产抵押，经审查构成无权处分的，人民法院应当依照民法典第三百一十一条的规定处理。当事人以依法被查封或者扣押的财产抵押，抵押权人请求行使抵押权，经审查查封或者扣押措施已经解除的，人民法院应当支持。抵押人以抵押权设立时财产被查封或者扣押为由主张抵押合同无效的，人民法院不予支持。以依法被监管的财产抵押的，适用前款规定。

无权处分行为效果，最高人民法院的司法解释却采取了物权行为与原因行为共命运的立场，即实施的是要因主义。①

是否采纳物权行为无因性理论，涉及对交易流程的认识和立法政策的选择。在交易流程中，实践中大量发生的缔约和履行期限存在时间差的合同的履行，通过负担行为和处分行为的分离、效力的独立，能够发现这类交易的真实运行机制及其原理。从立法选择角度而言，从有效保障交易安全、促进交易快捷顺畅进行而言，无因性原则有其科学性。

五 生前行为与死因行为

民法中还有一些行为比较特殊，其效力的发生是以民事主体的死亡事实的发生为要件，这类行为被称为死因行为。而除了死因行为之外的民事法律行为，都是生前行为，一般其效力发生在行为人生命存续期间。死因行为主要为遗嘱、遗赠扶养协议，我国《民法典》规定，继承从被继承人死亡时开始，继承开始后，有遗嘱的，按照遗嘱继承或者遗赠办理；有遗赠扶养协议的，按照协议办理。在这里，遗嘱开始生效是以被继承人的死亡为条件。但是需要特别注意的是，在夫妻共同遗嘱场合，遗嘱的生效一般应以最后死亡一方的死亡时间为准。遗赠扶养协议的生效则不同，根据《民法典》的规定，该协议中有关组织或者个人受遗赠权利的实际享有（分配遗产），是以被继承人死亡为条件，但其对被继承人生前扶养的义务却自遗赠扶养协议签订后就发生。

六 要式行为与不要式行为

实践中，对于法律行为采取何种形式，往往交由当事人意思自治，由其自主决定采用书面、口头或者数据电文等形式，这类法律行为被称为不要式法律行为。但是，对于有些法律行为，国家从管理上的需要出发要求采用一定形式，如《民法典》规定，当事人应当采用书面形式订立居住权合同，设立居住权。或者要求某些法律行为必须履行一定程序，如收养应经登记，自登记之日起收养关系成立。有些情形下，当事人特别约定要求必须采用某种特殊形式的，就必须遵守该约定。这些法律规定或者当事

---

① 《最高人民法院关于适用〈中华人民共和国民法典〉物权编的解释（一）》（法释〔2020〕24号）第20条：具有下列情形之一，受让人主张依据民法典第三百一十一条规定取得所有权的，不予支持：（一）转让合同被认定无效；（二）转让合同被撤销。

人约定必须采用某种形式、履行法定程序的法律行为就是要式法律行为。

七 诺成法律行为和实践法律行为

在民事法律行为中，存在一类特殊的法律行为，其成立或者生效，是以行为指向的标的物的交付或者约定的合同义务的履行为条件。最为常见者就是实践中的即时交易行为，一手交钱一手交货，钱货两清，合同成立生效的同时，即履行完毕归于消灭。因为要求必须同时履行合同义务或交付标的物，故在民法中被称为实践法律行为或要物行为。如定金合同自实际交付定金时成立，定金的给付是定金合同的成立要件。再比如民间借贷关系，当事人仅出具借条不足以证明借贷关系的成立，还必须有资金的交付等实际履行行为。① 实践法律行为之外不以合同义务的履行或者标的物的交付为生效条件的行为，则只需当事人意思表示一致即可成立，这类行为被称为诺成法律行为。

八 有偿行为与无偿行为

当事人主要通过民事法律行为，实现自身的各种生存和发展的需要。在大多数情形下，行为人在为自己设定权利的同时，必须承担一定的义务，权利的取得必须以履行相应的义务为对价，这类法律行为就是有偿行为，其目的是保障当事人各方利益的平衡。但是，在实践中还有些法律行为，当事人一方仅享有权利而不承担义务，这类行为被称为无偿行为，如赠与合同。

民事法律行为中，往往因法律行为有偿无偿而发生权利义务范围和责任的不同，如《民法典》第897条规定的无偿保管人证明自己没有故意或者重大过失的，不承担赔偿责任，第1217条规定非营运机动车发生交通事故造成无偿搭乘人损害，属于该机动车一方责任的，应当减轻其赔偿

---

① 《最高人民法院关于审理民间借贷案件适用法律若干问题的规定》（2020）第九条：自然人之间的借款合同具有下列情形之一的，可以视为合同成立：
（一）以现金支付的，自借款人收到借款时；
（二）以银行转账、网上电子汇款等形式支付的，自资金到达借款人账户时；
（三）以票据交付的，自借款人依法取得票据权利时；
（四）出借人将特定资金账户支配权授权给借款人的，自借款人取得对该账户实际支配权时；
（五）出借人以与借款人约定的其他方式提供借款并实际履行完成时。

责任，但是机动车使用人有故意或者重大过失的除外。

九　主行为与从行为

在复杂的民事活动中，往往存在法律行为之间互相依存的情形，在这些具有互相依存关系的法律行为之间，可以区分主法律行为和从法律行为。那些能够独立存在，不需要以其他行为为其存在前提和基础的行为，就是主法律行为。而其中那些从属于主法律行为，以主法律行为为其成立和效力存续前提的行为，就是从法律行为。如《民法典》第388条第1款就规定了担保物权的从属性原理规定，担保合同是主债权债务合同的从合同。主债权债务合同无效的，担保合同无效，但是法律另有规定的除外。这里的主债权债务合同就是主法律行为，担保合同就是从法律行为。区分二者的意义在于有利于确定和区别从法律行为的成立和生效以及效力变化的要件问题。

十　独立行为与辅助行为

在民事实践中，还存在一类特殊的法律行为，其本身并不一定具有独立的实质性内容，往往是对他人行为的同意或者追认，因其同意或者追认，他人行为的效力得以确定。如《民法典》第168条第1款规定，代理人不得以被代理人的名义与自己实施民事法律行为，但是被代理人同意或者追认的除外。这里被代理人对于代理人的代理行为的同意和追认，就是辅助行为。而独立行为，指行为人借助自己的意思表示即可成立的法律行为，有完全行为能力的民事主体自己所为的法律行为，一般来说大都是独立的法律行为。

我国《民法典》中的民事法律行为种类，大致如图7-3所示。

第三节　民事法律行为的成立与生效

民事法律行为是民事主体实现意思自治的主要手段和工具，作为最重要的民事法律事实，能够因其民事法律关系的发生、变更和消灭。因此，就需要从事实层面和价值层面分别对民事法律行为进行分析和考察，以判断其是否成立和生效。

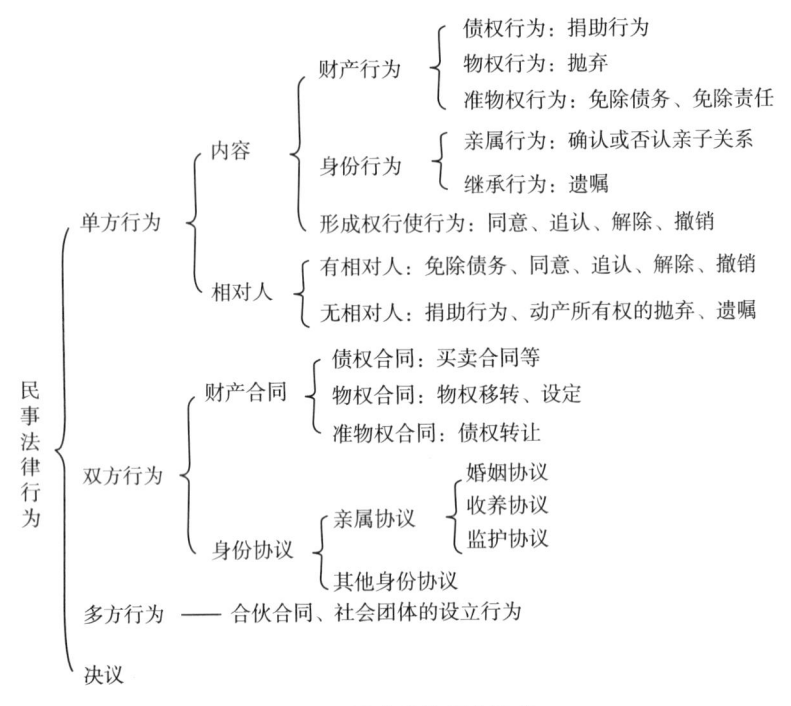

```
                                    ┌ 债权行为：捐助行为
                         ┌ 财产行为 ┤ 物权行为：抛弃
                         │          └ 准物权行为：免除债务、免除责任
                  ┌ 内容 ┤          ┌ 亲属行为：确认或否认亲子关系
                  │      │ 身份行为 ┤
                  │      │          └ 继承行为：遗嘱
         ┌ 单方行为 ┤      └ 形成权行使行为：同意、追认、解除、撤销
         │        │      ┌ 有相对人：免除债务、同意、追认、解除、撤销
         │        └ 相对人 ┤
         │               └ 无相对人：捐助行为、动产所有权的抛弃、遗嘱
民       │              ┌ 债权合同：买卖合同等
事       │      ┌ 财产合同 ┤ 物权合同：物权移转、设定
法       │      │        └ 准物权合同：债权转让
律  ────┤ 双方行为 ┤                    ┌ 婚姻协议
行       │      │        ┌ 亲属协议 ┤ 收养协议
为       │      │ 身份协议 ┤        └ 监护协议
         │      └        └ 其他身份协议
         │
         │ 多方行为 ── 合伙合同、社会团体的设立行为
         │
         └ 决议
```

图 7-3　民事法律行为种类

一　民事法律行为成立的含义与要件

民事法律行为成立，意味着民事主体实施了以意思表示为内容的表示行为，该行为客观上已经发生，能为行为人之外的主体所感知。民事法律行为不成立，则意味着在事实层面上未曾发生过表示行为。

法律行为的成立要件，是能够表明在生活事实层面存在一个法律行为的要件，根据法律行为的类型不同，大致可分为一般成立要件与特别成立要件。一般成立要件是一切法律行为都必须具备的共通性要件，即行为主体、行为标的和意思表示。特别成立要件是个别特殊类型的民事法律行为所特有的要件，如对于要式行为而言，必须有合同义务的履行、标的物的交付行为或者经过法定的登记、备案程序等。对于民事法律行为的成立要件究竟应包含哪些要件，除了前述通说以外，也有学者提出，民事法律行为的成立要件即意思表示，认为只有缺乏法律行为的要素——意思表示，法律行为才不能成立；将行为人纳入法律行为的成立要件并无实际意义，因为，只要明确了意思表示，就意味着行为人已经确定；法律行为标的是意思表示内容不可分割的部分，标的不存在，仅仅是法律行为不能履行的问题，并不影响法律行为的成立；至于有人将一定的形式也认为是法律行为的成立要件，则是混淆了法律行为的成立与生效的界限。①

本书认为，民事法律行为的成立与否是一个事实判断问题，民事法律行为的成立要件，需要从其客观性上进行考察。

（一）一般成立要件

第一，民事法律行为是民事主体实施民事活动的主要方式，必须有行为人的存在。民事法律行为是民事主体所实施的行为，这是其区别于自然事件等人的行为以外其他类型法律事实的地方。如果某法律事实的发生不是由民事主体做出，就不能被认定为民事法律行为。民事法律行为一定要和民事主体发生关联，能够被判断为是由民事主体实施的行为。而一个民事法律行为是否由特定的民事主体作出，其实非常复杂。一般情况下，通过行为做出的场合、表达和行为方式等容易判断。但在特殊情况下，如机器自动打印、自动拍摄、自动驾驶汽车运输等以人工智能方式实施的所谓"行为"，则要结合所有权关系、使用管理关系、利益归属等进行综合考察，判断其行为主体。

第二，民事法律行为是行为人有意识的表示行为。民事法律行为是主体实现行为自由的工具，反映着主体主动积极的追求，故行为的做出必须出于主体的意愿和决策，因而必须是主体有意识的行为。非出于民事主体有意识的行为，如梦游的举动或者无条件反射，因为欠缺行为人的主动意识，不得被认为是民事法律行为。

第三，民事法律行为是以意思表示为内容的表示行为，行为人发表或者表达了意思表示。如果欠缺意思表示的内容，外界无法知晓行为人的主观追求，自然就无法成立民事法律行为。这是民事法律行为区别于事实行为的重要特征。事实行为强调只要主体实施了行为，即可发生法律所赋予的法律后果，不要求行为人有意思表示，或者即使有意思表示法律也在所不问，对于事实行为，如合法建造行为、先占、遗失物的拾得等，并不需要考察行为人的行为能力。

第四，意思表示内容必须能够明确。有意思表示但其内容不明确或者无法判断意思表示的内容，则客观上无法判断民事主体追求的内容和目

---

① 李永军：《民法总论》，法律出版社2006年版，第450页。

标，客观上就等于没有做出过意思表示。当然，意思表示的内容能够明确，主要包括两种情形：一种是意思表示明确，本身的内容表达无误，外界可以准确感知，如书面合同当事人约定表达准确、用语规范，意思表示内容清楚无误，即属于此等情形；另一种情况是可得而明确，即可以借助解释工具和其他手段进行查知，或者推定民事主体意思表示的内容，如将汽车停泊在收费停车场，就是经由停车行为推知其有缔约承诺的意思表示。意思表示内容能够明确属于事实判断问题，而非生效要件问题。《民法典总则编解释》第18条的规定，也正是在民事法律行为成立的意义上明确，当事人未采用书面形式或者口头形式，但是实施的行为本身表明已经作出相应意思表示，并符合民事法律行为成立条件的，人民法院可以认定为《民法典》第135条规定的采用其他形式实施的民事法律行为。

民事法律行为必须同时具备前述一般成立要件后方能成立，但由于民事法律行为的类型不同，关于意思表示的成立也有所区别，根据我国《民法典》的规定，民事法律行为可以基于双方或者多方的意思表示一致成立，也可以基于单方的意思表示成立，法人、非法人组织则要依照法律或者章程规定的议事方式和表决程序作出的决议这样的法律行为。

（二）特别成立要件

法律有特殊规定或当事人有特别约定民事法律行为必须采取特定形式或践行物的交付才可以成立的，则该等民事法律行为必须践履该特别成立要件。

1. 采用特定形式

《民法典》第135条后段"法律、行政法规规定或者当事人约定采用特定形式的，应当采用特定形式"的规定，从其条文的顺序安排和文义看，是关于民事法律行为形式的特别成立要件的规定。有特殊形式要求的民事法律行为，只有采取了要求的特定形式，方足以表明其成立。我国对建设用地使用权出让合同、居住权合同、地役权合同、抵押合同、建设工程合同等民事法律行为均要求当事人采用书面形式。

2. 践行物的交付

这一条件要求除了当事人有明确的意思表示之外，还要给付意思表示所指向的标的，否则不成立相应的民事法律行为。民法中践行物的交付的民事法律行为很多，如即时买卖、普通赠与、定金合同、保管合同、自然人之间的借款合同等。就借款合同而言，如果当事人之间仅有意思表示达成一致，但贷款人并未提供借款，就不认为在当事人之间成立或发生借款合同。

二 法律行为生效的含义与要件

法律行为的成立要件，是判断客观上存在或者发生了一个法律行为的要件，凡具备了成立要件的行为，人们便在客观上能够认为存在一个法律行为。法律行为生效则是指客观上已经存在的法律行为，可以发生当事人所预设的法律效果，能够判断法律行为发生法律效力的要件，就是法律行为的生效要件。生效要件是控制法律效果发生的要件。是否认许一个已经发生了的民事法律行为产生当事人所预设的效果，除要真实准确地反映行为人的意志以外，还涉及立法者的价值判断、取决于国家法律的认可。我国《民法典》第143条规定了民事法律行为的生效条件，即具备下列条件的民事法律行为有效：①行为人具有相应的民事行为能力；②意思表示真实；③不违反法律、行政法规的强制性规定，不违背公序良俗。因此，生效要件实际上是对民事法律行为在行为人行为能力、意志自由、社会公共利益和公序良俗等方面进行的综合考察和判断。如果民事法律行为在上述要素上任何一个方面发生问题，都会影响其生效。

首先，行为人具有相应的民事行为能力。民事行为能力是民事主体能以其自身的独立行为实施民事法律行为的法律前提，法律行为以当事人的意思表示为核心，要求行为人作出意思表示时其心智健全、能够独立作出意思表示，这是法律对行为人意思表示尊重的前提基础。如果行为人不具有相应的民事行为能力，且欠缺同意权人同意或追认这样的辅助法律行为，其实施的民事法律行为无效。需要注意的是，有些人身法律关系，如结婚、收养等，有关于年龄要求的特殊规定。如结婚年龄，男不得早于二十二周岁，女不得早于二十周岁。依本书所信，此乃是关于自然人特殊行为能力的规定，对于类似特殊的法律行为，行为人必须满足特殊行为能力的要求。因此，《民法典》规定未到法定婚龄婚姻无效，就是因为不满足行为人具有相应的民事行为能力这一生效要件。

其次，行为人的意思表示必须真实。意思表示真实，一般从两个方面进行判定：其一是指行为人的内心意思与外部的表示行为一致。其二是指行为人在作出意思表示时其意志自由。只有行为人在意志自由状态下作出的外部表示和其内心真意相一致的意思表示，才是民法要尊重和保护的。

因此，将意思表示真实作为法律行为的有效要件，就是为了保护人身自由、贯彻意思自治原则。任何环节及事项妨碍意思自治或者导致意思表示不具有真实性，就是对人的行为自由的妨害，这种行为就应该在法律上给予否定性评价。

最后，不违反法律、行政法规的强制性规定，不违背公序良俗。如果说前述两个生效要件更多的是从行为人自身情况进行判断，那么不违反法律、行政法规的强制性规定、不违背公序良俗则是法律从国家立场、社会公共利益、公序良俗等角度，对行为人的民事法律行为生效问题进行的强制介入，体现了法律对行为人私法自治的适度干预。在民法中，有些强制性规定，行为人不得违反，否则行为无效。如关于时效问题，诉讼时效的期间、计算方法以及中止、中断的事由由法律规定，当事人约定无效，当事人对诉讼时效利益的预先放弃无效。为了保护交易安全和交易弱势一方的利益，民法还规定了格式条款、合同中免责条款的无效。为了保护人的主体价值，《民法典》禁止以任何形式买卖人体细胞、人体组织、人体器官、遗体，违反者其买卖行为无效。

在有些情况下，民法除规定前述三项一般生效要件外，还规定在特殊情形下，民事法律行为须具备特殊的生效要件。这些特殊的生效要件，既可以基于法律的规定，也可以基于当事人的约定。法律规定的特殊生效要件问题，主要体现在对民事法律行为的生效，需要国家公权力介入进行审查或者公示，如依照法律、行政法规的规定，合同应当办理批准等手续的，未办理批准等手续影响合同生效。再如不动产物权的设立、变更、转让和消灭，经依法登记，发生效力，未经登记，不发生效力，动产物权的设立和转让，自交付时发生效力。当事人约定的特殊生效要件，如关于附条件、附期限的法律行为，当事人可以通过条件和期限来控制民事法律行为的生效。这时所附生效条件和生效期限就成为该民事法律行为的特殊生效条件。

传统民法理论中关于民事法律行为的生效要件，还有关于标的的内容，即要求标的可能、确定和合法。所谓标的可能，本指民事法律行为的标的可能实现。但是新近立法亦已呈现将标的不能从法律行为生效要件中剔除之发展趋势，如《国际商事合同通则》（PICC）第 3.3 条第 1 款规定，合同订立时合同义务不能履行的事实本身不影响合同的效力。《欧洲合同法通则》（PECL）第 4：102 条、《欧洲民法典草案》（DEFR）第二编第 7：102 条亦有类似规定等。① 如我国《民法典》规定订立保理合同时的"应收账款不存在"②，其实就是标的事实不能、自始不能，立法并没有当然地否定保理合同的效力。因此，可以认为我国民事立法已经放弃了以标的可能作为民事法律行为的生效要件。所谓标的确定，是指法律行为的标的须自始确定或者可得而确定。这一问题可以归入意思表示是否能够明确的问题，应该属于民事法律行为的成立要件而非生效要件，前文已述及，在此不赘。至于标的的合法性问题，可以归于前述不违反法律、行政法规的强制性规定、不违背公序良俗的生效要件之中，没有单独作为民事法律行为生效要件的必要。

第四节　意思表示

意思表示，是指行为人将其旨在设立、变更或者消灭民事权利义务效果的内心意思，通过一定方式表示于外部的行为，实即表意人内心主观追求客观化或者外化的过程。只有内心主观意思客观化或者外化的过程完成，才能够使人了解和知晓存在或者发生了一个法律行为。关于意思表示和法律行为的关系，《德国民法典》的立法理由书写道："就常规言，意思表示与法律行为为同义之表达方式。使用意思表示者，乃侧重意思表达之本身过程，或者乃由于某项意思表示仅是某项法律行为事实构成之组成部分而已。"在一项法律行为必须有若干项意思表示才能成立的情况下，区分法律行为和意思表示才具有意义，合同的成立，必须有两项意思表示，即要约和承诺。如果这两项意思表示有一项不成立，那么法律行为本身也就不成立。③ 意思表示是民事法律行为的核心，因此了解和掌握意思表示的构造及其形成机制，是理解民事法律行为制度规范体系的基础。

意思表示是行为人内心意思表达于外部的客观化行为，由此决定意思表示主要由内心意思和表示行为两部分构成。意思表示是民事主体将其主

---

① 梁慧星：《民法总论》（第五版），法律出版社 2017 年版，第 175 页。

② 《民法典》第 763 条：应收账款债权人与债务人虚构应收账款作为转让标的，与保理人订立保理合同的，应收账款债务人不得以应收账款不存在为由对抗保理人，但是保理人明知虚构的除外。

③ ［德］迪特尔·梅迪库斯：《德国民法总论》，邵建东译，法律出版社 2001 年版，第 190—191 页。

观内心追求、目的或内心意思外化为客观行为的过程和结果。由此，决定了意思表示具有主客观相一致的特征。但由于人的行为的复杂性，主体内心意思外化的过程和实际上外化的结果，往往中间可能存在不真实、不一致的地方，从而影响民事法律行为的内容及其效力。

一 意思表示的构造

要了解意思表示本身，须从人类意思表示外化或者成立的过程谈起。一般来说，意思表示的成立过程大致为：第一，主体基于一定的动机形成效果意思，如某甲欲向女朋友乙求婚而欲购买一捧鲜花。第二，行为人有发表效果意思的意思，即表示意识，如某甲有将内心欲购买鲜花的想法表示出来。如果某甲仅止步于内心想象，而没有将其内心想法表达出来的愿望，则甲就不会做出意思表示。第三，行为人主体通过表示行为将效果意思表示于外部而形成意思表示，如甲向鲜花店表示欲购买一捧鲜花。这样，某甲的内心想法经由自己的表示行为形成一个意思表示"某甲欲购买一捧鲜花"，且这一意思表示为鲜花店主明确接受到。其中，向女朋友乙求婚是某甲购买鲜花的动机，在某甲的意思表示中无关紧要，鲜花店并不关心某甲购买鲜花要干什么。因此，动机不构成意思表示的内容，动机如何以及是否向相对人表达动机，一般均不影响意思表示的成立。动机发生错误，如某甲不知乙女已婚且有家庭，原则上也对法律行为的效力不发生影响，某甲不能要求解除与鲜花店的买卖合同。

(一) 意思表示的要素

从前述意思表示的过程可以发现，意思表示是内心意思外化的过程和结果，是内心意思和外部表示行为的结合，故意思表示可以分为主观要件和客观要件两部分。

主观要件，是指行为人的内心意思方面的要件。一般认为，意思表示的主观要件主要包括行为人的行为意思、表示意识和效果意思。行为意思是指行为人对自己所欲实施的某项行为是知晓并清楚的，意识里知晓自己是主动地做出某项行为。如对于购买一支英雄牌钢笔的意思表示，其行为意思可表述为"我知道我想要购买一支英雄牌钢笔"。表示意识是指行为人认识其行为具有某种法律行为上的意义，可表述为"我知道我要做的是购买一支英雄牌钢笔而非其他"。效果意思，即行为人欲依其表示发生特定法律效果的意思。可表述为"我要购买一支英雄牌钢笔"。

客观要件，是就行为人外化内心意思的表示行为而言，即在客观上能够认为行为人表达了某种法律效果的意思。前述行为人主观要件里的效果意思被行为人表示出来，为外界感知得到。效果意思经由行为人表达而被客观化，是意思表示外化的结果，如拉伦茨教授所言，具有陈述价值。①

(二) 意思表示要素欠缺及其后果

欠缺客观上的外部表示时，行为人的内心意思仍属于主观世界的想法而未实现外化，不可能为外界所知晓，如此则意思表示尚未成立。但如欠缺前述意思表示主观方面的要件，但客观上已经做出了表示行为，如何认定该表示行为的效力，则存在问题。

首先，在主观方面，行为意思系意思表示必备的构成要件部分。欠缺行为意思时，行为人无主动做出意思表示的想法和主动性，行为人根本不知道自己要做什么，因此意思表示不能成立。如意思表示的作成系因行为人被欺诈或者胁迫，则行为人在行为意思方面存在瑕疵，是由于他人的行为介入了行为人行为意思的形成过程，行为人意志的主动性被故意干扰或者剥夺，实质上侵害了行为人的意思自治。此时行为人做出的意思表示虽客观上已成立，但行为人依法可以自己判断是否要撤销该意思表示行为。如果意思表示的做成，是因行为人自身的原因而不知，如醉酒状态下的行为，因其行为的做成不可归咎于相对人或者其他人，则应由其承担相应的后果和责任。我国司法实践曾认为，除非有确实、充分的证据证明醉酒状态已经达到完全丧失意识的程度，否则，完全民事行为能力人因醉酒暂时没有意识或者失去控制而做出的民事行为，并不必然免除其民事责任。②但是，现行法改为依据行为人对自己的行为缺乏行为意思是否有过错，而采取不同的处理规则。完全民事行为能力人对自己的行为暂时没有意识或者失去控制造成他人损害有过错的，应当承担侵权责任。没有过错的，根据行为人的经济状况对受害人适当补偿。但出于立法者对醉酒、滥用麻醉药品或者精神药品行为的否定，却无"没有过错、适当补偿"的

---

① [德] 卡尔·拉伦茨：《德国民法通论》（下册），王晓晔、邵建东、程建英、徐国建、谢怀栻译，法律出版社 2003 年版，第 451 页。

② 韩某萍与杨某民间借贷纠纷上诉案，北京市第三中级人民法院〔2017〕京 03 民终 9367 号民事判决书【法宝引证码】CLI. C. 10286693。

类似规定。①

其次，效果意思的欠缺问题。有学者认为，效果意思非属意思表示的必要构成部分，效果意思的欠缺不影响意思表示的存在。② 盖因行为人对其效果意思在法律上如何定性和判断，我们不能强求其明白无误地准确表达或者理解。如前述购买一支英雄牌钢笔，不要求行为人明确知晓其行为"构成一个买卖合同，合同的履行将会导致钢笔所有权的转移"这样的法律效果。另外，内心的效果意思表达于外部，有时候与行为人的表达能力和表达方式息息相关，还存在表达是否准确和一致的问题。表达不准确，需要通过意思表示的解释作业寻求其内心真意，如把股东表述为合伙人，把公司表述为合伙企业等，③ 此时需要根据行为的场合等因素判断该"合伙"的真实含义。表达不一致，则属意思表示错误，如因工作人员疏忽大意标错商品价格，④ 需要判断造成错误的主客观原因及考虑相对人善意的保护问题。

最后，欠缺表示意识的情形，即表明行为人不知道自己要做的是什么，如行为人不知道自己是要"购买"一支英雄牌钢笔。从保护行为人的意思自治出发，传统民法认为，如果行为人欠缺表示意识时，认为意思表示不成立，不应对行为人产生法律上的拘束力。但是表示意识属于纯粹主观世界的事物，绝对保护行为人，对相对人来讲很不公平。最近多数学者认为：当事人因其外部行为而有所表示，相对人仅能就其客观上的表示行为予以信赖，表意人于为此表示时，是否具有表示意识，既难查知，相对人对其表示行为的信赖，应予以保护。易言之，即原则上表意人应对其表示行为负责，以维护交易之安全，表意人仅得类推适用关于意思表示错误的规定，撤销其意思表示，但应对相对人的信赖利益，负赔偿责任。⑤ 我国《民法典》不区分意思表示错误，而是规定，基于重大误解实

---

① 《民法典》第 1190 条：完全民事行为能力人对自己的行为暂时没有意识或者失去控制造成他人损害有过错的，应当承担侵权责任；没有过错的，根据行为人的经济状况对受害人适当补偿。完全民事行为能力人因醉酒、滥用麻醉药品或者精神药品对自己的行为暂时没有意识或者失去控制造成他人损害的，应当承担侵权责任。

② 王泽鉴：《民法总则》（增订版），中国政法大学出版社 2001 年版，第 337 页。

③ 潘某哲、房某龄等追偿权纠纷案，辽宁省朝阳市中级人民法院〔2022〕辽 13 民终 1202 号民事判决书【法宝引证码】CLI. C. 418191961。

④ 广州互联网法院网络购物合同纠纷十大典型案例之九：王某与某发贸易公司网络购物合同纠纷案【法宝引证码】CLI. C. 96964287。

⑤ 王泽鉴：《民法总则》（增订版），中国政法大学出版社 2001 年版，第 338 页。

施的民事法律行为，行为人有权请求人民法院或者仲裁机构予以撤销。同时，为了保护相对人信赖利益，在第 157 条后段规定，有过错的一方应当赔偿对方由此所受到的损失；各方都有过错的，应当各自承担相应的责任。法律另有规定的，依照其规定。

二 意思表示的形式

意思表示的形式，是行为人内心外化为表示行为的形式，即行为人通过何等形式将其内心意思表示于外部。《民法典》第 140 条第 1 款规定，行为人可以明示或者默示作出意思表示。

(一) 明示和默示的意思表示

明示的意思表示，是指行为人直接通过书面、口头或者数据电文等形式将其效果意思表示出来，为外界所感知。明示的意思表示是实践中最为常见的意思表示形式。默示的意思表示，是指由行为人的特定行为而间接推知行为人的意思表示。默示法律行为既可以基于当事人的约定，也可以基于法律的直接规定发生，如《民法典》第 638 条第 2 款规定，试用买卖的买受人在试用期内已经支付部分价款或者对标的物实施出卖、出租、设立担保物权等行为的，视为同意购买。

(二) 沉默

沉默，是指行为人没有做出任何举动，从中外界无法感知其意思。一般情况下，沉默不是意思表示的形式，也不被认为表达了某种意思表示。但是在特殊情况下，沉默可能被视为表达了某种意思表示，因而具有了意思表示的作用。

其一，基于法律规定的沉默，即法律在特别情况下对于沉默赋予意思表示的效果。如法定代理人自收到催告通知之日起 30 日内未作表示的，视为拒绝追认。这里法定代理人未作表示的，就是沉默，被法律推定为是一种拒绝追认的意思表示。另如买受人对试用期限届满是否购买标的物未作表示的，则被推定为同意购买的意思表示。

其二，当事人也可以明确约定在特定情形下以沉默作为意思表示的方式。《最高人民法院关于审理建设工程施工合同纠纷案件适用法律问题的解释（一）（法释〔2020〕25 号）》第 21 条规定，当事人约定，发包人收到竣工结算文件后，在约定期限内不予答复，视为认可竣工结算文件的，按照约定处理。承包人请求按照竣工结算文件结算工程价款的，人民法院应予支持。在这里，"在约定期限内不予答复"即是一种沉默，由于当事人约定在先，故具有意思表示的作用，发包人在约定期限内的沉默，即被视为是"认可竣工结算文件"的意思表示。

其三，符合当事人之间的交易习惯。我国《合同法》施行后，司法实践认为，交易习惯是指特定的行业或特定的交易或某一类合同中，某些条款属惯例性的，无须订入合同，亦应当遵守。该条款是必需的，缺乏它会使合同不能履行或不能实现合同目的，并且该条款是显而易见，根本无须说的。① 依照《最高人民法院关于适用〈中华人民共和国合同法〉若干问题的解释（二）（法释〔2009〕5号）》第7条的规定，交易习惯总结起来是指不违反法律、行政法规强制性规定的，在交易行为当地或者某一领域、某一行业通常采用并作为交易双方订立合同时所知道或者应当知道的做法，或者当事人双方经常使用的习惯做法。② 在《最高人民法院关于适用〈中华人民共和国民法典〉合同编通则部分的解释（征求意见稿）》第2条【交易习惯的认定】中，继承了前述对《合同法》的解释规定，将"当事人之间在交易活动中经常使用的惯常做法"调整到第1款第1项，并将"习惯做法"改为"惯常做法"。③ 如果在交易习惯中，即使存在沉默情形，但被认为是意思表示的形式，则成立意思表示。司法实践中出现的二手车买卖，双方虽未签订书面买卖合同，但购车人经历了看车、询问价款，并按照原车主的要求支付货款，原车主亦接收货款，由销售平台出具二手车销售统一发票，并办理过户，整个过程也符合二手车的交易习惯，则形成事实上买卖合同关系。④

---

① Possehl (HK) Limited 与中国五金矿产进出口深圳公司买卖合同纠纷上诉案，广东省高级人民法院〔2005〕粤高法民四终字第293号民事判决书【法宝引证码】CLI.C.10427261。
② 《最高人民法院关于适用〈中华人民共和国合同法〉若干问题的解释（二）》（法释〔2009〕5号）（注：已失效）第七条：下列情形，不违反法律、行政法规强制性规定的，人民法院可以认定为合同法所称"交易习惯"：（一）在交易行为当地或者某一领域、某一行业通常采用并为交易对方订立合同时所知道或者应当知道的做法；（二）当事人双方经常使用的习惯做法。对于交易习惯，由提出主张的一方当事人承担举证责任。
③ 《最高人民法院关于适用〈中华人民共和国民法典〉合同编通则部分的解释（征求意见稿）》第2条【交易习惯的认定】下列情形，不违反法律、行政法规的强制性规定，不违背公序良俗的，人民法院可以认定为"交易习惯"：（一）当事人之间在交易活动中经常使用的惯常做法；（二）在交易行为当地或者某一领域、某一行业通常采用并为交易对方订立合同时所知道或者应当知道的做法。对于交易习惯，由提出主张的当事人一方承担举证责任。
④ 蚌埠市高新区嘉航车行、方某昂等买卖合同纠纷案，安徽省蚌埠市中级人民法院〔2022〕皖03民终3919号民事判决书【法宝引证码】CLI.C.501263681。

（三）意思表示的特别表示方法

意思表示的特别表示方法主要包括无须意思表示的社会典型行为及利用自动化工具进行交易的表示方法。

1. 事实契约

社会典型行为是指无须当事人意思表示的自身具有确定含义的行为，又被称为事实契约。如乘坐公交车、拨打自动投币电话等。1941 年 1 月 29 日，德国学者豪布特（Günter Haupt）在就任莱比锡大学教授一职时发表了题为"论事实上的契约关系"的专题演说，认为事实合同关系是指不是由合同的缔结而形成而是由事实上的过程发生所形成的法律关系，它与民法典上所规定的合同的区别，只是它的成立过程的差异，当一种事实成就的时候，这种合同关系也就产生了。①德国法院最早援引"事实契约"理论的判决是"汉堡广场停车费"案。1953 年，汉堡市宣布将市政厅广场的一部分改为收费停车场。一私人企业接受委托对停车场进行看管，并标明"需缴纳停车费用并由人看管"。一名驾车人将其汽车停放于收费停车场，但她以停车场乃公共用地，任何人皆可使用为由，拒绝接受看管服务并拒绝付费。德国联邦法院判决认为："在看管时间将特别标明的停车场地用于停车者，其停车的行为就可产生一种契约上的法律关系；根据此项法律关系，停车者负有根据停车费收费标准支付报酬的义务。至于停车者内心有何不同的想法，则在所不问，即使他已将此种想法表达出来亦同。"支持该判决的理由即是"事实契约"理论。②

2. 自动化的意思表示

随着科技的发展，自动售货机、自动取款机、自动游戏机等代替了人工操作，行为人只需要按照机器上的提示进行操作、作出选项确定后即可获得其希望的结果，买到心仪的物品、取到钱币。这时，这些机器上的操作说明和工作流程，无疑表达了一种意思表示，只要相对人按照操作说明和流程进行选择确定，即可构成承诺，形成合同关系。

3. 拍卖及招投标中的意思表示

由于拍卖和招投标都是通过公开竞价的方式选择交易相对人，故其中的意思表示具有特殊性。如拍卖活动中，举牌即响应，按照拍卖规则及确

---

① 李永军：《民法总论》，法律出版社 2006 年版，第 462 页。
② 朱庆育：《"无需意思表示之法律行为"学说评议》，http://www.privatelaw.com.cn/Web_P/N_Show/? News_CPI=27&PID=7056，2023 年 8 月 25 日。

定其喊价，竞买人不用另行报价。同时，竞买人一经应价，不得撤回，当其他竞买人有更高应价时，其应价即丧失约束力。

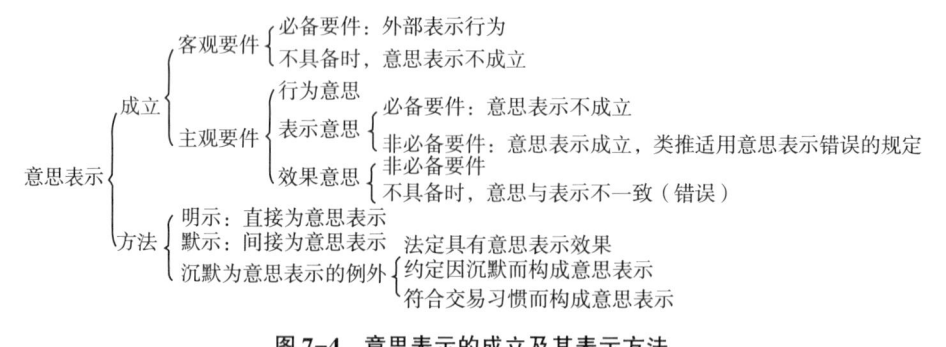

```
           ┌────┬客观要件┬必备要件：外部表示行为
           │    │        └不具备时，意思表示不成立
           │成立│        ┌行为意思┬必备要件：意思表示不成立
意思表示 ──┤    │主观要件┤表示意思└非必备要件：意思表示成立，类推适用意思表示错误的规定
           │    │        └效果意思  非必备要件
           │    │                  └不具备时，意思与表示不一致（错误）
           │    ┌明示：直接为意思表示
           │方法┤默示：间接为意思表示
           └    └沉默为意思表示的例外┬法定具有意思表示效果
                                    ├约定因沉默而构成意思表示
                                    └符合交易习惯而构成意思表示
```

图 7-4　意思表示的成立及其表示方法

三　意思表示的类型

意思表示根据不同的分类标准，可以划分为不同的类型。类型不同，意思表示的特点有别，对意思表示的要求也不同。

有相对人的意思表示和无相对人的意思表示。这一分类是以一项意思表示是否必须有受领意思表示的相对人为标准。有相对人的意思表示要求行为人必须向有受领意思表示的相对人做出意思表示。这类意思表示又可以根据相对人是否特定，区分为对特定人的意思表示和不特定人的意思表示。如合同行为中，承诺必须向要约人发出，对其他人进行承诺不发生承诺的法律效力，为对特定人的意思表示，《民法典》规定，承诺应当在要约确定的期限内到达要约人。悬赏广告，是以公告方式作出的意思表示，为向不特定的相对人发出，公告发布时生效。无相对人的意思表示，则不要求有受领意思表示的相对人，只要行为人发出意思表示即告完成，意思表示即发生效力。

有相对人的双方表示，可以根据相对人是否是同步受领意思表示或者与行为人直接交换意思表示的不同，分为对话表示和非对话表示。对话的意思表示，是指表意人的意思表示可以为相对人同步受领，如通过面谈、电话等方式进行的意思表示。非对话意思表示是指行为人的意思表示和相对人的受领存在时间差，不是同时受领，如通过信函、微信（不含微信的语音或视频通话模式）、电子邮件等方式。对于有相对人的意思表示和无相对人的意思表示，在其意思表示的生效、解释规则上都存在区别。另外在《民法典》合同编，对于要约的承诺，也因要约的方式不同而有别，如对于要约以对话方式作出的，应当即时作出承诺，要约以非对话方式作出的，承诺应当在合理期限内到达。

明示的意思表示，依其是否须以法律规定或者当事人特别约定的程序或者特别方式实施，区分为要式表示与非要式表示。要式表示，是指意思表示必须以法律、行政法规规定或者当事人约定的特定形式作出，否则视为未作出意思表示，如《民法典》第1006条第3款规定人体细胞、人体组织、人体器官、遗体捐献决定应当采用书面形式。非要式表示是指对意思表示的形式法律法规或当事人不做特定形式要求的意思表示。

四 意思表示的作出和撤回

（一）意思表示的作出

意思表示的作出，即行为人将其内心意思明确表示于外部的行为，又可称为意思表示的发出。意思表示因其类型和发生的场合不同，表达作出的用词稍有差别，如无相对人的意思表示，表示完成时生效，表示完成即意思表示的作出。另如发出要约、作出承诺、发布公告等，也均属于意思表示的作出。

关于意思表示的功能，王泽鉴先生总结为：①表意人是否有权利能力和行为能力，应就意思表示发出时认定；②意思表示发出后，表意人死亡、丧失行为能力或其行为能力受限制者，其意思表示不因之失其效力；③意思表示有无错误，亦以发出的时点为准据；④意思表示的生效，以发出为要件，对未发出的意思表示不得为承诺。① 《民法典》虽然没有明确对其功能进行规定，但在理解和法律适用上亦应按此原理判断和处置。

关于如何判断意思表示作出与否，应区分意思表示的不同类型进行判断。

（1）在无相对人的意思表示，表意人内心意思通过表示行为客观化，其意思表示即为作出，如自书遗嘱由遗嘱人亲笔书写、签名，注明年、月、日之时。代书遗嘱，则应当有两个以上见证人在场见证，由其中一人代书，并由遗嘱人、代书人和其他见证人签名，注明年、月、日之时为意思表示的作出。

---

① 王泽鉴：《民法总则》（增订版），中国政法大学出版社2001年版，第340—341页。

（2）有特定相对人的意思表示，首先该意思表示须对相对人作出，否则不能被理解为向相对人作出意思表示。同时，还需要注意区分意思表示的作出方式的不同的影响。以对话方式作出意思表示，行为人的意思表示须以相对人知道其意思表示的内容时，才能被认为是意思表示的作出。比如行为人与相对人空间相距甚远，虽大声喊话表达了内心意思，但相对人听不到，则仍为未作出意思表示。以非对话方式作出的意思表示，则更为复杂，一般来说该意思表示必须要到达相对人才能被认为是作出了意思表示。

（3）无特定相对人的意思表示，因相对人不确定，故无法判断相对人知晓意思表示或到达相对人的时间，故应以意思表示表示于外部即可，如以公告方式作出的意思表示，公告发布即为作出。

（4）意思表示通过第三人转达情形。如果行为人的意思表示是通过第三人向相对人转达的情形，以传达人按前述有特定相对人的意思表示的作出规则处理。但是如果传达人转达错误，则存在意思表示的撤销问题。

（二）意思表示的撤回

意思表示在发生法律约束力之前，行为人可以任意撤回其意思表示。这属于行为人意思自主的当然内容，法律不进行干涉。但是如果意思表示已经为相对人所知晓或已经到达相对人，则该意思表示就对行为人产生约束力，为了保护相对人的信赖利益，此时就不允许撤回意思表示。故意思表示的撤回，应在意思表示生效前或者与意思表示同时到达相对人时才可以。

五　意思表示的生效

意思表示生效，是指行为人作出意思表示满足法律规定的要件即对行为人产生拘束力，非依法律不得擅自撤回或者变更该意思表示。意思表示的生效，指的是意思表示作出的效力，即意思表示的成立效力，与法律行为的生效是两回事，但二者又有一定的关联。单方法律行为，由于仅需行为人单方作出意思表示即可，故行为人的意思表示作出，一般情况下即发生单方法律行为生效的后果。但是在特殊的单方法律行为，如遗嘱是死因行为，除了被继承人遗嘱做出的事实外，尚需发生被继承人死亡的法律事实时才能发生法律效力。在双方、多方法律行为和决议，由于需要两个或两个以上意思表示的合致，故其中单个意思表示成立并生效，不一定导致法律行为发生效力。关于意思表示的生效，我国《民法典》有明确的规定，意思表示的类型不同，其生效的条件或者时间不同。

对于无相对人的意思表示，原则上表示完成时即生效。因其无须考虑是否到达相对人以及是否为其了解的问题。但若法律对其生效另有规定的，依照其规定。

民法中有些意思表示作出，其相对人不特定，如悬赏广告、遗失物招领公告、构成要约的商业广告和宣传等。这些无特定相对人的意思表示的生效，《民法典》规定，以公告方式作出的意思表示，公告发布时生效。有特定相对人的意思表示的生效，则要复杂得多，需要考察相对人的受领能力和意思表示生效的时间点。所谓受领能力，指相对人能够独立有效地接受行为人意思表示的能力，属行为能力范畴。有特定相对人的意思表示，应当向有受领能力的人作出。以对话方式作出的意思表示，相对人知道其内容时生效。如果相对人为无民事行为能力人或者限制行为能力人，不具有受领能力，意思表示必须由其法定代理人受领，故以其法定代理人知晓或到达其法定代理人时生效。

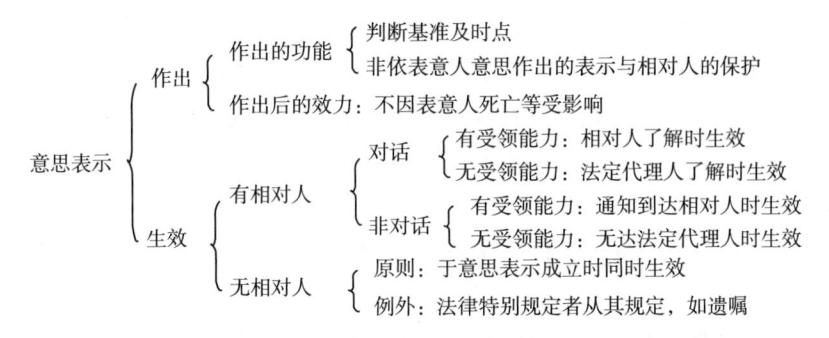

意思表示
- 作出
  - 作出的功能
    - 判断基准及时点
    - 非依表意人意思作出的表示与相对人的保护
  - 作出后的效力：不因表意人死亡等受影响
- 生效
  - 有相对人
    - 对话
      - 有受领能力：相对人了解时生效
      - 无受领能力：法定代理人了解时生效
    - 非对话
      - 有受领能力：通知到达相对人时生效
      - 无受领能力：无达法定代理人时生效
  - 无相对人
    - 原则：于意思表示成立时同时生效
    - 例外：法律特别规定者从其规定，如遗嘱

图 7-5　意思表示的发出及生效

非对话方式作出的意思表示的生效，由于非对话意思表示的作出具有过程性，尤其到达受领相对人存在着时间差，故存在意思形成—写信—发信—到达—了解的过程。在上述哪一个环节构成意思表示的发出并发生成立效力，存在着不同的认识：表示主义、发信主义、达到（受信）主义、了解主义。意思表示生效时点不同，对于行为人意思自主保护程度不同。我国《民法典》采纳的是受信主义，即到达主义，规定以意思表示到达相对人时生效。以非对话方式作出的采用数据电文形式的意思表示，相对人指定特定系统接收数据电文的，该数据电文进入该特定系统时生效；未

指定特定系统的,相对人知道或者应当知道该数据电文进入其系统时生效。当事人对采用数据电文形式的意思表示的生效时间另有约定的,按照其约定。在双方法律行为中,承诺的生效应依照法律和当事人的约定进行,比如,以通知方式作出的承诺,以相对人知道其内容时生效。要约以非对话方式作出的,承诺应当在合理期限内到达,逾期的承诺不发生承诺的效力。

六 意思表示的解释

前已述及,由于行为人在做出意思表示时,其表达能力和表达方式的不同,容易发生词不达意、含混不清等情形。如何准确地识别和判断行为人的意思表示及其内容,就存在对意思表示进行解释的问题。所谓意思表示的解释,是运用解释手法,确定意思表示的确切含义的作业过程。关于意思表示解释的方法,有文义解释、目的解释、体系解释、习惯解释和诚信解释等。

《民法典》根据意思表示类型的不同,对其解释有不同的要求。综合采用了文义解释、目的解释、习惯解释、诚信解释等方法。对于有相对人的意思表示,主要考察行为人意思表示客观上所表达的含义,以表示主义为主。对于无相对人的意思表示的解释,则重在通过解释以确定行为人的真实意思,故应以意思主义为主。

第五节 意思与表示不一致

意思与表示不一致,指表意人客观上所表达出来的意思与其内心的真实想法不一致的情形。因受行为人在为意思表示时,出于各种主观原因所致,容易出现意思与表示不一致的情形。究其原因,主要有两种,其一是行为人故意为之,即所谓言不由衷、口是心非,其二是行为人未尽必要的注意所导致的不一致,如在意思表示作出时发生口误、书写错误、计算错误等,未意识到或不知自己发生表示错误的情形。

一 故意的不一致

故意的不一致,即表意人对其内心真实意思与表示出来的意思的不一致是明知的。之所以出现不一致,或者说其真实意思的欠缺,完全是表意人故意为之。故意的不一致又可以分为单独虚伪意思表示和虚假的意思表示。

(一) 单独虚伪意思表示

单独虚伪意思表示，即表意人一方故意作出的虚伪表示，是其故意将内心真意予以保留，故又称真意保留。如在无权处分行为中，行为人明知自己无处分权而将标的物出让，其出让的意思表示即为单方虚伪表示。单独虚伪意思表示，一般须满足如下要件：①行为人客观上已经作出了意思表示，如果没有做出意思表示，在客观上不成立意思表示，不进入法律评价。②须意思表示与行为人内心真意不符。③须表意人明知其表示与真意不符而为表示，如明知产品存在瑕疵而进行销售、出租等。

单独虚伪意思表示，由于系行为人单方原因造成，故一般对行为人做出的意思表示，原则上判定有效。但是如果相对人对行为人意思表示与其内心意思不一致是明知的，则判定为无效。如债务人以明显不合理的低价转让财产，其出让时的意思表示真实目的就是故意减损财产、影响债权人的债权实现，假设交易相对人不知其内心真意，则交易行为的效力不受影响。但如果债务人的相对人知道或者应当知道债务人是虚伪表示的，则法律赋予债权人以撤销权，债权人可以请求人民法院撤销债务人的行为。

(二) 虚假的意思表示

虚假的意思表示是指行为人与相对人通谋而故意为虚伪表示，导致表示出来的意思与其内心真意不一致。实践中虚假的意思表示的情形比较常见，如假装作成买卖以逃避强制执行、签订阴阳合同逃避税收等。虚假的意思表示的构成要件为：①客观上行为人作出了意思表示。②须行为人的意思表示与其真实意思不一致。③之所以客观上作出的与其真意不符的表示行为，是出于行为人与相对人的通谋，是当事人故意的产物。

虚假的意思表示的效力，主要从两个角度进行判定。其一，由于意思表示与行为人的真实意思并不一致，在当事人之间通谋表示出来的意思表示无效，进而导致行为人与相对人以虚假的意思表示所实施的民事法律行为无效。其二，虚假的意思表示背后所隐藏行为的效力，则依照有关法律规定处理。一般来讲，隐藏的行为才是行为人与相对人所欲实现的真实目标，才是二者真实的意思表示。《民法典》规定，以虚假的意思表示隐藏的民事法律行为的效力，依照有关法律规定处理。如当事人以订立买卖合同作为民间借贷合同的担保，买卖合同是虚假的意思表示，其隐藏行为是民间借贷合同的担保合同。① 另外在保兑仓交易中，本应以买卖双方有真实买卖关系为前提，双方无真实买卖关系的，该交易属于名为保兑仓交易实为借款合同，保兑仓交易因构成虚伪意思表示而无效，被隐藏的借款合同是当事人的真实意思表示，如不存在其他合同无效情形，应当认定有效。②

（三）欠缺真意的行为——戏谑行为

在《德国民法典》第118条，规定了另外一种意思表示不一致的情形——欠缺真意，即非出于真意，而在真意的欠缺不致被人误解的期待中作出的意思表示，无效。③ 缺乏真意的表意人只是想暂时地——如为了开玩笑，或为了让对方吃一惊，或使人陷入窘境——使对方获得他想发出真实的意思表示的印象，但同时期待对方会立即认清其表示并非出自真意。④ 与真意保留是基于表意人故意隐瞒其真实意图不同，戏谑表示是表意人基于某种善意的目的所实施。戏谑表示与虚假的意思表示也不同，虚假的意思表示乃出于当事人通谋，而戏谑表示并非出于表意人和相对人通谋，而是表意人单方作出与其真实意思不一致的表示，但是希望相对人了解或者知晓其表示与其内心真意是出于故意的不一致。对此，《德国民法典》从削弱的表示主义立场出发，承认这些情形仍然成立意思表示和法律行为，以在最低程度上保护社会交往，但采取的是意思说，认为戏谑表示与通谋虚伪表示对于表意人来说，存在内在意思的缺陷，应当原则上使法律行为无效。⑤ 规定戏谑行为无效，在理论上采取的是意思主义，侧重保护表意人的利益。但是，如果不区分情况，一味地保护表意人，对于相对人保护就有失平衡，故立法必须妥善地解决善意相对人的信赖利益保护问题。对这一问题，《德国民法典》设立了两个处理规则：其一，对于戏谑的意思表示无效情形，如该意思表示须以他人为相对人而作出，则表意

---

① 《最高人民法院关于审理民间借贷案件适用法律若干问题的规定》第23条：借款到期后借款人不能还款，出借人请求履行买卖合同的，人民法院应当按照民间借贷法律关系审理。对于担保合同的效力，则应按照有关担保的法律规定认定。
② 《最高人民法院关于印发〈全国法院民商事审判工作会议纪要〉的通知》（法〔2019〕254号）。
③ 《德国民法典》（第3版），陈卫佐译注，法律出版社2010年版，第41页。
④ ［德］卡尔·拉伦茨：《德国民法通论》（下册），王晓晔、邵建东、程建英、徐国建、谢怀栻译，法律出版社2003年版，第496页。
⑤ 冉克平：《民法典总则意思表示瑕疵的体系构造——兼评〈民法总则〉相关规定》，《当代法学》2017年第5期。

人必须向相对人，在其他情形下，向任何第三人，赔偿该相对人或第三人因信赖该意思表示有效而遭受的损害，但不超过该相对人或第三人就该意思表示之有效所拥有的利益的数额；其二，受害人知道或因过失而不知道（应当知道）无效的原因的，不发生损害赔偿义务。用通俗的话来说，就是开玩笑的人作这种意思表示是为了游戏，而且他自己也很明确地认识到，其他人也会确定他的行为是开玩笑，而不会认真地和他发生某种法律关系。但是开玩笑是不是绝对不承担法律后果呢？当然不是。因为戏谑行为这种行为应当具有被他人轻易识破"开玩笑"的目的的特征。这一特征实际上又给行为人增加了一项义务：其表示行为不超过自己应负的谨慎义务。这一点用通俗的话说，就是开玩笑要分场合，要区分对象。① 表意人看到对方将玩笑当真时，就必须根据诚实信用的原则，即时向对方说明情况。表意人怠于为此的，则如弗卢梅所示——虽然该表示嗣后不会变成对方未认清的心意保留，但是，怠于说明者与在心意保留表示其不生效的情况下发出的表示相同；因此，这种表示应被视为有效。② 德国式立法以"意思主义"为出发点，充分尊重当事人的真实意愿，并进一步规定信赖利益的赔偿去均衡善意受领人的利益，是非常理性和客观的做法。③

《民法通则》《民法总则》和《民法典》中，并没有将戏谑行为单独规定。在法律行为理论中，公认戏谑行为不具有承担义务的效果意思，行为人的表示行为并不反映其真意。因此，一般情况下，戏谑行为被认为是不发生法律效果的行为。④ 杨立新教授曾建议，《民法总则》应当规定戏谑行为无效，其规则是，行为人基于游戏目的，并预期他人可以认识其表示欠缺诚意而作出的意思表示无效。⑤ 但也有反对者，认为在以保护相对人的合理信赖为原则兼及表意人的意思自治的立法背景之下，戏谑行为已经不具有自身的独立价值，我国民法典总则应该以真意保留吸收戏谑行

---

① 孙宪忠、窦海阳：《白平诉阎崇年及诉中华书局悬赏纠纷案评析》，《中国审判》2011年第7期。

② ［德］卡尔·拉伦茨：《德国民法通论》（下册），王晓晔、邵建东、程建英、徐国建、谢怀栻译，法律出版社2003年版，第497页。

③ 参见杨立新、朱巍《论戏谑行为及其民事法律后果——兼论戏谑行为与悬赏广告的区别》，《当代法学》2008年第3期。

④ 孙宪忠、窦海阳：《白平诉阎崇年及诉中华书局悬赏纠纷案评析》，《中国审判》2011年第7期。

⑤ 杨立新：《我国〈民法总则〉法律行为效力规则统一论》，《法学》2015第5期。

为，不用单独对其予以规定。①

在我国，从来就不缺乏因"大言壮语"而引发的故事，从历史上"烽火戏诸侯""蔡姬荡舟"的亡国玩笑，到当今的"五层吊球"戏言和现代版的"一字千金"悬赏案件，均说明戏谑行为有其存在的广阔天地。戏谑行为也给人们的生活带来了一些纠纷和矛盾，故有对戏谑行为进行适度规范的必要。从意思表示故意的不一致的类型化及其严谨性角度讲，戏谑行为确有与单独虚伪表示和虚假意思表示不同的地方，我国立法应制定戏谑行为的调整规则，以解决实际中发生的因开玩笑、吹牛、说大话等所带来的矛盾和纠纷无规则可依的问题。我国可以参考《德国民法典》第118条和第122条的规定，从对表意人意思自主的尊重和相对人信赖利益保护两个维度出发，适度考虑戏谑行为的场合和一般人的理解等标准进行规范。具体可将戏谑行为规则设计如下：意在期待相对人识破其并非行为人内心真意的行为，原则上无效。行为人怠于说明造成相对人信赖利益损失的，行为人应予赔偿。但相对人知道或者应当知道该意思表示不是行为人真意的除外。对上述规则简要说明如下：

（1）将戏谑行为界定为意在期待相对人识破其并非行为人内心真意的行为。如此表述，是从意思主义出发，强调应对于社会生活领域中的开玩笑、吹牛说大话的人类正常交往行为的一定程度的尊重和不干涉。根据戏谑行为的场合和语言环境，应能够反映表意人有期待相对人识破其并非真实意思的行为。如何判断这种期待的合理性，建议应采取一般人标准，即社会一般人能够识破并非行为人真意的，构成戏谑行为，如果按照一般人的理解，无法识别行为人真意的，则不构成戏谑行为，表意人应受其意思表示的约束。

（2）戏谑行为的构成要件，主要有：①欠缺真意，即行为人无使其效果发生的真实意思，仅是嘴上功夫、空头支票而已；②真意的欠缺是行为人故意为之，即所谓的空谈快意，行为人真实目的是开玩笑、博眼球、追求令人吃惊的客观效果等；③表意人希望相对人能够识破其行为并非其真意，如果表意人"犹抱琵琶半遮面"或者本就希望如此，则不构成戏谑行为；④根据行为的场合和语言环境，一般人能够识别出其并非表意人的真实意思；⑤如果相对人一旦陷入对戏谑行为的误解，表意人必须及时

---
① 冉克平：《真意保留与戏谑行为的反思与构建》，《比较法研究》2016年第6期。

依据诚实信用原则的要求进行解释说明,以消除相对人的错误认识。

(3) 关于戏谑行为的效力,应规定为无效,即对表意人不发生法律约束力。此处无效,并非不发生任何法律效果,如果戏谑行为符合其他法律行为或法律规定的行为要件,则应承担相应的法律后果。

(4) 对善意相对人利益的保护。如果表意人的戏谑行为,一般人无法识别其非真意,或者在相对人陷入误解时表意人未及时予以消除的,则对相对人所遭受的信赖利益损失,表意人应予以赔偿。当然,此处保护的仅是善意相对人的信赖利益,如果相对人知道或者应当知道该行为欠缺真意的,相对人不得要求赔偿。

(5) 这里还需要考虑一种特殊情况,即表意人和相对人都属于"杠精"的情况,即表意人不但未及时消除误解,还存在巩固或加深相对人误解的行为,而同时,相对人本应识破戏谑行为并非表意人真意,但仍执拗地陷入误解不能自拔的情形。按照拉伦茨教授的观点,怠于说明的表意人的行为就与真意保留的情形相同,表意人的意思表示应被视为有效。① 那么,即使相对人执拗地陷入误解不能自拔,也不豁免表意人的责任。本书认为,戏谑行为的效力判断应以其作出时点为准,故应肯定戏谑行为无效。戏谑行为作出后,相对人知道或者应当知道非表意人真意的,则表意人怠于说明甚至是加重加深相对人错误认识的行为,就不能成为影响戏谑行为效力的关键因素,对相对人的损失,可以考虑的处置规则是由表意人和相对人按照过失相抵规则处理。

二 无意的不一致

无意的不一致是指表意人对其内心意思与表示不一致系主观上出于不知或者未曾意识到,客观上表现为表意人发生了错误,如果表意人认识到该错误的话,就不会作出相应的意思表示。表意人发生错误主要基于两种原因:一是意思形成上的错误,如心算时发生错误,对于该错误的形成及内容表意人均不知。二是表示上的错误,如在电脑上用拼音打字,误将"买受"写成"卖售",该错误是表意人未意识到或未注意到。

(一) 错误的类型

无意的不一致情形,根据错误发生的特点及内容等可以具体分为如下

---

① [德] 卡尔·拉伦茨:《德国民法通论》(下册),王晓晔、邵建东、程建英、徐国建、谢怀栻译,法律出版社2003年版,第497页。

类型：

1. 动机错误

即行为人意思形成的动机发生错误。由于动机属于意思表示的最深层次的主观内容，一般不属于判断意思表示是要考察的对象，原则上也不影响法律行为的效力。我国司法实践中不认为实施行为的动机错误、对市场预期利益的预测错误属于构成重大误解的错误范围。[①]

2. 意思表示的内容错误

主要是指表意人对行为的性质、相对人或者标的物的品种、质量、规格、价格、数量等产生了错误认识。

（1）对行为性质产生错误认识。关于行为性质的理解，《民法典》并未明确，《民法典总则编解释》亦未明确其范围和类型，故应包括事实行为和民事法律行为等所有行为类型，如对合法建造行为的性质产生错误认识亦应包括在内，误将他人的出卖行为理解成无偿赠与行为，将债权行为理解成物权行为等。同时，也包括对自己所实施行为和他人的行为的性质产生错误认识。

（2）对相对人的错误认识，是指行为人对其意思表示的相对人发生错误认识，如实践中发生的某公司财务人员在网银转账操作过程中，因疏忽大意将款项误汇至他人账户[②]、通过微信转账误转对象等情形。对相对人的错误认识，应该说在所有的法律行为中都有可能发生，比如在遗嘱订立时，误将财产赠与非真意指向的他人。在实践中双方法律行为因其涉及特定的相对人，故实践中发生意思表示相对人错误的情形比较多。对相对人发生错误认识，还包括对相对人的资质发生错误认识的情形，如当事人的性别、健康状况、支付能力及有无刑罚前科等产生错误认识。需要注意的是，《民法典总则编解释》第十九条，将相对人的错误认识解释成对对方当事人的错误认识，将相对人解释成双方法律行为中的当事人，无疑是限缩了相对人的范围。

（3）对标的物的品种、质量、规格、价格、数量等产生错误认识，如某自然人在参与竞拍过程中，对拍卖公司所述的"载明该诉争房屋建

---

① 郭某伍、郑某俊等合同纠纷，广东省广州市中级人民法院〔2021〕粤 01 民终 21376 号民事判决书【法宝引证码】CLI. C. 431304370。

② 绍兴国际大酒店有限公司与平安银行股份有限公司杭州分行、华升建设集团有限公司案外人执行异议之诉，杭州市下城区人民法院〔2019〕浙 0103 民初 5671 号民事判决书【法宝引证码】CLI. C. 107041420。

筑面积约为3600平方米，土地使用权面积约为440.8平方米（房屋、土地面积以权威部门实测面积为准），参考价4000万元"，错误理解为就是实测3600平方米。拍得后对诉争房屋的面积进行了测量，发现面积实为3176平方米，故起诉要求返还其因诉争房屋面积大幅缩水而产生的购房款及相应拍卖佣金，法院认为当事人可以通过尽快撤销该拍卖结果，及时重新拍卖确定成交价格才能确定拍卖成交价的差价。①

其实，在实践中发生对法律行为对象认识错误的情形，不单纯指标的物，因为在有些法律行为中，并没有标的物，但一定存在法律关系客体。如误将企业转让前后的债务归某人的真实意思表述为企业转让前后的债权债务归某人，② 就是对法律行为的客体发生了错误认识。

3. 表示行为错误

即表意人未意识到其表示行为与其内心真意不一致，如果意识到该不一致，表意人就不会作出该意思表示的情况。如误言、误写、误取。

4. 对物的性质产生错误认识

指足以影响物的使用及价值的事实或者法律关系等，如将商业用途的公寓理解为住宅进行购买。③

5. 转达错误

即传达人在转达时发生转达的意思表示与表意人所欲表示的意思表示不一致的情况。最高人民法院曾考虑传达人一般是由表意人选任的，能够控制转达行为本身，故对于转达错误造成他人损失的，表意人负有赔偿责任。④《民法典总则编解释》第20条则规定，行为人以其意思表示存在第

---

① 江某与江苏省常产拍卖有限公司等拍卖合同纠纷再审案，江苏省高级人民法院〔2012〕苏民监字第026号民事裁定书，认为"本案拍卖人、委托人不恰当履行瑕疵说明义务，可能影响竞买人的出价进而影响拍卖结果，但因拍卖活动的特殊性，对买受人江某造成的差价损失并非简单根据房屋面积就能直接测算确定，而应通过尽快撤销该拍卖结果，及时重新拍卖确定成交价格才能确定拍卖成交价的差价。鉴于江某在一审、二审中坚持要求取得所拍房屋所有权，其主张直接按照所拍房屋使用面积差额测算差价返还拍卖款及佣金的诉讼请求不符合《拍卖法》《合同法》的有关规定，对其他竞买人不公，不应得到支持"【法宝引证码】CLI.C.2091184。

② 田某芳、姜某确认合同效力纠纷民事再审案，山东省淄博市中级人民法院〔2022〕鲁03民再56号民事判决书【法宝引证码】CLI.C.501582059。

③ 袁某婷、佛山金源置地房地产有限公司等商品房销售合同纠纷案，广东省佛山市中级人民法院〔2021〕粤06民终3317号民事判决书【法宝引证码】CLI.C.409011308。

④ 《最高人民法院关于贯彻执行〈中华人民共和国民法通则〉若干问题的意见》第77条：意思表示由第三人义务转达，而第三人由于过失转达错误或者没有转达，使他人造成损失的，一般可由意思表示人负赔偿责任。但法律另有规定或者双方另有约定除外。

三人转达错误为由请求撤销民事法律行为的，适用本解释第19条的规定，即行为人能够证明自己实施民事法律行为时存在重大误解，并请求撤销该民事法律行为的，人民法院依法予以支持；但是，根据交易习惯等认定行为人无权请求撤销的除外。

6. 特殊错误类型

（1）法律效果错误：是指表意人对行为的法律效果发生错误认识，如某甲在请求确认债权的函上签字"收到"，相对人乙认为产生某甲认可债权的法律效果，其实某甲仅是表达收到函件而已，并无确认债权的意思。

（2）计算错误。计算错误在实践中非常常见，如工程量确定中重复计算、重复扣减，违约金、利息的计算错误等。

（3）签名错误。实践中常发生错签名字，如将"张三"签成"张二"，而二者并非同一人，实系亲兄弟关系。或者签名不完整，如仅签姓不签名、只签名不签姓。还有一种情形就是发生签名位置错误，如在某民间借贷案中，借条内容清楚表明了甲是出借人、乙是借款人，但在借条落款签字时二者恰恰签反了。

（二）表意人对某些类型的错误可以撤销

我国《民法典》将传统民法中的显著影响行为人意思表示自主和当事人权利义务的错误归入重大误解中进行规定。对于哪些错误可以构成重大误解，我国的司法实践总结出两个要件：一是类型要件，即发生特定类型的错误认识，如转达错误，行为人对行为的性质，对方当事人或者标的物的品种、质量、规格、价格、数量等产生错误认识；二是实质要件，即按照通常理解如果不发生该错误认识行为人就不会作出相应意思表示。符合上述两个要件的错误，人民法院可以认定为民法典规定的重大误解。[1]

错误被认定构成重大误解的，行为人有权请求人民法院或者仲裁机构撤销相应的民事法律行为。但是，根据交易习惯等认定行为人无权请求撤销的除外。[2] 撤销权受三个月的除斥期间的限制，逾期不行使的，撤销权

---

[1] 参见《最高人民法院关于适用〈中华人民共和国民法典〉总则编若干问题的解释》第19条、第20条。

[2] 参见《最高人民法院关于适用〈中华人民共和国民法典〉总则编若干问题的解释》第19条。

消灭①。

第六节　意思表示不自由

基于私法自治原则，表意人的意思表示必须是其意志自由状态下的自我决策和自我选择，不允许存在被不当干涉的情形。我国《民法通则》《合同法》和《民法总则》对此都设有明文规定。《民法典》规定，意思表示真实是民事法律行为的生效要件之一。如果行为人在作出意思表示时，其意思自主被不当干涉或者剥夺，则构成意思表示不自由的情形。意思表示不自由主要有三种情况，我国《民法典》规定为欺诈、胁迫和因乘人之危导致显失公平。

一　欺诈

欺诈，就是表意人意思表示的过程中其意志自由和决策自主受到了不当干扰的情形。一般来说，欺诈主要是欺诈方故意告知表意人乙虚假情况，或者故意隐瞒真实情况，诱使表意人基于错误认识和判断而作出不利于自己的意思表示，②受欺诈方有权要求撤销。我国《民法典》对欺诈也做了相应的规定。

（一）欺诈的构成要件

（1）有欺诈的行为。欺诈行为主要有两种，其一是故意告知虚假情况，即欺诈行为人对不真实的事实表示其为真实，如某公司通过张贴宣传广告、发布宣传手册、口头介绍等方式向不特定公众宣传涉案房地产项目"毗邻2号线"，极力营造该项目临近地铁、交通便利的假象，故意告知虚假情况、隐瞒真实情况，导致原告作出错误的意思表示，构成欺诈。③ 其二是负有告知义务的人故意隐瞒真实情况，如明知出售房屋为"凶宅"而故意隐瞒实情。关于故意隐瞒构成欺诈，实务中提出，应从两个方面进行判断：一是欺诈行为人主观上是否出于故意，如果行为人主观

---

① 参见《民法典》第152条。
② 参见《最高人民法院关于适用〈中华人民共和国民法典〉总则编若干问题的解释》第21条。
③ 佛山市高明区欧浦置业投资有限公司、杨某芳商品房预约合同纠纷，广东省佛山市中级人民法院〔2022〕粤06民终14550号民事判决书【法宝引证码】CLI.C.501620804。

上不是出于故意,而是无意或者忘记告诉表意人,则不构成欺诈。二是真实情况是否有隐瞒的价值。如隐瞒凶宅的事实,目的是获取跟其他房屋一样的售价或者便利交易,此处就产生为了隐瞒的价值。最高人民法院在第17号指导案例中指出,汽车销售者承诺向消费者出售没有使用或维修过的新车,消费者购买后发现系使用或维修过的汽车,销售者不能证明已履行告知义务且得到消费者认可的,构成销售欺诈。①

欺诈行为的实施者并不限定为法律关系的相对人,相对人之外的第三人也可以做出。《民法典》第149条就规定了第三人实施欺诈行为的情况。对于受欺诈方的救济,采取了有限制地赋予撤销权的做法,即因第三人欺诈使得受欺诈方在违背真实意思的情况下实施的民事法律行为,相对人知道或者应当知道该欺诈行为的,受欺诈方有权请求人民法院或者仲裁机构予以撤销。② 如相对人不知道或者不应当知道该欺诈行为的,受欺诈方则不享有撤销权。

(2)须产生错误是因欺诈行为所致。错误包括使得表意人陷于错误、加深错误或者保持错误。所谓陷入错误,是指由于欺诈行为人的行为,导致表意人产生错误认识。所谓加深错误,是指欺诈行为人的行为使得已经陷入错误的表意人产生更大程度或者范围的错误认识。所谓保持错误,是指欺诈行为人的行为导致表意人无法从错误中改正过来,使得错误处于持续状态中。

(3)须有欺诈的故意,即欺诈行为人认识其行为的欺诈性质,希望表意人产生错误认识而作出意思表示,或者负有告知义务的人故意隐瞒真实情况,导致表意人产生错误认识。比如有瑕疵告知义务的买卖合同出卖人,未履行瑕疵告知义务,隐瞒了商品存在瑕疵的事实。瑕疵告知义务系指经营者对其提供的商品或服务的各种缺陷应明示告知消费者。但如果负有告知义务的人并不知晓真实情况而没有告知,则不能判定为故意,如由于汽车制造过程中重新喷漆,经销商没有主动维修车辆的行为,且尚无证据证明其知道车辆重新喷漆的情况,并不具备构成欺诈的条件。③

(4)须被欺诈人基于错误认识而作出意思表示。这一要件是从欺诈

---

① 指导案例17号:张某诉北京合力华通汽车服务有限公司买卖合同纠纷案【法宝引证码】CLI.C.1792567。
② 参见《民法典》第149条。
③ 杨某、王某妹买卖合同纠纷,浙江省嘉兴市中级人民法院〔2018〕浙04民终1006号民事判决书【法宝引证码】CLI.C.80876581。

行为的结果角度考察的，如表意人虽被故意告知虚假情况或隐瞒真实情况发生认识错误，但是没有据此作出意思表示，即欺诈的结果未发生，则不构成欺诈。

(二) 欺诈的效力

关于欺诈的法律效果或者效力，是指对于因欺诈而作出的意思表示，其效力如何。欺诈是由于欺诈人的行为导致表意人的意思自主被干涉，故为了保护表意人的利益，应允许其撤销基于欺诈而做出的民事法律行为。其中表意人可以事后对其利益进行判断和抉择，考虑是否已行使撤销权。改革开放初期，我国对市场交易的规制采取相对保守的态度，故1986年《民法通则》规定，基于欺诈而实施的民事法律行为一概为无效。后来随着对市场经济的理解和把握日臻深刻和熟练，到了1999年《合同法》时，对欺诈的效力规定则有所变化，规定一方以欺诈、胁迫的手段订立合同，损害国家利益的合同无效，而除此之外其他情形之欺诈，使对方在违背真实意思的情况下订立的合同，受损害方有权请求人民法院或者仲裁机构变更或者撤销。《民法典》则统一规定为可撤销行为，且应以诉的方式撤销。而将因欺诈成立的法律行为损害国家利益的内容，交由合法原则和公序良俗原则去进行守护。

对于因第三人欺诈而作出的民事法律行为，被欺诈人或者表意人是否可享有撤销权，取决于法律行为的相对人是否知道或者应当知道该欺诈行为。如果对方不知道或者不应当知道欺诈行为，乃是善意的相对方，不能令其承受不利的法律后果，故受欺诈方无撤销权。

二 胁迫

所谓胁迫是指以给表意人的人身或者财产权益造成损害为要挟，迫使表意人作出违背其内心真意的意思表示的情形。如果说欺诈是由于欺诈人的行为使得表意人在意思表示作出时产生了错误认识，那么，胁迫的目的是直接剥夺或者限制表意人的意思自由和自主决策，强迫其作出某种意思表示，这种情况下对表意人的意思自主的干预程度要远远强于或者高于欺诈。

(一) 胁迫的构成要件

(1) 须存在胁迫行为。胁迫行为必须是客观存在的、现实的。由于被胁迫的主体类型不同，胁迫行为及其内容也有所不同。其一，对自然人的胁迫，往往是以给自然人及其近亲属等的人身、财产权益造成损害为要挟。关于近亲属的内容和范围《民法典》有明确界定，在此不赘，而关于"等"的内涵和外延，需要进行解释。笔者以为，应指与被胁迫的自然人存在比较紧密的身份联系、感情关系的自然人为限，包括具有血亲和姻亲关系的曾孙子女、曾祖父母、儿媳、女婿、公婆、岳父母等。另外，像恋人、好朋友、战友、同学、同事等，能否包含在"等"中，则要根据实际中的情感紧密程度进行个案判断，不可一概而论。实践中还出现胁迫人胁迫表意人，以"要么大家都去死，要么就结婚"的自杀行为为要挟，也可以构成胁迫行为。① 要挟的内容既包括对自然人的人身权利如生命、健康、身体、名誉荣誉、隐私等，也包括对自然人的财产权利的损害。其二，对法人、非法人组织的胁迫其内容和方面有所不同，要挟的对象应是做出意思表示的法人、非法人组织自身，要挟的内容是法人、非法人组织的人身权和财产权益。

（2）具有胁迫的故意。胁迫行为是故意行为，是胁迫人主观上追求被胁迫人产生恐惧而被迫作出意思表示，主要表现为明知会造成对方产生恐惧故意威胁，并希望对方因胁迫行为作出某种意思表示的目的。

（3）胁迫行为具有非法性，没有法律依据。非法性包括手段的不法性和目的的不法性。手段不法是指胁迫行为人使用的手段，违反了法律的规定。如果是通过合法举报、投诉或者向主管部门反映问题等手段，则不属于手段不法。如被告寻求公权力救济反映原告诊疗过错在后，该权利系被告基于健康权受到侵害后依法维权行为，因向职能机构投诉原告违反疫情防控政策进行诊疗行为，也是公民行使监督的行为，是我国法律鼓励提倡的行为，并非法律禁止行为。② 目的不法，是指胁迫人欲通过胁迫行为实现的目的具有不合法性，没有法律根据。如通过投诉举报手段迫使表意人违背真实意思签署合同、同意结婚等。如果行为人的手段和目的均不存在不法性，则不构成胁迫。如公司的股东，对于公司经营管理具有相应的股东权利，其同意或不同意公司延长营业期限，均系其行使股东权利；同时，被告称要向相关执法部门进行举报，该行为本身并非非法行为，不构

---

① 最高人民法院发布妇女儿童权益保护十大典型案例之七：易某撤销婚姻纠纷案【法宝引证码】CLI. C. 408525395。

② 赵某、陈某1合同纠纷，河南省太康县人民法院〔2022〕豫1627民初3417号民事判决书【法宝引证码】CLI. C. 500549655。

成非法的胁迫行为。①

（4）须相对人因胁迫而为意思表示，此处胁迫行为与被胁迫人最终的意思表示之间应具备两层因果关系：其一表意人因受胁迫而丧失意志自由或决策自主；其二，表意人在丧失意思自由或决策自主情形下作出了意思表示。如果表意人虽丧失了意志自由或决策自主，但未作出相应的意思表示，则不构成民法意义上的胁迫。

（二）胁迫的效力

对于胁迫的效力，我国民事立法有一个从无效到可撤销的逐渐发展的过程。在《民法通则》中一概规定因胁迫而实施的民事法律行为无效；1999年的《合同法》缩小了无效的范围，规定以胁迫的手段订立合同，损害国家利益的为无效，其余则一概为可撤销。《民法典》中统一了胁迫的效力规则，规定为可撤销。需要特别注意的是，在继承编中有特殊规定，遗嘱必须表示遗嘱人的真实意思，受欺诈、胁迫所立的遗嘱无效。

（三）撤销权行使期限

《民法典》对以胁迫手段，使对方在违背真实意思的情况下实施的民事法律行为，赋予被胁迫人以撤销权，有权通过诉讼或者仲裁的方式请求撤销。关于当事人受胁迫的撤销权行使的期限，《民法典》规定了如下几种情形：①当事人自知道或者应当知道撤销事由之日起一年内；②当事人受胁迫，自胁迫行为终止之日起一年内；③当事人自民事法律行为发生之日起五年内。超过上述期限没有行使撤销权的，或者当事人知道撤销事由后明确表示或者以自己的行为表明放弃撤销权的，撤销权消灭。

根据《民法典》第1052条规定，而因胁迫结婚的，受胁迫的一方可以向人民法院请求撤销婚姻，其撤销权行使期限为：①应当自胁迫行为终止之日起一年内提出。②被非法限制人身自由的当事人请求撤销婚姻的，应当自恢复人身自由之日起一年内提出，不适用《民法典》第152条第2款"当事人自民事法律行为发生之日起五年内没有行使撤销权的，撤销权消灭"的规定。当然，如果婚姻当事人知道撤销事由后明确表示或者

---

① 鞠某某等与黄某合同纠纷，北京市海淀区人民法院〔2022〕京0108民初607号民事判决书【法宝引证码】CLI.C.500773351。

以自己的行为表明放弃撤销权的，撤销权亦消灭。①

在人身法律关系其他领域发生胁迫情形的，在《民法典》分则编没有特别规定的，故应适用总则编的规定，即关于胁迫的认定、撤销权消灭的期限和事由等，应按照总则编第 150 条和第 152 条的规定处理。

三　乘人之危

乘人之危是指一方利用对方处于危困状态、缺乏判断能力等情形，使其作出严重不利于自己的意思表示，致使民事法律行为成立时显失公平的情形。《民法典》规定，乘人之危情形作出的民事法律行为受损害方有权请求人民法院或者仲裁机构予以撤销。

（一）构成要件

（1）表意人客观上处于危困状态、缺乏判断能力。危困状态，主要是指表意人的人身安全、身体健康方面存在继续救治等急迫情况，如遭受交通事故，继续治疗。至于经济或财产方面存在危困，可否构成乘人之危，需要具体个案考量，不能轻易认定。缺乏判断能力，是指表意人对自身所遭遇的危困或处境由于知识、智力或能力方面的原因，不能准确判断。实践中，交通事故侵权案件中当事人对自己伤情缺乏专业判断，简单"私了"，但最终伤情构成了重度伤残，依据相关法律规定，其依法可获得的赔偿数额远高于协议书的约定，这种情况下，受害人就是属于对自身权益受损等问题缺乏判断能力。

（2）行为人须有乘人之危的故意及行为人明知表意人处于危困状态或缺乏判断能力，而主观上有利用此机会的目的追求，如明知表意人对自己伤情不明了的情况下急需治疗而签订赔偿协议。

（3）须相对人因行为人的行为而做出意思表示，即表意人不得已作出意思表示，如落水之甲急需救助，路人乙见状要求甲承诺支付 10 万元后施救，甲无奈只得答应愿意支付 10 万元。

（4）须因该意思表示成立的法律行为在成立时显失公平。这是乘人之危在结果上的判断标准，判断时需注意两个方面：其一，判断的时点是民事法律行为成立时，而非之后。其二，结果显失公平，即表意人承担的

---

① 参见《最高人民法院关于适用〈中华人民共和国民法典〉婚姻家庭编的解释（一）》（法释〔2020〕22 号）第 19 条。

义务和其权利严重失衡,违背法律规定或社会公众的公平正义观念及标准。

(二) 乘人之危法律行为的效力

基于乘人之危所为的法律行为,原1986年《民法通则》规定为一概无效,1999年《合同法》规定为可撤销,又强调违背表意人真实意思这一构成要件,但其在实践中难以证明。《民法典》则对上述规则进行了修正,在其第151条规定,一方利用对方处于危困状态、缺乏判断能力等情形,致使民事法律行为成立时显失公平的,受损害方有权请求人民法院或者仲裁机构予以撤销。

关于受损害方行使撤销权的期限,根据《民法典》第152条的规定,应自知道或者应当知道撤销事由之日起一年内行使撤销权,期限届满撤销权消灭。如果当事人知道撤销事由后明确表示或者以自己的行为表明放弃撤销权的,撤销权消灭。当事人自民事法律行为发生之日起五年内没有行使撤销权的,撤销权消灭。

第七节　民事法律行为的效力

法律行为不具备成立要件者,则不能成立,在客观上认为不存在或者未发生一个民事法律行为,故尚谈不上其生效的问题。民事法律行为的效力问题,属于价值判断问题,是要解决在法律上如何评价一个已经成立的民事法律行为法律效果并赋予其何种拘束力的问题。这一问题涉及两个立法政策上的基本考虑:其一,对于欠缺生效要件的民事法律行为如何处理的问题,即到底应赋予其何种效力。各国民法一般都采取三种效力模式,即无效、可撤销与效力未定。其二,对不具备生效要件的特定法律行为,应赋予前述无效、可撤销与效力未定中的哪一种效力。立法对于欠缺生效要件的民事法律行为赋予何种效力,主要考虑的是欠缺的要件的性质、对民事法律行为的影响程度,以及欠缺的要件本身在立法上的重要性。许多国家对法律行为进行评价的标准虽然不完全相同,但是基本政策选择是一致的,即要把以法律行为体现出来的意思自治控制在合理的范围内。[①]

---

① 李永军:《民法总论》,法律出版社2006年版,第477页。

一 民事法律行为的生效要件

民事法律行为具备哪些要件，就可以发生当事人所预期的法律效力，各国对其规定有所不同。《德国民法典》总则编第三章"法律行为"中的相关规定，从是否具备相应的行为能力、意思表示、是否符合法定或者当事人约定的形式、是否违反法定禁止、是否违反善良风俗和构成暴利等角度，对法律行为的生效要件进行了规定。[①] 依据《法国民法典》第1108条、1108-1条的规定，契约之有效性应具备5项根本条件：负担债务的当事人的同意；其订立契约的能力；构成义务承诺之内容的确定标的；债的合法原因；法律要求的书面文字。[②] 《巴西新民法典》第104条规定，法律行为的有效要求为：（1）行为人具有行为能力；（2）标的合法、可能、确定或能够确定；（3）形式合乎法律规定或不与法律抵触。[③] 我国《民法典》第143条规定，具备下列条件的民事法律行为有效：（一）行为人具有相应的民事行为能力；（二）意思表示真实；（三）不违反法律、行政法规的强制性规定，不违背公序良俗。

一般来说，依法成立的民事法律行为，自成立时生效。但是法律另有规定或者当事人另有约定的除外。所谓法律另有规定的情形，主要包括其生效需要履行特定的审批或许可程序的法律行为，还包括其生效需要发生其他法律事实的民事法律行为，如遗嘱的生效除订立有效遗嘱外还需有被继承人死亡的事实发生。还有一些民事法律行为虽然生效，但是不具有对抗第三人的效力，如《合伙企业法》第21条第2款规定，合伙人在合伙企业清算前私自转移或者处分合伙企业财产的，合伙企业不得以此对抗善意第三人。当事人另有约定的情形，则主要是行为当事人为了控制民事法律行为的生效而设定的特别条件，如要求具备某种形式、满足一定的条件或者期限的届至等。

二 无效的民事法律行为

民事法律行为的无效，是指立法者对成立但欠缺相关生效要件的民事法律行为予以彻底否定，不允许行为人所预设的法律效果发生。一般来

[①] 《德国民法典》（第3版），陈卫佐译注，法律出版社2010年版，第37—52页。
[②] 《法国民法典》，罗结珍译，北京大学出版社2010年版，第296页。
[③] 《巴西新民法典》，齐云译，中国法制出版社2009年版，第20页。

说，无效的民事法律行为所欠缺的生效要件关涉公共利益和社会公序，故立法对该类行为态度非常坚定和明确，是对意思自治所设置的底线和红线。超越该界限的民事法律行为当然、自始、确定不发生行为人所预设的效力。

当然无效，是指无效的民事法律行为无论是否被主张均无效或者可向何人主张其无效，乃至任何人均可主张其无效的情形。规定当然无效，是要从主张的主体的规定来讲做到无死角、无遗漏，不给该法律行为创造可能发生预设效力的余地。自始无效，强调否定性评价溯及该民事法律行为成立时，不让其发生行为人预设的效果，在时间上不留任何发生效力的余地。《民法典》第155条就规定，无效的或者被撤销的民事法律行为自始没有法律约束力。确定无效，则是指无效的法律行为的否定性评价是确定的、终局的和不可更改的，无论发生任何变化均不可能致其发生当事人预设的效力。如无民事行为能力人或者限制民事行为能力人所立的遗嘱无效，即使其恢复或具有了完全民事行为能力，该遗嘱仍属无效。

(一) 无效的民事法律行为类型

根据我国《民法典》的规定，无效的民事法律行为主要有如下几种类型。

1. 无民事行为能力人实施的民事法律行为

无民事行为能力人不能认识和判断自己的行为，无法作出自主选择，故没有意思自治的空间，因此各国立法一般都规定其所实施的民事法律行为无效。但是，这里存在着一个逻辑问题，就是既然认为无行为能力人不能识别和判断自己的行为，那么根本就无法作出意思表示，而没有意思表示的话，民事法律行为也就不能成立，客观上即认为不存在行为，那就谈不上其效力评价的问题。因此，此时民事主体的行为能力，实质上就成为民事法律行为的成立要件，而非生效要件问题。

另外，从实践角度看，对于纯获利益的民事法律行为，我国《民法典》一概也不允许无民事行为能力人实施，难免过于绝对。我国地域宽广，各地的实际情况复杂，在城乡普遍存在由八周岁以下的儿童实施的一些简单民事法律行为，如购买家庭日用小物件、日常生活用品的行为，一概定为无效，确与生活现实不符。

2. 以虚假的意思表示实施的民事法律行为

此类民事法律行为的当事人，明知其意思表示与其内心真意不符，而为了追求其他目的做出虚伪意思表示，不符合法律行为生效要件中的意思表示真实的规定，也不符合立法者保护意思自治的初衷，故应为无效。至于其所隐藏行为，则代表了其内心真意，是否允许其发生法律效力，则要以其是否符合法律规定的生效要件来判断。

3. 违反法律、行政法规的效力性强制性规定的民事法律行为

通过法律确立民事主体的行为边界，维护社会公共利益或者统治阶级的根本利益，是各国立法的通行做法。当民事主体的行为触及或者僭越这一边界，立法者自然给予其否定性评价。立法者往往通过法律的禁止性规定完成维护社会公共利益或统治阶级根本利益的使命。我国正处于社会主义初级阶段，通过立法来保护中国特色社会主义根本制度和社会公共利益，自不例外。1986年的《民法通则》中就规定违反法律的行为无效，而1999年的《合同法》规定，违反法律、行政法规的强制性规定的合同无效。立法者对于法律要保护的公共利益和国家利益的认识与理解日臻深刻，逐渐将那些不害及或者不贬损社会公共利益和国家利益的行为从无效民事法律行为中剥离出来。《民法典》规定，违反法律、行政法规的强制性规定的民事法律行为无效，但是该强制性规定不导致该民事法律行为无效的除外。

强制性规定，又称为强行性规范，是任意性规范的对称，对强行性规范，当事人必须遵守，如果违反则会导致立法者的否定性评价。而任意性规范，多属授权性或引导性规范，当事人则可以通过意思自治选择排除其适用。强制性规定根据其规范目的和要求，又可以进一步区分，并非违反者就一概无效，这就涉及对法律规范的识别问题。在我国，根据最高人民法院的解释，强制性规定分为管理性强制性规定和效力性强制性规定，只有违反效力性强制规定的民事法律行为才无效。效力性规定是指法律及行政法规明确规定违反该类规定将导致合同无效的规范，或者虽未明确规定违反之后将导致合同无效，但若使合同继续有效将损害国家利益和社会公共利益的规范。此类规范不仅旨在处罚违反之行为，而且意在否定其在民商法上的效力。[①]

如何识别效力性强制性规定，最高人民法院认为应当采取正反两个标

---

① 《充分发挥民商事审判职能作用，为构建社会主义和谐社会提供司法保障——在全国民商事审判工作会议上的讲话（2007年5月30日）》，载最高人民法院民事审判第二庭编《民商事审判指导》（2007年第1辑），人民法院出版社2007年版，第55页。

准。在肯定性识别上,首先,判断标准是该强制性规定是否明确规定了违反的后果是合同无效,如果规定了违反的后果是导致合同无效,该规定属于效力性强制性规定。其次,法律、行政法规虽然没有规定违反将导致合同无效的,但违反该规定如使合同继续有效将损害国家利益和社会公共利益的,也应当认定是效力性强制性规定。①

4. 违背公序良俗的民事法律行为

公序良俗是一个国家、民族经历长期发展形成和积淀下来的公共秩序和善良风俗,对于维护国家、民族的精神、文化、健康心理以及社会发展的稳定性等方面都具有根本性的保证和促进作用,也是民事主体意思自治的行为边界之一,各国立法一般也都规定了这一控制性原则。我国《民法典》亦不例外,在第8条确立了公序良俗原则,明确民事主体从事民事活动,不得违背公序良俗。同时在第153条第2款规定,违背公序良俗的民事法律行为无效。

5. 恶意串通,损害他人合法权益的民事法律行为

这类行为的目的和重点在于损害他人合法权益,行为人是否有自身利益的追求并不是考量的因素。这类无效民事法律行为又包括损人利己和损人不利己两种情形。前者在损害他人合法权益的过程中,恶意串通的行为人和相对人还谋求自身特定利益的实现,如在招标投标过程中,投标人之间串通,压低标价、排挤其他投标人,在买卖活动中,抬高或压低货价以获取贿赂等。损人不利己的情形,指恶意串通目的在于危害国家、集体、他人的利益,不追求自身利益的实现或者达致。

《民法典》第153条规定,行为人与相对人恶意串通,损害他人合法权益的民事法律行为无效。《民法典》合同编还规定,合同中的造成对方人身损害或因故意或者重大过失造成对方财产损失的免责条款无效。这主要是出于保护合同当事人的合法权益,防止缔约当事人利用其优越的市场地位和缔约能力,恶意规避其应承担的法律责任,迫使交易中的不利者签署不公平的合同条款。

(二)全部无效与部分无效

我国《民法典》第156条规定,民事法律行为部分无效,不影响其

---

① 最高人民法院研究室编著:《最高人民法院关于合同法司法解释(二)理解与适用》,人民法院出版社2009年版,第106—113页。

他部分效力的，其他部分仍然有效。如保险金额不得超过保险价值；超过保险价值的，超过部分无效，租赁期限不得超过 20 年，超过 20 年的，超过部分无效。但如因该部分民事法律行为无效，影响整个民事法律行为效力的，则全部无效。如对于婚姻关系存续期间，如无特别约定，夫妻对共同财产形成共同共有，夫妻一方擅自将共同财产赠与他人的赠与行为应属全部无效。

  我国《民法典》的这一规定和《德国民法典》的规定原理相同，其中牵涉到法律行为的一体性和可分性的问题。《德国民法典》第 139 条规定了法律行为部分无效的情形，即法律行为部分无效的，如不能够认定无此无效部分仍将实施该法律行为，整个法律行为无效。该规定的规范意旨在于，以发生疑义为限，法律行为之部分无效将引致整体法律行为的无效。这里体现的是私法自治的原则，可以防止将其他内容的法律行为强加给当事人，以替代当事人原本想要订立的法律行为。由于在法律行为余存部分效力的决定上，需要考虑推定之当事人的意思，故将整体无效规制为规则、将余存部分发生效力规制为例外的立法决定，已经减损其意义。[①] 只有在可以认为，即使在去除无效的那部分行为后，行为人也将从事剩余部分行为的情况下，才应发生部分无效。[②] 关于法律行为的一体性，实际是指一个统一完整的法律行为。如果某些行为是统一以口头方式达成的，或者是统一以某种文书的形式约定的，则通常存在唯一的一项法律行为。[③] 但是，这种一体性主要强调当事人的意愿，拉伦茨教授认为，当事人的意愿和想法是不能成为决定此问题的标准的，回答这个问题只能根据协议的有关内容来决定。它必须取决于行为的外在界线，即与此有关的规则在经济上是否具有很密切的联系，它们是否只有相互依存时，才可能形成具有意义的规则。[④] 如果法律行为的各个部分也可以单独方式被人

[①] 杜景林、卢谌：《德国民法典评注：总则·债法·物权》，法律出版社 2011 年版，第 53 页。

[②] [德] 迪特尔·梅迪库斯：《德国民法总论》，邵建东译，法律出版社 2001 年版，第 385 页。

[③] [德] 迪特尔·梅迪库斯：《德国民法总论》，邵建东译，法律出版社 2001 年版，第 382 页。

[④] [德] 卡尔·拉伦茨：《德国民法通论》（下册），王晓晔、邵建东、程建英、徐国建、谢怀栻译，法律出版社 2003 年版，第 633 页。

实施，该法律行为即具有可分性。①

当然，考虑到法律行为本身的复杂性，尤其在一些合同中，当事人往往会事先对合同的整体和部分的效力关系预先作出安排，强调合同条款之间的可分性或者不可分性。如有此约定，应予以必要的尊重。但是，当事人关于法律行为可分性问题的约定，与法律的规定相冲突时，则要考虑当事人的意思表示能否足以排除法律的规定，如是，以当事人约定为准，如否，则以法律规定为准。如果当事人的约定不明且无法律规定时，则应依诚实信用原则进行意思表示的解释作业。

（三）争议解决条款效力的独立性

《民法典》第507条规定，合同不生效，无效、被撤销或者终止的，不影响合同中有关解决争议方法的条款的效力。其原理在于，解决争议条款本就是为了解决当事人因合同相关事宜发生争议或者纠纷时的处置办法和纠纷解决途径的约定，其效力具有独立性，不受合同的不生效、无效、被撤销或者终止的影响。本条规定，应属效力性强制性规定范畴，不论当事人通过合同对争议解决条款的效力有何约定，均应按照《民法典》第507条的规定确定效力。

（四）无效的法律效果

民事法律行为被评价为无效时，就是限制了行为人意思自治的空间，否定了行为人的行为目的的实现，不允许当事人所预设的法律效果发生。但无效不等于不发生法律规定的其他方面的效果，如财产返还和赔偿损失等。② 因此，民事法律行为被评价为无效，这是第一步。其后还要根据法律的规定，对于当事人的相关事务进行处理，解决无效民事法律行为所带来的一系列问题，调整当事人之间的利益失衡状态，让失范的社会关系回归正常。

三 可撤销民事法律行为

民法上对于意思表示形成过程中有重大瑕疵的行为，往往允许行为人可以基于自身私益的考量、自主判断自行决策，选择接受或者撤销该行

---

① ［德］迪特尔·梅迪库斯：《德国民法总论》，邵建东译，法律出版社2001年版，第384页。

② 参见《民法典》第157条。

为，选择使其发生抑或不发生法律约束力。这一类因存在法定重大瑕疵而允许行为人依诉的方式选择是否撤销的民事法律行为，就是可撤销民事法律行为。与无效的民事法律行为不同，可撤销民事法律行为侵害的是行为人的私益，多是有关行为人意思表示形成方面的瑕疵，故一般无涉社会公共利益和国家利益。

（一）可撤销民事法律行为的类型

我国1986年《民法通则》规定的可撤销的民事法律行为类型主要为重大误解和显失公平的民事法律行为。在1999年《合同法》中，调整了可撤销民事法律行为的类型，规定除因重大误解和订立合同时显失公平的合同外，还包括一方以欺诈、胁迫的手段或者乘人之危，使对方在违背真实意思的情况下订立的合同。《合同法》还对受损害的表意人赋予了合同的变更权，当事人请求变更的，人民法院或者仲裁机构不得撤销。《民法典》充分贯彻意思自治原则，将当事人的私益保护问题交由其自我判断和选择，进一步扩大了可撤销民事法律行为的范围。

《民法典》规定的可撤销法律行为主要为：①基于重大误解实施的民事法律行为；②因欺诈导致行为人违背真实意思的情况下实施的民事法律行为；③一方或者第三人以胁迫手段，使对方在违背真实意思的情况下实施的民事法律行为；④一方利用对方处于危困状态、缺乏判断能力等情形，致使民事法律行为成立时显失公平的；⑤营利法人的权力机构、执行机构作出决议的会议召集程序、表决方式违反法律、行政法规、法人章程，或者决议内容违反法人章程的；⑥捐助法人的决策机构、执行机构或者法定代表人作出决定的程序违反法律、行政法规、法人章程，或者决定内容违反法人章程的。

（二）撤销权及其行使

立法对于可撤销的民事法律行为的评价，究其根由，主要是该法律行为构成对行为人意思自治的侵害，或者是决议的程序和表决方式存在瑕疵，导致意思表示本身出现了问题，故允许相关主体采取措施进行救济，以消除该瑕疵本身或者法律行为的后果。法律的规范方法就是赋予权利人以撤销权，由其决定是否行使撤销权。如果该权利人行使撤销权，则该民事法律行为的效力溯及地消灭，自始没有法律约束力。如果权利人不行使撤销权或者不在法定的除斥期间行使撤销权，则该行为的效力被确定下来，对行为人产生约束力。

关于撤销权的行使，对于因重大误解、欺诈、胁迫和乘人之危的民事法律行为，仅得以诉的形式行使撤销权，受损害方可以向人民法院或者仲裁机构请求予以撤销。而对于营利法人和捐助法人的决议违反会议召集程序，表决方式违反法律、行政法规、法人章程，或者决议内容违反法人章程的，其请求撤销的行为人有所不同。营利法人的决议由其出资人请求人民法院撤销该决议，捐助法人的决定则由捐助人等利害关系人或者主管机关请求人民法院撤销该决定。上述决议或者决定被撤销后，依据该决议与善意相对人形成的民事法律关系不受影响。

当然，《民法典》没有像《合同法》那样赋予受损害方以民事法律行为的变更权，仅规定了依诉的方式进行撤销。普通可撤销民事法律行为根据具体情况，可向人民法院提出上诉请求撤销或向仲裁机构提出仲裁申请撤销。而营利法人决议或捐助法人决定的撤销申请，仅能向人民法院申请撤销。

可撤销法律行为必须在法定的撤销权除斥期间内行使，否则期限届满则撤销权消灭。民事法律行为被撤销后，自始没有法律约束力，后续事务处理，《民法典》第157条有明确规定，与无效的民事法律行为相同，前已述及，在此不赘。

四 效力待定的民事法律行为

在民法中，有些民事法律行为发生法律约束力，取决于行为人之外的其他民事主体的同意或者追认，还有些取决于当事人所采取的作为控制其效力的特定条件的成就。在条件成就与否未定之际、同意权人同意或追认之前，这些特定的民事法律行为的法律效力处在悬而未定状态，故称为效力待定（或未定）的民事法律行为。发生效力的特定条件成就，或者经过同意权人的同意、追认，该特定民事法律行为的效力确定地发生，产生当事人所预期的法律效力。如果设定的条件不成就，或者同意权人拒绝承认，则该民事法律行为确定地不发生法律约束力。

（一）效力待定的民事法律行为的类型

根据《民法典》的规定，效力待定的民事法律行为主要有如下几种类型：①限制民事行为能力人实施的民事法律行为，但是纯获利益的民事法律行为或者与其年龄、智力、精神健康状况相适应的民事法律行为除外。②无权代理行为，主要包括自己代理、双方代理、转委托，没有代理权、超越代理权或者代理权终止后仍然实施的代理行为。③条件尚未成就的附生效条件的法律行为。④无权处分行为。

(二) 同意权的行使

同意是同意权人对表意人效力待定民事法律行为表示同意、追认的意思表示，其效力在于使得他人效力待定的民事法律行为发生效力。同意属于辅助法律行为的一种，是有相对人的单方法律行为，须向特定人实施。我国《民法典》并没有明确规定同意的行为方式，故同意应为不要式行为，同意权人采取书面、口头或者数据电文等形式均可。

对于限制行为能力人不能单独实施的民事法律行为，经法定代理人同意或者追认后有效。相对人可以催告法定代理人自收到通知之日起30日内予以追认。法定代理人未作表示的，视为拒绝追认。民事法律行为被追认前，善意相对人有撤销的权利。撤销应当以通知的方式作出。

自己代理情形被代理人同意或者追认的、双方代理中被代理的双方同意或者追认的代理行为有效。转委托代理经被代理人同意或者追认的，被代理人可以就代理事务直接指示转委托的第三人，代理人仅就第三人的选任以及对第三人的指示承担责任。转委托代理未经被代理人同意或者追认的，代理人应当对转委托的第三人的行为承担责任；但是，在紧急情况下代理人为了维护被代理人的利益需要转委托第三人代理的除外。①

无权处分情形，同意权人事后追认时，无权处分人的处分权瑕疵得以修正和弥补，即可转化为有权处分。《民法典》中虽对此无明确规定，但依据法理应是如此。

(三) 条件的成就

附生效条件的法律行为不存在同意权人，只要当事人所附生效条件成就时，民事法律行为即确定生效，所附条件确定不成就的，则其不生效。

第八节 民事法律行为的附条件、期限

一 民事法律行为的附款

民事法律行为是行为人意思自治的工具和手段，是用来实现其目的的

---

① 参见《民法典》第923条。

主要途径。在实践中，行为人往往是基于对现状的认识以及对未来发展的预期作出民事法律行为，但是，也经常出现始料未及或者未如人意的可能，故为了控制和分配风险或为了实现其特殊的要求，行为人往往在作出民事法律行为时，可对其附加条件、期限来防范风险。这些被用来控制法律行为效力发生或者消灭的意思表示，就是法律行为的附款。根据作为控制意思表示效力附款的内容是否确定发生，可以将附款分为条件和期限，有此附款的法律行为，称为附条件或者附期限的法律行为。条件系针对客观上不确定的事实，期限则为将来确定发生的事实。条件及期限除了分配交易上的风险外，还具有引导相对人为特定行为的功能。如在法律行为中附加这样的条件"你若考上大学，则赠与……"其中就有期望相对人刻苦学习、追求上进的引导作用。

民事法律行为的附款，除了条件和期限外，还有一种类型称为负担。负担，是法律行为中附加给义务人的法律义务，虽具有强制性，但行为人不把该义务的履行作为民事法律行为生效与否的控制条件。如在遗嘱继承或者遗赠中附义务。如果继承人、受遗赠人无正当理由不履行该义务，则经受益人或者其他继承人请求，人民法院可以取消其接受附义务部分遗产的权利，由提出请求的继承人或者受益人负责按遗嘱人的意愿履行义务，接受遗产。①

二 民事法律行为的附条件

条件是表意人选定的控制意思表示效果发生或消灭的手段，其成就与否并不确定的将来事实。民事法律行为所附条件，其作用就是控制意思表示的发生或消灭，为意思表示设置风险控制的阀门，这是风险社会中谨慎的民事主体多采用的风险防范措施。如甲公司欲竞标某污水处理工程项目，为了保证中标后能够尽快开展工程施工，预先与乙公司签署了设备采购合同，在该设备采购合同中设定了生效条件，以中标污水处理总承包工程的条件是否成就来决定设备采购合同效力的发生或不发生。如甲公司未中标污水工程项目，则所签署的设备买卖合同未生效，亦不会因此对出卖人乙公司承担违约责任。如甲公司中标了污水工程项目，则甲公司可快速推进污水处理项目的总承包工程。

---

① 《最高人民法院关于适用〈中华人民共和国民法典〉继承编的解释（一）》（法释〔2020〕23号）第29条。

民事法律行为附条件的功能和作用对行为人显而易见，但是并非任何民事法律行为均可以附条件。有些民事法律行为从其性质上不允许附条件，如结婚、离婚、收养等身份行为。这类行为一旦附条件，就有可能违背其行为的宗旨和目的，甚至违背社会公序良俗。如实践中发生这样的案件，夫妻双方在婚内约定今后互相忠诚，如因一方过错行为（婚外情等）造成离婚，女儿由无过错方抚养，过错方放弃夫妻名下所有财产，并补偿无过错方人民币20万元。为此双方涉诉，法院审理认为夫妻间订立的忠诚协议应由当事人自觉履行，法律并不赋予其强制执行力，不能以此作为分割夫妻共同财产或确定子女抚养权归属的依据。①

另外，法律明确规定不允许附条件的，该民事法律行为不得附条件。如《民法典》第568条第2款后段明确规定，抵销不得附条件或者附期限，《票据法》第33条第1款规定，背书不得附有条件，背书时附有条件的，所附条件不具有汇票上的效力。

（一）条件的要件

民事法律行为根据其性质或者法律规定未限制其附条件的，行为人可以通过条件来控制法律行为的生效或效力终止。条件是未来发生与否的事实，在行为人在设置条件时，需要满足一定的要求。

第一，行为人设置的条件须属于将来事实，即该条件所约定的事实尚未发生。如果该事实已经发生，就丧失了作为条件控制意思表示效力的意义和功能，故不可以作为条件。

第二，条件的成就与否不能确定，即设定的条件是否必然发生不确定，如果必然发生或者必然不发生，如约定"太阳从西边出来，就还款"，意味着不还款，这就与条件的功能不符，丧失了设定的意义。

第三，条件中的事实必须是合法事实，所设定的条件违法或者严重不当均不允许，如杀某人则赠与某物、三年内不结婚则赠与……

第四，行为人设定的条件应是行为人明确为控制意思表示效力的条件，即行为人对设定条件的作用和意义、控制意思表示效力的目的是知晓的。

---

① 江苏省淮安市清江浦区人民法院发布8起妇女权益保护典型案例之四："李某与马某离婚纠纷案——忠诚协议虽不受保护 无过错妇女应该照顾"——但在离婚分割夫妻共同财产时，应综合考虑婚姻关系中各自的付出，过错方的过错程度和对婚姻破裂的消极影响，对无过错方酌情予以照顾，平衡双方利益，以裁判树立正确的价值导向。【法宝引证码】CLI.C.410249885。

（二）条件的分类

民事法律行为中所附条件，根据其效果和条件的内容可进行不同的分类。类型不同，条件成就与否的效果及其对民事法律行为的效力的影响不同，对于准确认识条件的作用有很重要的意义。

1. 停止条件与解除条件

依行为人所设条件对民事法律行为效力控制的功能不同，可划分为停止条件与解除条件。所谓停止条件，是指行为人所设条件一旦成就，则民事法律行为效力发生，在条件成就之前法律行为的效力处于停止状态，故该特定条件被称为停止条件。由于该条件延缓了法律行为本应发生的生效效力，故而又称延缓条件。如"期末民法总论考试成绩达到 90 分以上，则赠与一台笔记本电脑"。需要注意的是，在条件成就之前，民事法律行为已经成立，其效力虽处于停止状态，但因法律行为生效而享有权利之人，取得期待权，该权利受法律的保护。

解除条件针对的是已经生效的民事法律行为，行为人设置条件用来控制民事法律行为效力的终止。当设置的特定条件成就时，该民事法律行为的法律效力就丧失，该特定条件即为解除条件。如"自行车借给你用，但我儿子考上高中时，则须返还"，这里自行车借用关系已经生效，但孩子是否考上高中不确定。如果孩子考上高中，则借用关系效力终止，借用人应将自行车返还给出借人。如果孩子不考或考不上高中，则借用关系效力不受影响，借用关系继续有效，借用人有权继续使用自行车。

2. 积极条件与消极条件

根据行为人预设的作为条件的事实是否发生为标准，将条件可分为积极条件和消极条件。积极条件是指以所设定的事实的发生为内容的条件，如约定周末下雨则还书，即若届时下雨，即构成条件成就。消极条件是指行为人以所设定的某种事实的不发生为内容的条件，如周末不下雨则出借自行车，周末不下雨为条件的成就。

3. 随意条件、偶成条件、混合条件

行为人用来控制民事法律行为效力的条件有些情况下与当事人的意思无关，有些则可能与当事人意思发生关联。故在理论上，将条件依其内容与当事人意思的关系的不同分为随意条件、偶成条件、混合条件。

偶成条件，是指条件的内容及其成就与当事人的意思无关，而取决于当事人以外的其他事实，包括自然事件、社会事件、第三人的行为及意思等。

随意条件则相对复杂，又可以分为纯粹随意条件和非纯粹随意条件。前者仅凭当事人的意思即可决定其成就与否，如自行车借给你用，你若不用时即还我。而后者除了有当事人的意思外尚需有其他客观事实的发生。如考上研究生则赠与一台电脑。除了要求相对人积极学习、考试外，还取决于招生院校最终招录的事实，两个事实必须同时具备。

混合条件，是指条件成就与否取决于当事人和第三人的意思，如与某女结婚，则赠与一套学区房，其中除了赠与行为相对人的同意，还需有某女同意结婚的意思。

前述三类条件中，由于纯粹随意条件的成就完全取决于当事人的意思，故如果法律行为的条件取决于义务人的意思且所设条件为停止条件的，该条件应无效。因为这类条件对义务人来说纯属恣意，事实上不具有条件设置的意义，如"只要我愿意，我就借钱给你"。

4. 非真正条件

非真正条件，是指不符合条件要件要求的条件，实际上是不具备控制民事法律行为效力作用的条件。非真正条件主要包括法定条件、既成条件、不法条件和不能条件。

法定条件，是指由法律明确规定的条件，而不是行为人主动选定为控制意思表示效力发生或终止的条件。法定条件排除了行为人的在设置条件上的意思自主，故不属于真正条件。对行为人所附条件为法定条件的，实质上等于没有附条件。如"所立遗嘱待我去世之后才能生效"，遗嘱生效的条件是法定的，即以死亡的发生为条件，无须立遗嘱人再设定此条件。

既成条件，是指作为条件的事实在设定时已经发生，起不到控制法律行为效力的作用，故等于没附条件，不发生条件的作用。

不法条件是指条件的内容本身违反法律或者严重不当，该条件本身无效，则在法律上视为没有附条件，不能被用来控制民事法律行为的效力。如"女员工入职三年内生孩子的，本公司即可单方解除其劳动合同"。

不能条件是指，行为人所设定的条件不可能发生，如以"太阳从西边出来"为条件。民事法律行为所附条件不可能发生，当事人约定为生效条件的，应当认定民事法律行为不发生效力，当事人约定为解除条件的，应当认定未附条件，民事法律行为是否失效，依照《民法典》和相关法律、行政法规的规定认定。[①]

(三) 条件成就与不成就

由于条件是发生与否不确定的将来事实，故存在条件成就与否的问题。条件所设定作为控制意思表示效力的事实发生或者实现的，即为条件成就，否则即为条件不成就。《民法典》第159条规定，附条件的民事法律行为，当事人为自己的利益不正当地阻止条件成就的，视为条件已经成就；不正当地促成条件成就的，视为条件不成就。法律规定"视为"就是成就或者不成就的拟制。条件成就的拟制，是指因条件成就遭受不利益的当事人，如以不正当的行为阻止条件设定事实成就的，如约定以"期末民法总论考试90分则赠与一台笔记本电脑"作为条件的赠与人，将受赠人锁在宿舍内致其无法参加期末考试的，即视为条件已成就。条件不成就的拟制，是指因条件受利益的当事人，如以不当行为促成条件成就的，如约定以"期末民法总论考试90分则赠与一台笔记本电脑"作为条件的受赠与人，通过考试作弊虽获取92分的成绩，但仍视为条件不成就。

(四) 条件的效力

民事法律行为设置条件后，条件成就与否未定时，民事法律行为的效力也有别。在附停止条件的法律行为，因为条件成就与否不定，故法律行为的效力暂不发生，条件成就时，发生效力，条件不成就时，效力确定不发生。在附解除条件的法律行为，条件成就，法律行为效力终止，条件不成就，法律行为继续有效。需要注意的是，附停止条件的法律行为，在其条件成就与否未定之时，其效力也是处于悬而未决状态，为了保护因条件成就受有利益的一方当事人的利益，即使法律行为尚未因条件的成就而发生效力，但法律仍赋予该当事人以期待权。该期待权若条件成就时即转化为既得权，若条件确定不成就时则消灭。

三 民事法律行为的附期限

期限是表意人选定用来作为意思表示效果发生或消灭控制手段的未来确定事实。期限的特点在于期限属于将来事实和必成事实。所谓将来事实，即期限为尚未发生的事实。而必成事实，是指期限将来肯定会发生。

[①] 《最高人民法院关于适用〈中华人民共和国民法典〉总则编若干问题的解释》(法释〔2022〕6号) 第24条。

原则上讲，法律行为皆可附期限，包括负担行为和处分行为。但基于社会公共利益或者法律的特别规定，有些法律行为不许附期限，主要包括身份行为，另外《民法典》规定抵消不得附期限。期限与条件都是行为人用来控制民事法律行为效力的工具和手段，但二者存在根本区别，即条件是所设定的未来事实发生与否无法确定，而作为期限的事实其未来发生是确定的。至于实践中行为人对条件和期限的表述中是否含有期日或期间，不是区别二者的依据和标准。

(一) 期限的分类

以期限的效力为标准，可将其划分为始期与终期。始期是限制意思表示效果的开始，使之在所设事实发生时开始发生的期限，如当事人约定"本合同自某年某月某日生效"。终期是限制意思表示已经发生效果的存续，使之在所设事实发生时即告终止的期限。

期限所设定的未来事实依其到来时点是否可事先确定为标准分为确定期限和不确定期限。确定期限是指期限的到来时间是可事先确定的，如约定某年某月某日。而不确定期限则是约定的事实确定要发生，但是具体何时发生事先却无法确定，如下第一场雨。期限到来，是指作为期限内容的事实发生。始期到来谓之"届至"，终期到来谓之"届满"。

(二) 期限的效力

期限到来之前的效力，附始期的法律行为，不发生效果效力；附终期的法律行为，其效果效力不终止。因期限届至而收到利益的当事人取得"利益期待权"，如"到你下次过生日时，这辆变速自行车送你"。

期限到来后的效力，始期届至时，法律行为发生效力。终期届满时，法律行为效力终止。

第八章

代　理

民事法律行为作为当事人实现私法自治的工具，立法和实践一般考察的是行为人意思表示的成立和生效规则，以此来尊重和维护民事主体的意志自由和决策自主。但是，即使是除去无行为能力和限制行为能力人，完全民事行为能力人在事实上对于自己行为及其结果的判断能力也是有差别的，总是存在自身能力、智识和经验不敷使用的问题。如何真正实现意思自治，利用他人的能力、智识和经验为己所用，就成为民事活动的必然。这种通过他人的行为，扩展自己民事活动的范围、领域和提升其效果，就成为民法制度设计中的一个重要方面。民法需要通过一系列规则设计，将他人的行为及其结果归属于特定的民事主体，从而真正实现其权利能力和私法自治。其中最为重要的制度设计之一，就是代理制度。

代理制度是比较古老的民法制度之一，可溯源至罗马法后期。后世逐渐发展完善，形成为一项独立的民法制度，活跃在各种财产法律关系变动过程之中，为市场经济的发展起到了巨大的促进作用。代理制度可以弥补行为能力受限者的不足，也可以有效地解决民事主体行为能力事实上的个体差异所造成的各种障碍和不利，对于拓展民事主体参与民事法律关系的范围和提升其效率等，都发挥着重要的作用。因此，各个国家和地区在民事立法中都普遍规定了这一制度。

我国1986年的《民法通则》规定了代理制度，明确公民、法人可以通过代理人实施民事法律行为。我国《民法典》在总则编中专章规定了代理，对原《民法通则》的规定进一步修改完善，删掉了"被代理人对代理人的代理行为，承担民事责任"的规定，将不得代理的民事法律行为范围修改为"依照法律规定、当事人约定或者民事法律行为的性质，应当由本人亲自实施的民事法律行为",从而巩固并完善了我国的代理制度。

我国《民法典》总则编第七章为代理，是对代理制度相对集中的规定，分为一般规定、委托代理和代理终止三个部分。从其逻辑上看，本章是一个半开放结构，第二节仅规定委托代理，而将对于无行为能力、限制行为能力人的法定代理等置于本章之外，然后在第三节又将委托代理和法定代理的终止合并到一节进行规定，在合同编中又对委托代理的内容等进行详细规定。

第一节　代理的概念及其适用范围

一　代理的概念与法律特征

（一）代理的概念

关于我国《民法典》规定的代理概念的界定，必须立足于法典关于代理制度规定的整体逻辑去理解。其中涉及的最主要问题是代理的类型体系，然后要通过类型体系的理解再去整理和总结代理的概念。[①] 本书认为，这个概念针对的仅是直接代理，无法涵盖《民法典》规定的代理的所有类型，故不完整或者不太准确。《民法典》第161条的规定，是关于代理的最一般规定，给出了代理的含义及可代理法律行为的范围，涵摄了《民法典》关于法定代理和委托代理、直接代理和间接代理的全部内容，因而是我国民法代理制度的基础。对代理的概念界定，离不开对第161条规定的理解和认识。被有些论者用来作为代理概念界定依据的第162条，仅是代理类型中直接代理的法律效力规定，不能反过来被用来指称代理本身。《民法典》合同编第925条、第926条和第927条，明确承认间接代理制度，从而与第162条的规定并列为代理的效力规则。因此，应以第161条为基础，结合直接代理、间接代理的相关规定，综合界定我国《民法典》中的代理概念。

基于上述理解和认识，本书认为，我国《民法典》中的代理，是指被代理人通过代理人实施民事法律行为，该民事法律行为对被代理人发生

[①]　《民法学》编写组编：《民法学》（第二版）（上册），高等教育出版社2022年版，第104页。

效力的法律制度。

(二) 代理的特征

1. 代理是民事主体实现意思自治的手段或者途径，代理人以作出民事法律行为为其职责

前已述及，代理是民事主体通过代理人的行为来弥补和增强自己行为能力的手段，代理人实施的代理行为，就是为被代理人实施特定的民事法律行为。意思表示是法律行为的基本要素，代理人的职责就是从事民事法律行为，以自己的智识、技能和经验等为被代理人的利益独立作出意思表示或者接受相对人的意思表示。因此，代理人的代理行为与传达人的转达行为不同，传达人转达的内容是表意人的意思，不具有独立性，转达内容具有多样性，既可以是法律行为中的意思表示，也可以是某种事实、情感表示等内容。

2. 代理人从事代理行为时既可以以被代理人的名义，也可以以自己的名义进行

代理本有广狭义之分，广义的代理保护直接代理和间接代理，而狭义的代理仅指直接代理。我国立法对于代理的规定，有一个从狭义代理到广义代理的发展过程。《民法通则》第63条第2款首句规定，代理人在代理权限内，以被代理人的名义实施民事法律行为。根据这一规定，可以看出《民法通则》规定的仅是直接代理。1999年《合同法》出台后，在其第402条、第403条又承认了间接代理，从而实质上改变了我国民法对代理的规定。《民法典》第161条第1款规定民事主体可以通过代理人实施民事法律行为，不再强调要求以被代理人的名义，同时又通过合同编的规定，规定了间接代理制度。故现行我国民法采用的应是广义的代理制度，既包含直接代理，也包含间接代理。

3. 代理人所为民事法律行为对被代理人直接或者间接发生效力

代理行为产生的法律效力包括产生权利、负担义务、承担责任等，故《民法通则》将被代理人对代理人的行为仅仅限定为承担民事责任，明显不当。《民法典》第162条是对《民法通则》第63条第2款的改造，将"被代理人对代理人的代理行为，承担民事责任"修改为"对被代理人发生效力"，使得代理的法律效力回归其本初意志，甚为合理。考虑到直接代理是代理实践中的常态，故《民法典》第162条规定，代理人在代理权限内，以被代理人名义实施的民事法律行为，对被代理人发生效力。至

于间接代理,《民法典》继承了《合同法》的规定,有条件地认可由被代理人承受间接代理的法律行为的效力约束。① 间接代理人处理代理事务所取得的利益,应按照约定及时向被代理人转移。

二 代理关系

代理是一种特殊的民事法律关系,其目的在于弥补被代理人行为能力不足或者扩展被代理人的私法自治范围。在代理法律关系的结构中,涉及三方面民事主体,即被代理人、代理人和相对人(第三人)。通过代理人的行为,使得被代理人可以突破行为能力、时间、空间和知识能力等方面的限制,与第三人建立民事法律关系,从而实现自己的各种民事目的和需要。在三方关系中,被代理人又被称为本人。代理人通过法律规定或者合同的约定而取得代理权,有权向第三人作意思表示,实施民事法律行为,而所形成的民事法律关系最终由被代理人承受,对被代理人直接或者间接发生法律效力。代理人所实施的法律行为,严格来说,仅是形成民事法律关系的法律事实,属于应由被代理人承担法律后果的民事法律行为,代理人本身不受该法律行为的约束。当然,如果代理人在从事代理行为时,存在违反法律规定或者被代理人授权的情形时,则依照法律规定或者有关授权约定向被代理人承担相应的法律责任。

代理人义务的产生来源或者依据,主要是基于法律的规定、当事人的约定和代理活动的人身信任性质要求。鉴于代理人在代理法律关系中的特殊地位,对代理人从事代理活动一般有明确的义务要求,要按照法律的规定或者被代理人的授权规定完成代理事项。代理人承担的义务主要有如下几个方面:

其一,代理人的勤勉和审慎义务。代理人应依代理权,利用自身的知识、专业或者技能等方面的优势,积极审慎与第三人实施民事法律行为、办理代理事项,在办理代理事务过程中要以被代理人的合法权益的保护和实现为目标和价值取向。

其二,代理人自己处理委托事务。代理法律关系中,代理人的选任一般具有非常强的人身信任属性,尤其在意定代理中,被代理人往往都是基

---

① 《民法典》第925条:受托人以自己的名义,在委托人的授权范围内与第三人订立的合同,第三人在订立合同时知道受托人与委托人之间的代理关系的,该合同直接约束委托人和第三人;但是,有确切证据证明该合同只约束受托人和第三人的除外。

于对代理人的知识、能力、技能和诚信程度等方面的信赖而授予其代理权,故除非法律另有规定或者被代理人同意时,代理人应亲自实施代理行为,处理代理相关事务。

其三,代理人应及时报告委托事务的处理情况及结果。在实施代理行为的过程中,代理人应及时向被代理人汇报代理事项的进展情况。①

其四,代理人的保密义务。在代理活动中,代理人基于代理授权和代理事项本身,了解和掌握被代理人的主体信息、委托事务、交易事项的相关内容等信息,甚至接触到被代理人的私密活动、私密信息、商业秘密等。因此,从代理的本质和要义出发,代理人应承担保密义务。

三 代理的法律要件

判断一项法律关系是否构成民事代理关系,需要从代理的法律要件和结构特征等进行判断和把握。在代理关系中,代理人代理权的取得、代理人实施的代理行为等均应具备一般民事法律行为的成立要件和生效要件。除此之外,代理还应具备特别的成立要件和生效要件。

(一) 代理的特别成立要件

(1) 须有第三人。代理的目的是通过代理人的行为向第三人实施法律行为,克服被代理人行为能力瑕疵和知识能力及技能等方面的不足,故代理关系属于三方关系,必须要有代理民事法律行为的相对人存在。当然,对于自己代理场合,从形式上看不存在第三人,但从意思表示的对象和内容看,其实还是存在第三人,只不过是第三人和代理人发生了重合而已。

(2) 须向第三人实施或者自第三人受领意思表示。代理人的任务和职能,就是在授权范围内实施民事法律行为,故必须以向第三人发出意思表示或者自第三人处受领意思表示为其核心内容。此处发出意思表示,是指代理人基于自己的自主判断做出独立的意思表示,而非转达被代理人的意思表示。

(3) 在直接代理场合,代理人与当事人为民事法律行为须以被代理人名义进行。通过代理行为的名义,使得第三人知晓其最终形成的民事法

---

① 《民法典》第924条:受托人应当按照委托人的要求,报告委托事务的处理情况。委托合同终止时,受托人应当报告委托事务的结果。

律关系的当事人是被代理人而非代理人。

（4）在间接代理情形下，代理人实施民事法律行为是以代理人自己的名义而非被代理人名义。因此，对于第三人而言，其所从事的法律行为的相对人的确定就至关重要。由于间接代理找哪个代理人是以自己的名义实施民事法律行为，第三人不一定知晓其民事法律关系的相对人是被代理人，故对于最终民事法律关系的承受，则要根据第三人是否知道代理关系的存在为依据进行判断。第三人在订立合同时知道受托人与委托人之间的代理关系的，该合同直接约束委托人和第三人；但是，有确切证据证明该合同只约束受托人和第三人的除外。

（二）代理的特别生效要件

（1）须以得代理行为为标的，对于不得代理的行为，不产生代理的法律效果。关于得代理的行为，首先应属法律行为，这是由代理的本质所决定的。对于事实行为等非法律行为，不可能发生代理的问题。其次，得代理的行为应属于财产法律行为。对于人身法律行为，因其具有行为的专属性，不得代理，必须由行为人亲自完成。

（2）须依代理权。无论是法定代理还是委托代理，代理人实施代理行为，必须要有代理权，否则就是无权代理。另外，依代理权，意味着代理人必须在代理权范围内实施民事法律行为，如此才能够确保实现被代理人的目的和意图。

（3）须为被代理人的目标实现为取向。法律确定或者被代理人选任代理人，由其与第三人实施民事法律行为的目的，是实现或者保护被代理人的合法利益。故代理人所实施的民事法律行为，应以被代理人的利益为其出发点和目标归宿。实践中不为本人计算的行为主要有：

第一，法定代理人的利己行为，即法定代理人未按照最有利于被监护人的原则实施代理行为，而是通过代理行为为代理人自己或其他人谋取利益的情形。如监护人除为维护被监护人利益外，不得处分被监护人的财产，实施严重侵害被监护人合法权益的行为，人民法院根据有关个人或者组织的申请，撤销其监护人资格。

第二，自己契约，代理人乘代理之便自己与被代理人订立契约，《民法典》第168条第1款对此做了禁止性规定。

第三，双方代理，即代理人以被代理人的名义与自己同时代理的其他人实施民事法律行为。双方代理容易滋生信任危机，发生代理人一手托两家，无法有效衡平被代理人的利益，导致可能产生不以被代理人利益为取向的不良后果，故《民法典》明确做了禁止性规定，除被代理的双方同意或者追认的以外，双方代理对被代理人不发生约束力。

四 代理行为的范围

前已述及，代理行为的生效要件之一是须以可代理的行为为其标的，此即代理行为的范围问题，《民法典》第 161 条对此做了全面的规定。

（一）适用代理的情形

根据《民法典》规定，民事主体通过意思表示设立、变更、终止民事法律关系的行为除法律另有规定外都可以适用代理，包括单方行为、双方行为、多方行为或者决议行为。由于代理人的主要任务是发出和受领意思表示，故有意思表示内容的准法律行为代理人原则上也应可以实施，如代为进行要约邀请、撤回要约承诺等。实践中，除了代理进行合同磋商、交易等，代理行为还存在于申报专利、申报注册商标、申报纳税、申请公司登记事项、代为进行财产登记、代理诉讼等场合或者情形。

（二）不适用代理的行为

《民法典》第 161 条第 2 款规定了不得代理的法定情形，即依照法律规定、当事人约定或者民事法律行为的性质，应当由本人亲自实施的民事法律行为，不得代理。

（1）违法行为是否适用代理。这一问题是以《民法通则》为背景，由于《民法通则》将民事法律行为界定为合法行为，故无论是法定代理还是委托代理，均应以合法行为为可代理行为。随着理论和实践对民事法律行为本质和概念的正本清源，《民法总则》《民法典》均不再将民事法律行为界定为合法行为，故违法行为是否适用代理的问题，将不再是问题。因为被代理人通过代理人实施的法律行为，从其结果上判断，既有有效，也有无效和可撤销的法律行为，无效或者可撤销的行为类型中就有违法行为。

（2）事实行为是否适用代理。由于事实行为不以意思表示为要素，对实施事实行为的行为人的行为能力不做判断，故从代理制度的本质特性出发，事实行为的实施应不适用代理制度。

（3）法律规定应当由本人亲自实施的法律行为，不得代理。如结婚、离婚等带有非常强的人身性质的法律行为，必须由本人亲自实施，不得代理。

（4）当事人约定应由本人亲自实施的民事法律行为不得代理。在现实生活中，允许当事人特别约定有些民事法律行为应由本人亲自实施、不得由代理人实施，对于这类约定，对当事人有法律约束力，相关法律行为就应由本人亲自实施。

（5）民事法律行为的性质决定必须由本人亲自实施的行为不得代理。民事法律行为中由其性质决定不得代理的行为，除了前述人身属性比较强的法律行为之外，其余其实不多，一般都属于对自身利益的重大处分或者负担行为，如《民法典》规定的完全民事行为能力人有权依法自主决定无偿捐献其人体细胞、人体组织、人体器官、遗体，该捐献行为不能代理。还有如签订遗赠扶养协议、立遗嘱、撤回或者变更遗嘱、收养等民事法律行为，不得代理。至于具有人身性质的债务的履行行为，如歌唱演出、委托创作书画作品、特定物品的加工制作等，只能相关当事人亲自完成，不得代理。

五　授权委托书

在委托代理中，被代理人可以采取书面形式授予代理人以代理权，该书面形式的文书被称为称授权委托书，又称为代理证书。在实际生活中，授权委托书的表现形式比较多样，有些情况下介绍信也被作为代理证书使用，司法实践也承认其法律效力。

授权委托书的各种事项应记载明确，让相对人能够知晓代理人的代理事项范围、权限大小及代理权存续期限。实践中常出现授权委托书记载内容不清或者含糊的情形，对其后果，《民法通则》规定被代理人应当向第三人承担民事责任，代理人负连带责任。《民法典》对此问题并未明确规定。本书认为，《民法通则》中规定由代理人承担连带责任的规定不合理，故《民法典》并未继受该规定。究其原因，关键在于代理证书的做成，实际上就是授权行为的做成，而授权行为属于被代理人的单方法律行为，其中并无代理人意思表示的参与，故并不构成共同行为，由代理人承担该行为内容不清的连带责任，并不科学合理。

第二节 代理的分类

代理的分类，是通过对代理的类型化划分，从而可更好地分析和理解代理的本质、从不同方面把握代理的特征及其应用规则。

一 法定代理与委托代理

代理人为被代理人实施民事法律行为，必须要拥有代理权。根据代理人代理权产生的根据不同，可以将代理区分为委托代理和法定代理。我国《民法典》也从立法角度，规定了代理的这两种类型。

（一）委托代理

委托代理，是按照被代理人的委托行使代理权而发生的代理情形，代理人代理权的来源是被代理人的委托授权，故又称为意定代理。委托代理关系中，代理人应按照被代理人的委托行使代理权。委托代理的发生一般伴有基础法律关系，即被代理人和代理人之间存在委托合同、劳动合同等基础法律关系，根据该基础法律关系的内容，被代理人同时授权代理人从事代理行为。但我国《民法典》规定取得委托代理权的直接依据是授权委托行为而非委托合同、劳动合同本身，因此要注意区分委托授权行为本身与其所伴随的基础法律关系。

1. 委托授权行为

委托授权行为，有些情形下属于有相对人的单方法律行为，即该委托授权行为需要向特定的相对人明确做出，如贸易谈判代理的委托授权，需向交易相对人明确代理人及其授权。在有些情况下，委托授权行为属于无相对人的单方法律行为，如授权超市职工从事销售行为，则无须向特定的相对人作出授予职工代理权的意思表示。至于委托代理授权的形式，可以用书面形式，也可以用口头形式。法律、行政法规规定用书面形式的，应当用书面形式。

2. 职务代理

我国《民法典》在委托代理中规定了一种特殊情形，即职务代理。所谓职务代理，是指因代理人在法人或者非法人组织中所担任的职务和职权所产生的代理。《民法典》第170条规定明确了职务代理的相应规则。①

职务代理不同于委托代理,其代理权的产生依据是由其工作任务和工作职权产生的,并非直接来源于法人或者非法人组织的委托授权。职务代理与机关代表近似。梅迪库斯认为,机关代表,也仅仅是法定代理的一种特殊情况,享有机关代表权的如社团的董事会、股份公司的董事会、合作社的董事会、有限责任公司的事务执行人以及无限公司和两合公司中负无限责任的股东等。代理权发生的理由是法律的规定以及被任命为机关的事实。② 我国理论上一般认为对于法人的代表机关,如法定代表人以法人名义从事的民事活动,其法律后果由法人承受,其在从事职务行为时,个体的身份被法人身份所吸收,其行为即法人的行为,故不认为是代理行为。在民事单行法中也有类似规定,如《合伙企业法》第37条规定,合伙企业对合伙人执行合伙事务以及对外代表合伙企业权利的限制,不得对抗善意第三人。但如果从机关代表的代理权角度分析,其实区分的意义不是很大,本质上可以作为一种特殊的法定代理去进行认识,但在权利的产生、行为后果以及责任的承担方面与普通的法定代理确有不同。另外,从《民法典》第61条第2款、第3款的表述方式上看,其实与第170条职务代理的表述是同理的,故也可以将机关代表解释成为特殊的法定代理。

《民法通则》未规定职务代理,将职务代理和代表机关的代表行为混在一起规定。如《民法通则》第43条规定,企业法人对它的法定代表人和其他工作人员的经营活动,承担民事责任。对于普通民事合伙中合伙负责人的职务行为,《民法通则》第34条第2款规定,合伙负责人和其他人员的经营活动,由全体合伙人承担民事责任。最高人民法院《关于贯彻执行〈中华人民共和国民法通则〉若干问题的意见(试行)》第58条规定对《民法通则》第43条进行了进一步的解释,即"企业法人的法定代表人和其他工作人员,以法人的名义从事的经营活动,给他人造成经济损失的,企业法人应当承担民事责任"。1999年《合同法》中,立法机关将法人或其他组织的法定代表人、负责人的代表行为进行了单独规定,在

---

① 《民法典》第170条:执行法人或者非法人组织工作任务的人员,就其职权范围内的事项,以法人或者非法人组织的名义实施的民事法律行为,对法人或者非法人组织发生效力。法人或者非法人组织对执行其工作任务的人员职权范围的限制,不得对抗善意相对人。

② [德]迪特尔·梅迪库斯:《德国民法总论》,邵建东译,法律出版社2001年版,第706—707页。

该法第50条明确，法人或者其他组织的法定代表人、负责人超越权限订立的合同，除相对人知道或者应当知道其超越权限的以外，该代表行为为有效。《民法典》进一步明确了代表行为的内涵，在第61条规定了法定代表人以法人名义从事的民事活动，其法律后果由法人承受。法人章程或者法人权力机构对法定代表人代表权的限制，不得对抗善意相对人。在第105条规定，非法人组织可以确定一人或者数人代表该组织从事民事活动。在《民法典》总则编"代理"一章中明确规定了职务代理。这样，就在立法上将法人、非法人组织代表机关的代表行为与法人和非法人组织工作人员的职务代理行为区分开来。

（二）法定代理

法定代理指代理人依照法律的规定行使代理权而发生的代理。在法定代理中，代理权并非来自被代理人的委托授权，而是直接来源于法律的规定。我国《民法典》中规定了如下几种法定代理：

（1）基于履行监护职责需要而产生的法定代理。监护制度中监护人需要就被监护人的人身、财产等方面全面履行监护职责，其中实施民事法律行为就是履行监护职责的重要手段之一，这时候监护人就是被监护人的法定代理人，依照相关法律的规定行使代理权。

（2）夫妻日常事务的家事代理。夫妻在家庭生活关系身份地位非常特殊，从亲属关系上来说属于最亲的亲属，即所谓"至亲"，在法律上有类似于合伙一样的法律关系。因此，在日常事务处理上，夫或者妻任何一方对外所因家庭日常生活需要而实施的民事法律行为，对另一方产生效力。① 其含义与《民法典》第161条对代理的规定是一致的，故可称为家事代理。

（3）依职当事人的法定代理。所谓依职当事人，德国学者梅迪库斯界定为，是指某些管理他人财产的管理人，主要包括破产管理人、遗产管理人和遗嘱执行人，其中破产、遗产管理人必须由法院指定，遗嘱执行人则由被继承人任命。② 我国《企业破产法》也规定了破产管理人制度，其

---

① 《民法典》第1060条：夫妻一方因家庭日常生活需要而实施的民事法律行为，对夫妻双方发生效力，但是夫妻一方与相对人另有约定的除外。夫妻之间对一方可以实施的民事法律行为范围的限制，不得对抗善意相对人。

② ［德］迪特尔·梅迪库斯：《德国民法总论》，邵建东译，法律出版社2001年版，第706页。

中第 25 条明确了破产管理人的职责,① 其职责中就包含了对外代表破产企业从事相应的民事法律行为,符合代理的本质和特征。《民法典》也设立了遗产管理人和遗嘱执行人制度。无论是遗嘱指定的遗嘱执行人还是继承开始后选任或者指定的遗产管理人,《民法典》第 1147 条规定的职责就包括对被继承人遗产的分割处分等行为。②

二 直接代理与间接代理

根据代理人对实施民事法律行为时是否依被代理人的名义以及代理行为的效果是否直接归属于被代理人,可以把代理分为直接代理和间接代理。

(一) 直接代理

代理人在与第三人实施民事法律行为是直接以被代理人的名义,代理的民事法律行为对被代理人直接发生效力的代理,即是直接代理制度。直接代理是代理实践中的最常见情形,多为各方当事人所理解和接受,《民法典》所规定的代理制度的规则也多以直接代理作为基础进行规定。直接代理的优点在于,代理关系三方当事人对于代理本身都明确知晓,代理人从事代理行为所产生的法律关系后果的承受等是清晰明了的,有利于维护交易安全和对当事人知情权的保护。

---

① 参见《企业破产法》第 25 条:管理人履行下列职责:
(一) 接管债务人的财产、印章和账簿、文书等资料;
(二) 调查债务人财产状况,制作财产状况报告;
(三) 决定债务人的内部管理事务;
(四) 决定债务人的日常开支和其他必要开支;
(五) 在第一次债权人会议召开之前,决定继续或者停止债务人的营业;
(六) 管理和处分债务人的财产;
(七) 代表债务人参加诉讼、仲裁或者其他法律程序;
(八) 提议召开债权人会议;
(九) 人民法院认为管理人应当履行的其他职责。
本法对管理人的职责另有规定的,适用其规定。
② 参见《民法典》第 1147 条:遗产管理人应当履行下列职责:
(一) 清理遗产并制作遗产清单;
(二) 向继承人报告遗产情况;
(三) 采取必要措施防止遗产毁损、灭失;
(四) 处理被继承人的债权债务;
(五) 按照遗嘱或者依照法律规定分割遗产;
(六) 实施与管理遗产有关的其他必要行为。

(二) 间接代理

代理人在与第三人实施民事法律行为时并非以被代理人的名义，而是直接以代理人自己的名义进行，代理活动的法律效果并不当然直接由被代理人承受的代理，即是间接代理。间接代理在实践中多有发生，尤其在对外贸易业务中比较常见。间接代理，由于代理人从事代理行为时并不以被代理人的名义，而是直接以自己的名义进行，相对人无法从代理行为的外观上查知与其进行法律行为的最终当事人是谁，这对于非常重视交易主体资质的市场主体而言，其实存在交易的隐患和安全风险。代理人以自己名义与第三人从事民事法律行为，其所形成的法律关系中权利义务的享有和履行，也存在不同。为了妥善保护间接代理各方当事人的合法权益，平衡交易安全和当事人利益保护，《民法典》在其合同编第二十三章"委托合同"中，区分相对人是否知晓代理的情形，设置了不同的行为规则。

1. 第三人知道代理关系情形

根据《民法典》第925条的规定，受托人以自己的名义，在委托人的授权范围内与第三人订立的合同，第三人在订立合同时知道受托人与委托人之间的代理关系的，该合同直接约束委托人和第三人。这意味着即使是间接代理，如果第三人知道代理人与被代理人之间存在代理关系，基于该代理关系与第三人实施民事法律行为，则当事人直接受最终形成的民事法律关系的约束。当然，如果有确切证据证明该最终形成的民事法律关系只约束代理人和第三人的除外。

2. 第三人不知道代理关系情形

对这类间接代理情形，《民法典》确立了如下规则。

第一，规定了代理人的披露义务。该披露义务包括两个方面，①当第三人不履行义务时，代理人应向被代理人披露代理实施的民事法律行为的相对人，即第三人。②因被代理人的原因导致代理人不履行向第三人的义务时，代理人应向第三人披露其所代理的被代理人。

第二，允许被代理人有权直接向第三人行使代理人基于间接代理所形成法律关系中的权利，此权利被称为被代理人的介入权。当被代理人主张权利时，第三人仍可以向被代理人行使第三人与代理人实施的民事法律行为中的相关抗辩权。

第三，赋予第三人对抗被代理人介入权的特有抗辩权，即在代理人与第三人实施所代理的民事法律行为时，如果第三人知道被代理人则就不会与代理人实施民事法律行为时，第三人不受被代理人介入权的影响，即可以直接对抗被代理人的介入权。

第四，赋予第三人以选择权。即在代理人披露被代理人后，第三人可以选择代理人或者被代理人作为合同相对人主张其权利。一旦第三人行使选择权后，就不得再变更选定的相对人。这一原理实际上就是将披露被代理人后的合同之债认定为选择之债，第三人行使选择权后变为单一之债。第三人选定被代理人作为其相对人的，被代理人可以向第三人主张其对代理人的抗辩以及代理人对第三人的抗辩。

根据《民法典》的规定，间接代理，代理人所实施的民事法律行为其最终的效果要归属于被代理人，故代理人处理委托事务取得的财产或者利益，应当转交给被代理人。

三　单独代理与共同代理

根据代理人的人数进行分类，可以将代理分为单独代理和共同代理。单独代理是指代理人为一人的代理，共同代理是指同一事项的代理人为两人以上的代理，由数人共同行使代理权。

无论是法定代理还是委托代理，代理人的人数既可以是单数也可以是复数。如法定代理中，父母是未成年子女的法定代理人，父母均健在的，即为共同代理，若一方去世的，则其代理为单独代理。委托代理中，被代理人可以委托单独代理，也可以同时委托两个以上的代理人代理同一事项，共同行使代理权。

在单独代理中，由于代理人为一人，代理法律关系的内容和当事人比较简单，各方权利义务及最终的权利义务归属比较清晰，容易判断。但在共同代理中，由于代理人共同行使代理权，存在代理权行使方式、代理权是否存在量的分割、各代理人之间的关系以及代理权行使的后果等问题。《民法典》第166条规定得比较简单，仅规定数人为同一代理事项的代理人的，应当共同行使代理权，但是当事人另有约定的除外。为准确理解本条规定，对于共同行使代理权，应从如下几个方面进行把握：

第一，共同代理人享有平等的代理权，各代理人之间的代理权无大小高下之分。比如在父母监护中，对于未成年子女的法定代理权，父或母均有平等的代理权。在委托代理中，除当事人有特别约定外，多个代理人的代理权也应是平等的。从这个角度讲，共同代理实际上是对各个代理人代理权的限制，一旦单个代理人不一致行动，其行为就构成无权代理。

第二，多个代理人共同享有一个代理权。这一点与多个代理权不同，比如就企业产品代理销售事项，一个企业可以在多地委托多人进行代理，各地的代理商分别按照授权从事代理行为，与其他代理商之间并不发生共同代理的问题。而共同代理，以民事诉讼代理为例，一个当事人可以同时委托两名律师代理诉讼，这两名律师的代理权是一个，构成共同代理。

第三，共同代理人的代理权是一个整体，由多个代理人共同行使，其代理权不能在量上进行分割，也不存在代理权的份额问题。各代理人行使代理权应共同协商、形成统一意志，在向相对人积极发表意思表示时，相对人受领的应是多个代理人统一的意思表示。如在代理缔结买卖合同场合，出卖人或者买受人一方的要约或者承诺，其多个代理人的意思表示均应一致。但在代理人受领相对人的意思表示场合，即受动代理①或曰消极代理（被动代理）②，似应有所不同，无必要强求多个代理人共同来受领，任一代理人的受领行为均可发生全体代理人受领的法律效果，均可以视为是相对人向全体代理人作出了意思表示。如前述买卖合同，出卖人的要约，买受人的共同代理人之一均可受领。

第四，共同代理人之一或部分擅自行使代理权的，构成无权代理或者表见代理。对于擅自行使共同代理权的，最高人民法院曾解释，所实施的行为侵害被代理人权益的，由实施行为的委托代理人承担民事责任。③该司法解释解决的是对于被代理人合法权益保护问题，但未明确该擅自行为对于相对人的后果或者效力如何。《民法典》第164条规定了代理人不当行为的法律后果，明确代理人不履行或者不完全履行职责，造成被代理人损害的，应当承担民事责任，即按照无权代理和表见代理的相关规定处理。④

第五，允许当事人另行约定共同代理权的行使。共同代理中代理权的

---

① [日] 我妻荣：《新订民法总则》，于敏译，中国法制出版社2008年版，第319页。
② 王泽鉴：《民法总则》（增订版），中国政法大学出版社2001年版，第442页。
③ 《最高人民法院关于贯彻执行〈中华人民共和国民法通则〉若干问题的意见（试行）》第79条第1款：数个委托代理人共同行使代理权的，如果其中一人或者数人未与其他委托代理人协商，所实施的行为侵害被代理人权益的，由实施行为的委托代理人承担民事责任。
④ 《最高人民法院关于适用〈中华人民共和国民法典〉总则编若干问题的解释》第25条：数个委托代理人共同行使代理权，其中一人或者数人未与其他委托代理人协商，擅自行使代理权的，依据民法典第一百七十一条、第一百七十二条等规定处理。

行使时代理人之间关系的内容，属于法律规定的一般原则，但是当事人另有约定的除外。对"当事人"的含义及范围《民法典》并未进一步进行明确，故需要进行解释。本书认为，这里的当事人是指代理法律关系中的当事人而非授权关系中的当事人，其范围内包括：①被代理人和代理人之间另有约定的，如在委托授权中，双方约定由共同代理人中的某一人具有主导地位，在共同代理人无法形成一致意志时以某一特定代理人的意见为准。②共同代理人内部形成特别约定的，如为了有效解决共同代理的统一意思表示问题，各个共同代理人可以通过约定，明确统一意思的形成机制和方式，对各自的代理行为进行量和权重上的分割。③共同代理中被代理人与相对人之间存在特殊约定的，如被代理人在向共同代理人授予代理权时，向相对人明示任一共同代理人均有权向相对人做出独立意思表示，被代理人认可任一代理人的意思表示的情形。

四 本代理与复代理

代理人依照法律规定或者按照被代理人的委托行使代理权，这是代理的常态或者一般情况。但是在实践中，出于代理的实际需要，代理人往往会自己再选任被代理人的代理人，从而形成复代理。而直接基于法律规定或者被代理人的授权而产生的代理就被称为本代理。二者的区别主要表现在由谁来选定代理人。[1] 不论是本代理还是复代理，代理行为还是终止对被代理人发生效力。复代理在委托代理和法定代理中都可能发生。

1. 委托代理中的复代理

委托代理中代理人的产生，往往是基于被代理人对于代理人的人身信任或者代理人在组织中的职务。因此，委托代理原则上要求代理人要亲自与第三人实施民事法律行为，从而满足被代理人提升和扩展其民事行为能力和意思自治水平的要求。如果代理人将委托事务交由他人再代理，有违委托代理的本旨。故委托代理中发生复代理，需要被代理人事先同意或者事后追认。为了应对实践中出现的特殊权限，法律在例外情况下，允许委托代理人可以在未经被代理人同意的前提下选任复代理人。法律认可的产生复代理的情形主要有两种：

（1）被代理人的同意或者追认的转委托代理。《民法典》第 169 条有

---

[1] 《民法学》编写组编：《民法学》（第二版）（上册），高等教育出版社 2022 年版，第 105 页。

明确规定。考虑到复任权的行使能否准确反映被代理人的委托意图，故《民法典》规定，赋予被代理人以直接指示权，可以就代理事务直接指示转委托的第三人。在复任和复代理人实施代理行为过程中，代理人仅对复代理人的选任以及其对复代理人的指示承担责任。

（2）紧急情况下的转委托代理。一般情况下，转委托代理如果未经被代理人同意或者追认的，复代理人的行为不对被代理人发生效力，而由代理人对该复代理人的行为承担责任。但是，由代理活动情况的复杂性所决定，法律规定了例外情形，允许在紧急情况下代理人为了维护被代理人的利益需要转委托第三人代理情况，对被代理人发生效力，复代理人的行为后果由被代理人承受。对此，《民法通则》第68条就有规定，《民法典》进行了继受。

关于什么是"紧急情况"，最高人民法院在《关于贯彻执行〈中华人民共和国民法通则〉若干问题的意见（试行）》曾有规定，明确列举了急病、通信联络中断等特殊原因。《民法典》施行后，《民法典总则编解释》在前述急病、通信联络中断等特殊原因的基础上，又增加了疫情防控这一新情况，均应当认定为《民法典》第169条规定的"紧急情况"。

2. 法定代理中的复代理

法定代理则是代理人依照法律规定行使代理权，故与委托代理中代理的人身信任性质不同。同时，由于法定代理针对的主要情况中有因监护而发生的代理，其中根本就无法征求被代理人的同意。故原则上，法定代理人有权为被代理人再选任复代理人，这本身就成为代理行使的内容之一。由于法定代理选任复代理人，缺乏被代理人的有效监督，故往往立法对复任权的形式有明确要求。比如在因履行监护职责而产生的代理中，行使复任权必须从最有利于监护人的原则出发。

在有复代理的情形下，存在两个代理人，即复代理人和代理人，二者均是被代理人的代理人，均为了被代理人的利益实施民事法律行为。复代理人代理行为的效果并不归属于行使复任权的代理人，而是仍对被代理人发生效力。代理人复任复代理人后，其原有代理权并不消灭，仍可以继续行使代理权。

第三节 代理权

代理人之所以可以代理被代理人与第三人实施民事法律行为，其法律基础在于代理人拥有相应的代理权，代理权既有来自法律的规定，也有来自被代理人的委托代理授权。

一 代理权的性质

关于代理权的性质，即代理权究竟是独立的权利类型，还是不同于权利的资格或者职责，对此有不同的学术观点。胡长清对此有比较详细的论述，认为关于代理权之本质如何，学说颇多，要而言之，约有三说，即否认说、权利说和能力说，他本人则赞同能力说。① "资格说"基本上与"能力说"相同，认为代理权不是纯粹意义上的权利，将其视为法律上的地位或者资格是正当的。② 名为权利，实为权限，其内容既包含权利，又包含义务，显然不属民事权利，而属民事能力。③ 除此之外，还有一种"权力说"，学者道里克（Dowrick）指出代理权是"权力"，代理是一种权力—责任关系，代理人被授予改变被代理人与第三人之间的法律关系的权力，被代理人承担接受这种被改变的关系的相应责任。④

"否认说"混淆了代理权产生的基础法律关系和代理权本身，无法准确说明代理权的本质。"权利说"认为代理权是代理人的权利，与代理制度的目的设定不一致，代理人依代理权实施民事法律行为，其目的是实现被代理人的权利。它之所以不是权利，是因为它的赋予并不是为了代理人，而是为了被代理人，代理人只起辅助作用。⑤ "资格说"或者"能力说"，能够说明代理人实施民事法律行为的效力归属问题，但不能说明代理权的自身特性，未能说明为什么有这种资格和权能就足以导致代理行为所产生的法律后果要由被代理人承受的问题。"权力说"，从法定代理而言，有一定的道理，但从委托代理考察，为何可以通过委托授权产生一种权力，则其说服力不强。

晚近英美法系认为，代理关系的建立需要代理人和被代理人双方的一致同意，美国《代理重述》（第二版）第一部分把代理定义为一种信托关系，这种信托关系是双方同意的结果，一方当事人将代表另一方当

---

① 胡长清：《中国民法总论》，中国政法大学出版社1997年版，第302—303页。
② 王泽鉴：《民法总则》（增订版），中国政法大学出版社2001年版，第305页。
③ 张俊浩主编：《民法学原理》（修订版），中国政法大学出版社1997年版，第266页。
④ 参见梁慧星《民法总论》（第五版），法律出版社2017年版，第233页。
⑤ ［德］卡尔·拉伦茨：《德国民法通论》（下册），王晓晔、邵建东、程建英、徐国建、谢怀栻译，法律出版社2003年版，第827页。

事人的利益和服从其指挥并经过其同意而采取行动。① 这一观点姑且称为"信托关系说",基于这种信托关系,被代理人授予代理人采取一定的行动的权利,对其行动的结果被代理人自愿承受。这一理论对于解决委托代理的性质时解释力较强,但是对于法定代理何以如此却发生论证困难。究其原因,在于代理权的产生依据不同,来自法律规定和当事人授权,其前提依据和目的也均各有异,故难以在某一种理论框架下完全得到统一解决。

二 代理权的发生

对代理权性质的争论和解释困境,本质上是来源于代理权发生的依据不同。代理权因其代理关系的类型不同,发生的原因各异。

(一) 法定代理中代理权的发生

法定代理权的产生是直接来自法律的规定,并非来源于被代理人的授权。法定代理权的产生,主要有如下情形:

(1) 因具备法律规定的监护人资格而发生的法定代理。从逻辑上讲,无论监护是法定监护、意定监护还是指定监护,只要设定了监护人,监护人基于监护职责,就依法具有代理权,可以代理被监护人实施民事法律行为。因此,基于监护关系而产生的代理,是法定代理。

(2) 基于配偶身份发生的家事代理。家事代理中代理权,是基于夫妻的婚姻关系和配偶身份,由法律直接规定而产生。

(3) 依职代理权的产生,是因被法院指定为破产管理人、被确定为遗产管理人后,基于破产管理人、遗产管理人的资格而依法具有相关民事法律行为的代理权,其代理权并非直接来源于法院指定或者当事人选定。

(二) 意定代理权的发生

意定代理权经由被代理人的授权而发生。一般来说,授权行为被认为是有相对人的单方法律行为,仅有本人的意思表示就可成立。

1. 授权行为的性质

关于委托授权行为的性质,存在着不同的观点和认识。"委任契约"说,认为于委任契约外,别无所谓代理权授予之行为,故代理权系由于委

---

① 参见张胜利、戴新毅编著《美国商事法概论》,中国政法大学出版社 2012 年版,第 151 页。

任契约而生,在代理与委任混同之国家,多采此说。① 1804年《法国民法典》、1811年《奥地利普通民法典》、1834年旧《荷兰民法典》等继承此种思想,不承认代理是一项独立的法律制度,将有关代理的规则包含在委托合同中,代理人所为法律行为之效力归属于本人,被视为委任合同的一种附属性法律效果。② "无名契约说",代理权虽非由于委任契约而生,但究系本人与代理人间之一种契约,此种契约,法律上别无名称及规定,自属无名契约之一种,该说为 Laband 氏所首倡。③ 按照此说,代理权的授予必然就需要代理人的同意。拉伦茨教授认为委托代理权的授予是一种单方面形成的法律行为,只要有委托代理权的授予人的意思表示就够了,因而代理权限的产生并不取决于委托代理权人的同意。意思表示的相对人或者是委托代理权人,或者是向其为代理行为的第三人。人们把第一种情况称为内部授权,而把第二种情况称为外部授权。④

我国通说采单方法律行为说,认为委托代理中,授权行为具有单方性,即代理权授予行为是一种单方行为,只要被代理人做出单方意思表示即可产生效力。⑤ 意思表示的相对人,既可以是代理人,也可以是第三人,抑或二者兼而有之。

2. 授权行为的方式和形式

《德国民法典》规定了内部授权和外部授权两种方式,其中内部授权是被代理人向代理人发出授权的意思表示,该意思表示为有相对人的意思表示,其成立应适用有相对人的意思表示规则。外部授权是指由被代理人通过向代理人与之进行行为的相对人(第三人)发出表明授权于代理人的意思表示而为之,除此之外,实践中还存在于通过通知或者公告表明已授权于某人的方式。⑥ 我国法律对于授权行为的方式没有明确限定,故可以认为,内部授权、外部授权或者通过通知公告等方式授权皆可产生授权的法律效果。至于委托授权的具体形式,采用口头、书面或者公告,明

---

① 胡长清:《中国民法总论》,中国政法大学出版社1997年版,第304页。
② 梁慧星:《民法总论》(第五版),法律出版社2017年版,第237页。
③ 胡长清:《中国民法总论》,中国政法大学出版社1997年版,第305页。
④ [德]卡尔·拉伦茨:《德国民法通论》(下册),王晓晔、邵建东、程建英、徐国建、谢怀栻译,法律出版社2003年版,第860—861页。
⑤ 《民法学》编写组编:《民法学》(第二版)(上册),高等教育出版社2022年版,第106—107页。
⑥ 李永军:《民法总论》,法律出版社2006年版,第685页。

示、默示等形式均可。但由于授权行为直接产生代理人的代理权,故实务中被代理人进行委托授权不可不慎重,应详细列明委托授权的具体内容。《民法通则》第 65 条第 1 款曾规定,民事法律行为的委托代理,可以用书面形式,也可以用口头形式,法律规定用书面形式的,应当用书面形式。而《民法典》没有明确委托授权行为的形式,删去了"法律规定用书面形式的,应当用书面形式"字样。但对于当事人采用书面形式进行委托授权的,则提供了行为规则,对授权委托书应载明的内容及其签章进行了规定。

3. 授权行为的要因和无因问题

委托授权行为往往伴有基础法律关系,二者的存在状态比较复杂。二者存在三种组合形式:①有授权行为但不伴有基本法律关系,如简单民事法律行为的代理,被代理人和代理人之间无须存在基础法律关系,仅有被代理人的授予代理权行为即可,如代交电话费、水电费。②有基础法律关系存在,但不授予代理权,如雇用店员观摩但不得售货。[①] ③有授权行为同时伴有基础法律关系,如基于委托代理合同关系,同时授予律师以诉讼代理权。

当被代理人和代理人之间存在基础法律关系和委托授权行为时,就产生授权行为的要因和无因问题。对此,我国无论是《民法通则》还是《民法典》均未明确规定,理论界既有采有因性观点的,如梁慧星教授认为从保护被代理人利益及法律关系简化考虑,应采有因说,即认为授权行为原则上应从属于基础法律关系,基础法律关系如不成立、无效或撤销时,授权行为应同其命运。[②] 也有采无因性观点的。如杨立新教授认为,基于委托行为,产生代理权之后,代理权就独立存在,并不受代理委托行为效力的限制。即使委托行为无效,并不影响授权行为的效力。[③]

本书认为,从我国《民法通则》和《民法典》中关于委托代理终止的规定角度解读,并未规定授权行为的基础法律关系的不成立、无效或者可撤销是委托代理终止的原因或者法定事由,故从立法上似采无因说。从理论角度讲,如果授权行为属于内部授权,即被代理人向代理人发出授权

[①] 张俊浩主编:《民法学原理》(修订版),中国政法大学出版社 1997 年版,第 268 页。
[②] 梁慧星:《民法总论》(第五版),法律出版社 2017 年版,第 239 页。
[③] 杨立新主编:《民法总则重大疑难问题研究》,中国法制出版社 2011 年版,第 529 页。

的意思表示，第三人无由得知其授权的具体情况，故其基础法律关系的效力不应影响授权行为的效力。如果授权行为属于外部授权，即被代理人直接向相对人（第三人）表明授予代理人以代理权，则被代理人和代理人之间是否存在基础法律关系，第三人无须考察，对当事人也不发生影响，至于是通过通知或者公告方式授予代理人以代理权，第三人更无须掌握或者判断其基础法律关系的有无及效力状况。综合上述不同的授权行为方式，可以得出这样的认识：从保护代理法律关系的稳定、交易安全等角度考察，应以授权行为无因为宜。

需要注意的是，我国《民法典》规定的职务代理权，规定在"委托代理"一节中，是基于法人、非法人组织的工作人员的职务而产生，无须法人或非法人组织的委托授权行为。但该聘任合同等不是产生代理权的直接依据，只要具备法人、非法人工作人员身份受聘职务，根据该职务和职责自然具有相应民事法律行为的代理权。

三　代理行为中的行为能力以及意思表示瑕疵

代理关系是一种特殊的三方法律关系结构，在代理人以被代理人名义与第三人从事民事法律行为时，如何判断该民事法律行为中有关当事人的行为能力或者意思表示的真实与否等，需要进一步进行说明。

（一）法定代理人的行为能力

在法定代理中，因类型不同，其设立的主要目的和依据各有不同，但综合分析，法定代理人均应具备完全民事行为能力。首先，在因监护而发生的法定代理中，其制度目的是弥补被监护人行为能力不足，故其法定代理人须具有完全的民事行为能力，这是其题中应有之义。其次，在夫妻的家事代理权中，我国法律并无明确要求。但根据结婚的条件以及结婚行为不得代理的规定来推论，结婚双方应具有完全的民事行为能力，婚姻关系中的家事代理权，也应要求具有完全的民事行为能力。最后，在依职代理中，无论是破产管理人，还是遗产管理人，从其所从事的职责内容和选任程序分析，管理人自应为完全民事行为能力人。

（二）委托代理人的行为能力

关于委托代理人的民事行为能力，我国法律并无明文规定。《德国民法典》第165条规定，由代理人做出或以代理人为相对人而做出的意表示之生效，不因代理人系限制行为能力人而受妨害。① 理由是考虑到代理人不因自己之代理行为负责任，故以其限制行为能力为已足。如此，可以将限制行为能力人选任为经理人、代办人和法人的机关成员。②《法国民法典》第 1990 条规定，未解除亲权的未成年人，得受选任作为受托人（代理人）；但是，委托人仅在按照有关未成年人的义务的规则范围内，对未成年受委托人（代理人）享有诉权。③ 而《日本民法典》第 102 条则直接明确，代理人不需要是行为能力人。④ 有学者认为，意定代理，其代理权系由于本人之意思表示而生，故本人自不妨选任限制行为能力人为其代理人，不过选任限制行为能力人为其代理人时，由其代理所生之不利益，自应由本人受之而已。⑤

从委托代理的意旨出发，为了弥补或者扩展被代理人在知识、技能和经验方面的不足，拓展从事民事法律行为的时空范围，代理人宜为完全民事行为能力人。但如果被代理人选定限制行为能力人为其代理人，对该代理人的代理行为，自应承担选任不当和代理行为不力的不利后果。

（三）代理的意思表示瑕疵的判断

代理的效力虽然最终要归属于被代理人，但相应的民事法律行为却是由代理人实施的。因此，判断代理行为中代理人所发出的意思表示的瑕疵，自应以该意思表示做出时点、以代理人所发出的意思表示本身是否具有相应的瑕疵来决定。即是否存在意思表示不自由、意思表示不一致，是否构成欺诈、胁迫等事项，均应就代理人的意思表示进行判断。而代理人从第三人处受领意思表示，亦应如此。如代理行为是依照被代理人的指示而为，代理人无法做出独立的判断或者意思表示的，则代理行为的意思表示瑕疵应就行为时点被代理人的意思表示是否存在瑕疵进行确定。其原理在于，由代理人作出的意思表示，无论是利益还是不利益，均对被代理人发生效力。但法律行为上的行为人为代理人，而非被代理人；意思表示亦为代理人在法律行为上之意思的表达，而非被代理人之意思的表达。因此，在行为的内容和有效性方面，以涉及意思瑕

---

① 《德国民法典》（第 3 版），陈卫佐译注，法律出版社 2010 年版，第 58 页。
② 杜景林、卢谌：《德国民法典评注：总则·债法·物权》，法律出版社 2011 年版，第 62 页。
③ 《法国民法典》，罗结珍译，北京大学出版社 2010 年版，第 467 页。
④ 《最新日本民法》，渠涛编译，法律出版社 2006 年版，第 27 页。
⑤ 胡长清：《中国民法总论》，中国政法大学出版社 1997 年版，第 307—308 页。

疵、明知和应知为限，应当以代理人为准据。如代理人受指示拘束，则构成此项原则的例外。①

四 代理权的行使

(一) 代理权行使的要求

1. 亲自行使

在委托代理关系中，被代理人和代理人之间往往具有很强的人身信任性质，故与第三人实施民事法律行为，原则上应由代理人亲自为之。除非在被代理人同意的前提下或者有法律规定的紧急情况下，才可以转委托给复代理人。在法定代理中，虽未明确代理活动由法定代理人亲自实施，但是，考虑到法定代理的产生，基本上是由法律规定的有一定的身份关系或者其他法律关系，故代理权原则上由代理人行使，对其行使复任权，转委托他人实施，则没有明确的禁止性规定。

2. 履行谨慎、勤勉、忠实义务

无论是法定代理还是委托代理，代理应从实现被代理人目的出发，忠实于被代理人事务和利益，谨慎、勤勉地实施民事法律行为，及时将处理委托事务取得的财产转交被代理人。

(二) 代理权行使的限制

代理人实施代理行为，是以向相对人发出意思表示或者从相对人受领意思表示为其职能，故存在与相对人的意思表示合致的问题。同时代理关系是三方关系，存在被代理人、代理人和相对人三方利益的平衡问题，代理人代理行为应以被代理人的利益为其追求和计算。故各国法律大都规定，禁止代理人实施自己代理或者双方代理行为。《民法典》就委托代理中的自己代理和双方代理问题专门设置了相应的规则。②

1. 自己代理

所谓自己代理，是指在委托代理中，代理人以被代理人的名义与自己实施民事法律行为。代理的功能和价值在于借助于代理人的能力，来弥补或者提升拓展被代理人的行为能力。而在自己代理情形中，代理人实施的

---

① 杜景林、卢谌：《德国民法典评注：总则·债法·物权》，法律出版社 2011 年版，第 62 页。
② 参见《民法典》第 168 条。

民事法律行为的相对人就是代理人自己，整个法律行为实际上仅由代理人一个人完成，缺乏意思表示的合致过程，从而很难避免代理人为自己的利益而牺牲被代理人利益的情况发生。因此，除被代理人同意或者追认外，代理人不得实施自己代理。如《德国民法典》第181条规定，除另外得到许可外，代理人不得以被代理人的名义并以自己的名义与自己实施法律行为，或以被代理人的名义并作为第三人的代理人与自己实施法律行为，但该法律行为专为履行债务的除外。① 需要注意的是，《德国民法典》中的对己行为规范不构成禁止性规范，而应当被理解为对法律之上权能的限制。如此，在代理人逾越代理权限而实施对己行为的情形，行为非为无效，而为效力不确定。② 考虑到我国《民法典》规定的除外情况，有被代理人追认情形，故对自己代理的效力，应该采与《德国民法典》相同的解释，即为效力待定的法律行为。

2. 双方代理

双方代理即代理人以被代理人的名义与自己同时代理的其他人实施民事法律行为的情况，由于在实施民事法律行为时，代理人同时代理了被代理人与被代理人，故又称为同时代理。双方代理，同样欠缺了意思表示交换和合致的磋商过程。在交易中，当事人双方的利益总是互相冲突的，通过讨价还价，才能使双方的利益达到平衡。而由代理人同时代表两种利益，难免顾此失彼。因此，对于双方代理的民事法律行为，其效力也应属于效力待定，如果被代理人事后追认，则为有权代理，否则对被代理人不发生法律效力。

至于法定代理权的行使，则应严格按照规定法定代理的相关法律规定行使，如因监护而产生的代理，代理人行使代理权应当按照最有利于被监护人的原则进行，除为维护被监护人利益外，不得处分被监护人的财产等。③

五 代理人的法律责任

《民法典》规定，代理人在代理权限内，以被代理人名义实施的民事

---

① 《德国民法典》（第3版），陈卫佐译注，法律出版社2010年版，第61页。
② 杜景林、卢谌：《德国民法典评注：总则·债法·物权》，法律出版社2011年版，第67页。
③ 参见《民法典》第35条、第664条、第936条。

法律行为，对被代理人发生效力。但是，实践中代理人的代理行为及其情况非常复杂，因此有必要对代理人的代理行为所产生的应由代理人承担的责任或者法律后果进行梳理。在代理法律关系中，常见的代理人责任主要有如下几种：

（1）不履行或者不完全履行职责，造成被代理人损害的，应当承担民事责任。该责任属于代理人违背了其善良管理人的勤勉注意义务所应承担的责任。从《民法典》的规定来看，承担责任的构成要件如下：代理人负有代理职责；代理人存在懈怠行为，即不履行代理职责或者不完全履行职责；发生被代理人受有损害的法律后果，懈怠行为与损害后果之间存在因果关系。至于代理人是否存在过错，法律没有规定，似应解释为客观归责，不以过错为必要条件。

（2）无论是法定代理还是委托代理，代理人均应忠实于被代理人的事务，诚信、谨慎、勤勉从事。如果违反代理职责，代理人与第三人恶意串通，损害被代理人合法权益，则应承担共同侵权的法律后果，由代理人和相对人向被代理人承担连带责任。

（3）违法代理及责任。《民法典》第167条规定，代理人知道或者应当知道代理事项违法仍然实施代理行为，或者被代理人知道或者应当知道代理人的代理行为违法未作反对表示的，被代理人和代理人应当承担连带责任。在委托代理中，代理的民事法律行为是否必须是合法行为的问题，随着《民法典》对民事法律行为概念界定的变化不再成为问题，即不限定代理行为必须是合法行为。故如果代理事项违法，给第三人或者社会带来损害后果，责任是由被代理人还是由代理人承担，需要法律做出明确规定。违法代理民事责任的构成要件如下：

首先，被代理人授予代理人以代理权。这是违法代理的前提条件，如果被代理人根本就没有授予代理权，自不存在代理事项或者代理行为违法的问题。

其次，代理事项违法或者代理行为违法。《民法典》区分两种情况：①代理事项违法，是指被代理人授予代理权，授权代理人所从事的代理活动或者要求代理人实施的民事法律行为违法。②代理行为违法，是指代理人与第三人实施的民事法律行为本身并不违法，但是代理人在行使代理权、实施代理法律行为时采用了违法的方式、手段或者采取违法路径等。

再次，代理人、被代理人对代理违法均为明知，即对前述违法代理事项代理人明知而继续代理,或被代理人对代理人的违法代理行为明知而未作反对表示。

最后,造成他人损害,即代理人因接受违法代理事项的委托授权或者其代理行为本身违法,客观上给相对人或其他民事主体造成了损害。《民法典》第 167 条规定要求承担连带责任的请求权主体,就是此处的受害人。

(4) 复代理中的代理人责任。复任权是代理人代理权的内容之一,但是行使复任权需要符合法律的规定,如果未依法行使复任权,则产生代理人的责任。我国《民法典》第 169 条规定了相关内容,即以转委托代理是否经被代理人同意或者追认,区分不同情况进行处理:

其一,被代理人同意或者追认的转委托代理,被代理人可以就代理事务直接指示转委托的第三人,代理人仅就该第三人的选任以及代理人对该第三人的指示承担责任。就复代理人的选任承担的责任内容,应是对复代理人的专业、技能等承担类似于瑕疵担保的责任,即由于转委托的第三人即复代理人的原因,不能履行或者不完全履行代理职责造成被代理人损害的,代理要承担赔偿责任。关于对复代理的指示承担责任,即如果复代理人按照代理人的指示行事,所发生的意思表示瑕疵,由代理人承担责任。

其二,转委托代理未经被代理人同意或者追认的,代理人应当对转委托的第三人即复代理人的行为承担责任。关于责任内容,按照《民法典》第 162 条规定和《民法典总则编解释》第 27 条规定来理解,该复代理人以被代理人名义实施的民事法律行为,是否对被代理人发生效力,需要按照无权代理、表见代理的规定进行考察,确定相关责任的承担。如果复代理人的代理行为给被代理人或者相对人造成损害的,应由代理人和复代理人承担法律责任,该责任主要是复代理人的违法代理行为或者复代理人与代理行为相对人恶意串通行为所产生的责任。

六 代理权的消灭

代理权的消灭,是指因法定或者当事人约定的原因,代理人的代理资格丧失,不得再以被代理人的名义从事代理行为,其行为的后果除法律另有规定外,原则上不再由被代理人承受的情形。关于代理权的消灭,因代理的类型不同,其消灭原因也有不同。

(一) 委托代理权的消灭

委托代理权的消灭，可以分为部分消灭和全部消灭。前者为代理权的限缩或者部分撤回，后者则是完全丧失代理权。

1. 委托代理权的部分消灭

对于委托代理权的限缩或者部分撤回，我国法律并无明确规定。从理论上进行分析，委托代理权的限缩，是指被代理人通过条件、期限的限制或者事后变更授权行为范围的方式，对已经做出的授权行为的范围和内容进行限缩，被限缩掉的部分所对应的代理权相应地消灭。通过条件或者期限的限制，比较好理解，即对于授权行为被代理人在作出时可以附条件或者期限，确定在当条件成就或期限届至时，将代理人的代理权限缩到一定范围。至于通过事后变更授权行为的范围，实际上就是代理权的部分撤回，主要是指被代理人做出撤回部分代理权的意思表示，从而实质上改变代理人代理权的内容和范围。

2. 委托代理权的全部消灭

委托代理权的全部消灭，其主要原因就是委托代理的终止，代理人丧失代理权。根据《民法典》第173条的规定，委托代理的终止主要有下列情形：

（1）代理期间届满或者代理事务完成。当授权行为规定代理事项有明确的代理权存续期限的，代理期间届满，代理权消灭。有些情况下被代理人在就那些委托授权时，往往会以要求代理人完成某一具体代理事项后代理权消灭，如委托授权律师代理二审案件，往往代理权以二审生效裁判做出为其事务完成，届时代理权消灭。

（2）被代理人取消委托或者代理人辞去委托。被代理人能够做出授权行为，自然可以取消委托，撤回全部授权。故一旦被代理人取消委托，代理权消灭。代理人经过被代理人的授权，取得代理人资格，行使代理权。由于代理权授予行为是有相对人的单方法律行为，因此事实上存在代理人是否愿意履行代理职责的问题，为了衡平代理人的利益，法律允许代理人辞去委托。代理人辞去委托的行为，也属于有相对人的单方行为，以代理人向被代理人做出辞去委托的意思表示为其条件。至于辞去委托的形式，应不限于口头、书面或者公告等形式。

（3）代理人丧失民事行为能力。前已述及，委托代理人的选任应以完全民事行为能力人为宜，如代理人丧失民事行为能力，则无法实施代理行为,则自其丧失民事行为能力之际,即同时导致委托代理终止,代理权消灭。

(4) 代理人或者被代理人死亡。代理人或者被代理人死亡,导致一方主体资格消灭,代理的三方关系就从结构上塌陷,委托代理关系自然终止,代理权消灭。需要注意的是,在被代理人死亡情形,委托代理人的代理权消灭,其原则上不得再继续实施代理行为。但是为了保护相关当事人的合法权益,法律有特殊规定的除外,如《民法典》第174条规定了委托代理人实施的代理行为有效的几种情形。① 所谓"委托代理人实施的代理行为有效",应是指代理人的代理行为不因被代理人的死亡而被宣告为无效,仍构成有权代理,不过是其代理行为的后果依法由被代理人的继承人承受。

(5) 作为代理人或者被代理人的法人、非法人组织终止。这一内容如同代理人或者被代理人的死亡一样,导致委托代理的终止,根据《民法典》第174条第2款规定,作为被代理人的法人、非法人组织终止的,参照适用该条第1款的规定。

(二) 法定代理的终止

法定代理权的消灭,应不存在部分消灭的问题,不存在委托代理中通过附条件、附期限的授权行为限缩代理权或者通过事后行为撤回部分代理权的问题。当然,对于无民事行为能力人的未成年人,因年龄和智力的发展,成为限制行为能力人时,其监护人的法定代理权也应发生相应的变化。对于该被代理人可以独立实施纯获利益的民事法律行为或者与其年龄、智力相适应的民事法律行为,代理人自不应再享有代理权,此种情况也可以视为法定代理权的部分消灭。

法定代理权的消灭主要是指法定代理终止所导致的代理权的消灭。《民法典》第175条规定了法定代理终止的具体情形,主要有:

(1) 被代理人取得或者恢复完全民事行为能力,成为完全民事行为

---

① 《民法典》第174条:被代理人死亡后,有下列情形之一的,委托代理人实施的代理行为有效:
(一) 代理人不知道且不应当知道被代理人死亡;
(二) 被代理人的继承人予以承认;
(三) 授权中明确代理权在代理事务完成时终止;
(四) 被代理人死亡前已经实施,为了被代理人的继承人的利益继续代理。
作为被代理人的法人、非法人组织终止的,参照适用前款规定。

能力人，可以自己亲自实施民事法律行为，法定代理因其建立的前提和基础消灭而终止，代理权消灭。

（2）代理人丧失民事行为能力，其自身的民事法律行为尚须他人代理，自然无法以被代理人名义实施代理行为，法定代理终止，代理权消灭。

（3）代理人或者被代理人死亡。其原理与委托代理中的情形相同。有问题的是，委托代理允许被代理死亡时存在代理行为有效的例外情形，法定代理中是否也应存在类似的例外？本书认为，检索《民法典》第174条第1款的规定，除第三项授权中明确代理权在代理事务完成时终止的规定不能适用外，其余三项应均可以适用，即代理人不知道并且不应当知道被代理人死亡；被代理人的继承人予以承认；被代理人死亡前已经实施，为了被代理人的继承人的利益继续代理。

（4）法律规定的其他情形。夫妻离婚，家事代理权即行消灭。破产管理人因管辖法院更换、经人民法院许可管理人辞去职务、管理人于办理注销登记完毕的次日终止执行职务等法定原因，其代理权消灭。遗产管理人因被依法更换或其法定职责的履行完毕，其代理权相应地消灭。

第四节 无权代理

一 无权代理的概念

《民法典》第171条对委托代理中的无权代理做了规定，即行为人没有代理权、超越代理权或者代理权终止后，仍然实施的代理行为。而对于法定代理中的无权代理，没有明确规定，从民法原理和体系上看，应指的是同样的情况。

无权代理有广狭义之分，狭义的无权代理是指既无代理权，也不存在具有代理权的外观，故无从由被代理人负责的代理。广义的无权代理还包括表见代理，对那些虽无代理权，但因被代理人的行为造成足以令人信其有代理权的外观，法律强使代理行为有效，从而由被代理人承担如同有权代理一样法律效果的代理。本书此处所谓无权代理，是在狭义无权代理层面进行论述分析。

无权代理与有权代理的最大区别，在于代理人从事代理行为时缺乏代理权。至于是否以被代理人名义实施民事法律行为，旨在最终归属代理利益与被代理人等，与有权代理的特征并无本质不同。无权代理中存在两个最基本的问题：其一，如被代理人事后不予追认，则以被代理人名义从事的无权代理行为，应是构成了对被代理人姓名、名称权利的侵犯，干涉了被代理人的行为自由。私法自治是民事活动的基本原则，无权代理行为无疑侵犯了被代理人的私法自治空间。其二，对于与代理人从事民事法律行为的相对人（第三人）而言，则意味着无权代理人骗取了相对人的信任，相对人与之交往进行意思表示的并非其所选择的被代理人。由于在民事法律关系的形成过程中，任何民事主体都需要特别慎重地选择与之交往的对方当事人，故无权代理实际上使得该相对人对其欲形成的法律关系主体的选择容易落空。在这两种情形下，无权代理人的行为，就存在侵害交易安全、损害被代理人或者相对人权益的可能。因此，赋予被代理人、相对人何种权利或者手段保护其合法权益不受无权代理行为的影响，是无权代理制度规则体系设计时要解决的重要问题。

二 无权代理的发生原因

关于无权代理的发生原因，即导致代理人实施的"代理"没有代理权的原因，从理论和实践来看，主要有如下三种情形：

（一）行为人根本就没有代理权

即代理人从事代理行为，没有取得被代理人的授权，包括未经他人委托授权而以他人名义进行代理活动，以及法定代理中不具有特殊身份关系，未取得特定职务或者职责的人，以被代理人名义从事代理行为。这类无权代理发生的常见原因，是假他人之名为自己谋取好处，如盗用单位介绍信、空白合同书订立合同。

（二）超越代理权范围的无权代理

之所以构成无权代理，并非代理人没有代理权，而是代理人的代理行为超越了其代理权限，就超越权限部分事项的代理，本质上仍然是无权代理。越权代理包括两种情况，部分越权代理和完全越权代理。部分越权，如被代理人就某一法律行为之代理只授予了代理人部分代理权，保留了对该法律行为某些事项的决定权，或者向代理人提出了其代订的合同须经本人最后确认方能生效的特别限制，而代理人不顾这些限制，而为全权代理。完全超越代理权，如被代理人对代理人仅有实施此法律行为的授权，而代理人在代理活动中实施了与此法律行为有一定牵连关系的彼法律行为，而就这一部分法律行为被代理人并没有授权。越权代理，因为代理行为或部分或完全超越了代理权的范围，就超出代理权范围部分，仍是无权代理。

(三) 代理权终止后的代理

当被代理人的委托授权确定了代理权的存续期限的，期限届满，代理权终止。或者代理人虽有代理权，但因法定或者约定的原因或者事由代理终止，代理权即归于消灭。代理权终止后，若代理人依然以被代理人的名义与第三人实施民事法律行为，该行为就属于无权代理。

三 无权代理的效力

无权代理发生后，在法律上赋予其何等法律效力，需要考虑如下几个方面的因素：其一，保护民事主体的意思自治。在没有被代理人委托授权或法律规定的情形下，代理人以被代理人名义从事民事活动，构成了对被代理人姓名、名称和行为自由的侵犯，故立法需要考虑保护民事主体的意思自主和选择自由。其二，相对人的信赖利益保护。对无权代理的相对人而言，侵犯了其知情权和选择自由，损害了其信赖利益。其三，交易安全的维护。从市场秩序和交易安全角度考虑，一来无权代理行为确实构成了对交易安全的侵犯，二来对无权代理行为所形成的民事法律关系是否有必要予以维护，同样是交易安全保护的内容。因此，对无权代理的处置，需要综合考虑这三方面的因素，平衡各方利益。

(一) 对被代理人的效力

无权代理，被代理人不负授权之责。对该代理行为被代理人可以选择接受，亦可以选择不接受，是否接受由被代理人自处。只有如此才有利于保护被代理人的意思自治和意思独立。如果被代理人选择接受，实际上就是对无权代理行为的追认，则发生有权代理的后果，代理行为对被代理人发生效力。如果被代理人不追认的，则该无权代理对被代理人不发生效力，无权代理所实施的民事法律行为的一切后果由无权代理人承担。

追认是指对无权代理人所实施的无权代理行为的全部承认，如果仅承认一部分而拒绝或者变更另外一部分，而又未征得相对人的同意，可以视为拒绝追认。对于被代理人与相对人而言，在追认之后，无权代理行为对被代理人发生法律效力，且其效力溯及到法律行为成立之时。

我国《民法典》未明确追认的表示方式，故理论上口头形式或者书面形式均可。法律有特殊规定时，符合法律规定的情形的，也可以构成追认，如《民法典》第 503 条规定，无权代理人以被代理人的名义订立合同，被代理人已经开始履行合同义务或者接受相对人履行的，视为对合同的追认。

关于追认的意思表示的生效时间，关系到善意相对人的撤销权能否行使问题，故应予以明确。《民法典总则编解释》第 29 条规定，法定代理人、被代理人依据《民法典》第 145 条、第 171 条的规定向相对人作出追认的意思表示的，人民法院应当依据《民法典》第 137 条的规定确认其追认意思表示的生效时间。

(二) 对相对人的效力

无权代理实际上是代理人侵犯了相对人的知情权，进而影响其选择权的行使，即一旦相对人知晓该代理为无权代理，相对人有权选择是否继续从事该民事法律行为。当然是否必然侵犯相对人的知情权，还要看实际情况，存在知情或者不知情两种可能。对此，我国《民法典》设置了四个处理规则：

(1) 赋予相对人以催告权。相对人可以催告被代理人自收到通知之日起 30 日内对代理行为是否予以追认。被代理人可以选择追认或者不追认，被代理人未作表示的，法律规定视为拒绝追认。"自收到通知之日起 30 日内"的规定，应属于除斥期间。届期，被代理人不再享有追认权，发生拒绝追认的法律效果。

(2) 赋予善意相对人以撤销权。无权代理行为，在被代理人追认之前，其效力不确定，在此情况下相对人仍然受其意思表示的效力约束。为解除在被代理人追认之前相对人受其意思表示拘束的困境，法律遂规定了相对人的撤销权。所谓善意，此处是指相对人对于无权代理不知情，即不知道或者不应当知道代理人为无权代理。如果相对人不构成善意，则不享有撤销权。无权代理人实施的代理行为在被追认前，善意相对人有撤销的权利。如果被代理人已经追认该无权代理行为，则对善意相对人而言该撤销权消灭。此处的撤销权属于形成权，相对人一旦行使撤销权，即产生法律行为自始无效的法律后果。撤销行为是一种有相对人的单方行为，可以向无权代理人或者被代理人作出。撤销的意思表示应当以通知的方式作出，至于是口头、书面或者公告等其他方式，法律没有明确规定，理论上均可以。

（3）善意相对人有权请求无权代理人履行债务或者就其受到的损害请求行为人赔偿。无权代理不被追认的，则由无权代理人承受无权代理所形成的法律关系，善意相对人可以要求无权代理人履行该法律关系中所设定的义务。

善意相对人就无权代理所受到的损害赔偿问题，可以有两种不同的理解：一种是缔约过失责任，即相对人行使撤销权，因缔约所生信赖利益损失，有权要求无权代理人赔偿。对此《民法典》在代理制度中并未规定，但从体系性解释角度讲，相对人完全可以基于缔约过失责任行使赔偿请求权。另一种是因为由无权代理人履行债务所造成相对人的损失，由无权代理人赔偿可得利益损失。从《民法典》第171条第3款但书"赔偿的范围不得超过被代理人追认时相对人所能获得的利益"的规定来看，应属于可得利益损失赔偿。

相对人的知情与否，即是否属于善意，是事实判断问题。为此，最高人民法院的司法解释确定了举证责任倒置的规则，由无权代理人承担举证责任。《民法典总则编解释》第27条规定，无权代理行为未被追认，相对人请求行为人履行债务或者赔偿损失的，由行为人就相对人知道或者应当知道行为人无权代理承担举证责任。行为人不能证明的，人民法院依法支持相对人的相应诉讼请求；行为人能够证明的，人民法院应当按照各自的过错认定行为人与相对人的责任。

（4）恶意相对人对其行为承担过错责任。所谓恶意，是指代理行为的相对人对无权代理知情，即知道或者应当知道行为人无代理权。恶意相对人对无权代理行为依其过错程度承担责任。

（三）对无权代理人的效力

无权代理人与相对人实施的民事法律行为，由于不是基于代理权，故除经被代理人事后追认而构成有权代理的情形外，对被代理人不发生效力，应由无权代理人自行承担相应的法律后果。

（1）被代理人不追认的，无权代理所形成的法律关系对无权代理人具有法律约束力。如果相对人不行使撤销权，则无权代理人应作为法律关系的主体履行该法律关系所设定的义务。

（2）对于相对人知情的无权代理，由无权代理人和相对人按照各自的过错承担责任。需要说明的是，对《民法典》第171条第4款所称的"责任"，《民法典》或者司法解释并未对该责任的性质和内容做出进一步的说明。本书认为，在相对人知道或者应当知道行为人无代理权的情形，相对人不享有撤销权，无权代理行为可能产生如下法律后果：

第一，被代理人追认情形，所形成的法律关系，如合同，履行后给被代理人造成不利后果，相对人和无权代理人构成恶意串通，是否应按照《民法典》第 164 条第 2 款的规定，承担连带责任问题。本书持肯定态度。因为即使被代理人事后追认，无权代理转化成为有权代理，但一点也不影响妨碍被代理人依据代理的一般规则，追索无权代理人和恶意相对人的连带责任。此处的连带责任和《民法典》第 171 条第 4 款所称的责任的关系，本书认为应理解为内外部责任关系，即对于被代理人而言，有权依据《民法典》第 164 条第 2 款的规定主张连带责任。而在无权代理人或者恶意相对人承担了连带责任后，其相互间按照《民法典》第 171 条第 4 款的过错程度内部再行分担。

第二，被代理人未予追认情形，无权代理行为所产生的法律关系由无权代理人和恶意相对人承受，即双方成为该法律关系的主体，如无权代理所形成的买卖合同，无权代理人和恶意相对人成为买卖合同当事人，按照所形成的买卖合同的内容享有权利、履行义务。对于该合同的履行或者不履行等所产生的法律责任，由双方依法承担。

第五节　表见代理

表见代理是委托代理中的一种特殊情形，本质上仍是无权代理，只不过法律为了保护交易安全和代理行为相对人的信赖利益，特别规定代理行为对被代理人有效的无权代理。法律之所以对于表见代理特别规定为对被代理人发生效力，其原因主要在于造成无权代理的发生，被代理人具有可归责性，故强令有过错的被代理人承受无权代理的法律后果。这种情形的合理性在于下面的一种思想，就是，表意人应对可归责于己的意思表示的意义负责。[①] 我国《民法典》规定了表见代理制度。

一　表见代理及其构成要件

根据我国《民法典》的规定，所谓表见代理，是指行为人没有代理

---

① ［德］卡尔·拉伦茨：《德国民法通论》（下册），王晓晔、邵建东、程建英、徐国建、谢怀栻译，法律出版社 2003 年版，第 886 页。

权、超越代理权或者代理权终止后，仍然实施代理行为，相对人有理由相信行为人有代理权的，代理行为有效的制度。构成表见代理，需要具备如下要件：

（1）须代理人在与相对人实施民事法律行为时无代理权。无代理权的具体情形，包括就代理事项本无代理权、虽有代理权但所代理事项超越代理权范围，或者代理权已经终止三种情形。就其无权代理之情形，与狭义的无权代理一致。

（2）无权代理人以被代理人名义与相对人实施了民事法律行为。向相对人发出意思表示或自相对人受领意思表示。在这一点上，表见代理与基于代理权的代理所表现出来的代理行为特征是相同的。

（3）相对人有理由相信行为人有代理权。这是表见代理与狭义无权代理的根本区别，也是法律之所以让代理行为有效的理由，其原因就在于被代理人具有可归责性，使得相对人形成了合理信赖。构成或满足这一要件，需要同时具备两个条件：

第一，存在代理人有代理权的外观，即存在代理人的代理行为是基于委托授权的外表或者假象。被授予代理权的外表或者假象，梁慧星教授称为"外表授权"，认为存在外表授权是成立表见代理的根据。[①] 之所以相对人相信行为人有代理权，就在于存在行为人被授予代理权的外表或者假象。关于外表授权，必须是客观上存在的外表或者假象。这是这一构成要件的客观要件。如果相对人仅是主观上认为存在外表授权，而客观上并不存在的话，则不能构成表见代理。

结合司法实务现有经验，在认定是否存在代理权的外观时，涉及的考量因素比较复杂，一般可以从代理人的身份、职务，使用的有效印章，实施法律行为的过程、环境，标的物的用途、交付的方式地点等是否与被代理人有关进行分析考察。在具体案件的处理中，判断是否存在代理权外观，往往要综合考量上述多项因素之间可能存在的相互加强或冲突情形。如果存在多项支持认定表见代理的因素，予以认定自不必多说。但如果存在彼此冲突的因素，则需要结合案件具体情况，进行利益权衡，结合日常生活经验法则，选择关联性更强的因素作为认定依据。

第二，相对人不知道行为人行为时没有代理权，且无过失。仅具有外

[①] 梁慧星：《民法总论》（第五版），法律出版社2017年版，第245页。

表授权，尚不能导致相对人与无权代理人实施民事法律行为，故还需相对人主观上相信该外表授权，而且对于造成这种信赖相对人并无过失。首先，这里的不知道，是指事实上确实不知道。如果相对人知道或者应当知道行为人无代理权，而与行为人为民事法律行为，则构成狭义无权代理，按照前述狭义无权代理的规则处理。其次，对于不知道行为人行为时没有代理权，相对人主观上没有过失。如果知道或者应当知道，则是明知，属于故意追求，自然不能构成表见代理。没有过失，其实对相对人的主观过失要求很高，不是简单的不知道，而是必须尽到一个正常的民事主体应尽的必要的合理注意义务后仍没有发现行为人不具有代理权。如果相对人未尽到合理注意义务，或者存在疏忽懈怠等过失甚至故意情形的，不应构成表见代理。

对于是否存在代理权的外观，其举证责任在相对人，即由相对人举证证明存在代理人被授予代理权的外表或者假象。而对于就相对人不符合"不知道行为人行为时没有代理权，且无过失"这一条件，则由被代理人承担举证责任。①

（4）相对人基于此信赖而与该无权代理人实施民事法律行为。这是表见代理的客观要件之一，如果不具备，就不产生代理行为的效力归属问题，也就不存在讨论表见代理是否成立的问题。

二　表见代理的法律效果

立法确立表见代理的效力归属规则，其目的是保护善意相对人的信赖利益和维护交易安全（动的安全），而不是为了保护无权代理人。因此，被代理人的利益还需设置相应的规则予以必要的平衡。体现在表见代理的法律效果上，也是从善意相对人和被代理人保护两个角度去设置。

其一，为了保护善意相对人的信赖及维护交易安全，法律规定代理行为对被代理人发生效力，由被代理人承担有权代理的后果，即在被代理人

---

① 参见《最高人民法院关于适用〈中华人民共和国民法典〉总则编若干问题的解释》（法释〔2022〕6号）第28条：同时符合下列条件的，人民法院可以认定为民法典第一百七十二条规定的相对人有理由相信行为人有代理权：
（一）存在代理权的外观；
（二）相对人不知道行为人行为时没有代理权，且无过失。
因是否构成表见代理发生争议的，相对人应当就无权代理符合前款第一项规定的条件承担举证责任；被代理人应当就相对人不符合前款第二项规定的条件承担举证责任。

和相对人之间发生民事法律行为相应的效力，承担债务，享受债权。

其二，对于代理人而言，不属于法律要保护的范畴，其代理行为本质上仍然是无权代理，故对被代理人有保护的必要。就代理人无权代理行为造成被代理人的权益损失等，理应由无权代理人承担相应的法律责任。

第九章

民事责任

民事责任规定在《民法典》总则编第八章中，共用了12个条文，是总则部分的重要内容之一。我国的民事立法，早在《民法通则》中，就将民事责任专章进行了规定，从而形成了民事责任作为民法总则编重要内容的立法传统和模式。究其原因，第一，是立法传统上的原因，一方面，受苏联民事立法和民法学说的影响；另一方面与我国立法模式有关。自20世纪80年代初之后的一个时期，在我国的立法技术中，逐渐形成了一种模式，在一些条款较多的法律中，将法律责任列为单独一个章节。这种模式无形中影响了《民法通则》的制定。第二，是实践上应急的需要，《民法通则》规定民事责任，一方面是对已有规则的统合，如违约责任，就是对《经济合同法》和《涉外经济合同法》共同规则的提取；另一方面是对已有规则中缺乏的规定的补充，如规定侵权的民事责任，就是对实际中侵权法规则欠缺的弥补，起到查漏补缺的作用。①

党的十八届四中全会确定了编纂民法典的重大政治任务和立法任务，我国民法典编纂正式启动。按照"两步走五年计划"的立法部署，首先进行民法总则草案的起草。在起草过程中，遵循编纂民法典的指导思想和基本原则，注意把握的要点之一就是既尊重民事立法的历史延续性，又适应当前经济社会发展的客观要求，对不符合、不适应现实情况的内容和制度作修改补充，对社会生活迫切需要规范的事项作出创设性规定。② 因此，明确法律责任，有利于引导民事主体强化自觉履行法定或者约定义务的意识，预防并制裁违反民事义务的行为，切实保护权利人的

---

① 杨立新主编：《民法总则重大疑难问题研究》，中国法制出版社2011年版，第603页。
② 《全国人大常委会关于〈中华人民共和国民法总则（草案）〉的说明》（2016年7月5日）【法宝引证码】CLI.DL.14287。

民事权益。① 故在民法总则草案中对民事责任继续秉持《民法通则》的做法，仍做了专章规定，民法典编纂时因循不改。

第一节　民事责任概述

一　民事责任的概念和特征

（一）概念界定

关于民事责任的概念，在我国立法上存在一个认识变化过程。立法者在起草民法总则时对民事责任概念的界定和理解，实际上就是传统理论上的理解，即民事责任，是指民事主体不履行或者不完全履行民事义务所应当依法承担的不利后果。② 在最高立法机关审议民法总则草案的过程中，有的代表提出，公平责任、无过错责任等在侵权责任法中作了规定，建议民法总则的规定涵盖这类情形。法律委员会经研究，建议将这一条修改为：民事主体依照法律规定和当事人约定，履行民事义务，承担民事责任。③ 这就是草案建议表决稿第176条，也是最后第十二届全国人民代表大会通过的《民法总则》和第十三届全国人民代表大会通过的《民法典》第176条的规定。至于不履行民事义务，应该涵盖不履行和不完全履行两种形态，在概念界定时应明确表述进去。基于这种理解，民事责任是指民事主体不履行或者不完全履行法定或者约定的民事义务而应依法承担的不利后果。

（二）民事责任的特征

根据《民法典》第176条的规定，结合民法典立法材料，可以总结出民事责任具有如下几个方面的特征：

1. 以存在法定或者约定的民事义务为前提

民事义务是民事责任的前提和基础，行为人不履行民事义务，即应承

---

① 《全国人大常委会关于〈中华人民共和国民法总则（草案）〉的说明》（2016年7月5日）【法宝引证码】CLI. DL. 14287。
② 《关于〈中华人民共和国民法总则（草案）〉的说明》，http://www.npc.gov.cn/zgrdw/npc/xinwen/2017-03/09/content_2013899.htm，2023年8月25日。
③ 《第十二届全国人民代表大会法律委员会关于〈中华人民共和国民法总则（草案修改稿）〉修改意见的报告》，http://www.npc.gov.cn/zgrdw/npc/xinwen/2017-03/15/content_2018909.htm，2023年8月25日。

担相应的民事责任。关于民事义务，是与民事权利相对应的概念，主要强调是为了实现权利人权利要求的一种负担或者行为限度。行为人因违反的民事义务性质不同，其应承担的民事责任也有所不同。《民法典》第176条的规定，重在强调民事义务的来源不同，民事义务来源包括法律规定和当事人约定，二者均是民事责任的前提。这样规定，就能涵盖违约责任、侵权责任乃至其他法定责任的范围和内容，可以很好地做到对《民法典》分则各编规定的责任的涵摄和照应。

需要特别说明的是，约定义务，当以当事人的约定为准，容易判断，如果当事人约定不明或者存在歧义，当以意思表示解释手段予以阐明。但是法律规定的民事义务，其范围和内容就比较广泛和宽泛，其产生的依据主要包括：

（1）基于民法规则的具体规定而产生的具体民事义务，如《民法典》第258条的规定，国家所有的财产受法律保护，禁止任何组织或者个人侵占、哄抢、私分、截留、破坏。本条的规定就为民事主体规定了一种具体义务，即不得侵占、哄抢、私分、截留、破坏的法定义务。该义务具体明确，容易理解和把握。

（2）基于权利不得滥用原则所确立的民事义务，如《民法典》第132条规定，民事主体不得滥用民事权利损害国家利益、社会公共利益或者他人合法权益。据此，民事主体在行使权利时，应尽到对国家社会和他人合法权益保护的必要注意义务。所谓权利的滥用，是指外观上好像是在行使权利，但根据具体场合来看时，违反权利的社会性，从而无法作为权利行使而被认可的行为。[①]

（3）基于民法基本原则规定所产生的概括性义务，如《民法典》第9条规定的绿色原则，要求民事主体从事民事活动，应当有利于节约资源、保护生态环境。又如在义务的履行违反诚实信用的场合，构成未履行义务，所以必须负义务不履行的责任。[②]

（4）基于宪法或者法理所确定对他人合法权益保护的义务。如宪法规定的公民的人身自由、住宅不受侵犯、通信自由等，即使宪法权利，也是民法权利的重要组成部分，对这些权利的侵犯，实际上就是对宪法所确定的对他人合法权益的注意义务的不履行，责任人不能理解或者借口

---

① ［日］我妻荣：《新订民法总则》，于敏译，中国法制出版社2008年版，第32页。
② ［日］我妻荣：《新订民法总则》，于敏译，中国法制出版社2008年版，第32页。

《民法典》没有具体规定而拒绝承担民事责任。

民事责任的前提是民事义务，如果主体未履行的不是民事义务，而是公法义务等，就不应该作为民事责任来对待。如此看来，1986年的《民法通则》第121条的规定①就不是很准确得当，混淆了民事责任和国家赔偿责任的性质和边界。《民法典》则纠正了这一规定，将民事责任的前提界定在不履行民事义务，其规定更为科学合理。

2. 民事责任的内容是由责任主体承担的不利后果

该不利后果主要包括两部分，一是对既有义务的继续履行，如违约责任中的继续履行制度，其目的就是通过强制债务人继续履行合同约定的义务，以实现债权人订立合同所欲实现的目的。二是因民事义务不履行而产生新的义务，如《民法典》第583条的规定，当事人一方不履行合同义务或者履行合同义务不符合约定的，在履行义务或者采取补救措施后，对方还有其他损失的，应当赔偿损失。本条规定的赔偿损失的义务，就属于不履行产生的新的义务。

3. 民事责任具有强制性

民事责任是民事主体承担的具有国家强制力的法律责任，如果责任主体不主动履行的话，权利人可以要求启动国家强制力强制履行。这是通过民事责任保护民事主体合法民事权益的应有之义。如果民事责任不具有国家强制力保障，则形同虚设。

4. 民事责任类型主要包括财产性法律责任和人身性法律责任

我国《民法典》所规定的民事责任方式，可以分为两大类：财产性法律责任和人身性法律责任。财产性法律责任主要由责任人承担一定的财产上不利后果，如修理、重作、更换、赔偿损失或支付违约金等。人身性法律责任则是要求责任主体实施一定的积极行为，以消除所造成的损害后果，如停止侵害、排除妨碍、消除危险、消除影响、恢复名誉或赔礼道歉。

5. 民事责任以补偿性责任为主，但也有惩罚性责任

民事责任贯彻的是填平原则，即对未履行民事义务所造成的民事权利受损，原则上以恢复到未被侵犯之前的状态为宜，如此才能体现民事主体法律地位平等的原则要求。故民事责任多以恢复权利原状为其责任方式设

---

① 《民法通则》（已废止）第121条：国家机关或者国家机关工作人员在执行职务中，侵犯公民、法人的合法权益造成损害的，应当承担民事责任。

计的追求，一般不规定惩罚性法律责任。而且惩罚性法律责任，超越了民法范围和民事法律关系的本质。《民法通则》中所规定的民事责任，没有惩罚性责任的内容。但是后来我国的相关立法，如《消费者权益保护法》《侵权责任法》等中都规定了惩罚性赔偿。随着我国立法实践的发展，有世界眼光，善于学习外国的立法经验，借鉴人类法治文明成果就成为民法典编纂中需要注意把握的要点之一。《民法典》第179条第2款规定，法律规定惩罚性赔偿的，依照其规定，从而为惩罚性民事责任做了原则性规定。在《民法典》的分则编中，如第1185条、第1207条、第1232条均规定了被侵权人有权请求相应的惩罚性赔偿。

（二）民事责任的分类

对于民事责任，可以进行不同的分类。从不履行的民事义务类型出发，可以分为侵权责任、违约责任，以民事责任性质不同可以分为财产责任和人身责任。当然从对于民事权利的救济方式不同，可以分为补偿性责任和惩罚性责任。

1. 违约责任和侵权责任

民事责任最基本的分类是违约责任和侵权责任。违约责任是不履行合同约定义务所应承担的不利后果。违约责任的前提是债务人对约定义务的不履行。不履行包括完全不履行、部分不履行和履行不适当等情形。各国立法对侵权行为通常不直接规定其概念，而是通过侵权行为一般条款及对其进行类型化的陈述。[①] 如果从与违约责任的相对意义角度而言，侵权责任应是行为人不履行法律规定的民事义务所应承担的不利后果。在这个意义上，缔约过失责任就应该包含在侵权责任的概念之中，因为是缔约当事人未履行基于诚信原则所产生的对对方当事人的协力、告知、保密和保护等法律规定的义务，故属于对法律规定义务的不履行。

原则上对于当事人约定的民事义务的不履行，要承担违约责任。但是，需要讨论的是关于积极侵害债权是否可以通过侵权责任保护的问题。债权的实现须有赖于债务人的义务履行，但是如果当事人之外的第三人积极实施行为，故意妨碍或者导致债权人债权无法实现的，就构成积极侵害债权。债权人可否通过侵权法要求加害人承担侵权责任，就成为需要在立法和理论上解决的重要问题。

---

① 杨立新主编：《民法总则重大疑难问题研究》，中国法制出版社2011年版，第611页。

关于债权的不可侵性在1853年英国的拉姆雷诉瓦格纳案（Lumly v. Wagner）中被突出地反映出来。①该案所确立的第三人诱使合同一方违反或者撕毁合同，受损害的另一方有权控告第三人的规则，在英美法系引起了广泛的影响。依据德国法，债权人向第三人主张损害赔偿权，并不仅限于因违约引起损害的情况。债权人向第三人主张损害赔偿必须具备两个条件：第一，第三人的行为必须是故意的；第二，其行为方式必须违反了善良风俗，换言之，"第三人的行为必须表现出特别程度的恶意与不计后果性"，否则，他无须承担赔偿责任，这得到德国联邦法院的判例支持。②

我国《合同法》第121条曾规定，当事人一方因第三人的原因造成违约的，应当向对方承担违约责任。当事人一方和第三人之间的纠纷，依照法律规定或者按照约定解决。按照该规定并未禁止当事人向第三人请求侵权赔偿。并且对于当事人一方并未明确指明和界定，似乎既可以是债权人，也可以是债务人。那么，如果依法律规定符合侵权责任的构成要件，就可以追求第三人的侵权责任。《合同法》被废止后，《民法典》第465条规定，依法成立的合同，受法律保护。依法成立的合同，仅对当事人具有法律约束力，但是法律另有规定的除外。从这个意义上来说，合同债权除了受违约责任的保护外，也可以基于法律的直接规定受侵权责任的保护。尤其需要指出的是，《民法典》第1164条规定了侵权责任编的调整对象和范围，即调整因侵害民事权益产生的民事关系。合同债权作为一种受法律保护的民事权益，自然受侵权责任法的保护。因此，在我国通过侵权责任保护合同债权，自不应成为问题。

2. 财产责任和非财产责任

从民事责任的内容看，可以将其分为财产责任和非财产责任。财产责任是由责任人承担财产上的不利益为内容的法律责任，如赔偿损失、承担违约金等。而非财产责任则是通过对责任人人身的拘束或者要求责任人实施某种特定的积极行为为内容的一种责任，不具有财产内容，是对于受害人精神利益损害给予的救济。依本书所信，非财产责任实际上就是人身责

---

① [美] E. 艾伦·范斯沃思：《美国合同法》（原书第三版），葛云松、丁春艳译，中国政法大学出版社2004年版，第765页。

② 德国判例 [Bundesgerichtshof（BGH）]，Oct. 19, 1993 1994 N. J. W., 128。转引自霍政欣《效率违约的比较法研究》，《比较法研究》2011年第1期。

任。在古代社会，承担民事责任的方式既有财产责任，又有人身责任，如债务奴隶制。资产阶级革命后，天赋人权、法律面前人人平等的理念在民法中得到了确立，于是逐渐将通过对责任人人身的拘束的这一部分人身责任从民事责任中清除出去，民事责任逐渐限缩到主要是财产责任范畴。但对于受害人精神利益损害的救济方式，除了通过财产责任予以救济外，消除影响、恢复名誉、赔礼道歉等要求责任人实施一定的积极修补行为作为责任承担方式，则多多少少被改造并保留了下来。

3. 补偿性责任和惩罚性责任

以对权利人权利的补救方式进行分类，可以将民事责任分为补偿性责任和惩罚性责任。补偿性责任主要以弥补权利所受权益损失为其目标的责任，通过责任的承担，使得权利人的权利得到恢复或者实现预设的效果。而惩罚性责任，目的是对责任人进行惩戒，通过强令自然人承担数倍于其所造成的权利人权益损失的不利益，可有效制裁违法行为，减少恶性侵权行为的发生，起到以儆效尤的作用。《民法典》建立了知识产权惩罚性赔偿制度，在产品责任、环境污染和生态破坏责任中规定了惩罚性赔偿责任[①]。

二 民事责任形态

当民事责任人为一人时，按照自己责任原则，由其独立承担相应的法律后果，自不待言，这就是单独责任。但是，如果承担民事责任的主体为二人以上，而且在责任的承担上发生关联时，就存在责任如何承担和分担的问题。民法中二人以上共同承担同一民事责任的情况，就是共同责任。根据数个责任人之间的关系的不同，又可将共同责任分为按份责任和连带责任。

（一）按份责任

按份责任是指数个责任人按照约定或者法律规定，按其应有份额承担的民事责任。在按份责任中，各个责任人仅对部分责任负有履行义务。在这个意义上，责任人仅承担责任的一部分，权利人也仅能要求各个责任人就其所负担的那一部分责任进行履行。在按份责任中权利人无权要求责任人承担全部责任，故只能向各个责任人分别主张其各自承担的责任。

[①] 参见《民法典》第1185条、第1207条、第1232条。

(二) 连带责任

连带责任是指因违反合同的约定或者依照法律的直接规定，两个以上的责任人负有向权利人承担全部责任的义务，权利人有权要求责任人中的一人或者数人承担全部责任，全部责任因责任人中的一人或者数人的承担而归于消灭的责任形态。权利人为了实现其权利，无须要求全部责任人履行义务，而是可以选择其中一个或者多个责任人履行。被权利人选中的责任人不得以其最终承担的责任份额来对抗权利人的请求，也不得要求权利人同时向其他责任人主张权利。实际承担责任超过自己责任份额的连带责任人，有权向其他连带责任人追偿。① 连带责任，由于对责任人而言，是一种比较重的责任形态，须有法律规定或者由当事人约定，否则不得适用连带责任。如《巴西新民法典》第265条就规定，连带之债不得因推定成立，只能出自法律规定或当事人的意愿。② 最高人民法院公布的案例中认为，连带责任是一种法定责任，由法律规定或者当事人约定产生。由于连带责任对责任人苛以较为严格的共同责任，使得责任人处于较为不利地位。因此，对连带责任的适用应当遵循严格的法定原则，即不能通过自由裁量权行使的方式任意将多人责任关系认定为连带责任，而必须具有明确的法律规定或合同约定，才能适用连带责任。③

按照我国《民法典》关于连带责任的规定，连带责任人的责任承担可以分为两个阶段，或者说两个层次。其一，连带责任的对外关系，又被称为中间责任，即先由责任人之一或一部分向权利人承担责任，同样，权利人有权请求部分或者全部连带责任人承担部分或者全部责任。其二，连带责任人的内部关系，即连带责任人之间最终对责任的分担。连带责任根本上是为了保障权利人的权利能够有效实现，对于数个责任人而言，其内部仍存在责任份额划分。连带责任人的责任份额根据各自责任大小确定；难以确定责任大小的，平均承担责任。根据这种责任份额划分，责任人按照自己的份额最终分担责任，如果责任人对权利人实际承担责任超过了自己应担份额时，有权向其他连带责任人追偿。

《民法典》总则编中规定了共同责任中的按份责任和连带责任。在分

---

① 参见《民法典》第178条。
② 《巴西新民法典》，齐云译，中国法制出版社2009年版，第45页。
③ 伟富国际有限公司与黄某荣、上海海成资源（集团）有限公司等服务合同纠纷案，最高人民法院〔2022〕最高法民再91号。

则各编中，尤其在侵权责任编中，还存在补充责任、不真正连带责任等侵权责任形态。

三 承担民事责任的方式及其适用

（一）承担民事责任的方式

民事责任承担方式，即责任人承担民事责任的具体方式方法和具体表现形式。只有通过责任方式的确定和承担，才能实现对权利人权益的救济。《民法典》第179条规定了承担民事责任的11种方式，即：①停止侵害；②排除妨碍；③消除危险；④返还财产；⑤恢复原状；⑥修理、重作、更换；⑦继续履行；⑧赔偿损失；⑨支付违约金；⑩消除影响、恢复名誉；⑪赔礼道歉。

上述民事责任承担方式，既有财产责任承担方式，也有非财产责任承担方式。尤其需要注意的是，我国民法规定的赔礼道歉这种民事责任承担方式，特殊之处在于要求责任人做出赔礼道歉的积极行为，而此责任的承担需要责任人亲自做出行为，不能通过其他方式予以直接替代，故具有非常强的人身性质。由于人身责任已经被摒弃，故如果责任人拒绝赔礼道歉，则这种责任承担方式不能强制执行，即不能对责任人直接实施人身强制，而应采取转化为财产责任或者其他替代方式。①

（二）民事责任承担方式的适用

《民法典》规定的民事责任承担方式，在适用时注意应根据不履行的民事义务的类型及不履行的具体状态，选择适用能够最为有效救济民事权益的责任承担方式。并且根据救济的需要，可选择单独适用一种责任方式或合并适用多种责任方式。

四 民事责任竞合

所谓民事责任竞合，是指同一事实符合数个责任的构成要件，同时产生数个责任。从请求权的角度来看，它也称为请求权竞合，即同一法律事实出现后可能发生多项请求权。在这种情况下，首先要考察的问题是，这些请求权中的每一项是否都能够独立地予以主张，即债权人是否能够获得多项给付请求权累积（Anspruchskumulation，如买受人有权要求给付标的

---

① 参见《民法典》第1000条。

物和移转所有权），如果债权人只能够获得一次给付（如损害赔偿），则还要考察下一个问题，即存在许多项请求权，还是仅存在唯一的一项请求权。前者就是所谓的请求权竞合，后者即所谓的请求权规范竞合。① 之所以发生民事责任竞合，原因在于法律为了妥善保护民事权益，多从不同角度进行规定，因而就可能发生因同一民事法律事实符合多个法律责任规定的情形，从而使权利人产生了多个请求权。

在实践中最为常见的民事责任竞合是违约责任和侵权责任的竞合。《民法典》第186条规定就是这种竞合，即因当事人一方的违约行为，损害对方人身权益、财产权益的，受损害方有权选择请求其承担违约责任或者侵权责任。民事责任竞合时，各国法律一般都规定，权利人仅能行使一个请求权，要求责任人承担一种责任。选择行使一个请求权时，另一请求权消灭，权利人不能选择同时行使或者先后行使。

关于民事责任竞合，我国《民法典》规定由受损害方享有选择权，只能选择由责任人承担违约责任或者选择由责任人承担侵权责任，而不能同时选择两种责任。至于受损害方如何选择、何时选择、选择后能否反悔等，《民法典》则没有明确。由于不同的民事责任类型，其救济措施和诉讼中的证明责任及证明程度不同，请求权是否适用时效也不一样，在客观上会影响权利人权利的保护及其实现。如侵权责任，一般情况下实行的是过错规则原则，请求权人需要证明一般请求的构成要件，而选择违约责任，则一般来说，违约责任要求义务人有不履行义务的客观事实即可，无须证明义务人的主观状态。故权利人在选择某种责任时，一定要综合考虑请求权行使的难易程度、证明责任的负担及最终可能获取到的不同的救济效果。一旦权利人选择某种请求权并行使，则就视为选择了侵权责任或者违约责任，此时未被选择的民事责任所对应的请求权即告消灭。存在的问题是，如果当事人选择了以侵权责任起诉，在诉讼中发现举证困难，能否改变诉讼请求或者撤诉后另行以违约为由起诉要求责任人承担违约责任。理论上，权利人一旦选定责任类型，就不存在反悔再选择另一类型民事责任的问题，但实践中情况就复杂得多。

---

① [德] 迪特尔·梅迪库斯：《德国民法总论》，邵建东译，法律出版社2001年版，第69页。

五　民事责任优先原则

当同一不履行民事义务的行为，产生多个能够同时并存的民事责任时，权利人可以同时行使多个请求权，要求责任人承担多种民事责任。这就是民事责任的聚合，《民法典》第 179 条第 3 款规定的合并适用不同的责任承担方式，其实就是这种情况。民事责任的聚合比较典型的是发生侵权责任和违约责任聚合的情况，如《民法典》第 996 条规定的因当事人一方的违约行为，损害对方人格权并造成严重精神损害的情形。

还有一种责任聚合，是因同一行为，发生不同性质的法律责任的聚合，如民事责任、行政责任或者刑事责任的聚合。发生不同性质的责任聚合时，各个法律责任原则上互相不影响，责任人既要承担民事责任，也应依法承担行政责任或者刑事责任。各种责任之间是并存的关系，不能因承担了一种责任而豁免其他责任。但是，当上述不同性质的法律责任同时并存，而责任人无法同时承担的情况下，到底先行承担何种责任，就成了问题。这就涉及一个国家的立法价值判断和立法选择问题，选择不同的优先次序，则表明立法者的价值取向不同。民事责任优先，则是优先保护民事主体的合法权益，即优先满足民事权利人民事权利的保护和实现。我国早在《侵权责任法》中就固定了这一做法，确立了民事责任优先原则。[1]《民法典》编纂时将这一经验和成熟做法采纳并规定在总则编。[2]

第二节　免责事由

民事责任是不履行法定或者约定民事义务的不利法律后果，但是对于造成不履行的原因，有时候行为人并没有可归咎之处，如发生不可抗力导致无法履行时，债务人主观上就没有过错。有时，法律也允许当事人基于种种考虑，通过意思自治的方式豁免行为人的责任。另外，为了鼓励创新创造，法律还容许受害人自甘风险，履行法定或者约定民事义务的行为人也不须承担法律责任。因此，就需要民法建立起相对完整的免责事由体

---

[1] 参见《侵权责任法》（已废止）第 4 条：侵权人因同一行为应当承担行政责任或者刑事责任的，不影响依法承担侵权责任。因同一行为应当承担侵权责任和行政责任、刑事责任，侵权人的财产不足以支付的，先承担侵权责任。

[2] 参见《民法典》第 187 条。

系，以此来应对现实生活中发生的各种复杂情况。

一　免责事由概述

所谓免责事由，相对于民事责任的承担而言，是指对于法律规定或者当事人约定的民事义务的不履行，行为人无须承担民事责任的情形或事由。如果权利人请求行为人承担民事义务不履行的民事责任，行为人可以以免责事由进行抗辩。从可以抗辩权利人请求权行使这个意义上讲，免责事由也可以称为抗辩事由。

（一）免责事由的特征

首先，免责事由是对抗权利人责任追究的抗辩事由，因免责事由而提出的抗辩，行为人得免除或者部分免除民事责任。如因发生地震损坏道路，承运人不能按期将货物运抵目的地，构成的履行迟延，得以不可抗力进行抗辩，可免除受地震影响时限内的迟延履行责任。

其次，免责事由不得违反法律的禁止性规定或者公序良俗原则。能够作为免除行为人责任的免责事由，必须在法律上能够排除其不法性。那些在法律上具有不法性的事由，尤其是违反法律的禁止性规定或者公序良俗原则的情形，不得作为免责事由。如用人单位免除自己的法定责任、排除劳动者权利的劳动合同或条款，用人单位不能据之作为免责事由，即使在签署时劳动者表示同意。

再次，免责事由必须由法律规定或者当事人约定。对于违约责任的免责事由，当事人可以通过意思自治进行约定。而侵权责任的抗辩事由，则必须由法律进行规定。

最后，行为人以免责事由进行抗辩，需承担相应的举证责任，证明存在免责事由。免责事由是用来豁免行为人民事责任的特殊情形，是行为人对抗权利人权益追索的抗辩事由，故由其承担举证责任为宜。

（二）我国民事责任免责体系的形成及其功能

我国民事责任的免责事由，有一个逐渐形成体系的过程。《民法通则》在其民事责任一章中，规定了不可抗力、正当防卫、紧急避险、受害人过错等免责事由，初步建立起我国民法的免责事由体系。《侵权责任法》在其第三章专门规定了不承担责任和减轻责任的情形，增加了与有过错、受害人故意以及损害是因第三人造成等事由，进一步丰富了侵权责任法的免责事由内容和体系。其间一些单行民事立法，如《劳动合同法》

等也规定有特定的免责事由。这些民事立法都为《民法典》免责事由体系的完善提供了经验和参考。《民法典》在既有立法的基础上,增加了新的免责事由,进一步完善了我国的免责事由体系。

关于免责事由体系,总体来说《民法典》采用了总分总模式。在总则编规定了一般免责事由,在分则编,尤其是在合同编、侵权责任编又具体规定了违约责任和侵权责任中的多种具体免责事由。最后在《民法典》第1178条进行了兜底性规定,从而允许其他法律中的免责事由可以通过本条规定进入《民法典》的免责事由体系中来。

《民法典》设立免责事由体系,其作用或者功能是非常明显的。首先,体现了《民法典》对民事主体意志自由的尊重。《民法典》增加规定免责事由,使我国民法的免责事由形成了比较完善的体系,就能够放宽民事主体的行为自由范围,在法律规定的范围内,享有更多的行为自由,因而可以自由行使权利,通过自己的行为实现自己的权利,履行自己的义务而使他人的权利得到实现,进而积极创造,努力践行,奉献社会,实现自己的尊严和价值,进而推动社会进步和发展。同时,也能够避免同案不同判,统一法律适用尺度。① 其次,反映了立法者鼓励科技创新发展的立法态度。在社会生活领域,法律设定一定的免责事由,可以使行为人摆脱不必要的束缚,鼓励行为人大胆探索未知领域,进行创新创造。比如对《民法典》第1221条的规定进行反向解释,只要医务人员在诊疗活动中尽到与当时的医疗水平相应的诊疗义务,即使造成患者损害的,医疗机构也可以免责,如此才能够鼓励医疗工作人员大胆探索,积极攻克疑难杂症,有利于医疗科技和诊疗水平的提高。最后,有利于分散风险,促进社会公平正义和良性发展。随着全球进入高风险社会,人类面临各种各样的风险和挑战。这就需要通过法律的机制分配和化解其中的一些风险。免责事由体系的确立,是通过对已知的风险的分担,尽可能地公平分配这些分析,同时为未来新的风险留下可供化解的法律机制和原理。从而促进社会的良性发展,尽可能实现发展中的公平正义。

(三)免责事由的分类

我国民事立法所形成的免责事由,可以从不同的角度进行分类。

---

① 《杨立新谈民法典新增免责事由:给民事主体更多更宽行为自由》,https://www.jcy.gz.gov.cn/xxgcssxfzl/4540.jhtml,2022年10月26日。

1. 一般免责事由和特殊免责事由

根据免责事由是规定在《民法典》总则编，还是规定在分则编、特别法中为标准，可以做如此划分。一般免责事由是由《民法典》总则编所规定的免责事由，是对民事领域内免责事由的抽象和概括，即"提取公因式"。根据《民法典》的体系化和法典化原理，可以适用于《民法典》分则编和其他民事特别法。《民法典》总则编中规定的不可抗力、正当防卫、紧急避险和紧急救助行为，就属于一般免责事由。特殊免责事由，是指仅在民法的合同、侵权或者人格权等特殊领域，可以主张的免责事由，受害人故意、自甘风险、自助行为等就属于侵权法上的免责事由，而赠与人穷困、保证责任免除等，均是《合同法》上的免责事由。《民法典》之外其他法律规定的免责事由，也是特殊免责事由。如《劳动合同法》规定，用人单位以暴力、威胁或者非法限制人身自由的手段强迫劳动者劳动的，或者用人单位违章指挥、强令冒险作业危及劳动者人身安全的，劳动者可以立即解除劳动合同，不需事先告知用人单位。

区分一般免责事由和特殊免责事由，主要意义在于可以准确地确定免责事由的类型及其法律适用。

2. 法定免责事由和约定免责事由

依据免责事由是由法律允许当事人自行约定，还是由法律直接规定，可以分为法定免责事由和约定免责事由。

法定免责事由是指由法律直接规定、不需要当事人约定即可援用的免责事由，如不可抗力，即不能预见、不能避免并不能克服的客观情况，无论在合同的履行，还是在侵权责任中，不可抗力均是法定的免责事由。约定免责事由即当事人在合同或者协议中约定的免责事由，订有约定免责事由的合同实际上就是一种附条件的法律行为，是当事人选定责任承担与否的事前安排。只要约定的免责事由不违反法律的禁止性规定和公序良俗，均应予以认许。

区分二者的意义在于，对于法定免责事由，需要准确地适用相关规定，而对于约定的免责事由，则要严格考察免责事由的合法性，是否违反法律的禁止性规定，是否违反公序良俗。同时还要考察该约定本身的真实性，看意思表示本身是否贯彻了平等自愿原则。实践中有些企业招工时要求劳动者签署承诺，承诺在发生工伤时企业概不负责。这样的承诺，虽然是当事人约定的所谓"免责事由"，但对其进行审查，应属违法无效的承诺或者约定，不得作为该企业的抗辩事由。

3. 侵权责任的免责事由和违约责任的免责事由

根据免责事由所抗辩的责任性质不同，民事抗辩事由最主要的分类是侵权责任的抗辩事由和违约责任的抗辩事由。前者是侵权责任法中可以适用的抗辩事由，而后者是合同法中适用的以对抗债权人权利主张的抗辩事由。当然，并不是说抗辩事由就是截然分为这两类，对于一般抗辩事由，既可以作为侵权责任中的免责事由，也可以作为违约责任的抗辩事由。

二 一般免责事由

（一）不可抗力

在我国，不可抗力的概念由《民法典》明确定义，是指不能预见、不能避免且不能克服的客观情况。① 作为独立于行为人意志之外的客观情况，不可抗力的发生既可以是自然原因，如地震、海啸、火山喷发等自然灾害的发生，也可以是社会原因，如战争、暴乱、因突发疫情而发生的政府管制等情况。对于不可抗力，各国立法一般都承认其是法定的免责事由之一。《民法典》第180条第1款规定，因不可抗力不能履行民事义务的，不承担民事责任。法律另有规定的，依照其规定。

1. 不可抗力的判断标准

确定不可抗力有三种不同的学说：①主观说，以当事人主观上的注意程度作为标准；②客观说，认为不可抗力是当事人所不能预见和不可避免的，不可抗力是与当事人意志无关的非经常发生的事件，应依客观判断；③折中说，主张兼采主观说和客观说，认为从性质而言不可抗力具有客观性而与当事人的主观方面无关，但在判断是否属于不可抗力事件时，仍应考虑当事人是否尽到了注意义务。② 一般认为，我国自《民法通则》对不可抗力的定义始，就采纳的是折中说，以主客观标准来判定不可抗力，既强调主观上的不可预见，又强调客观上的不可避免、不能克服。

所谓不可预见，是指根据一般人现有的知识和能力水平无法预见到事件的发生与否，而并非针对特定的行为人的不可预见。有些不可抗力，是无法预见的。而有些不可抗力，如社会原因导致的不可抗力，则存在可被

---

① 参见《民法典》第180条第2款。
② 梁慧星主编：《中国民法典草案建议稿附理由·侵权行为编》，法律出版社2013年版，第44页。

预见的可能。但进行判断，要以一般人的标准来进行判断，只要一般人不可预见即可，不等于说有特殊能力的人或者个别人不可预见。

不能避免和不能克服，强调不可抗力的发生是人力无法避免的，或者无论行为人采取何种措施都将无法避免，而对于不可抗力所造成的后果或所带来的履行民事义务的障碍或困难，是行为人无法克服的。

2. 不可抗力的适用

行为人主张以不可抗力进行抗辩，作为免责事由，必须证明不可抗力是造成行为人不履行法定或约定民事义务的唯一原因。如果民事义务的未履行，既有不可抗力的因素，又有行为人的原因，则不能免除行为人的民事责任。对不可抗力是否构成免责事由以及免责情况等，法律另有规定的，依照其规定。法律另有规定的情形主要有：

（1）部分免除责任情形。如《民法典》第590条的规定，当事人一方因不可抗力不能履行合同的，根据不可抗力的影响，部分或者全部免除责任，但是法律另有规定的除外。

（2）发生不可抗力时，行为人并不当然免责，而是要同时实施一定的行为或者满足其他条件才能实现免责的情形。如《海商法》规定的因不可抗力或者其他不能归责于双方的原因致使被拖物不能拖至目的地的，并不当然免责，而是要求承拖方应选定安全港口或锚地，将被拖物移交后才能免责。①

（3）免除法定或者约定的民事责任，但要求行为人承担其他形式的补偿或者替代义务，如我国《慈善法》规定的对志愿者因不可抗力遭受的损害的补偿，②《旅游法》规定的住宿经营者协助安排旅游者住宿的替代义务。③

（4）不免除民事责任。如《邮政法》规定的因不可抗力造成的保价

---

① 参见《海商法》第160条。
② 《慈善法》第106条：慈善服务过程中，因慈善组织或者志愿者过错造成受益人、第三人损害的，慈善组织依法承担赔偿责任；损害是由志愿者故意或者重大过失造成的，慈善组织可以向其追偿。志愿者在参与慈善服务过程中，因慈善组织过错受到损害的，慈善组织依法承担赔偿责任；损害是由不可抗力造成的，慈善组织应当给予适当补偿。
③ 《旅游法》第75条：住宿经营者应当按照旅游服务合同的约定为团队旅游者提供住宿服务。住宿经营者未能按照旅游服务合同提供服务的，应当为旅游者提供不低于原定标准的住宿服务，因此增加的费用由住宿经营者承担；但由于不可抗力、政府因公共利益需要采取措施造成不能提供服务的，住宿经营者应当协助安排旅游者住宿。

的给据邮件的损失，并不免除邮政企业的赔偿责任。[①]

(二) 正当防卫

民法通过对民事权利的保护，为民事主体建立一个和谐有序的生活秩序。而对于权利的保护，全在于救济制度，即赋予当事人以救济权。民法确立方便可靠的程序，确保救济权的行使。"无救济则无权利"，即是此意。在现代民法，民事救济主要通过国家提供公力救济的方式来完成。但考虑到救济的及时性、有效性，在特殊情况下，法律也允许权利人实施自力救济，正当防卫就是自力救济的一种方式。正当防卫是指对于现实的不法侵害加以反击，以保护自己或者他人权利的行为。我国《民法典》规定，因正当防卫造成损害的，不承担民事责任。

1. 正当防卫的构成要件

（1）须有损害自己或他人权益的行为。正当防卫是一种针对保护自己或者他人、社会公共利益免受不法侵害而实施的自力救济措施，故必须有不法侵害事实的存在为前提。该不法侵害必须是客观上存在的损害自己或他人权益的行为，行为人主观上假想或者幻想的所谓不法侵害，不构成正当防卫的事实前提条件。另外，不法侵害还要求是正在进行或者发生，故应具有防卫的紧迫性。如果不法侵害尚未开始或者已经结束，则不存在防卫的紧迫性，不能进行防卫，行为人或者权利人完全有时间通过其他公力救济手段寻求保护或者救济。

（2）须侵害行为属于不法行为。正当防卫保护的是合法权益，故针对的侵害在性质上必须属于不法行为。如果某种针对权利人权益的行为是合法行为，则不存在防卫的问题。如公权力机关的对违法建筑依法拆除的行政执法行为，违法建筑的管理人或者所有人不能以保护民事权益为名进行所谓的正当防卫。

需要指出的是，关于侵害行为的不法性的认识和判断问题，在实务中应注意辨别行为人的判断能力和侵害行为发生的具体环境，在有些紧急情况下，不可简单生硬和强人所难、拔高要求，应按照一般人的认识和判断标准进行考量。

（3）须防卫的目的是保护自己、他人的合法权益和社会公共利益。

[①] 《邮政法》第48条：因下列原因之一造成的给据邮件损失，邮政企业不承担赔偿责任：（一）不可抗力，但因不可抗力造成的保价的给据邮件的损失除外；（二）所寄物品本身的自然性质或者合理损耗；（三）寄件人、收件人的过错。

保护的利益比较宽泛，既可以是本人、他人的权利、合法权益，也可以是社会公共利益。正当防卫之所以成为免责事由，在于其就是为了保护权利和权益自身。①

因此，如果不以保护自己、他人的合法权益和社会公共利益为防卫目的，行为人实施的所谓防卫行为就丧失了法律上的正当性。如实践中发生的故意挑起争端，有通过在制止争端中侵害一方的行为，其防卫目的就根本不存在，本质上仍然是故意侵权行为，应承担侵权责任。

(4) 防卫行为必须针对不法侵害行为人本人进行。这是正当防卫的行为对象要件。只有对不法侵害行为人本人实施一定的防卫行为，才能有效制止不法侵害行为及其侵害结果的发生。如果防卫针对的不是不法侵害行为人而是第三人，则不构成正当防卫。

(5) 防卫不逾必要限度。这是正当防卫的限度条件，要求防卫行为与不法侵害行为相适应。正当防卫案件中比较难判断的要件是防卫限度条件。因为超过必要限度，防卫人构成防卫过当，应承担法律责任。实践中对限度条件在理解和把握上尺度容易出现不统一情形，故《民法典总则编解释》第 31 条规定，对于正当防卫是否超过必要的限度，人民法院应当综合不法侵害的性质、手段、强度、危害程度和防卫的时机、手段、强度、损害后果等因素判断。

2. 正当防卫的法律效果及其适用

正当防卫的法律效果，即因正当防卫造成损害的，不承担民事责任。如果经综合判定，正当防卫超过必要的限度，造成不应有的损害的，正当防卫人应当承担适当的民事责任。这里适当的民事责任，是指防卫人仅对超过必要限度部分的损害后果承担责任，而非对全部损害后果担责。②

对于"造成不应有的损害"，由不法侵害行为人承担举证证明责任，

---

① 《最高人民法院关于适用〈中华人民共和国民法典〉总则编若干问题的解释》（〔2022〕6 号）第 30 条：为了使国家利益、社会公共利益、本人或者他人的人身权利、财产权利以及其他合法权益免受正在进行的不法侵害，而针对实施侵害行为的人采取的制止不法侵害的行为，应当认定为民法典第一百八十一条规定的正当防卫。

② 《最高人民法院关于适用〈中华人民共和国民法典〉总则编若干问题的解释》（〔2022〕6 号）第 31 条第 2 款：经审理，正当防卫没有超过必要限度的，人民法院应当认定正当防卫人不承担责任。正当防卫超过必要限度的，人民法院应当认定正当防卫人在造成不应有的损害范围内承担部分责任；实施侵害行为的人请求正当防卫人承担全部责任的，人民法院不予支持。

而不能由防卫人去证明未造成不应有的损害,这是适用正当防卫时必须重点注意的实操问题。如果实施侵害行为的人不能证明防卫行为造成不应有的损害,仅以正当防卫人采取的反击方式和强度与不法侵害不相当为由主张防卫过当的,则不予支持。①

3. 受益人的适当补偿问题

正当防卫除了保护防卫人自身的合法权益外,还可能是为了保护他人、国家和社会公共利益。故如果防卫人在实施正当防卫的过程中,自身遭受到了损害,对防卫人如何进行救济,也是这一制度设计中应予以注意的问题。适用《民法典》第183条的规定,可以请求受益人适当补偿。

(三)紧急避险

紧急避险是民法规定的又一种自力救济措施,是指使国家利益、社会公共利益、本人或者他人的人身权利、财产权利以及其他合法权益免受正在发生的急迫危险,不得已而实施的加害他人的行为或者不得已采取的紧急措施。②

1. 构成要件

(1)须有急迫危险。该危险应具有现实性和急迫性。至于引起危险发生的原因,既可以是由自然原因引起,如雷击引发的大火,也可以是由民事主体引起,如春节燃放烟花爆竹引发火灾。

(2)避险的目的须为使国家利益、社会公共利益、本人或者他人的人身权利、财产权利以及其他合法权益免受正在发生的急迫危险。

(3)须避险行为属于必要,即别无选择。紧急避险的一个非常重要的条件就是避险行为的唯一性,强调行为人选择的致害行为在当时的时空环境下是唯一可取的措施,具有不得已性,别无其他措施可供选择。

(4)避险行为带来的损害不超过危险所能导致的损害。这是紧急避险的限度条件。紧急避险之所以可以作为免责事由,就在于其通过牺牲较小利益保护了更大的利益,在结果上具有不可责难性。如何判断是否超过

---

① 参见《最高人民法院关于适用〈中华人民共和国民法典〉总则编若干问题的解释》(〔2022〕6号)第31条第3款。

② 参见《最高人民法院关于适用〈中华人民共和国民法典〉总则编若干问题的解释》(〔2022〕6号)第32条。

了必要限度，应当综合危险的性质、急迫程度、避险行为所保护的权益以及造成的损害后果等因素进行判断。①

2. 法律效果和法律适用

紧急避险的法律效果，就是紧急避险人不承担民事责任，而是由引起险情发生的人承担民事责任。如果危险是自然原因引起的，紧急避险人不承担民事责任，但可以给予适当补偿。如果紧急避险采取措施不当或者超过必要的限度，造成不应有的损害的，紧急避险人应当承担适当的民事责任。② 所谓适当的责任，是指与不应有损害相适应的民事责任，具体要结合紧急避险人的过错程度、避险措施造成不应有的损害的原因力大小、紧急避险人是否为受益人等因素判断，而非对整个紧急避险的损害后果承担责任。

关于紧急避险中受益人的适当补偿问题，适用《民法典》第183条关于见义勇为的特别请求权规定，可以要求受益人给予适当补偿，后面详述，在此不赘。

(四) 紧急救助

各国立法都规定有善意救助者责任豁免规则，该规则又被称为"好撒玛利亚人法"（Good Samaritan law），其目的在于使那些对处于紧急危险中的他人自愿施以救助、但又在施救过程中由于过错而导致他人伤害的人免除责任，例如已经下班的医生对处于紧急危险状态的他人施救，则其不对该救助行为承担任何民事赔偿责任。③

我国在民法总则立法草案起草过程中，全国人民代表大会常务委员会有的委员和全国人大代表提出，为匡正社会风气，鼓励和保护见义勇为行为，应在民法总则中明确为保护他人而实施救助行为，造成受助人损害的，救助人应免于承担民事责任。④ 紧急救助的法律条款被写进民法总则草案中。对该条款，立法机关在后续的立法过程中争论主要围绕救助人是全部免责还是应有所限制，即对于救助人有故意或者重大过失的情形，是

---

① 参见《最高人民法院关于适用〈中华人民共和国民法典〉总则编若干问题的解释》（〔2022〕6号）第33条。
② 参见《民法典》第182条。
③ 薛波主编：《元照英美法词典》，法律出版社2003年版，第606页。
④ 《全国人民代表大会法律委员会关于〈中华人民共和国民法总则（草案）〉修改情况的汇报》（2016年12月19日）【法宝引证码】CLI. DL. 9152。

否要承担相应的责任。① 最终立法机关认为，即使严格对救助人特殊情况下承担责任进行限制，也难以免除见义勇为者的后顾之忧，不利于倡导培育见义勇为、乐于助人的良好社会风尚，建议删除这一内容。② 这就是草案建议表决稿第 184 条，也是《民法典》第 184 条的规定，即因自愿实施紧急救助行为造成受助人损害的，救助人不承担民事责任。

从民法总则立法和民法典编纂的过程来看，我国《民法典》规定的善意施救者享有豁免权规则，除了在理论上有借鉴世界各国立法中的"好撒玛利亚人法"的成分之外，更多的是立法者基于中华优秀传统文化鼓励和保护见义勇为行为，倡导培育见义勇为、乐于助人的良好社会风尚，匡正社会风气的考虑。并且在适用上，删除了束缚见义勇为者的严格限制条件，免除了救助人的后顾之忧，是弘扬社会主义核心价值观的表现，从而使得这一规则具有鲜明的中国特色。

作为法定的一般免责事由，紧急救助的构成条件是：

（1）行为人为善意救助者。即行为人不具有对于被救助人法定或者约定的救助义务，而对受助人施以援手，实施了紧急救助行为。以下三种情形不构成本条规定的善意救助：其一，在法律上对受助人有救助义务，如消防员、人民警察、船员、承运人，由于其负有在某些特定的情形和场合下法定的救助义务，其行为属于履责行为，不属于此处的善意救助者。其二，有约定的救助义务，如旅游者自行安排活动期间，旅行社有安全提示、救助义务，这是旅游服务合同所附随的救助义务。其三，因救助人的先行行为引起了救助义务的发生，如在道路上发生交通事故，造成人身伤亡的，车辆驾驶人应当立即抢救受伤人员，则驾驶人的救助不构成本条规定的善意救助。

（2）行为人实施了救助行为。这是紧急救助的客观行为条件，即救助人事实上存在救助行为，该行为既可以是救助人亲自实施，也可以是救助人积极寻求其他人的帮助进行救助。

（3）行为人的救助行为造成了受救助者的损害。由于救助人的知识、

---

① 《第十二届全国人民代表大会法律委员会关于〈中华人民共和国民法总则（草案）〉审议结果的报告》（2017 年 3 月 12 日），http：//www.npc.gov.cn/zgrdw/npc/xinwen/2017-03/15/content_2018917.htm，2023 年 8 月 25 日。

② 《第十二届全国人民代表大会法律委员会关于〈中华人民共和国民法总则（草案修改稿）〉修改意见的报告》（2017 年 3 月 14 日），http：//www.npc.gov.cn/zgrdw/npc/xinwen/2017-03/15/content_2018909.htm，2023 年 8 月 25 日。

能力和现场条件等限制，救助人的救助行为造成了受助人的损害，该损害包括人身损害和财产损害。如由于需要进行心脏复苏手术，救助人按压被救助人心脏，导致被救助人肋骨骨折的情况就比较常见。

因紧急救助造成受助人损害的，《民法典》规定救助人不承担民事责任。但是需要注意的是，紧急救助条款设定的目的是鼓励人们见义勇为者、救死扶伤。如果救助人在救治过程中恶意施救，故意造成被救助人损害的，不能适用本条规定进行免责，而应承担侵权责任。如果救助人缺乏救助常识和技能而进行救助，造成受助人损害，救助人存在重大过失，是否能够豁免其责任，在理论上一直存在争论。国外的紧急救助规则，多将故意或者重大过失造成被救助人损害的情形排除在责任豁免之外。我国《民法典》确立紧急救助责任豁免规则，有其特殊的历史背景和原因，故其内容还需待今后的司法和社会实践进行检验，必要时，需要对其进行一定的限缩解释。

三　特殊免责事由

特殊免责事由是指由《民法典》分则如合同编、侵权责任编或者其他民事特别法所规定的免责事由。区别于一般免责事由之处在于法律适用上的差别，该免责事由仅在其规定的对应法律领域适用，不能简单地推及到其他领域适用。限于篇幅，不再详述。

第三节　民事责任中的特殊规则

在《民法典》总则编民事责任一章中，还有两条特殊规定，即第183条关于见义勇为者所遭受损害的赔偿补偿规则和第185条规定的英雄烈士人身权益保护规则。这两条规定对匡正社会风气，鼓励和保护见义勇为行为、守护英雄烈士人身利益等意义重大。

一　见义勇为遭受损害的赔偿和补偿规则

《民法典》第183条规定，因保护他人民事权益使自己受到损害的，由侵权人承担民事责任，受益人可以给予适当补偿。没有侵权人、侵权人逃逸或者无力承担民事责任，受害人请求补偿的，受益人应当给予适当补偿。这里规定适当补偿的请求权，被称为见义勇为的特别请求权，是指行为人为了保护他人的民事权益，在为保护他人民事权益的见义勇为行为中自身受到损害，所享有的赔偿和补偿自己损失的请求权。

（一）见义勇为的概念和特征

关于见义勇为的概念界定，我国《民法典》和法律层面并没有确切的定义。但是在各地的地方立法中多有界定，要么从见义勇为行为本身进行界定，要么从见义勇为人员角度定义。本书比较赞赏《民法典》颁行后，安徽省人民代表大会常务委员会制定的《安徽省见义勇为人员奖励和保障条例》中对于见义勇为的界定，该概念界定简洁明了，内涵和外延都比较清晰，能够准确反映和表达民法典规定的意旨。该条例将见义勇为界定为，在法定职责、法定义务和约定义务之外，为保护国家利益、社会公共利益或者他人人身财产安全，制止正在发生的违法犯罪或者实施救人、抢险、救灾等行为。[①] 见义勇为行为的特征在于：

（1）保护他人合法民事权益。如果是为了保护行为人自身的人身或者财产等权益，不构成见义勇为。这里的他人，包括国家利益、社会公共利益或者他人的人身、财产权益。

（2）无法定或约定的保护义务，既包括无法定的保护职责，又包括没有法定的保护义务，还包括没有当事人约定的保护义务。

（3）针对侵害他人合法权益的侵害行为或者他人处于危难的危险事实，即制止正在发生的违法犯罪行为，或者在发生自然灾害或者安全事故时，见义勇为人实施抢险、救灾、救人等行为。

至于见义勇为行为是否在客观上使得受益人少受或者免受损害，本书认为不能作为判断见义勇为的条件，更不能作为见义勇为的特征。

（二）见义勇为的特别请求权的构成

《民法典》赋予了见义勇为人在其遭受损害时的特别请求权，该请求权的构成要件为：

（1）行为人实施了见义勇为行为。即行为人客观上实施了制止正在发生的违法犯罪或者实施救人、抢险、救灾等行为，其行为可以被评判为见义勇为行为，这是特别请求权的前提条件。

---

① 《安徽省见义勇为人员奖励和保障条例》第 2 条：本条例所称见义勇为，是指在法定职责、法定义务和约定义务之外，为保护国家利益、社会公共利益或者他人人身财产安全，制止正在发生的违法犯罪或者实施救人、抢险、救灾等行为。

(2) 因实施见义勇为行为而遭受人身或者财产损害。此为特别请求权的结果条件。

(3) 行为人所遭受的损害和实施见义勇为行为之间有因果关系，是因实施见义勇为行为而遭受了人身或财产的损害。

(三) 损害的赔偿和补偿规则

见义勇为的特别请求权，其内容包括对侵权人的赔偿请求权和对受益人的补偿请求权。《民法典》采取的是以侵权人承担侵权责任为主，受益人承担补偿责任为辅的调整模式。

(1) 因保护他人民事权益使自己受到损害的，由侵权人承担民事责任，受益人可以给予适当补偿。这里的侵权人承担民事责任，是指对见义勇为行为人的损害承担全部赔偿。同时受益人可以适当补偿，此时的补偿，某种程度上带有酬谢性质，完全取决于受益人的自愿，并不受见义勇为人请求的限制和法律的强制。

(2) 没有侵权人、侵权人逃逸或者无力承担民事责任的，受益人有给予适当补偿的法定义务，受益人必须给予适当的补偿。需要特别注意的是，这里受益人的补偿责任性质上是有区分的。没有侵权人，受益人承担的补偿是直接补偿责任，而在侵权人逃逸或者侵权人无力承担赔偿责任的情形下，受益人承担的补偿属于补充责任范畴。

(3) 关于受益人承担的补偿数额，要根据受害人所受损失和已获赔偿的情况、受益人受益的多少及其经济条件等因素综合确定。①

二 英雄烈士的人身权益保护规则

英雄烈士事迹和精神是中华民族的共同历史记忆和社会主义核心价值观的重要体现。国家保护英雄烈士，对英雄烈士予以褒扬、纪念，加强对英雄烈士事迹和精神的宣传、教育，维护英雄烈士尊严和合法权益。②

在民法总则草案中一开始并没有规定英雄烈士的人身权益保护规则。2017 年 3 月 10 日，全国人民代表大会各代表团全体会议、小组会议审议

---

① 《最高人民法院关于适用〈中华人民共和国民法典〉总则编若干问题的解释》（〔2022〕6 号）第 34 条：因保护他人民事权益使自己受到损害，受害人依据民法典第一百八十三条的规定请求受益人适当补偿的，人民法院可以根据受害人所受损失和已获赔偿的情况、受益人受益的多少及其经济条件等因素确定受益人承担的补偿数额。

② 参见《英雄烈士保护法》第 3 条。

了民法总则草案。有的代表提出，现实生活中，一些人利用歪曲事实、诽谤抹黑等方式恶意诋毁侮辱英烈的名誉、荣誉等，损害了社会公共利益，社会影响很恶劣，应对此予以规范。法律委员会经研究认为，英雄和烈士是一个国家和民族精神的体现，是引领社会风尚的标杆，加强对英烈姓名、名誉、荣誉等的法律保护，对于促进社会尊崇英烈，扬善抑恶，弘扬社会主义核心价值观意义重大。① 据此，在总则草案中增加了英雄烈士人身权益保护规则，这就是《民法典》第185条的内容。

《民法典》第185条规定，侵害英雄烈士等的姓名、肖像、名誉、荣誉，损害社会公共利益的，应当承担民事责任。2018年4月27日通过的《英雄烈士保护法》对《民法典》第185条的内容进行了更为详尽的规定。②

第一，本条保护的客体，是英雄烈士等的姓名、肖像、名誉、荣誉。在《民法总则》之前，我国在法律层面并没有明确地规定对死者的何等权益进行保护，司法实践中，通过逐渐摸索，在最高人民法院的相关司法解释对此问题做了初步的规定。③ 在法律层面上，则首次由《民法总则》作出了规定。

英雄烈士，在《民法典》中并没有明确规定其内涵，但是之后我国《英雄烈士保护法》做了规定，指的是近代以来，为了争取民族独立和人民解放，实现国家富强和人民幸福，促进世界和平和人类进步而毕生奋斗、英勇献身的英雄烈士。④ 关于"等"的理解，可以有不同的认识：一种是仅指英雄烈士，"等"是"等内等"，不得作扩大解释。第二种是指代类似于英雄烈士的其他死者，英雄烈士是列举，而此处的"等"是"等外等"。笔者以为，应该按照第二种认识去理解，因为立法中无法做

---

① 《第十二届全国人民代表大会法律委员会关于〈中华人民共和国民法总则（草案）〉审议结果的报告》（2017年3月12日），http://www.npc.gov.cn/zgrdw/npc/xinwen/2017-03/15/content_2018917.htm，2023年8月25日访问。

② 参见《英雄烈士保护法》第22条。

③ 《最高人民法院关于确定民事侵权精神损害赔偿责任若干问题的解释》（法释〔2001〕7号）第3条：自然人死亡后，其近亲属因下列侵权行为遭受精神痛苦，向人民法院起诉请求赔偿精神损害的，人民法院应当依法予以受理：（一）以侮辱、诽谤、贬损、丑化或者违反社会公共利益、社会公德的其他方式，侵害死者姓名、肖像、名誉、荣誉；（二）非法披露、利用死者隐私，或者以违反社会公共利益、社会公德的其他方式侵害死者隐私；（三）非法利用、损害遗体、遗骨，或者以违反社会公共利益、社会公德的其他方式侵害遗体、遗骨。

④ 参见《英雄烈士保护法》第2条第2款。

到对功勋彪炳史册、精神永垂不朽的英雄烈士的列举，否则容易挂一漏万，故需要通过立法技术进行不完全概括的规定。至于本条规定是否可以扩大到一般的死者，本书认为，由于《民法典》分则编有明确规定，本条不应适用。因为《民法典》对于一般死者的人格权益保护范围和保护时间上都与英雄烈士的保护有所不同，保护范围上要大于英雄烈士等的人格权益，除了姓名、肖像、名誉、荣誉，还包括隐私、遗体等，而且是一个开放的规定。在保护时间上则明显要短于英雄烈士等的人格权益保护时间上，《民法典》第185条没有规定英雄烈士等的人格权益保护期限，但是对于死者的保护，《民法典》第994条的规定，则是限定在其近亲属的有生之年。

需要注意的是，《民法典》的本条规定，对于受保护的法益采取的却是封闭式的规定，即只能是姓名、肖像、名誉、荣誉这四种人格权益。至于其他的人格权益，均不在本条保护范围。是否可以得到保护，还要借助于《民法典》分则及其他法律的规定，如《民法典》第994条[1]、《个人信息保护法》第49条的规定[2]。

第二，关于损害社会公共利益是否是本条承担民事责任的构成要件，有不同的理解。本书认为，损害社会公共利益是侵害行为的结果真意，但不应该是加害人承担民事责任的要件。理由主要是，侵害英雄烈士的姓名、肖像、名誉、荣誉的行为，一旦做出，必然是对社会公共利益的一种伤害，无须从结果上进行证明。结合《英雄烈士保护法》第25条第1款规定的分析，英雄烈士的近亲属可以依法向人民法院提起诉讼，不以损害公共利益为条件，侵权人就应承担民事责任。[3] 损害社会公共利益不是民事责任承担的条件，而是由检察机关启动民事公益诉讼的条件，同时也是追究责任人行政或刑事责任的条件。

第三，关于请求权主体。《英雄烈士保护法》第25条的规定，可以

---

[1] 《民法典》第994条：死者的姓名、肖像、名誉、荣誉、隐私、遗体等受到侵害的，其配偶、子女、父母有权依法请求行为人承担民事责任；死者没有配偶、子女且父母已经死亡的，其他近亲属有权依法请求行为人承担民事责任。

[2] 《个人信息保护法》第49条：自然人死亡的，其近亲属为了自身的合法、正当利益，可以对死者的相关个人信息行使本章规定的查阅、复制、更正、删除等权利；死者生前另有安排的除外。

[3] 《英雄烈士保护法》第25条第1款：对侵害英雄烈士的姓名、肖像、名誉、荣誉的行为，英雄烈士的近亲属可以依法向人民法院提起诉讼。

分为两种情况：①英雄烈士的近亲属可以依法向人民法院提起诉讼。②英雄烈士没有近亲属或者近亲属不提起诉讼的，检察机关依法对侵害英雄烈士的姓名、肖像、名誉、荣誉，损害社会公共利益的行为向人民法院提起诉讼。在这里，如果不涉及损害社会公共利益的行为，则不在检察机关提起诉讼之列。

为了切实落实对英雄烈士姓名、肖像、名誉、荣誉的保护，法律明确为负责英雄烈士保护工作的部门和其他有关部门赋予了法定职责和义务。[①] 英雄烈士近亲属依照规定提起诉讼的，法律援助机构应当依法提供法律援助服务。

第四，以侮辱、诽谤或者其他方式侵害英雄烈士的姓名、肖像、名誉、荣誉，损害社会公共利益的，除了依法承担民事责任以外，构成违反治安管理行为的，由公安机关依法给予治安管理处罚；构成犯罪的，依法追究刑事责任。[②]

[①] 《英雄烈士保护法》第 25 条第 3 款：负责英雄烈士保护工作的部门和其他有关部门在履行职责过程中发现第一款规定的行为，需要检察机关提起诉讼的，应当向检察机关报告。

[②] 参见《英雄烈士保护法》第 26 条。

第十章

诉讼时效

任何民事权利的发生及其存续，都是特定时空之下人类社会交往中发生的普遍现象。尊重民事权利并予以保护，使得权利人的权利得以正常实现，这是各国民法共同的任务，也是维系和促进社会正常秩序的必然要求。但是，对于一项具体的民事权利，究竟在保护时间上有没有时间限制，也是一个非常值得重视的问题。有些权利本身存在就是有时间要求的，比如债权，当事人设定债权时就希望债权能够正常实现，而实现债权的时间就是债权消灭的时间。还有些权利，如所有权，只要权利客体存在，理论上权利就一直存在。

为了有效保护民事权利，避免权利行使不及时，导致已经形成的稳定的社会秩序被打破，同时解决法院查明权利相关事实的困难，民法设有时效制度，通过时效制度解决权利行使时间及其保护问题。

第一节 时效概述

权利行使之应受时间上的限制，其主要情形有三，一为消灭时效；二为除斥期间；三为权利失效。① 时效者，以于一定期间内，一定事实状态之继续为其成立要素之法律事实也。② 时效作为一项古老的法律制度，源于罗马法的十二铜表法，后世为各国法律所接受并得到发展。

---

① 王泽鉴：《民法总则》（增订版），中国政法大学出版社2001年版，第515页。
② 胡长清：《中国民法总论》，中国政法大学出版社1997年版，第349页。

一 时效及其功能

（一）时效的含义

权利的存续有一定的时空限制，一般都认许权利义务会因为时间的经过而发生变化，是否允许不行使的权利无期限地存在，也是一个立法政策问题，同时也是一个价值判断问题。各国一般都设时效制度，通过时效来维护社会秩序的稳定、催促权利人及时行使权利。一般来说，时效是指经过法定的时间之后，发生权利丧失或者获得财产权利的法律事实。前者被称为消灭时效，而后者被称为取得时效。我国《民法典》规定了诉讼时效制度，本质上属于消灭时效的一种。

时效具有如下特征：

（1）由于时效的发生，可以导致权利的变动。时效也是法律事实的一种，所导致权利的变动，各国立法规定不一，有的立法规定为丧失实体权利或者取得实体权利，有的规定为丧失胜诉权，限制权利人通过法院主张权利的效果，有的规定为发生相对人的抗辩权。

（2）时效以一定的时间经过为要素，无论是取得时效还是消灭时效，均以时间经过为条件。至于需要经过多长时间，各国规定不一，多设有多种类型的时效期间，有普通时效期间3—5年不等，有特殊时效期间短至6个月的，有最长时效期间30年者。

（3）时效要求的是某种权利行使或者不行使的状态的持续，如消灭时效，就是以不积极行使权利的状态的继续和持续为要件。如果相反的事实发生，就会对时效发生影响，产生中止、中断或者重新开始的效果。

（4）时效的法律规定一般来说属于强行法范畴，比如在我国《民法典》中规定，诉讼时效的期间、计算方法以及中止、中断的事由由法律规定，当事人约定无效。当事人对诉讼时效利益的预先放弃无效。

（二）时效的性质

由于时效涉及对权利的影响，同时涉及发生诉讼时法院的判断，故对于时效制度属于实体问题还是程序问题需要有一个准确认识和理解。从时间的经过导致权利人权利发生变动的角度看，时效制度是实体问题，被作为法律事实的一种进行规定。而如果从债务人可以拒绝履行义务，提出不履行的抗辩角度讲，时效制度具有程序价值，当事人提出抗辩后，法院不得强迫债务人履行债务。时效经过的法律效力是义务人取得抗辩权，但是并不影响权利人实体权利的存在,尤其在诉讼时效中,义务人自动履行的,权利人仍有权保有履行利益,义务人不得主张返还不当得利,这些规定,多涉及实体权利的安排及其效果,故时效问题应侧重于是或者说主要是实体问题。我国将时效规定为实体制度,通过《民法典》对其进行详细的规定。

但这里还需要讨论的一个相关问题是,当事人取得生效的裁判后,申请执行的期间的性质问题。我国《民事诉讼法》规定,申请执行的期间为二年,并且规定申请执行时效的中止、中断,适用法律有关诉讼时效中止、中断的规定。① 如何理解这一规定的内容的性质。本书认为,《民事诉讼法》关于申请执行时效的规定,本质上就是诉讼时效的一种,其原理在于申请执行期间规定的目的、条件和法律效果均与诉讼时效相同。唯其特殊之处在于,诉讼时效对于权利人知道权利被侵害的深度和准确度不如生效裁判中的权利人而已。在诉讼时效中,权利知道权利被侵害,并不要求其准确掌握和了解侵害的权利类型、内容及程度。而通过诉讼或者仲裁程序之后生效裁判确定的判项,是对当事人之间权利性质和内容的最终裁判,无论对当事人还是从社会层面,均公示了权利人权利的性质、内容以及如何保护。从体系上看,本书认为,应将申请执行的时效在《民法典》中一并规定,二者无本质的不同。

(三) 时效制度的功能

立法为什么要规定时效制度,时效制度在民法体系中发挥什么作用,是立法政策选择的基础。

第一,维持既存社会关系的稳定。时效制度有稳定法律秩序的作用,主要表现在两个方面:其一,对于权利人而言,随着时光的流逝,权利人对权利的基础、内容乃至是否行使等漠不关心,法律给予保护的必要性在逐渐丧失。其二,对义务人来说,基于权利人的漠不关心和不积极行使权利的状态,逐渐产生权利人将不再主张权利的合理信赖。这种随时间的经过而产生的不再行使权利的合理期待会沉淀下来形成相对稳定的社会秩序,在此基础上继而还会产生一系列新的社会关系及社会秩序。时效制度

---

① 参见《民事诉讼法》第246条:申请执行的期间为二年。申请执行时效的中止、中断,适用法律有关诉讼时效中止、中断的规定。前款规定的期间,从法律文书规定履行期间的最后一日起计算;法律文书规定分期履行的,从最后一期履行期限届满之日起计算;法律文书未规定履行期间的,从法律文书生效之日起计算。

的作用在于维持权利人和义务人之间在权利上的平衡，从而有利于增强和维护这些新形成的秩序的稳定。

第二，既然法律规定了时效制度，是在提醒权利人权利不行使的后果，故从这一侧面是在提醒和督促权利人要积极行使权利，防止因时效经过而发生权利贬损的代价。

第三，尽可能避免发生法院对陈年旧账所引发诉讼在审理上的困难。时效制度的另一重要作用，是作为证据之代用。因为有民事权利而长期不行使，必致证据查找困难，经过多年之后再提起诉讼，当事人难以举证，法庭不好认定事实。因此，通过时效制度的介入，义务人直接主张时效抗辩，无须就债务是否存在以及是否履行等枝节问题进行举证，法院即可据之决定是否支持权利人的请求权。时效是防止个别人为了成就过去的事而要行使请求权，因为当证人已不在人世或无从找到，他的各种证据方法受到一些有理由的反驳后已不能成立时，他已不能说明这些请求权了。帕夫罗夫斯基把这称为权利的和平功能。①

二　取得时效与消灭时效

传统民法中，时效有两种类型，取得时效和消灭时效。因一定事实状态的持续经过法定期间而取得权利的，是取得时效，又被称为占有时效。凡因一定事实状态持续一定时期而丧失权利的，称为消灭时效。取得时效（Usucapio）于十二铜表法即已有之。"Usucapio"者，永年占有他人之物，取得其物之所有权之制度也。② 关于消灭时效，罗马法原亦肯定债权的永存性，直至戴育图（Theodosius）二世，始于公元451年承认得以一定期间（原则上为30年）经过为理由，而驳回原告之诉，在诉讼法上引进了消灭时效的观念。二者的区别在于：（1）就其起源而言，取得时效源于十二铜表法，消灭时效源于审判官之命令。（2）就其要件言之，一以占有为基础，一以权利不行使为基础。（3）就其效果言之，一关于权利取得，一关于权利之消灭。③

由于两种时效的要件和结果不同，是否在同一立法系统同时规定取得

---

① ［德］卡尔·拉伦茨：《德国民法通论》（上册），王晓晔、邵建东、程建英、徐国建、谢怀栻译，法律出版社2003年版，第334页。
② 胡长清：《中国民法总论》，中国政法大学出版社1997年版，第350页。
③ 胡长清：《中国民法总论》，中国政法大学出版社1997年版，第350—351页。

时效和消灭时效，取决于其立法政策。如《法国民法典》在其第三卷"取得财产的各种方法"之第二十编、第二十一编分别规定了消灭时效和取得时效制度。而我国现行民事立法则无取得时效制度，只规定了诉讼时效。

关于我国立法仅规定消灭时效而不规定取得实效，妥当与否，有肯定与否定的不同看法。本书认为，由于不动产登记制度的发达及其权利公示效力的作用，在某种程度上能够替代取代时效的功能。而善意取得制度，在我国《民法典》框架下，适用于动产、不动产等，但其解决的是因善意受让而发生的交易结果的确认问题，其制度旨趣与取得时效制度截然不同，在功能上无可替代性。取得时效制度所规范的社会关系，在所对应的规则供给上仍然是一个空白。为有效利用和配置社会物质资源，提高资源利用率，实有必要建立有中国特色的取得时效制度，在审慎保护我国公有制的基础上，发挥有限的物质资源作用，提高物质财富的利用率。

第二节 诉讼时效

一 诉讼时效的概念和特征

苏联 1922 年制订《苏俄民法典》，就规定了时效制度。但是，它是将时效制度统一于"诉讼时效"之下，不再分取得时效和消灭时效。无论是物权的诉讼还是债权的诉讼，除了法律另有规定外，原则上都适用诉讼时效的规定。后来的新的苏俄民法典，在时效制度上仍维持了 1922 年苏俄民法典的格局。[①] 我国《民法通则》受苏联民法理论的影响，并没有采纳取得时效制度，其主要理由在于，立法中认为取得时效承认非所有权人可以基于占有取得他人的所有权，与社会主义国家提出的"拾金不昧""公物还家"等传统美德不符。[②] 因此，《民法通则》只规定了诉讼时效制度。

关于诉讼时效的概念，在我国实际上也经历了一个认识上的变化过程。按照《民法通则》第 135 条的规定，向人民法院请求保护民事权利的诉讼时效期间为二年，法律另有规定的除外。因此，对于诉讼时效的概

---

① 佟柔主编：《中国民法学·民法总则》，中国人民公安大学出版社 1990 年版，第 310 页。
② 王利明：《民法总论》，中国人民大学出版社 2009 年版，第 330 页。

念，一般界定为是指权利人在一定期间不行使权利，即丧失依诉讼程序保护其权利的可能性的民事法律制度。① 后来，司法部高等政法院校规划《民法学》教材的作者提出，诉讼时效，指对在法定期间内不行使权利的权利人使其丧失在诉讼中胜诉权的法律制度。② 之后的教材，基本上就是以丧失胜诉权，或者丧失请求法院依诉讼程序强制义务人履行义务的权利③，或者丧失请求人民法院依法保护其民事权利④为诉讼时效期间届满效果的表述。但是到了 2008 年，我国司法机关对于诉讼时效的法律效果的认识产生了重大的变化，认为当事人可以对债权请求权提出诉讼时效抗辩，当事人未提出诉讼时效抗辩，人民法院不应对诉讼时效问题进行释明及主动适用诉讼时效的规定进行裁判。⑤ 这一司法解释，在司法层面统一了对于诉讼时效的性质和效力的认识。《民法总则》起草中，最高立法机关明确，诉讼时效是权利人在法定期间内不行使权利，该期间届满后，权利不受保护的法律制度。⑥《民法典》对于诉讼时效的规定显然继续贯彻了这种理解和认识，采纳了抗辩权发生主义。如此，诉讼时效就可被界定为权利人在法定期间内不行使权利即导致义务人有权提出拒绝履行的抗辩权的法律制度。⑦

我国《民法典》规定的诉讼时效具有如下法律特征：

（1）诉讼时效属于消灭时效的一种，仍然属于不行使权利便导致发生某种权利变动的法律后果的情形。不过这种变动，在抗辩权发生主义立法例之下，实质是使得权利人的权利效力上发生了变化，法律赋予义务人以抗辩权。如果义务人在诉讼中行使该抗辩权，则法院不得判令支持权利人的权利主张。如果义务人不行使抗辩权，法院不得主动释明和适用诉讼时效，权利人的权利主张应予支持。当然，从这个意义上讲称为消灭时效已经不太妥当，因为权利人的权利本身并没有消灭。

---

① 佟柔主编：《中国民法学·民法总则》，中国人民公安大学出版社 1990 年版，第 313—314 页。
② 彭万林主编：《民法学》，中国政法大学出版社 1994 年版，第 129 页。
③ 马俊驹、余延满：《民法原论》（上），法律出版社 1998 年版，第 320 页。
④ 王利明：《民法总论》，中国人民大学出版社 2009 年版，第 331 页。
⑤《最高人民法院关于审理民事案件适用诉讼时效制度若干问题的规定》（法释〔2008〕11 号）。
⑥《全国人大常委会关于〈中华人民共和国民法总则（草案）〉的说明》（2016 年 7 月 5 日）【法宝引证码】CLI. DL. 14287。
⑦《民法学》编写组编：《民法学》，高等教育出版社 2019 年版，第 98—99 页。

（2）诉讼时效的法定性和强制性。诉讼时效涉及社会公益，且产生对权利人和义务人权利的平衡问题，某种意义上是对权利人请求权的剥夺，故我国《民法典》明确不允许当事人自行约定，对于诉讼时效的期间、计算方法以及中止、中断的事由由法律规定，当事人约定无效。

（3）诉讼时效赋予义务人以时效利益。诉讼时效期间届满，义务人行使抗辩权，则权利人丧失了通过诉讼的方式获得公力救济的利益。

（4）当事人不得预先放弃诉讼时效利益。诉讼时效期间届满，义务人才能够取得抗辩权。因此，在该抗辩权尚未发生或者取得的情形下，意味着该诉讼时效利益义务人尚未取得。《民法典》规定当事人不得预先放弃时效利益，预先放弃的其行为无效，不产生抗辩权放弃的法律效果，义务人仍然可以行使该抗辩权。

在取得诉讼时效利益之后，作为私益，当事人自然还可以选择是否行使或者放弃。放弃诉讼时效利益的方式，主要有四种，即不提出抗辩、同意履行、自愿履行或者就原债务达成新的协议。

二 诉讼时效的适用范围

诉讼时效主要针对的是合同履行请求权，是否可以适用于其他类型的请求权，如财产权、人格权、家事法律关系中的请求权等，就属于诉讼时效的适用范围问题。请求权消灭时效之原因与宗旨，乃使人勿去纠缠于成年旧账之请求权。[①] 关于诉讼时效的客体，依诉讼时效制度的立法目的，应解释为仅适用于请求权。从我国《民法典》第 194 条、第 196 条等规定的内容看，其规定的也是请求权。

是否所有的请求权都可以适用诉讼时效制度，则仍需进行进一步分析，对于有些保护绝对权的请求权，如所有权、人格权中的请求权，如果任其罹于时效，则会导致对绝对权的严重的不正当限制，甚至会危及绝对权的宗旨和目的实现，因此必须采取谨慎的态度进行立法决策。一般来说，诉讼时效主要适用于债权请求权和法律规定的其他类型的请求权，前者不用赘述，法律规定的其他类型的请求权，比如《民法典》规定的未登记的动产物权的权利人请求返还财产的请求权。但即使是债权请求权，依照法律规定，有一些也不能适用诉讼时效。在我国，下列请求权不适用

---

① ［德］迪特尔·梅迪库斯：《德国民法总论》，邵建东译，法律出版社 2001 年版，第 91 页。

诉讼时效的规定。

(一) 部分物权请求权

物权请求权，是指物权人为了保护物权的圆满支配而享有的请求权。由于物权请求权一般只在物权遭受到妨害或者有妨害之虞时，才得以显现，是一种典型的防守型的请求权。物权请求权根据《民法典》规定，有物权确认请求权、返还原物请求权、排除妨害请求权、物权复原请求权之分。但根据《民法典》第196条规定，请求停止侵害、排除妨碍、消除危险的请求权、不动产物权和登记的动产物权的权利人请求返还财产的请求权，不适用诉讼时效的规定。而物权请求权中，确认请求权，请求修理、重作、更换和恢复原状请求权可以适用诉讼时效的规定。需要注意的是，《民法典》第196条第2项规定，未登记的动产物权的权利人请求返还财产的请求权被排除在不适用诉讼时效规定之外，故该项物权请求权应该可以适用诉讼时效的规定。

(二) 部分债权请求权

《民法典》第196条并未对债权请求权是否不可适用诉讼时效规定明确做出规定。根据最高人民法院的司法解释，下列债权请求权不适用诉讼时效：(1) 支付存款本金及利息请求权；(2) 兑付国债、金融债券以及向不特定对象发行的企业债券本息请求权；(3) 基于投资关系产生的缴付出资请求权；(4) 其他依法不适用诉讼时效规定的债权请求权。[①]

(三) 人格权请求权

人格权是指以主体固有的人格利益为客体，以保护和实现人格平等、人格尊严、人身自由为目标的权利。[②] 人格权请求权，是为了全面保护民事主体人格权而可以采取的请求权。如果容许人格权请求权可罹于时效，其结果就直接与人格尊严、人身自由等基本价值相违背，不但与《民法典》固根本的立法目的不符，而且将产生对人格权保护的重大争议。因此，对这类直接救济人格权的请求权，不应适用诉讼时效。[③]

(四) 身份权请求权

《民法典》第196条第3项还规定，支付抚养费、赡养费或者扶养费

[①] 参见《最高人民法院关于审理民事案件适用诉讼时效制度若干问题的规定》(2020年修正) 第1条。
[②] 王利明：《人格权法》，中国人民大学出版社2009年版，第5页。
[③] 参见《民法典》第995条。

请求权不适用诉讼时效的规定。这些费用请求权,是由《民法典》婚姻家庭编第三章"家庭关系"所规定的请求权,是建立在特定身份关系的家庭成员如夫妻关系、父母子女关系等之上的请求权。这些费用请求权,关系到这些有特殊身份关系的民事主体的生存权问题,故立法明确不适用诉讼时效的规定。

(五) 依法不适用诉讼时效的其他请求权

由于社会经济发展的不可完全预测性,立法者立法时无法前瞻和穷尽不适用诉讼时效的请求权,故需要从立法技术上作出适当的处理,为新类型的请求权保护提供必要的保护。故《民法典》第 196 条第 4 项设置了不适用诉讼时效的其他请求权的兜底性规定,从而为司法解释和新近立法留下了空间和余地,如公司或股东的出资请求权和返还出资请求权,通过司法解释就属于依法不适用诉讼时效的其他请求权范畴。①

三 诉讼时效的要件

准确理解和适用诉讼时效制度,保护相关当事人的合法权益,必须准确把握诉讼时效的要件。

(一) 须属于诉讼时效的适用范围

诉讼时效所针对的请求权,必须属于其适用范围。如果当事人所主张的请求权,属于依法不适用诉讼时效的请求权,则义务人不得就此权利的行使进行时效抗辩。如《民法典》规定,法律规定或者当事人约定的撤销权、解除权等权利的存续期间,除法律另有规定外,自权利人知道或者应当知道权利产生之日起计算,不适用有关诉讼时效中止、中断和延长的规定。享有撤销权的当事人一方请求撤销合同的,应适用《民法典》关于除斥期间的规定,对方当事人对撤销合同请求权提出诉讼时效抗辩的,人民法院不予支持。②

(二) 需要有怠于行使请求权的情形

诉讼时效属于消灭时效,故应以权利人不积极行使权利的状态持续存

---

① 参见《最高人民法院关于适用〈中华人民共和国公司法〉若干问题的规定 (三)》(2014 年修正) 第 19 条。
② 《最高人民法院关于审理民事案件适用诉讼时效制度若干问题的规定》(2020 年修正) 第 5 条。

在为条件，即怠于行使请求权。怠于行使请求权，可以从三个方面进行理解：①客观上存在权利人不行使权利的事实。这一条件是单纯从权利人不行使权利的静态外观上进行考察。②须权利人知道或者应当知道其请求权存在。如果权利人不知道或者不应当知道其请求权存在，就不存在怠于行使的问题。《民法典》规定，诉讼时效期间自权利人知道或者应当知道权利受到损害以及义务人之日起计算。这一规定的逻辑就是时效于无法行动者不得经过。③须权利行使可能。这一个条件强调，如果权利人虽知道请求权的存在，但客观上无法正常行使该请求权的，不能开始计算时效。对此，《民法典》有两个特殊规定，其法理就是如此。如第190条规定，无民事行为能力人或者限制民事行为能力人对其法定代理人的请求权的诉讼时效期间，自该法定代理终止之日起计算。如果法定代理未终止，由法定代理人起诉法定代理人自身，事实不能，在逻辑上背反。另外，如果权利人不知道义务人是谁，则也无法行使请求权，故应自知道义务人之后才可以起算时效期间。

（三）须请求权怠于行使的状态持续达到法定期间

这是诉讼时效的时限规定。一般认为，诉讼时效属于法律事实中的状态，即权利人不行使请求权的状态在时间上的持续。首先，不行使请求权的状态持续，具体要求是一种连续不断的状态，如果中间发生中断，则诉讼时效期间重新计算。其次，达到法定的期间。关于诉讼时效期间，我国1986年《民法通则》规定的普通诉讼时效期间是2年，《民法典》则规定为3年。特殊情况下，诉讼时效期间还有短于或者长于普通诉讼时效期间规定的情形。

四 诉讼时效的法律效力

（一）诉讼时效的法律效力的含义

诉讼时效届满的法律效果，即诉讼时效的法律效力。各国关于这一问题，有不同的立法例，主要可以分为：

（1）实体权利消灭主义。此种立法将诉讼时效的效力规定为直接消灭实体权利，其代表为《日本民法典》，该法典第167条规定，债权因10年间不行使而消灭；债权或者所有权以外的财产权，因20年间不行使而消灭。[1]

---

[1] 《最新日本民法》，渠涛编译，法律出版社2006年版，第39页。

（2）诉权消灭主义。时效期间届满并不消灭实体权利本身，而是权利人丧失诉权。如《巴西新民法典》第189条规定，侵犯权利的，由此产生的请求权因诉讼时效在第205条和第206条规定的期间消灭。①

（3）抗辩权发生主义。由德国学者欧特曼提出，认为时效完成，义务人取得拒绝履行的抗辩权。如义务人自动履行，视为放弃其抗辩权，该履行行为有效。② 如《德国民法典》第214条规定消灭时效的效力，在消灭时效完成后，债务人有权拒绝履行给付。为满足已完成消灭时效的请求权的给付，即使是在不知道请求权已完成消灭时效的情况下给付的，也不得请求返还。债务人的合于合同的承认以及担保的提供，亦同。③

(二) 我国诉讼时效的法律效力

自2008年《最高人民法院关于审理民事案件适用诉讼时效制度若干问题的规定》之后，我国司法实践正式采纳抗辩权发生主义。《民法典》对此实践经验予以吸收规定。因此，在我国诉讼时效的法律效力，主要有如下几个方面：

（1）义务人取得抗辩权。前已述及，该抗辩权的取得是时效期间届满的后果，故在时效期间尚未届满之前，并未真实发生，故当事人不得预先抛弃时效利益。因义务人获得抗辩权，权利人的权利就在效力上沦落为不受法律强制力保护的权利——自然权利。除非义务人放弃时效利益，构造权利人的权利无法通过公力救济程序实现。

（2）诉讼时效期间届满，权利人的权利并不丧失。《德国民法典》的《立法理由书》写道，消灭时效之要旨，并非在于侵夺权利人之权利，而是在于给予义务人一保护手段，使其毋须详察事物即得对抗不成立之请求权。④ 我国《民法典》的相关规定中，也可以看出，诉讼时效期间届满，权利人并不丧失其权利本身，只是阻却法律救济而非阻却权利本身。如诉讼时效期间届满后，义务人同意履行的，不得以诉讼时效期间届满为由抗辩。另外，权利人也可以通过抵销来实现其权利。因此，抗辩权发生的法

---

① 《巴西新民法典》，齐云译，中国法制出版社2009年版，第31页。
② 魏振瀛主编：《民法》（第五版），北京大学出版社、高等教育出版社2013年版，第194页。
③ 《德国民法典》（第3版），陈卫佐译注，法律出版社2010年版，第76页。
④ [德] 迪特尔·梅迪库斯：《德国民法总论》，邵建东译，法律出版社2001年版，第91页。

律后果和行使抗辩权的后果是不同的。时效抗辩权发生的法律后果不如其他永久性抗辩权的法律后果那么强。①

（3）法院不得主动适用诉讼时效的规定。由于时效期间届满时赋予义务人以抗辩权，是否行使该抗辩权属于义务人的权利，故法院不能干涉，也不应对诉讼时效问题向当事人进行释明。

（4）关于义务人抗辩的提出时间。由于义务人的抗辩针对的是权利人的请求权，故以权利人主张请求权为其启动之机。对此，根据《最高人民法院关于审理民事案件适用诉讼时效制度若干问题的规定》（2020年修正）第3条规定，义务人提出诉讼时效抗辩，应该在一审期间提起。关于"一审期间"的理解，有两种不同的看法：一种是一审法庭辩论终结前，还有一种是指一审判决做出之前。对此，《诉讼时效司法解释疑难问题阐解》指出，对于诉讼时效抗辩权在一审、二审期间的具体行使阶段问题，司法解释并未明确限定具体的时间。在讨论过程中，曾先后有应限定在答辩期届满前、庭审结束前、判决作出前以及不应规定具体行使阶段的观点。基于个案的复杂性以及实现实体公正与程序公正统一的基本目的，我们最后采纳了否定观点，没有规定具体的提出阶段，而是概括地规定在一审期间未提出诉讼时效抗辩和在二审期间提出诉讼时效抗辩，以便法官在公正理念的指导下进行自由裁量。② 根据上述对于司法解释出台讨论情况的分析，结合《民事诉讼法》关于一审程序的规定，可以认为，一审期间，为一审庭审程序结束之前。也就是在一审庭审程序结束之前，义务人都可以提出时效抗辩。

当事人在一审期间未提出诉讼时效抗辩，在二审期间提出的，人民法院不予支持，但其基于新的证据能够证明对方当事人的请求权已过诉讼时效期间的情形除外。当事人未按照前款规定提出诉讼时效抗辩，以诉讼时效期间届满为由申请再审或者提出再审抗辩的，人民法院不予支持。③

---

① ［德］卡尔·拉伦茨：《德国民法通论》（上册），王晓晔、邵建东、程建英、徐国建、谢怀栻译，法律出版社2003年版，第345—346页。

② 参见《一审辩论终结前未提时效抗辩，庭后提交代理意见中提出如何认定？》，http://www.law114.com.cn/pufa_x.php?1=6&id=26841&pid=5，2023年8月25日。

③ 参见《最高人民法院关于审理民事案件适用诉讼时效制度若干问题的规定》（2020年修正）第3条。

第三节　诉讼时效期间及其起算

一　诉讼时效期间的概念和特点

我国《民法典》第188条第1款规定，向人民法院请求保护民事权利的诉讼时效期间为三年。法律另有规定的，依照其规定。从这个规定可以总结出诉讼时效期间的含义，就是指权利人向人民法院请求保护其民事权利的法定期间。

（一）诉讼时效的特点

（1）期间法定。根据《民法典》的规定，诉讼时效的期间、计算方法以及中止、中断的事由由法律规定，排除当事人意思自治的空间，如果当事人自行进行约定，则该约定无效。

（2）期间可变。诉讼时效期间可以中止、中断、延长。诉讼时效属于消灭时效，强调权利人不行使请求权的状态持续。因此，一旦发生影响该状态持续的法定事由，则依法允许中止、中断或者延长。但是需要注意的是，中止、中断和延长的事由亦属法定事项，仍不允许当事人通过协议延长或者缩短。

（3）是向法院请求保护权利的期间。诉讼时效期间的经过，其法律效果是使得义务人取得了拒绝履行的抗辩权，故权利人同时就丧失了通过诉讼程序请求国家以强制力要求义务人履行义务的权利。

这里引申出另外一个问题，就是权利人向义务人非通过诉讼程序行使请求权，义务人能否提出时效抗辩的问题。首先，在仲裁程序中，义务人完全可以提出时效抗辩，毕竟仲裁程序是一种基于法律和当事人双重授权的解纷程序，故要具有公力救济的重要成分。其次，如果在其他非诉讼程序场合主张权利，义务人能否以时效期间届满进行抗辩？本书认为，客观上可以为之，但是要发生相应的、确定的法律效果，仍需进入诉讼程序才能确定。

（二）除斥期间

在民法上还有一类时间制度，就是规定某种权利的存续期间，其间届满则权利本身消灭，这一权利的存续时间即除斥期间，权利人只能在该权利的存续期间内行使权利。在导致权利变动的意义上，诉讼时效和除斥期

间有一定的相似性。但二者存在巨大区别,除斥期间的特点在于:

第一,除斥期间既可以是法定期间,也可以由当事人约定。关于这一问题,有学者认为除斥期间是由法律明确规定的权利存续期间,必须是由法律规定的期限,不可能由当事人约定。① 关于这一问题存在争议,应该说也存在由法律规定可以由当事人确定的情况。梅迪库斯教授认为,《德国民法典》在第121条、第124条和第510条第2款(先买权)中规定了这种除斥期间,对于解除权,可以约定一个除斥期间,或者依第353条予以确定。② 在我国《民法典》中,规定了当事人可约定的撤销权、解除权等权利的存续期间。③

第二,与诉讼时效期间经过的后果不同,除斥期间届满权利归于消灭。如我国《民法典》第152条规定撤销权的行使期间④,第199条后段也规定,存续期间届满,撤销权、解除权等权利消灭。

第三,除斥期间主要适用于撤销权、解除权等形成权。期间届满以后再行使形成权,其行使行为当然不发生效力,不需要再提出抗辩。⑤ 我国《民法典》规定的适用除斥期间的权利,也主要是形成权,即撤销权、解除权等权利。

第四,法院在审理案件时应主动援用除斥期间相关规定,无须当事人主张或者抗辩。

二 诉讼时效期间的类型

诉讼时效期间能够导致发生某种权利变动,从此角度讲,应该做到简单、明确和统一,便于当事人辨识、预测和法院的准确适用。否则,过于复杂的差异化标准,很难解释差异化的理由或者理论基础,无形中会导致

---

① 王利明:《民法总论》,中国人民大学出版社2009年版,第363页。
② [德]迪特尔·梅迪库斯:《德国民法总论》,邵建东译,法律出版社2001年版,第89页。
③ 参见《民法典》第199条。
④ 《民法典》第152条:有下列情形之一的,撤销权消灭:(一)当事人自知道或者应当知道撤销事由之日起一年内、重大误解的当事人自知道或者应当知道撤销事由之日起九十日内没有行使撤销权;(二)当事人受胁迫,自胁迫行为终止之日起一年内没有行使撤销权;(三)当事人知道撤销事由后明确表示或者以自己的行为表明放弃撤销权。当事人自民事法律行为发生之日起五年内没有行使撤销权的,撤销权消灭。
⑤ [德]迪特尔·梅迪库斯:《德国民法总论》,邵建东译,法律出版社2001年版,第89页。

理解和适用上的分歧和矛盾。从我国立法的过程来看，有逐渐简单化、统一化的趋势，如在《民法通则》中规定了二年的普通时效期间和一年的特殊时效期间，而到了《民法总则》《民法典》，则只统一规定了三年的普通时效期间。

（一）普通诉讼时效期间

《民法通则》规定的普通诉讼时效的期间为二年，在《民法总则》起草过程中，立法者将二年的普通诉讼时效期间延长为三年。其主要立法理由是，近年来，社会生活发生深刻变化，交易方式与类型也不断创新，权利义务关系更趋复杂，要求权利人在二年诉讼时效期间内行使权利显得过短，有必要适当延长。①《民法典》也将普通诉讼时效期间规定为三年。

（二）特别诉讼时效期间

规定不同于统一的诉讼时效期间有没有必要，是一个立法价值判断问题。考虑到权利性质的不同，以及社会生活本身的复杂性和权利保护的必要性，规定异于普通诉讼时效期间的特别诉讼时效期间确有必要。但是到底如何规定，标准为何也是问题，无论是短于或者长于普通诉讼时效期间，都缺乏清晰的标准和有说服力的理由。尤其是在《民法典》已经做了基础规定的情况下，其他相应的民事法律部分应对其所规定的异于《民法典》规定的诉讼时效期间进行检讨，审查其是否有保持差异性的必要和理由。本书认为，《民事诉讼法》规定的申请执行时效，缺乏与《民法典》保持差异的重大理由，故其二年的期间应修改为三年。

我国《民法通则》曾规定了一年的特殊诉讼时效期间，《民法典》并没有继承这一做法。对于是否应存在不同于三年的特殊诉讼时效期间，采用"法律另有规定的，依照其规定"的立法技术，在这个意义上，应当认为我国民法中允许存在特殊诉讼时效期间。"法律另有规定"，强调了三层意思：①只能由法律进行规定，排除了其他规范性文件设定的可能。②《民法典》中另有规定，如第594条规定，因国际货物买卖合同和技术进出口合同争议提起诉讼或者申请仲裁的时效期间为四年。③其他民事法律中有特殊规定，如因产品存在缺陷造成损害要求赔偿的诉讼时效期间

---

① 《全国人大常委会关于〈中华人民共和国民法总则（草案）〉的说明》（2016年7月5日）【法宝引证码】CLI. DL. 14287。

为二年。①

(三) 诉讼时效期间立法变化的实践衔接问题

关于普通诉讼时效期间的立法保护，在《民法总则》颁布实施后，并未废除《民法通则》的规定，而在《民法典》实施后，才废除《民法通则》《民法总则》。故在《民法典》施行前后，存在诉讼时效期间新旧立法规定的适用衔接问题。应考虑从维护社会秩序的稳定性角度出发，对于依据《民法通则》有效期间时效期间已经届满的，适用二年的期间，在《民法通则》有效期间时效期间尚未届满而持续至《民法典》实施后的情形，则应按照新法优于旧法原则，适用三年的时效期间。②

三 诉讼时效期间的起算

(一) 诉讼时效期间起算标准及其考虑因素

时效期间的起算问题，需要解决三个基本标准问题，即"知""能"和"不行使"的问题。

所谓"知"的标准，是指权利人知道请求权和义务人的存在，如果权利人不知其权利存在，或者不知义务人的明确信息，则无法行使请求权，诉讼时效期间不能起算。至于知道的程度则与知道的内容相关而有差别。就请求权的存在而言，对知道的程度要求并不高，只要权利人有认识其权利的存在或知道权利被侵害即可，至于权利的性质、内容、被侵害的方式、后果，请求权如何行使等，均不能苛责其通晓或者完全掌握。但对于义务人的存在，知道的程度则相对要高一些，这就是《民事诉讼法》规定的起诉条件之一——"有明确的被告"，即被告的姓名、性别、工作单位、住所等信息，法人或者其他组织的名称、住所等信息。

所谓"能"的标准，是指权利人能够行使其权利请求权。具体包括有能力行使和客观上能够行使两个方面。有能力行使是从权利人本身的行为能力考察，如果权利人为无行为能力人或者限制行为能力人，显然由于其识别和判断能力的不足或者阙如，不能行使请求权的，诉讼时效期间自不应启动计算。客观上能够行使，是指权利人行使请求权不受外力因素的

---

① 参见《产品质量法》第45条。
② 《最高人民法院民一庭就"民事审判信箱"栏目中各地法院提出的民事审判疑难问题进行的解答》，《民事审判指导与参考》2017年第4辑（总第72辑）。

干扰或者阻挠。如果发生权利人以外的客观因素导致权利人事实上不能或者无法行使权利的，时效期间也不应起算。

"不行使"标准，是指权利人知道权利的存在且能够行使权利，而客观上没有向义务人主张权利的行为。至于行使的方式或者效果等，后文再行论述，此处不赘。

上述三个标准，可以分解为四个因素去考察。

第一，不同类型的请求权及其性质。对于合同债权请求权，一般以当事人必须有效履行之时，即权利届期时开始起算。而对于损害赔偿请求权，则应以请求权产生时起算，如侵害人格权，侵权行为发生时即可以起算，但是如果损害持续，则其起算就比较麻烦，尤其在人身损害场合，有些损害发生可能是后续的，如头部遭受暴力打击，一开始并没当回事，然而多年后发生了后遗症，时效起算从何时开始就成了问题，原则上对发生后遗症部分的损害赔偿请求权，应以后遗症发生时起算，而不能以遭受暴力打击时起算。另外，对一些特殊的义务的违反所产生的请求权，如不作为义务、连续性义务或者生效裁判确定的履行义务，时效期间起算必须有其特殊规则。

第二，权利人的情况。对于权利人不及时行使权利，从权利人角度分析，主要是不知和不能。不知，指的是权利人不知晓请求权的存在，包括事实上不知道或者不应当知道。对于无行为能力人和限制行为能力人，不能从其自身分析，而是要看其法定代理人是否不知。不能，是指权利人无法行使请求权，包括主观不能和客观不能。主观不能是由于权利人自身原因导致不能行使请求权，如无行为能力人或者限制行为能力人，虽有些能认识到其权利被侵害，但是如果没有监护人作为其代理人主张权利，则属于主观不能行使请求权。客观不能，是指由于客观原因导致权利人无法行使请求权的情形。权利人被限制人身自由持续超过了三年，是否构成时效期间届满呢？答案显然是否定的。否则，就会引发道德风险和新的法律风险（为拖过时效，义务人故意设置障碍使得权利人无法行使请求权）。

第三，义务人是否确定。时效的起算，涉及另一个问题就是权利人要知道义务人，如此才能够决定向何人行使请求权。如高空抛物案，在侵权人未确定前，对受害人起算时效期间不公平。

第四，是否有主张权利的事实。在诉讼时效的起算中，只要权利人无法证明存在主张权利的积极事实，即可认定为未主张权利，该事实的证明责任分配给权利人而非义务人，理由是对不主张权利的消极事实义务人无法证明。

与《民法通则》相比，我国《民法典》关于时效期间起算的规定，明显科学合理了许多，综合考虑到了上述起算时应注意的因素。

(二) 时效起算的一般规定

《民法典》规定的起算标准，其规则主要包含两个要素：一是权利人不构成不知，即知道或者应当知道权利受到损害。二是要知道义务人。这两个条件必须同时具备，否则时效期间不能起算。"知道"，指权利人已经知晓其请求权的发生。"应当知道"则是对权利人的未尽必要注意义务时的一种推定，即使权利人主观上确实不知道请求权的发生，期间也应开始起算。

权利人知道或者应当知道的起算标准，在生活实践中也会遭遇挑战。如果一个权利人不知自己的权利时间太长，其权利保护的必要性和重要性就会明显降低，而且与时效制度的理念也会发生冲突。因此，各国一般都有权利最长保护期限的规定，如我国《民法典》第188条第2款规定的二十年。最长保护期限的规定，与诉讼时效期间不同，不适用中止、中断的规定，这一点与诉讼时效期间不同，但又未规定可适用延长的规定，又与除斥期间有异。最长保护期限既能克服诉讼时效制度可能导致的无限期保护权利的缺点，又能克服除斥期间届满导致权利丧失的结果发生。

(三) 诉讼时效起算的特别规定

1. 未约定履行期限的合同的诉讼时效起算

在实践中多发生当事人之间没有约定义务履行期限的情形，如何确定"权利受到损害"就成了问题。履行期限的确定就成为知道请求权的关键。按照《民法典》第510条规定，合同生效后，当事人可以就履行期限通过协议进行补充，不能达成补充协议的，按照合同相关条款或者交易习惯确定。如果仍无法确定履行时间的，债务人可以随时履行，债权人也可以随时请求履行，但是应当给对方必要的准备时间。此时，期间应该是从给对方必要的准备时间届满之时开始起算。如果债权人要求债务人履行义务有宽限期的，则从宽限期届满时起算。如果在准备时间或者宽限期届满前，债务人在债权人第一次向其主张权利之时明确表示不履行义务的，诉讼时效期间从债务人明确表示不履行义务之日起计算。①

对于实践中出具没有还款日期的欠款条的情形，如何确定诉讼时效的计算问题，可考虑欠款条出具的不同情形进一步处理：（1）如果债务人直接出具了没有还款日期的欠款条，则仍按照前述未约定履行期限的合同的诉讼时效起算的作业流程处理。（2）如果双方当事人原约定，供方交货后，需方立即付款。需方收货后因无款可付，经供方同意写了没有还款日期的欠款条，则根据《民法典》第195条的规定，应认定诉讼时效中断，如果供方在诉讼时效中断后一直未主张权利，诉讼时效期间则应从供方收到需方所写欠款条之日起重新计算。②

2. 分期履行债务的时效起算

分期履行债务，如租金的交付或者贷款的偿还，义务人是按月或者按年逐次履行。债务人某月或者某期债务未履行，就发生如何对已逾期的债务的时效期间起算问题。我国《民法典》第189条规定，当事人约定同一债务分期履行的，诉讼时效期间自最后一期履行期限届满之日起计算。这一规定，避免了合同履行过程中逾期较早的债务过了诉讼时效期间的情形，对债权人是一种保护。

3. 准合同请求权的诉讼时效期间计算

我国《民法典》将无因管理和不当得利规定在合同编中的准合同中。如何确定权利人"知道或者应当知道"其请求权，不能够按照诉讼时效期间计算的一般标准判断，应照顾到请求权发生的其特殊性。我国采取了三个不同的标准。（1）返还不当得利请求权的诉讼时效期间，从当事人一方知道或者应当知道不当得利事实及对方当事人之日起计算。③（2）管理人因无因管理行为产生的给付必要管理费用、赔偿损失请求权的诉讼时效期间，从无因管理行为结束并且管理人知道或者应当知道本人之日起计算。④（3）本人因不当无因管理行为产生的赔偿损失请求权的诉

---

① 参见《最高人民法院关于审理民事案件适用诉讼时效制度若干问题的规定》（2022年修正）第4条。
② 《最高人民法院关于债务人在约定的期限届满后未履行债务而出具没有还款日期的欠款条诉讼时效期间应从何时开始计算问题的批复》（法释〔2020〕17号修改的司法解释之一）。
③ 《最高人民法院关于审理民事案件适用诉讼时效制度若干问题的规定》（2022年修正）第6条。
④ 《最高人民法院关于审理民事案件适用诉讼时效制度若干问题的规定》（2022年修正）第7条第1款。

讼时效期间，从其知道或者应当知道管理人及损害事实之日起计算。①

4. 无民事行为能力人或者限制民事行为能力人的权利受到损害的诉讼时效期间起算

无民事行为能力人或者限制民事行为能力人，由于其识别和判断能力存在的瑕疵，导致其对于权利受侵害的不知是常态，不能自行主张权利是必然。这等情形下诉讼时效期间的起算，必须有特殊规则。我国规定，无民事行为能力人或者限制民事行为能力人的权利受到损害的，诉讼时效期间自其法定代理人知道或者应当知道权利受到损害以及义务人之日起计算，但是法律另有规定的除外。②

5. 对法定代理人的请求权的诉讼时效期间计算

对法定代理人的请求权的诉讼时效期间计算问题，涉及的仍是无行为能力人或者限制行为能力人的主观不能问题，即能够知道权利被侵害或者虽知道但能否自己主张的问题。

法定代理是依据法律所确定的代理，在代理人和被代理人之间存在某种特殊关系，如父母子女关系、配偶关系或者近亲属等家庭关系，还有是基于法律直接规定所产生的代理。无民事行为能力人或限制行为能力可能无法知道权利的存在，或者虽知道权利的存在，但其权利行使必须通过其法定代理人主张。但如果该法定代理关系尚未结束，针对该法定代理人的请求权事实上无法行使，属于不能行使状态，何时起计算诉讼时效期间，又可分为两种情况：

（1）在取得、恢复完全民事行为能力后才知道或者应当知道权利受到损害的，按照法律关于时效期间的一般规则执行，即自权利人知道或者应当知道权利受到损害以及义务人之日起计算。

（2）在原法定代理终止并确定新的法定代理人后，诉讼时效期间应自其新法定代理人知道或者应当知道权利受到损害以及义务人之日起计算。

我国《民法典》第190条规定，无民事行为能力人或者限制民事行为能力人对其法定代理人的请求权的诉讼时效期间，自该法定代理终止

---

① 《最高人民法院关于审理民事案件适用诉讼时效制度若干问题的规定》（2022年修正）第7条第2款。

② 参见《最高人民法院关于适用〈中华人民共和国民法典〉总则编若干问题的解释》（法释〔2022〕6号）第36条。

之日起计算。这一规定没有考虑到被代理人取得或者恢复完全民事行为能力后，是否知道或者应当知道存在时间差。同时，因法定代理人丧失民事行为能力、死亡或监护人被撤销监护资格后，选定新的法定代理人的时间与前一法定代理终止之间也可能存在时间差，从前一法定代理终止之日起计算诉讼时效期间，对权利人并不公平。因此，最高人民法院通过司法解释及时纠正了这种结果的发生。①

6. 未成年人遭受性侵的损害赔偿请求权的时效期间起算

对于遭受性侵被侵犯的权利内容，《民法典》没有明确，依法理应该包括两个方面，身体自主（性自主）权和人格尊严。根据《民法典》的规定，受害人的停止侵害、排除妨碍、消除危险、消除影响、恢复名誉、赔礼道歉请求权，不适用诉讼时效的规定。而人身损害赔偿请求权和精神损害赔偿请求权，则要适用诉讼时效。如果按照时效计算的一般规则，知道或者应当知道，对于这类受害人并不科学和合理。一是未成年人有可能因年幼并未意识到权利被侵犯，二是实践中还发生有监护人性侵未成年人的情形，在未更换监护人或者成年之前事实上也无法行使请求权。故我国《民法典》第191条做了特殊规定，自受害人年满十八周岁之日起计算。

7. 再次分割夫妻共同财产的从当事人发现之日起计算

司法实践中，常发生离婚后一方发现另一方存在隐藏、转移、变卖、毁损、挥霍夫妻共同财产，或者伪造夫妻共同债务企图侵占一方财产的行为，依法可请求再次分割夫妻共同财产。② 这里再次分割夫妻共同财产请求权的诉讼时效期间应自发现之日起计算，在发现之前，当事人处于不知状态，不应起算时效期间。③

8. 生效裁判确定的给付请求权的时效期间计算

当事人通过诉讼或者仲裁启动争议解决程序，是积极行使民事权利的表现，因而导致诉讼时效的中断。但当生效裁判作出后，中断的时效又存在重新起算的问题。是以生效裁判做出之日还是以生效裁判确定的履行之日起算，需要法律予以明确。我国《民事诉讼法》申请执行时效期间，

---

① 参见《最高人民法院关于适用〈中华人民共和国民法典〉总则编若干问题的解释》（法释〔2022〕6号）第37条。
② 参见《民法典》第1092条。
③ 《最高人民法院关于适用〈中华人民共和国民法典〉婚姻家庭编的解释（一）》（法释〔2020〕22号）第84条：当事人依据民法典第一千零九十二条的规定向人民法院提起诉讼，请求再次分割夫妻共同财产的诉讼时效期间为三年，从当事人发现之日起计算。

从法律文书规定履行期间的最后一日起计算;法律文书规定分期履行的,从最后一期履行期限届满之日起计算;法律文书未规定履行期间的,从法律文书生效之日起计算。①

第四节 诉讼时效期间起算后的障碍事由及其效力

一 诉讼时效期间起算后的障碍事由

前已述及,诉讼时效期间的起算是以权利人知道权利存在、能行使权利而不行使权利为标准。如果在时效期间已经开始计算的过程中,出现了障碍时效继续计算的事由,是否足以打破期间的持续计算,也是诉讼时效制度设计中应予重点考虑的问题。障碍时效继续计算的事由,即可以被认定为"不知""不能"或构成权利行使的各种事由。

(一) 不知事由

构成不知事由,是指在时效期间已经起算之后,权利人发生不知的情况,从知道转为不知道或者不应当知道,对其继续计算时效不公平合理。这类情况主要有:

(1) 行为能力变化事由,主要是指完全行为能力人因各种原因成为无行为能力人或者限制行为能力人,此时权利人本身由于行为能力的瑕疵,对其权利是否存在以及是否受侵害处于不知状态。

(2) 无法定代理人,主要是指法定代理人死亡、丧失行为能力或者丧失代理权,原法定代理人虽然知道请求权的存在等情况,在没有确定新的法定代理人时,权利人处于不知状态,或者虽然新的法定代理人产生,但还未了解权利人权利被侵害的情况时,对权利人继续计算时效期间,不公平合理。

(二) 不能事由

不能事由,是指在诉讼时效期间已经起算之后,权利人方面发生不能行使请求权的情况。主要包括:

(1) 无法定代理人,即法定代理人死亡、丧失行为能力或者丧失代理权,新的法定代理人尚未产生时,权利人的权利无人代理主张,出于不

---

① 参见《民事诉讼法》第246条第2款。

能行使状态。

(2) 权利人的人身被控制，即权利人被义务人或者第三人控制其人身自由，无法现实地行使权利。

(3) 发生其他导致权利人不能行使权利的客观情形，如遭受不可抗力，因疫情防控被隔离在医院或者家中，权利人客观上无法行使权利。

(4) 义务人发生变化，权利人暂时不知向何人主张权利，如义务人死亡的，在继承人或遗产管理人尚未确定时，义务人权利无法主张。

(5) 权利人与义务人关系发生变化，如权利人与义务人结婚，导致在法律上不能行使权利。在《法国民法典》中规定，在夫妻之间以及在订立紧密关系民事协议的两伙伴之间，时效不进行或者中止进行。[1]

(三) 权利行使事由

构成权利行使的事由，是指在诉讼时效期间起算后，权利人积极行使权利或者能够证明权利人在行使权利的客观事由。主要包括权利人主张权利、义务人同意履行等情况。

以上三类障碍事由，都会对诉讼时效期间继续计算产生影响，但是，是否在立法上确定构成有法律效力的障碍，则取决于立法者的立法政策和立法选择。比如对于权利人丧失行为能力的情形，我国《民法典》就对其是否构成时效起算后的变化没有明确规定，应解释为"其他导致权利人不能行使请求权的障碍"[2] 的情形。另一个问题就是，对于上述障碍事由，如果立法认许构成足够影响时效期间持续计算的重大事由，则产生何等影响效果赋予何种效力，是导致时效不计算、停止、中止或者重新开始进行等，也都需要立法者进行选择。

我国《民法典》对发生障碍时效期间继续计算的事由也有规定，采取了诉讼时效中止和诉讼时效中断两种不同效力的立法选择。

二 诉讼时效中止

诉讼时效中止，是指因发生法定事由，已经起算的时效期间暂时停止，待障碍事由消除后再行计算的情形。发生在诉讼时效进行中的哪一个阶段，各国规定也不一样，如《德国民法典》对于特殊类型的中止，如

---

[1] 《法国民法典》，罗结珍译，北京大学出版社2010年版，第493页。
[2] 参见《民法典》第194条。

不可抗力情形，必须是发生在时效期间的最后 6 个月以内才发生中止的效果，对于有些类型的请求权则不要求发生在最后 6 个月内。① 我国《民法典》规定仅在诉讼时效期间的最后 6 个月内才能发生中止，其他时点即使存在障碍事由，但仍不能构成中止的结果。再行计算的方法也有不同，有的国家规定是接着计算，如《德国民法典》第 209 条规定，消灭时效停止的那一时段不算入消灭时效期间，② 而我国《民法典》规定的则是再补足 6 个月。

诉讼时效中止的事由主要有下列情形：（1）不可抗力；（2）无民事行为能力人或者限制民事行为能力人没有法定代理人，或者法定代理人死亡、丧失民事行为能力、丧失代理权；（3）继承开始后未确定继承人或者遗产管理人；（4）权利人被义务人或者其他人控制；（5）其他导致权利人不能行使请求权的障碍。③ 可以看出，上述五类事由，主要是不知和不能的障碍事由。

三 诉讼时效中断

诉讼时效中断，是指因发生法定事由，已经起算时效期间不再计算，时效重新开始计算。与时效中止的停止后继续计算不同，时效中断使经过的时效彻底被干预掉了，待中断事由消除后，开始计算新的时效期间。我国《民法典》规定了时效中断相关规则。

在我国，与原《民法通则》规定不同，《民法典》增加了新的法定事由规定，主要有：（1）权利人向义务人提出履行请求；（2）义务人同意履行义务；（3）权利人提起诉讼或者申请仲裁；（4）与提起诉讼或者申请仲裁具有同等效力的其他情形。④ 另外，还有其他导致诉讼时效中断的特殊情形。⑤ 上述这些法定的事由，均属于构成权利行使的障碍事由，在此不赘。

---

① 《德国民法典》（第 3 版），陈卫佐译注，法律出版社 2010 年版，第 73 页。
② 《德国民法典》（第 3 版），陈卫佐译注，法律出版社 2010 年版，第 74 页。
③ 参见《民法典》第 194 条。
④ 参见《民法典》第 195 条。
⑤ 参见《最高人民法院关于审理民事案件适用诉讼时效制度若干问题的规定》（2020 年修正）。

四 权利最长保护期限的延长

权利的最长保护期限不同于诉讼时效,无论权利人是否知道或者能够行使权利在所不问,超过这一期限后就不得主张请求权,故不发生中止、中断问题。但是,最长保护期限到底规定多长比较合适,各国做法不一,如《法国民法典》2227 条规定对不动产物权诉讼的,为 30 年,而其第 2233 条第 1 款又规定了 20 年的最长期间。[1] 当然,无论是 20 年的规定还是 30 年的规定,均可能发生特定的事实,导致这些最长期间的规定显得苍白无力,缺乏不予保护的法律有效说服力。因此,存在是否还允许再行延长的问题,《法国民法典》第 2232 条第 2 款的规定,对于有关身体伤害、所有权、人的身份诉讼等,规定没有最长期间限制,[2] 而《德国民法典》则没有延长的规定。我国《民法典》关于这一问题的规定和理解都发生了变化,对于 20 年的权利最长保护期限,不再认为是最长诉讼时效期间。对于确有特殊情况需要保护的,不再理解为是诉讼时效期间的延长,而是规定为对法定最长保护期限的延长。

《民法典》第 188 条第 2 款后段规定,但是自权利受到损害之日起超过 20 年的,人民法院不予保护;有特殊情况的,人民法院可以根据权利人的申请决定延长。根据上述规定,我国法定最长保护期限的延长的要件是:①自权利受到损害之日起超过 20 年;②有特殊情况,即阻碍权利人正常行使权利的情形;③必须由权利人向人民法院提出延长的申请;④属法院自由裁量权范畴,由法院根据权利人的申请决定是否以及如何延长。

---

① 《法国民法典》,罗结珍译,北京大学出版社 2010 年版,第 492—493 页。
② 《法国民法典》,罗结珍译,北京大学出版社 2010 年版,第 492—493 页。

参考文献

一 著作类

[美] 艾伦·沃森：《民法法系的演变及形成》，李静冰、姚新华译，中国政法大学出版社1992年版。

[意] 彼德罗·彭梵得：《罗马法教科书》，黄风译，中国政法大学出版社1992年版。

[罗马] 查士丁尼：《法学总论——法学阶梯》，张企泰译，商务印书馆1989年版。

陈弘毅：《法治、启蒙与现代法的精神》，中国政法大学出版社1998年版。

陈朝璧：《罗马法原理》（上册），商务印书馆1937年版。

陈先达：《走向历史的深处：马克思历史观研究》，中国人民大学出版社2010年版。

[德] 迪特尔·梅迪库斯：《德国民法总论》，邵建东译，法律出版社2001年版。

[德] 鲍尔/施蒂尔纳：《德国物权法》（上下册），张双根译，法律出版社2004年版。

杜景林、卢谌：《德国民法典评注：总则·债法·物权》，法律出版社2011年版。

[美] E. 艾伦·范斯沃思：《美国合同法》（原书第三版），葛云松、丁春艳译，中国政法大学出版社2004年版。

黄茂荣：《法学方法与现代民法》，中国政法大学出版社2001年版。

[德] 黑格尔：《法哲学原理》，范扬、张启泰译，商务印书馆1961年版。

胡长清：《中国民法总论》，中国政法大学出版社1997年版。

江平主编：《民法学》，中国政法大学出版社2000年版。

［德］卡尔·拉伦茨：《德国民法通论》（上下册），王晓晔、邵建东、程建英、徐国建、谢怀栻译，法律出版社2003年版。

［德］马克思：《1844年经济学—哲学手稿》，刘丕坤译，人民出版社1979年版。

［德］伊曼努尔·康德：《道德形而上学原理》，苗力田译，上海人民出版社2005年版。

［德］康德：《法的形而上学原理——权利的科学》，沈叔平译，林荣远校，商务印书馆1991年版。

［德］马克思、恩格斯：《德意志意识形态》，人民出版社1961年版。

《马克思恩格斯全集》第21卷，人民出版社1965年版。

梁慧星：《民法总论》，法律出版社1996年版。

梁慧星主编：《中国民法典草案建议稿附理由·侵权行为编》，法律出版社2013年版。

梁慧星：《民法总论》（第五版），法律出版社2017年版。

龙卫球：《民法总论》，中国法制出版社2001年版。

李永军：《民法总论》，法律出版社2006年版。

马俊驹、余延满：《民法原论》（上下），法律出版社1998年版。

梅夏英：《财产权构造的基础分析》，人民法院出版社2002年版。

梅仲协：《民法要义》，中国政法大学出版社1998年版。

《民法学》编写组编：《民法学》，高等教育出版社2019年版。

《民法学》编写组编：《民法学》（第二版）（上下册），高等教育出版社2022年版。

彭万林主编：《民法学》，中国政法大学出版社1994年版。

彭万林主编：《民法学》（修订版），中国政法大学出版社1999年版。

邱仁宗：《生命伦理学》，上海人民出版社1987年版。

史尚宽：《民法总论》，中国政法大学出版社2000年版。

孙宪忠：《德国当代物权法》，法律出版社1997年版。

佟柔主编：《民法原理》，法律出版社1983年版。

佟柔主编：《中国民法学·民法总则》，中国人民公安大学出版社1990年版。

王利明：《民法总则研究》，中国人民大学出版社 2003 年版。

王利明：《民法总论》，中国人民大学出版社 2009 年版。

王利明：《人格权法》，中国人民大学出版社 2009 年版。

王泽鉴：《民法总则》（增订版），中国政法大学出版社 2001 年版。

马俊驹：《人格和人格权理论讲稿》，法律出版社 2009 年版。

魏振瀛主编：《民法》（第五版），北京大学出版社、高等教育出版社 2013 年版。

［德］曼弗雷德·沃尔夫：《物权法》，吴越、李大雪译，法律出版社 2002 年版。

谢怀栻：《外国民商法精要》，法律出版社 2002 年版。

谢在全：《民法物权论》（上下册），中国政法大学出版社 1999 年版。

［日］我妻荣：《新订民法总则》，于敏译，中国法制出版社 2008 年版。

徐国栋：《民法基本原则解释——成文法局限性之克服》，中国政法大学出版社 1992 年版。

沈宗灵：《现代西方法理学》，北京大学出版社 1992 年版。

沈宗灵：《比较法研究》，北京大学出版社 1998 年版。

杨立新主编：《民法总则重大疑难问题研究》，中国法制出版社 2011 年版。

杨立新主编：《中华人民共和国民法总则要义与案例解读》，中国法制出版社 2017 年版。

杨立新：《民法总则：条文背后的故事与难题》，法律出版社 2017 年版。

张文显：《法哲学范畴研究》（修订版），中国政法大学出版社 2001 年版。

张文显主编：《法理学》（第三版），高等教育出版社、北京大学出版社 2007 年版。

张俊浩主编：《民法学原理》（修订版），中国政法大学出版社 1997 年版。

张胜利、戴新毅编著：《美国商事法概论》，中国政法大学出版社 2012 年版。

中央政法干部学校民法教研室编著：《中华人民共和国民法基本问

题》，法律出版社 1958 年版。

周枏：《罗马法原论》（上下册），商务印书馆 1994 年版。

邹海林：《民法总则》，法律出版社 2018 年版。

最高人民法院研究室编著：《最高人民法院关于合同法司法解释（二）理解与适用》，人民法院出版社 2009 年版。

薛波主编：《元照英美法词典》，法律出版社 2003 年版。

《巴西新民法典》，齐云译，中国法制出版社 2009 年版。

《德国民法典》（第 3 版），陈卫佐译注，法律出版社 2010 年版。

《法国民法典》，罗结珍译，北京大学出版社 2010 年版。

《瑞士民法典》，殷生根译，法律出版社 1987 年版。

《最新日本民法》，渠涛编译，法律出版社 2006 年版。

二 论文类

安雪梅、喻静：《民事权利的请求权及其在司法实践中的具体适用》，《人民司法》2007 年第 17 期。

白非：《对我国民法中民事行为制度的思考》，《中国法学》2005 年第 2 期。

[意] 比扬卡：《关于欧洲民法典编纂的短论》，薛军译，《中外法学》2004 年第 6 期。

蔡宏伟：《"法律责任"概念之澄清》，《法制与社会发展》2020 年第 6 期。

蔡守秋、张毅：《论民法总则中绿色原则的价值与功能》，载《区域环境资源综合整治和合作治理法律问题研究——2017 年全国环境资源法学研讨会（年会）论文集》。

曹嘉力：《越权代表行为的法律效力初探——兼评〈合同法〉第 50 条》，《当代法学》2002 年第 9 期。

曹义孙：《法律结构模式及其意义和问题——〈民法基本原则解释〉述评》，《中国法学》1994 年第 4 期。

曹志瑜、曹欣：《他山之石：潘德克顿法学对中国民法典编纂的历史镜鉴》，《江南大学学报》（人文社会科学版）2020 年第 3 期。

曹治国：《宪法权利与民事权利关系辨》，《河北法学》2008 年第 5 期。

常鹏翱:《等同论否定说:法律行为的可撤销与相对无效的关系辨析——以〈民法通则〉到〈民法典〉的规范发展为基点》,《法学家》2020 年第 5 期。

陈道英:《从德国法上的一般人格权看宪法权利与民事权利的协调》,《法学评论》2011 年第 5 期。

陈海嵩:《〈民法总则〉"生态环境保护原则"的理解及适用——基于宪法的解释》,《法学》2017 年第 10 期。

陈汉章:《论民法在法的体系中的地位和作用——兼谈经济法问题》,《法学》1983 年第 7 期。

陈华彬:《论民事权利的内容与行使的限制——兼议我国〈民法总则(草案)〉相关规定的完善》,《法学杂志》2016 年第 11 期。

陈华彬:《〈民法总则〉关于"民事责任"规定的释评》,《法律适用》2017 年第 9 期。

陈华彬:《论意思表示错误及我国民法典对其的借镜》,《法学杂志》2017 年第 9 期。

陈年冰:《规则、原则、程序——民法基本原则的立法要义》,《法学》1997 年第 9 期。

陈年冰:《试论合同法中的诚实信用原则——从规范的角度进行分析》,《法律科学》(西北政法学院学报)2003 年第 6 期。

陈庆:《民法史上的人与人格——兼论〈民法典〉自然人民事权利能力条款修改方向》,《河南大学学报》(社会科学版)2021 年第 1 期。

陈卫佐:《〈民法总则〉中的民事法律行为——基于法律行为学说的比较法分析》,《比较法研究》2017 年第 4 期。

陈小君:《民事法律行为效力之立法研究》,《法学家》2016 年第 5 期。

陈信勇:《民事法律行为效力性能与生效样态区分论——兼及〈民法总则〉第 136 条的解读》,《浙江社会科学》2018 年第 7 期。

迟颖:《〈民法总则〉表见代理的类型化分析》,《比较法研究》2018 年第 2 期。

迟颖:《代理授权无因性视角下的复代理——兼评〈民法典〉第 169 条》,《法学》2020 年第 11 期。

迟颖:《意定代理授权行为无因性解析》,《法学》2017 年第 1 期。

崔建远：《民法总则如何反映民事权利？》，《求是学刊》2015年第4期。

崔建远：《意思表示的解释规则论》，《法学家》2016年第5期。

崔拴林：《论意定代理授权行为的取消——兼释〈民法总则〉第173条第2项前半句》，《法学家》2019年第2期。

戴孟勇：《法律行为与公序良俗》，《法学家》2020年第1期。

翟远见：《〈民法典〉第160条（附期限法律行为）评注》，《法学家》2020年第5期。

丁海俊：《论民事权利、义务和责任的关系》，《河北法学》2005年第7期。

董彪、李建华：《我国民法典总则中法律行为构成要素的立法设计——以权利本位为视角》，《当代法学》2015年第5期。

董学立：《论效力未定民事行为的法律属性》，《法学论坛》2012年第6期。

窦海阳：《对权利行使中民事法律关系分析方法的比较研究》，《北航法律评论》2011年第1辑。

杜江涌：《现代民法中自然人制度的反思与重塑》，《当代法学》2004年第4期。

樊勇：《私人自治的绿色边界——〈民法总则〉第9条的理解与落实》，《华东政法大学学报》2019年第2期。

范健：《中国〈民法典〉颁行后的民商关系思考》，《政法论坛》2021年第2期。

范进学：《权利概念论》，《中国法学》2003年第2期。

方新军：《内在体系外显与民法典体系融贯性的实现 对〈民法总则〉基本原则规定的评论》，《中外法学》2017年第3期。

房绍坤、张玉东：《论紧急救助情形下救助人不承担责任的条件——以〈民法总则〉第184条为分析对象》，《比较法研究》2018年第6期。

房绍坤：《论诉讼时效期间的起算》，《法学论坛》2017年第4期。

冯珏：《自然人与法人的权利能力 对于法人本质特征的追问》，《中外法学》2021年第2期。

［德］弗里德里希·卡尔·冯·萨维尼：《萨维尼论法律关系》，田士永译，《法哲学与法社会学论丛》2004年第00期。

付翠英：《人格·权利能力·民事主体辨思——我国民法典的选择》，《法学》2006年第8期。

高飞乐：《主客体关系问题是当代哲学的基本问题》，《理论学习月刊》1989年第3期。

高富平：《从实物本位到价值本位——对物权客体的历史考察和法理分析》，《华东政法学院学报》2003年第5期。

高健：《法律关系客体再探讨》，《法学论坛》2008年第5期。

高拉杰：《民法典编撰视野中成年意定监护监督问题研究》，《山东行政学院学报》2019年第4期。

高在敏、陈涛：《对民事法律行为本质合法说的质疑》，《法律科学》（西北政法学院学报）1996年第1期。

高在敏、陈涛：《论法律行为的合法与本质——对民事法律行为本质合法说质疑之二》，《法律科学》（西北政法学院学报）1998年第5期。

高在敏：《法律行为本质合法说观点源头考——对民事法律行为本质合法说质疑之三》，《法律科学》（西北政法学院学报）1999年第6期。

高在敏、陈涛：《论"质、剂、契、券"不等于法律行为——对民事法律行为本质合法说质疑之四》，《法律科学》（西北政法学院学报）2002年第6期。

葛云松：《死者生前人格利益的民法保护》，《比较法研究》2002年第4期。

耿林：《论法国民法典的演变与发展》，《比较法研究》2016年第4期。

辜明安：《论请求权在民事权利体系中的地位》，《当代法学》2007年第4期。

顾全：《民事法律行为效力评价体系中法益位阶的理解与实证分析》，《法律适用》2020年第17期。

顾全：《民事法律行为效力评价维度——兼论及限制性规范体系的理解适用》，《东方法学》2021年第1期。

郭明瑞：《民法总则中非法人组织的制度设计》，《法学家》2016年第5期。

郭明瑞：《关于民法总则中时效制度立法的思考》，《法学论坛》2017年第1期。

韩光明：《论民事法律关系的内容构建：一个基本概念的范式分析》，《比较法研究》2009年第5期。

韩世远：《民事法律行为解释的立法问题》，《法学》2003年第12期。

韩世远：《民法基本原则：体系结构、规范功能与应用发展》，《吉林大学社会科学学报》2017年第6期。

何佳馨：《中国民法调整对象学说史略》，《法学》2010年第5期。

何勤华、周小凡：《我国民法典编纂与德国法律文明的借鉴——中国继受1900年〈德国民法典〉120年考略》，《法学》2020年第5期。

何勤华、袁晨风：《"公序良俗"起源考》，《南大法学》2022年第4期。

贺剑：《绿色原则与法经济学》，《中国法学》2019年第2期。

侯才：《从主、客体关系的理解来看的马克思哲学——对马克思哲学的一种历史透察》，《哲学研究》1991年第4期。

胡东海：《论恶意串通型代理权滥用》，《法商研究》2019年第5期。

胡坚：《关于民事法律关系的再认识》，《贵州大学学报》（社会科学版）2004年第3期。

胡玉鸿：《"自然人"的社会与"自然人"的法律》，《法律科学》（西北政法学院学报）2006年第4期。

环建芬：《〈民法总则〉中非法人组织具体类型探析》，《时代法学》2019年第1期。

黄明耀：《民法适用中的法律推理》，《现代法学》2003年第2期。

[德] 霍尔夫·施蒂尔纳：《试评〈中国民法典〉：以欧洲与德国法律史为背景》，徐杭译，《南大法学》2022年第3期。

霍海红：《"优先保护权利人"诉讼时效理念的困境》，《法制与社会发展》2019年第4期。

霍政欣《效率违约的比较法研究》，《比较法研究》2011年第1期。

贾少学、唐春丽：《中日两国自然人民事行为能力制度之比较分析》，《河北法学》2004年第11期。

江平等：《民法典：建设社会主义法治国家的基础——专家学者谈中国民法典的制定》，《法律科学》（西北政法学院学报）1998年第3期。

蒋大兴：《〈民法总则〉的商法意义——以法人类型区分及规范构造

为中心》,《比较法研究》2017 年第 4 期。

金葆文:《对民法通则基本原则的初步认识》,《政治与法律》1986 年第 3 期。

康渝生:《主客体关系与哲学基本问题》,《求是学刊》1991 年第 5 期。

匡爱民、魏盛礼:《自然人民事责任能力理论的重新检讨——兼论被监护人致人损害民事责任归属的立法选择》,《河北法学》2004 年第 12 期。

李承亮:《损害赔偿与民事责任》,《法学研究》2009 年第 3 期。

李德健:《论捐助法人主管机关撤销权及其制度完善——以〈民法典〉第 94 条为切入点》,《山东大学学报》(哲学社会科学版) 2021 年第 3 期。

李昊:《我国民法总则非法人团体的制度设计》,《暨南学报》(哲学社会科学版) 2015 年第 12 期。

李慧君:《试论民事法律关系的特征》,《政法论坛》1985 年第 1 期。

李建华、许中缘:《论私法自治与我国民法典——兼评〈中华人民共和国民法(草案)〉第 4 条的规定》,《法制与社会发展》2003 年第 3 期。

李建华、王国柱:《论我国民法典私权保护对象的扩展——从"民事权利"到"私法权益"》,《河南财经政法大学学报》2012 年第 3 期。

李建华:《受欺诈、胁迫民事法律行为效力形态的制度体系化》,《法律科学》(西北政法大学学报) 2021 年第 1 期。

李建伟:《个人独资企业法律制度的完善与商个人体系的重构》,《政法论坛》2012 年第 5 期。

李建伟:《〈民法总则〉民商合一中国模式之检讨》,《中国法学》2019 年第 3 期。

李建伟:《公司决议的外部效力研究——〈民法典〉第 85 条法教义学分析》,《法学评论》2020 年第 4 期。

李军:《法律行为的法技术意义》,《河北法学》2004 年第 12 期。

李俊青:《〈民法总则〉重大误解视野下动机错误的救济路径分析——以错误"二元论"与"一元论"之争为切入点》,《法学论坛》2017 年第 6 期。

李敏：《我国民法上的禁止权利滥用规范——兼评〈民法总则〉第132条》，《法律科学》（西北政法大学学报）2018年第5期。

李启成：《民事权利在近代中国的生成——以大理院审理祭田案件为中心的实证考察》，《比较法研究》2010年第6期。

李锡鹤：《论保护死者人身遗存的法理根据》，《华东政法学院学报》1999年第2期。

李锡鹤：《论民法的概念》，《法学》1999年第2期。

李锡鹤：《论民事（法律）关系的概念和本质》，《华东政法学院学报》2001年第1期。

李夏旭：《诚信原则法律修正功能的适用及限度》，《法学》2021年第2期。

李小华、王曙光：《民事法律行为不仅为表意行为》，《法学》2001年第12期。

李小华、王曙光：《民法基本原则序论》，《华东政法学院学报》2002年第2期。

李小华：《民事法律行为概念正解——民事法律行为概念辨析之三》，《河北法学》2005年第4期。

李岩：《"虚拟财产权"的证立与体系安排——兼评〈民法总则〉第127条》，《法学》2017年第9期。

李阳春、李智良：《论胎儿利益的总括保护主义——兼论民事权利能力之始期》，《当代法学》2003年第10期。

李永军：《民法总则民事权利章评述》，《法学家》2016年第5期。

李永军：《从〈民法总则〉第143条评我国法律行为规范体系的缺失》，《比较法研究》2019年第1期。

李永军：《我国〈民法总则〉第16条关于胎儿利益保护的质疑——基于规范的实证分析与理论研究》，《法律科学》（西北政法大学学报）2019年第2期。

李永军：《论民法典上"自然人"的概念》，《苏州大学学报》（哲学社会科学版）2020年第4期。

李永军：《对我国民法上非法人组织概念的质疑》，《比较法研究》2021年第2期。

李宇：《〈民法总则〉与其他民事法的适用关系》，《法学》2017年第

10 期。

李中原：《论无因管理的偿还请求权——基于解释论的视角》，《法学》2017 年第 12 期。

梁成意：《宪法与民法之关系：误解与正解》，《法学评论》2011 年第 1 期。

梁慧星：《我国民法的基本原则》，《中国法学》1987 年第 4 期。

梁慧星：《论民事责任》，《中国法学》1990 年第 3 期。

梁慧星：《论我国民法合同概念》，《中国法学》1992 年第 1 期。

梁慧星：《诚实信用原则与漏洞补充》，载梁慧星主编《民商法论丛》（第 2 卷），法律出版社 1994 年版。

梁慧星：《〈民法总则〉对民事权利的确认和保护》，《云南大学学报》（社会科学版）2018 年第 1 期。

梁治平：《"法"辨》，《中国社会科学》1986 年第 4 期。

林国民：《民事法律关系的系统分析》，《山东大学学报》（哲学社会科学版）1987 年第 1 期。

林艳琴：《论我国未成年人监护监督制度》，《学术交流》2013 年第 8 期。

刘金霞：《监护监督的必要性及其制度构建》，《西安电子科技大学学报》（社会科学版）2017 年第 1 期。

刘凯湘：《剪不断，理还乱：民法典制定中民法与商法关系的再思考》，《环球法律评论》2016 年第 6 期。

刘权：《权利滥用、权利边界与比例原则——从〈民法典〉第 132 条切入》，《法制与社会发展》2021 年第 3 期。

刘士国：《论民法总则之民事责任规定》，《法学家》2016 年第 5 期。

刘淑波、孟珍：《论监护监督制度》，《长春理工大学学报》（社会科学版）2005 年第 2 期。

刘耀东：《论无民事行为能力人实施民事法律行为的效力——基于"立法论"与"解释论"的二元视角》，《北方法学》2019 年第 6 期。

刘颖：《〈民法总则〉中英雄烈士条款的解释论研究》，《法律科学》（西北政法大学学报）2018 年第 2 期。

刘召成：《民事权利的双重属性：人格权权利地位的法理证成》，《政治与法律》2016 年第 3 期。

刘志刚：《基本权利对民事法律行为效力的影响及其限度》，《中国法学》2017 年第 2 期。

刘志刚：《民法典的宪法使命及其实现》，《政法论丛》2019 年第 4 期。

柳经纬：《社会转型时期中国民法学的基本任务》，《法学》2008 年第 10 期。

龙卫球：《我国民法基本原则的内容嬗变与体系化意义——关于〈民法总则〉第一章第 3—9 条的重点解读》，《法治现代化研究》2017 年第 2 期。

龙著华：《自然人缔约能力制度研究》，《现代法学》2004 年第 4 期。

娄爱华：《私刻公章与被代理人责任》，《法学家》2020 年第 3 期。

罗昆：《我国民法典法人基本类型模式选择》，《法学研究》2016 年第 4 期。

罗时贵：《中国民法公序良俗原则的法律性质》，《重庆大学学报》（社会科学版）2018 年第 5 期。

吕炳斌：《个人信息权作为民事权利之证成：以知识产权为参照》，《中国法学》2019 年第 4 期。

吕忠梅课题组：《"绿色原则"在民法典中的贯彻论纲》，《中国法学》2018 年第 1 期。

麻昌华：《论死者名誉的法律保护——兼与杨立新诸先生商榷》，《法商研究》（中南政法学院学报）1996 年第 6 期。

麻昌华、李明、刘引玲：《论民法中的客体利益》，《法商研究》（中南政法学院学报）1997 年第 2 期。

麻锐：《民事权利要素与我国民法典体系构建》，《甘肃政法学院学报》2016 年第 5 期。

马洪：《绿色原则何以入民法典》，《学术月刊》2017 年第 10 期。

马桦：《我国民事法律关系理论的不足与完善》，《国家检察官学院学报》2006 年第 5 期。

马俊驹、宋刚：《民事主体功能论——兼论国家作为民事主体》，《法学家》2003 年第 6 期。

马俊驹、张翔：《人格权的理论基础及其立法体例》，《法学研究》2004 年第 6 期。

满洪杰：《〈民法总则〉监护设立制度解释论纲》，《法学论坛》2018年第3期。

莫志宏：《从占有性个人主义到兼容性个人主义——对民事权利的经济学分析》，《现代法学》2003年第4期。

穆生秦：《我国民法的调整范围》，《中国法学》1986年第4期。

聂天贶：《民事法律关系理论滴议》，《河北法学》1991年第5期。

聂卫锋：《中国民商立法体例历史考——从晚清到民国的立法政策与学说争论》，《政法论坛》2014年第1期。

潘劲松：《论民事责任对民事权利的保障》，《法学杂志》2004年第2期。

庞鹏：《〈民法典〉时代老年人监护监督的行政介入研究——基于辅助性原则的视角》，《行政与法》2022年第4期。

彭诚信、李贝：《民法典编纂中自然人行为能力认定模式的立法选择——基于个案审查与形式审查的比较分析》，《法学》2019年第2期。

彭诚信：《论禁止权利滥用原则的法律适用》，《中国法学》2018年第3期。

彭诚信：《论民事主体》，《法制与社会发展》1997年第3期。

彭庆伟：《试论民事权利的私力救济制度》，《法学评论》1994年第2期。

钱福臣：《法哲学视域下的民事权利概念》，《北方法学》2009年第3期。

钱玉林：《民法总则与公司法的适用关系论》，《法学研究》2018年第3期。

邱继伟：《民事法律行为的一种新分类——兼论与物权行为理论的关系》，《重庆工商大学学报》（社会科学版）2005年第5期。

屈茂辉：《关于物权客体的两个基础性问题》，《时代法学》2005年第2期。

屈茂辉：《机关法人制度解释论》，《清华法学》2017年第5期。

瞿灵敏：《虚拟财产的概念共识与法律属性——兼论〈民法总则〉第127条的理解与适用》，《东方法学》2017年第6期。

冉克平：《民法典总则视野下意思表示错误制度的构建》，《法学》2016年第2期。

冉克平：《真意保留与戏谑行为的反思与构建》，《比较法研究》2016年第6期。

冉克平：《民法典总则意思表示瑕疵的体系构造——兼评〈民法总则〉相关规定》，《当代法学》2017年第5期。

任江：《论编纂"知识产权通则"入典的合理性——以知识产权与民事权利的事实依据为视角》，《求是学刊》2019年第6期。

上海市人民检察院课题组、钱雨晴：《未成年人监护监督制度的体系化构建》，《中国检察》2023年第11期。

申海恩：《〈民法总则〉关于"民事法律行为"规定的释评》，《法律适用》2017年第9期。

申卫星：《对民事法律关系内容构成的反思》，《比较法研究》2004年第1期。

石少侠：《我国应实行实质商法主义的民商分立——兼论我国的商事立法模式》，《法制与社会发展》2003年第5期。

宋炳庸、朴兴镇：《民事法律行为成立要件与有效要件区别论》，《当代法学》2001年第4期。

宋亚辉：《个人信息的私法保护模式研究——〈民法总则〉第111条的解释论》，《比较法研究》2019年第2期。

宋宗宇、张晨原：《救助他人受到损害私法救济的法制构造——兼评〈民法典（草案）〉第183条》，《法学评论》2020年第3期。

苏力：《〈秋菊打官司〉案、邱氏鼠药案和言论自由》，《法学研究》1996年第3期。

孙光宁：《社会主义核心价值观的法源地位及其作用提升》，《中国法学》2022年第2期。

孙国瑞、丁海俊：《民事责任与私法自治——兼论民事权利、义务与责任的关系》，《法学杂志》2006年第3期。

孙海涛：《美国成年人监护监督制度研究——兼议〈中华人民共和国民法总则〉的相关规定》，《私法》2017年第1期。

孙梦娇：《公序良俗司法应用之法理分析：功能、理据与实证机制》，《法制与社会发展》2020年第2期。

孙鹏：《民事权利与民事权利能力不可分》，《政治与法律》1996年第1期。

孙山：《民法上"法益"概念的探源与本土化》，《河北法学》2020年第4期。

孙宪忠、窦海阳：《白平诉阎崇年及诉中华书局悬赏纠纷案评析》，《中国审判》2011年第7期。

孙宪忠：《"抽象物权契约"理论——德意志法系的特征》，《外国法译评》1995年第2期。

孙宪忠：《物权行为理论探源及其意义》，《法学研究》1996年第3期。

孙宪忠：《民事权利基本分类及其分析裁判的法技术问题》，《法治研究》2018年第2期。

孙宪忠：《中国民法典采纳区分原则的背景及其意义》，《法治研究》2020年第4期。

孙莹：《民法调整对象理论溯源——以新中国民法典第一次草案为视角》，《河北法学》2011年第1期。

谭启平、黄家镇：《民法总则中的法人分类》，《法学家》2016年第5期。

谭启平、李琳：《民法的属性与民法渊源的司法定位》，《河北法学》2016年第7期。

佟占军、孙雪芝：《试论抽象和具体民事法律关系》，《首都师范大学学报》（社会科学版）2010年第2期。

汪志刚：《自然人民事权利能力差等论的批判与反思》，《法学研究》2021年第4期。

王爱琳：《民事义务的构成分析》，《政治与法律》2007年第5期。

王保树：《商事通则：超越民商合一与民商分立》，《法学研究》2005年第1期。

王道发：《论中国式"好人法"面临的困境及其解决路径——兼论〈民法总则〉第184条的理解与适用》，《法律科学》（西北政法大学学报）2018年第1期。

王冠玺：《法律行为、民事行为、民事法律行为概念辨析——及对民法总则制定的启示》，《求是学刊》2015年第5期。

王洪平：《论胎儿的民事权利能力及权利实现机制》，《法学论坛》2017年第4期。

王建平：《海峡两岸民法概念的比较研究》，《河北法学》1992年第6期。

王雷：《论情谊行为与民事法律行为的区分》，《清华法学》2013年第6期。

王雷：《情谊行为、法外空间与民法对现实生活的介入》，《法律科学》（西北政法大学学报）2014年第6期。

王雷：《〈民法总则〉中决议行为法律制度的力量与弱点》，《当代法学》2018年第5期。

王磊：《论显失公平规则的内在体系——以〈民法总则〉第151条的解释论为中心》，《法律科学》（西北政法大学学报）2018年第2期。

王利明：《自然人民事责任能力制度探讨》，《法学家》2011年第2期。

王利明：《法律行为制度的若干问题探讨》，《中国法学》2003年第5期。

王利明：《民法总则的立法思路》，《求是学刊》2015年第5期。

王利明：《中国民法学七十年：回顾与展望》，《政法论坛》2020年第1期。

王明锁：《民事法律行为范畴的守成与完善》，《北方法学》2013年第1期。

王明锁：《民事法律行为类型化的创新与完善》，《北方法学》2016年第4期。

王明锁：《民事法律行为在行为主义和法律行为类型价值体系中的地位》，《北方法学》2019年第4期。

王叶刚：《人格权确权与人格权法独立成编——以个人信息权为例》，《东方法学》2017年第6期。

王轶：《物权请求权与诉讼时效制度的适用》，《当代法学》2006年第1期。

王轶：《民法总则法律行为效力制度立法建议》，《比较法研究》2016年第2期。

王涌：《中国需要一部具有商法品格的民法典》，《中国法评论》2015年第4期。

王长华：《论有限责任公司清算义务人的界定——以我国〈民法总

则〉第 70 条的适用为分析视角》,《法学杂志》2018 年第 8 期。

王竹:《见义勇为人受损受益人补偿责任论——以〈民法总则〉第 183 条为中心》,《法学论坛》2018 年第 1 期。

魏琼:《对民法始于古罗马的质疑》,《现代法学》2010 年第 2 期。

文正邦:《有关权利问题的法哲学思考》,《中国法学》1991 年第 2 期。

吴斌:《论自然人宣告制度的条件及其民事责任的承担》,《河北法学》2003 年第 1 期。

吴训祥:《论无因管理本人的偿还义务——兼论〈民法总则〉第 183 条第 2 句的适用问题》,《法学家》2019 年第 2 期。

武腾:《无效、可撤销民事法律行为与善意第三人保护》,《清华法学》2018 年第 1 期。

习近平:《坚定不移走中国特色社会主义法治道路　为全面建设社会主义现代化国家提供有力法治保障》,《实践》(党的教育版) 2021 年第 3 期。

夏昊晗:《无权代理中相对人善意的判断标准》,《法学》2018 年第 6 期。

项斌斌:《生命权作为人格权之民事权利属性质疑》,《华东政法大学学报》2019 年第 2 期。

[日] 星野英一:《私法中的人》,王闯译,载梁慧星主编《民商法论丛》第 8 卷,法律出版社 1997 年版。

徐涤宇:《非常损失规则的比较研究——兼评中国民事法律行为制度中的乘人之危和显失公平》,《法律科学》(西北政法学院学报) 2001 年第 3 期。

徐国栋:《对民法的调整对象和调整方法的再认识》,《法学》1993 年第 9 期。

徐国栋:《市民社会与市民法——民法的调整对象研究》,《法学研究》1994 年第 4 期。

徐国栋:《民法典草案的基本结构——以民法的调整对象理论为中心》,《法学研究》2000 年第 1 期。

徐国栋:《再论人身关系——兼评民法典总则编条文建议稿第 3 条》,《中国法学》2002 年第 4 期。

徐国栋：《〈民法总则〉后我国民法基本原则理论研究述评》，《法治研究》2022年第1期。

徐乐夫：《民事法律关系的特征》，《法学杂志》1986年第5期。

徐强胜：《论我国民法总则中营利法人的制度安排》，《华东政法大学学报》2016年第5期。

徐强胜：《设立中的法人制度的功能及缺陷——兼评〈民法总则〉第75条》，《法学杂志》2017年第4期。

徐深澄：《〈民法总则〉职务代理规则的体系化阐释——以契合团体自治兼顾交易安全为轴心》，《法学家》2019年第2期。

徐晓峰：《诉讼时效的客体与适用范围》，《法学家》2003年第5期。

许德风：《意思与信赖之间的代理授权行为》，《清华法学》2020年第3期。

许中缘：《禁止性规范对民事法律行为效力的影响》，《法学》2010年第5期。

许中缘：《论民法典与民事单行法律的关系——兼评我国物权法草案》，《法学》2006年第2期。

薛军：《"民法—宪法"关系的演变与民法的转型——以欧洲近现代民法的发展轨迹为中心》，《中国法学》2010年第1期。

严敏亚：《表见代理的适用——析石河子前进服装厂诉石河子金谷百货公司案》，《当代法学》2002年第11期。

杨代雄：《我国民法典中权利复原请求权的立法构想——以民事权利救济制度二元结构的确立为主旨》，《法学评论》2009年第2期。

杨代雄：《使用他人名义实施法律行为的效果——法律行为主体的"名"与"实"》，《中国法学》2010年第4期。

杨代雄：《表见代理的特别构成要件》，《法学》2013年第2期。

杨代雄：《意思表示解释的原则》，《法学》2020年第7期。

杨芳：《个人信息保护法保护客体之辨——兼论个人信息保护法和民法适用上之关系》，《比较法研究》2017年第5期。

杨立新、王海英、孙博：《人身权的延伸法律保护》，《法学研究》1995年第2期。

杨立新、朱巍：《论戏谑行为及其民事法律后果——兼论戏谑行为与悬赏广告的区别》，《当代法学》2008年第3期。

杨立新、孙沛成：《佟柔民法调整对象理论渊源考》，《法学家》2004年第6期。

杨立新、王竹：《论物权法规定的物权客体中统一物的概念》，《法学家》2008年第5期。

杨立新：《我国〈民法总则〉法律行为效力规则统一论》，《法学》2015第5期。

杨立新：《〈民法总则〉制定与我国监护制度之完善》，《法学家》2016年第1期。

杨立新：《〈民法总则（草案）〉自然人制度规定的进展与改进》，《法治研究》2016年第5期。

杨立新、贾一曦：《〈民法总则〉之因见义勇为受害的特别请求权》，《国家检察官学院学报》2017年第3期。

杨立新：《〈民法总则〉规定的非法人组织的主体地位与规则》，《求是学刊》2017年第3期。

杨立新：《民法总则规定网络虚拟财产的含义及重要价值》，《东方法学》2017年第3期。

杨立新：《〈民法总则〉规定的隐藏行为的法律适用规则》，《比较法研究》2017年第4期。

杨立新：《把公序良俗作为民法基本原则体现了当代法治精神》，《中国司法》2017年第4期。

杨立新：《〈民法总则〉中部分民事权利能力的概念界定及理论基础》，《法学》2017年第5期。

杨立新：《我国民事法律行为效力规则的冲突及具体适用》，《甘肃政法学院学报》2017年第5期。

杨立新：《〈民法总则〉规定的虚假民事法律行为的法律适用》，《法律科学》（西北政法大学学报）2018年第1期。

杨立新：《个人信息：法益抑或民事权利——对〈民法总则〉第111条规定的"个人信息"之解读》，《法学论坛》2018年第1期。

杨立新：《〈民法总则〉民事责任规定之得失与调整》，《比较法研究》2018年第5期。

杨明：《请求权、私权救济与民事权利体系》，《比较法研究》2007年第4期。

杨秋宇:《民商二元视角下〈民法总则〉法人制度的不足——以制度供给理论为方法展开》,《大连理工大学学报》(社会科学版) 2019 年第 6 期。

杨秋宇:《融贯民商：职务代理的构造逻辑与规范表达——〈民法总则〉第 170 条释评》,《法律科学》(西北政法大学学报) 2020 年第 1 期。

杨巍:《诉讼时效效力模式之选择及立法完善》,《法学》2016 年第 6 期。

杨巍:《〈民法典〉第 192 条、第 193 条(诉讼时效届满效力、职权禁用规则)评注》,《法学家》2020 年第 6 期。

杨巍:《〈民法典〉第 195 条评注之一(诉讼外请求、义务承认)》,《法学家》2021 年第 4 期。

杨振山:《论民事法律行为》,《中国法学》1986 年第 1 期。

杨震:《民法总则"自然人"立法研究》,《法学家》2016 年第 5 期。

杨志祥:《论胎儿利益的民法保护》,《法学杂志》2010 年第 9 期。

姚明斌:《民法典体系视角下的意思自治与法律行为》,《东方法学》2021 年第 3 期。

姚宇:《新型民事权利的界限及其证成》,《学术交流》2016 年第 11 期。

叶金强:《〈民法总则〉"民事权利章"的得与失》,《中外法学》2017 年第 3 期。

夏勇:《权利哲学的基本问题》,《法学研究》2004 年第 3 期。

易军:《民法公平原则新诠》,《法学家》2012 年第 4 期。

易军:《民法基本原则的意义脉络》,《法学研究》2018 年第 6 期。

易晓钟:《试述民事法律关系中的欺诈、胁迫、重大误解》,《当代法学》1988 年第 1 期。

殷秋实:《论代理人和相对人恶意串通》,《法商研究》2020 年第 3 期。

尹飞:《代理：体系整合与概念梳理——以公开原则为中心》,《法学家》2011 年第 2 期。

尹田:《自然人的行为能力、意思能力、责任能力辨析》,《河南省政法管理干部学院学报》2001 年第 6 期。

尹田:《民法调整对象之争：从〈民法通则〉到〈物权法〉——改革

开放 30 年中国民事立法主要障碍之形成、再形成及其克服》,《法学论坛》2008 年第 5 期。

尹田:《论自然人的法律人格与权利能力》,《法制与社会发展》2002 年第 1 期。

尹田:《自然人具体人格权的法律探讨》,《河南省政法管理干部学院学报》2004 年第 3 期。

尹田:《民法基本原则与调整对象立法研究》,《法学家》2016 年第 5 期。

于德香:《析民事权利和民事权利能力可以适当分离》,《政治与法律》1992 年第 2 期。

于飞.《民法总则法源条款的缺失与补充》,《法学研究》2018 年第 1 期。

于飞:《基本权利与民事权利的区分及宪法对民法的影响》,《法学研究》2008 年第 5 期。

于飞:《民法基本原则:理论反思与法典表达》,《法学研究》2016 年第 3 期。

于飞:《基本原则与概括条款的区分:我国诚实信用与公序良俗的解释论构造》,《中国法学》2021 年第 4 期。

于飞:《〈民法典〉公序良俗概括条款司法适用的谦抑性》,《中国法律评论》2022 年第 4 期。

于晔、崔建远:《论民事法律关系的本质特征》,《吉林大学社会科学学报》1985 年第 2 期。

于莹:《民法基本原则与商法漏洞填补》,《中国法学》2019 年第 4 期。

余能斌:《论民事法律行为内容之要件》,《中国法学》1987 年第 6 期。

张驰、韩强:《民事权利类型及其保护》,《法学》2001 年第 12 期。

张驰:《自然人行为能力新思考》,《法学》2009 年第 2 期。

张驰:《民事权利本质论》,《华东政法大学学报》2011 年第 5 期。

张德芬:《自然人缔约能力制度比较及我国立法的完善》,《法学杂志》2001 年第 5 期。

张红:《方法与目标:基本权利民法适用的两种考虑》,《现代法学》

2010年第2期。

张建文:《〈民法典〉与新型民事权利保护》,《甘肃政法学院学报》2021年第1期。

张力:《公民、自然人,抑或其他——论俄罗斯民法文化中"公民(гражданин)"概念的价值取向》,《河北法学》2007年第3期。

张力:《中国民法典中"自然人"的制度面向》,《甘肃政法大学学报》2020年第5期。

张玲、王果:《动物"创作成果"的民事法律关系三要素分析》,《知识产权》2015年第2期。

张民安:《民法基本原则的立法准则功能理论批判》,《学术论坛》2018年第1期。

张平华:《恶意串通法律规范的合理性》,《中国法学》2017年第4期。

张其鉴:《民法总则中非法人组织权利能力之证成》,《法学研究》2018年第2期。

张闻祺:《我国民法总则中的法人分类方式探析》,《中州学刊》2017年第2期。

张文晶:《中国"民法"一词探源再考》,《学理论》2013年第11期。

张贤钰:《民事权利的法律保障》,《法学》1987年第4期。

张翔:《民事权利的法律技术与人格保护的民法法典化模式》,《当代法学》2016年第3期。

张晓阳、贾国发:《民事权利限制的时间界限》,《当代法学》2009年第6期。

张新宝:《从〈民法通则〉到〈民法总则〉:基于功能主义的法人分类》,《比较法研究》2017年第4期。

张新宝、汪榆淼:《〈民法总则〉规定的"非法人组织"基本问题研讨》,《比较法研究》2018年第3期。

张新宝、汪榆淼:《论"为其他非营利目的"成立的法人》,《法学评论》2018年第4期。

张宇润:《对民事权利的探究》,《法学杂志》1999年第5期。

张玉涛:《论1804年法国民法典的历史逻辑》,《上海法学研究》

2020年第22卷。

张宗浩:《"民事责任"的解读及重构》,《学术交流》2006年第7期。

张作华:《法律行为概念及其适用范围之原本考察——以"法律行为(Rechtsgeschäft)"的词源为线索》,《四川师范大学学报》(社会科学版)2008年第4期。

章礼强:《民法何为——对民法本质追求的思考》,《河北法学》2006年第8期。

赵孟生:《关于民事主体公民的几个问题》,《中国法学》1986年第5期。

赵群:《非法人团体作为第三民事主体问题的研究》,《中国法学》1999年第1期。

赵若辉、姚学宁:《完善我国内地非亲权未成年人监护监督制度之探究——以澳门未成年人监护监督制度为镜鉴》,《中国青年社会科学》2022年第3期。

赵万一、乔枫:《我国民事主体结构的重构》,《法学家》2006年第2期。

赵万一:《民法基本原则:民法总则中如何准确表达?》,《中国政法大学学报》2016年第6期。

赵万一:《民商合一体制之困境思考》,《法学杂志》2020年第10期。

赵中孚:《对我国民事立法的回顾与展望》,《西北政法学院学报》1986年第1期。

郑立:《民法通则与公民民事权利主体资格》,《中国法学》1986年第1期。

郑立群:《试论我国民法通则的几项基本原则》,《河北法学》1986年第4期。

郑贤君:《作为宪法实施法的民法——兼议龙卫球教授所谓的"民法典制定的宪法陷阱"》,《法学评论》2016年第1期。

郑晓剑:《对民事法律关系"一元客体说"的反思——兼论我国民事法律关系客体类型的应然选择》,《现代法学》2011年第4期。

郑晓剑:《比例原则在现代民法体系中的地位》,《法律科学》(西北政法大学学报）2017年第6期。

郑新剑：《"人身"不能作为民事权利客体吗?》，《法学评论》1986年第6期。

周小明、洪伟：《论民事权利的私力救济》，《法学杂志》2009年第11期。

朱广新：《民事行为能力制度的立法完善——以〈中华人民共和国民法总则（草案）〉为分析对象》，《当代法学》2016年第6期。

朱广新：《恶意串通行为无效规定的体系地位与规范构造》，《法学》2018年第7期。

朱广新：《监护监督制度的立法构建》，《苏州大学学报》（法学版）2020年第1期。

朱广新：《论监护人处分被监护人财产的法律效果》，《当代法学》2020年第1期。

朱建农：《论民法上恶意串通行为之效力》，《当代法学》2007年第6期。

朱庆育：《〈民法总则（草案）〉（"民事法律行为"章）修改意见》，《北航法律评论》2016年第1辑。

朱涛：《自然人行为能力识别要素论》，《国家检察官学院学报》2014年第1期。

朱晓喆：《"公民"抑或"自然人"?——对民事主体的价值观念研究》，《华东政法学院学报》2001年第1期。

朱晓喆：《诉讼时效完成后债权效力的体系重构——以最高人民法院〈诉讼时效若干规定〉第22条为切入点》，《中国法学》2010年第6期。

朱晓喆：《诉讼时效制度的立法评论》，《东方法学》2016年第5期。

竺效：《论绿色原则的规范解释司法适用》，《中国法学》2021年第4期。

宗志翔：《论未上升为民事权利的法益》，《江西社会科学》2012年第6期。

三 有关文件

《城乡个体工商户管理暂行条例实施细则》（1987年9月5日）【法宝引证码】CLI.4.3465。

《第二届全国人民代表大会第二次会议关于为提前实现全国农业发展纲要而奋斗的决议》(1960年4月10日)【法宝引证码】CLI.1.176654。

《第五届全国人民代表大会第三次会议关于1980、1981年国民经济计划安排,1979年国家决算、1980年国家预算和1981年国家概算的决议》(1980年9月1日)【法宝引证码】CLI.1.176175。

《第一届全国人民代表大会第四次会议关于周恩来总理的政府工作报告关于1956年国家决算和1957年国家预算和关于1957年度国民经济计划的决议》(1957年7月15日)【法宝引证码】CLI.1.176182。

《国家民委党组关于少数民族牧业区工作和牧业区人民公社若干政策的规定(草案)的报告》(1963年1月14日)【法宝引证码】CLI.16.256433。

《国务院关于城镇非农业个体经济若干政策性规定》(1981年7月7日)【法宝引证码】CLI.2.1029。

《国务院关于对私营工商业、手工业、私营运输业社会主义改造中若干问题的指示》(1956年7月28日)【法宝引证码】CLI.2.161224。

《国务院关于个人独资企业和合伙企业征收所得税问题的通知》(国发〔2000〕16号)【法宝引证码】CLI.2.31042。

《国务院关于开展和保护社会主义竞争的暂行规定》(1980年10月17日国务院发布)【法宝引证码】CLI.2.816。

《国务院关于目前私营工商业和手工业的社会主义改造中若干事项的决定》(1956年2月8日)【法宝引证码】CLI.2.161031。

《国务院关于正确对待个体农户的指示》(1957年12月13日国务院全体会议第六十五次会议通过1957年12月21日发布)【法宝引证码】CLI.2.161730。

《全国人民代表大会常务委员会关于批准设立中国农业银行的决议》(1963年11月9日通过)【法宝引证码】CLI.1.296。

《中共中央关于党的百年奋斗重大成就和历史经验的决议》(2021年11月11日)【法宝引证码】CLI.16.5078690。

《中共中央关于农业和农村工作若干重大问题的决定》(1998年10月14日)【法宝引证码】CLI.16.20813。

《中共中央关于转发全国劳动就业会议文件的通知》(1980年8月7日)【法宝引证码】CLI.16.30770。

《民政部关于进一步加强和改进社会服务机构登记管理工作的实施意见》(民发〔2018〕129号)【法宝引证码】CLI.4.324917。

《最高人民法院关于当前民事审判工作中的若干具体问题》(2015年12月24日)【法宝引证码】CLI.3.267397。

《第十二届全国人民代表大会法律委员会关于〈中华人民共和国民法总则(草案)〉审议结果的报告》(2017年3月12日)【法宝引证码】CLI.DL.9008。

《第十二届全国人民代表大会法律委员会关于〈中华人民共和国民法总则(草案修改稿)〉修改意见的报告》(2017年3月14日)【法宝引证码】CLI.DL.9007。

《工商行政管理总局贯彻国务院〈关于严格控制物价、整顿议价的通知〉的通知》(1980年12月10日)【法宝引证码】CLI.4.317495。

《农业农村部办公厅关于开展农业生产性服务业专项统计的通知》(农办经〔2018〕9号)【法宝引证码】CLI.4.314778。

《全国人大常委会关于〈中华人民共和国民法总则(草案)〉的说明》(2016年7月5日)【法宝引证码】CLI.DL.14287。

《全国人民代表大会法律委员会关于〈中华人民共和国民法总则(草案)〉修改情况的汇报》(2016年12月)【法宝引证码】CLI.DL.9152。

《统计局、中编办、民政部、财政部、税务总局、工商总局、质检总局关于印发〈第二次全国基本单位普查办法〉的通知》(国统字〔2001〕51号)【法宝引证码】CLI.4.317797。

《中共中央办公厅、国务院办公厅关于改革社会组织管理制度促进社会组织健康有序发展的意见》(2016年8月21日)【法宝引证码】CLI.16.278425。

《中共中央关于印发〈当前农村经济政策的若干问题〉的通知》(中发〔1983〕1号 1983年1月2日)【法宝引证码】CLI.16.109227。

《中央机构编制委员会办公室、最高人民法院、最高人民检察院等关于〈事业单位法人证书〉使用问题的通知》【法宝引证码】CLI.16.31910。

《最高人民法院关于贯彻执行〈中华人民共和国民法通则〉若干问题的意见(试行)》〔法(办)发〔1988〕6号,已失效〕。

《最高人民法院关于充分发挥司法职能作用助力中小微企业发展的指导意见》(法发〔2022〕2号)。

《最高人民法院关于适用〈中华人民共和国合同法〉若干问题的解释（二）》（法释〔2009〕5号）。

《最高人民法院关于适用〈中华人民共和国民法典〉合同编通则部分的解释（征求意见稿）》。

《最高人民法院关于债务人在约定的期限届满后未履行债务而出具没有还款日期的欠款条诉讼时效期间应从何时开始计算问题的批复》（法释〔2020〕17号修改的司法解释之一）。

《最高人民法院关于适用〈中华人民共和国民法典〉婚姻家庭编的解释（一）》（法释〔2020〕22号）。

《最高人民法院关于适用〈中华人民共和国民法典〉继承编的解释（一）》（法释〔2020〕23号）。

《最高人民法院关于适用〈中华人民共和国民法典〉总则编若干问题的解释》（法释〔2022〕6号）。

《最高人民法院关于印发〈全国法院民商事审判工作会议纪要〉的通知》（法〔2019〕254号）。

《最高人民法院民一庭就"民事审判信箱"栏目中各地法院提出的民事审判疑难问题进行的解答》，《民事审判指导与参考》2017年第4辑（总第72辑）。

《最高人民法院印发〈关于深入推进社会主义核心价值观融入裁判文书释法说理的指导意见〉的通知》（法〔2021〕21号）。

四　网络文献

中共中央办公厅、国务院办公厅印发《关于进一步把社会主义核心价值观融入法治建设的指导意见》，http：//www.xinhuanet.com/zgjx/2016-12/27/c_135935014.htm，2023年8月25日。

姚红：《关于民法典编纂的几个问题——在"第四届两岸民商法前沿论坛：民商法理论及方法论"会议上的讲话》，http：//www.cssn.cn/zt/zt_xkzt/zt_fxzt/26733/fxpd_bzzm2/201501/t20150127_1494412.shtml，2022年10月26日。

《关于〈中华人民共和国民法典（草案）〉的说明》，https：//news.china.com/focus/2020qglh/lhkx/13003798/20200523/38256449.html，2022年10月26日。

《杨立新谈民法典新增免责事由：给民事主体更多更宽行为自由》，https：//www.jcy.gz.gov.cn/xxgcssxfzl/4540.jhtml，2022年10月26日。

梁慧星：《关于中国民法典编纂问题（2014年11月16日于浙大光华法学院）》，https：//www.legal-theory.org/? mod = info&act = view&id = 20478，2023年8月25日。

《中共中央关于党的百年奋斗重大成就和历史经验的决议（全文）》，https：//www.gov.cn/xinwen/2021-11/16/content_5651269.htm，2023年8月25日。

《关于〈中华人民共和国民法总则（草案）〉的说明》，_http：//www.npc.gov.cn/zgrdw/npc/xinwen/2017-03/09/content_2013899.htm，2023年8月25日。

朱庆育：《"无需意思表示之法律行为"学说评议》，http：//www.privatelaw.com.cn/Web_P/N_Show/? News_CPI = 27&PID = 7056，2023年8月25日。

《第十二届全国人民代表大会法律委员会关于〈中华人民共和国民法总则（草案）〉审议结果的报告（2017年3月12日第十二届全国人民代表大会第五次会议主席团第二次会议通过）》，http：//www.npc.gov.cn/zgrdw/npc/xinwen/2017-03/15/content_2018917.htm，2023年8月25日。

《第十二届全国人民代表大会法律委员会关于〈中华人民共和国民法总则（草案修改稿）〉修改意见的报告（2017年3月14日第十二届全国人民代表大会第五次会议主席团第三次会议通过）》，http：//www.npc.gov.cn/zgrdw/npc/xinwen/2017-03/15/content_2018909.htm，2023年8月25日。

《一审辩论终结前未提时效抗辩，庭后提交代理意见中提出如何认定？》，http：//www.law114.com.cn/pufa_x.php? l = 6&id = 26841&pid = 5，2023年8月25日。

《关于〈中华人民共和国民法总则（草案）〉的说明》，http：//www.npc.gov.cn/zgrdw/npc/lfzt/rlyw/2016-07/05/content_1993422.htm，2023年8月25日。

后　记

　　吾自研习讲授民法以来，三十载有余，韶华易逝、鬓霜始染，回首华年已不再。雁塔梧桐、蓟门烟柳、静园继夜，求学往事竟如昨。因缘际会，遇良师益友，见贤思齐，耳提面命、燃灯照行，受益良多，心有戚戚焉！比至三尺讲台，固守素心、深研课程、兢兢业业，不敢误人，而今桃李渐成林。偶获宁大错爱，得授"立德树人楷模"。

　　自己资质愚鲁、心性疏懒，曾有志欲申民法大义于当世，却因诸事羁縻，蹉跎了岁月、荒废了学业。虽能勉强胜任教学，暇时亦堆砌文字、资政建言、报效乡梓，但思终未得民法之精要、难解复杂民事之困局，求索之路阻亦远长。然幸得椿萱并茂、棠棣同馨，家室和美、膝下温良，心境安宁、偶享闲适。世间哪有皆如意，且行且珍惜！

戴新毅
二〇二四年五月　於银川香溪